国际投资学
International Investment

理论与实训

全国高等教育金融系列精品教材

主　编：周　黎
副主编：郭一桢　赵　君

第二版

经济管理出版社
ECONOMY & MANAGEMENT PUBLISHING HOUSE

图书在版编目（CIP）数据

国际投资学：理论与实训/周黎主编. —2 版. —北京：经济管理出版社，2013.6
ISBN 978-7-5096-2534-7

Ⅰ.①国… Ⅱ.①周… Ⅲ.①国际投资—高等学校—教材 Ⅳ.①F831.6

中国版本图书馆 CIP 数据核字（2013）第 129282 号

组稿编辑：申桂萍
责任编辑：申桂萍　梁植睿　侯春霞
责任印制：黄　铄
责任校对：陈　颖

出版发行：经济管理出版社
　　　　　（北京市海淀区北蜂窝 8 号中雅大厦 A 座 11 层　100038）
网　　址：www. E-mp. com. cn
电　　话：(010) 51915602
印　　刷：北京九州迅驰传媒文化有限公司
经　　销：新华书店
开　　本：787mm×1092mm/16
印　　张：23.25
字　　数：523 千字
版　　次：2013 年 6 月第 2 版　2013 年 6 月第 1 次印刷
书　　号：ISBN 978-7-5096-2534-7
定　　价：46.00 元

全国高等教育金融学专业系列规划教材
编委会成员

《金融学系列教材》总序

随着我国高等教育事业的飞速发展，我国高等教育教学培养方向呈现出日趋多样化的趋势。不同高等院校的定位和办学理念存在着比较大的差距，但是，为社会培养高素质人才这一基本方向却是相同的。《国家中长期教育改革与发展规划纲要》（2010~2020 年）提出我国教育工作的根本要求是：培养造就数以亿计的高素质劳动者、数以千万计的专门人才和一大批拔尖创新人才。对于多数高等院校，尤其是多数非重点本科院校、独立学院和高职高专来说，其核心任务应该是培养造就数以亿计的高素质劳动者。

20 世纪 90 年代以来，在国家政策的支持和指引下，我国高等教育领域中，新的主体得到了较快的发展。它们历史较短，独自开展教材建设的力量都比较薄弱。但实践证明，高等学校教师编写适合自己的教材，不仅有利于教师开展科研和教学工作、保证教学质量，而且有利于学生汲取最新最重要的知识、获取日后工作中所需的核心技能、成长为满足社会需求的人才，进而推动学科的发展和我国高等教育事业的进步。为此，我们组织了一批高等学校的教师编写了这套金融学专业系列教材，希望起到抛砖引玉的作用。

本系列教材以培养具备较强实践能力和动手能力的应用型人才为出发点，深入浅出，在为学生提供基本理论知识的基础上强调案例教学，是学生进入金融学科的一部梯子，是教师组织教学活动的基础，是师生沟通的桥梁。

本系列教材的主编均为长期从事教学工作的教授，还有"211"院校的研究生导师，汇集了多所高等院校多年的教学经验和教学研究成果，是数十位具有丰富一线教学经验的老师心血的结晶。

本系列教材的编写得到了经济管理出版社的高度重视，申桂萍编辑给予了极大支持。在此，对以上为本系列教材的面世而付出辛勤劳动的所有单位和个人表示衷心的感谢。

同时，希望读者对本系列教材提出宝贵的意见，使其更精、更好。

杨开明

2010 年夏于武汉南湖

前　言

国际投资学是在经济全球化（Globalization）的背景下发展而来的。传统的以国际贸易、国际金融为基础的多元化正逐步被以国际投资为基础的一体化所取代。跨国公司通过国际投资建立起庞大的国际生产体系；跨国金融机构通过国际投资广泛地介入到全球资本市场的运作中；而官方、半官方投资组织则通过国际投资不断地调整全球经济运作结构。

在这种背景下，本教材的几位编者坚持以学生为中心，希望编写出一本针对应用型本科学生的国际投资教材，满足社会对应用型人才培养的需求。在编写的过程中，我们力求编出一本具有特色的教材。

本教材的编写特色如下：

（1）内容充实：知识点覆盖全面；

（2）重点突出：重点放在国际投资主体和投资管理上；

（3）结合实训：课堂教学和课堂实训相结合；

（4）具前沿性：收集了大量最新的数据资料；

（5）案例教学：每章开头都有案例导引，激发学生的学习兴趣；正文中的案例，可用于课堂讨论；每章结束有案例思考，可用于延伸学习，将案例贯穿始终，对于提高学生分析问题能力和实践操作技能有重要作用。

全书共分四篇十章。由周黎任主编，拟定写作大纲，郭一桢、赵君任副主编。具体编写分工如下：周黎（第一章，第二章第一、二节，第三章，第五章第一、三节，第六章，第七章），郭一桢（第五章第二、四节，第九章，第十章），赵君（第四章、第八章），侯长强（第二章第三节）。全书最后由周黎统稿、修改完善并定稿。

在本教材的编写过程中，得到了经济管理出版社、华中科技大学文华学院、武汉恒曦书局的大力支持和热情帮助。华中科技大学文华学院经管学部学生李成奥、方棋东、毛杰、江晨、游帆为本书的资料收集提供了帮助，经济管理出版社申桂萍编辑对写作大纲提出了宝贵的修改意见，在此一并表示感谢。

本书参考并引用了许多专家学者的观点与资料，在此对文中所列各种文献的作者表示由衷的谢意。

鉴于水平有限，本书第一版难免存在疏漏和不足之处，敬请各位读者不吝赐教，我们将在本书再版时加以修订和完善。

周 黎

2013 年 5 月

目　录

第一篇　国际投资导论

第二篇　国际投资主体

第一篇

[国际投资导论]

第一章　国际投资概论

本章课前实训

如何做好一生的投资生涯规划。具体做法是：将学生分为三组，第一组在课堂上就自己的投资生涯规划进行演讲；第二组扮演听众，随即进行提问；第三组扮演评委，进行点评。最后由教师总结和评分。

本章知识要点

● 国际投资的内涵和分类
● 国际投资的发展历程和趋势
● 国际投资对世界经济的影响

案例导引

雀巢公司的国际投资

1867 年，雀巢公司创始人，居住在瑞士的化学家亨利·内斯特尔（Henry Nestle）先生，用他研制的一种将牛奶与麦粉科学混制而成的婴儿奶麦粉，成功地挽救了一位因母乳不足而营养不良的婴儿的生命。从此，他开创了雀巢公司的百年历程。

总部位于瑞士的雀巢集团，是世界上最大的食品公司，在中国有着长久的历史。近一个世纪以来，中国消费者已经非常熟悉并信任雀巢品牌，因为早在 1908 年，雀巢公司就在上海开设了它在中国的第一家销售办事处。雀巢是最早进入中国的外商之一，对中国有着坚定的承诺。20 世纪 80 年代初，雀巢就开始与中国政府商谈在中国投资建厂，并将其在营养品和食品加工方面的世界上顶尖的专有技术和丰富的专业知识转让给中国。

1990 年，雀巢在中国大陆的第一家合资厂开始运营，随后又建了多家工厂。雀巢通过利用本地原材料制造同等高品质的食品，来替代进口产品，在这方面帮助中国节约了大量外汇。现在雀巢在中国大陆销售的产品，99%是在本地制造的。

资料来源：腾讯搜搜问问，wenwen.soso.com/z/q132004193.htm.

第一节　国际投资概述

步入 21 世纪，资本要素流动明显加快，以跨国公司为主体的各种国际投资活动，使国与国之间的经济联系从传统的流通领域扩展到了生产领域，从简单的商品交换发展到了生产要素的跨国组合。国际投资成为当今世界最活跃和最引人注目的经济行为，成为全球资源配置的重要形式。

一、国际投资的定义

投资就是指投资主体为获得预期回报而将资金或其他形式的资产投入经济活动的行为过程。它是人类组织社会生产与再生产的主要行为之一，是经济主体进行的一种有意识的经济活动，其本质在于获利性。投资具有收益性和风险性双重属性，即预期收益越大，风险越高。

国际投资是各类投资主体（包括跨国公司、跨国金融机构、官方与半官方机构和居民个人等）将所拥有的资本经跨国界流动与配置，形成实物资产、无形资产或金融资产，并通过跨国运营以实现价值增值的经济行为。

作为跨国性的经济行为，国际投资涉及两类国家，即投资国（资本流出国）和东道国（资本流入国）。国际投资活动一般由两个方面构成，一方面是向国外投资，对投资国来说，对外投资可为过剩资本寻找出路，以谋求海外高额利润；另一方面是国际筹资，即引进海外资金，对东道国来说，这是吸引并利用外资，主要目的在于解决国内资金短缺，引进国外先进技术和管理知识，促进本国经济发展。就一个国家而言，它参与国际投资活动时，既可以作为投资国出现，进行对外投资，也可以作为东道国出现，吸引外资。就资本注入的形式来看，在现实经济生活中，几乎所有的东道国既是生产资本流入国，又是借贷资本流入国。

二、国际投资的主体和客体

（一）国际投资的主体

国际投资主体是有独立投资决策权，并对投资结果负责的经济法人和自然人；既可以是官方机构、跨国公司，也可以是金融机构、居民个人。作为国际投资主体，必须具有从事国际投资活动的权利能力和行为能力。此外，主体不同，其从事国际投资活动的能力范围也有不同的规定。如外国法人到他国的法律人格必须由该国承认，主要采取登记制、许可制、互相认可制等形式。

国际投资主体是多元化的，包括跨国公司、国际金融机构、官方与半官方机构和个人投资者等多种类型。

（1）跨国公司（Transnational Corporations）。跨国公司是指由两个或两个以上国家的经济实体所组成，并从事生产、销售和其他经营活动的国际性大型企业。它是国际直接投资最重要的主体。

（2）跨国金融机构（International Financial Institutions）。跨国金融机构包括跨国银行及非银行金融机构，是参与国际证券投资和金融服务业直接投资的主体。近年来，各类基金的发展是其中最大的亮点。

（3）官方与半官方机构（Official and Semi-official Institutors）。官方机构是指各国政府部门，半官方机构是指各类国际性组织，它们是某些带有国际经济援助性质的基础性、公益性国际投资的主要承担者。

（4）个人投资者（Individual Investors）。个人投资者是以参与国际证券投资为主的群体。

（二）国际投资的客体

国际投资客体是投资主体加以跨国经营操作以实现投资目的的对象，也呈现多元化的趋势，包括实物资产、金融资产和无形资产。

（1）实物资产（Tangible Assets）。实物资产指以土地、厂房、机器设备、原材料等实物形式存在的生产资料。

（2）金融资产（Financial Assets）。金融资产包括国际债券、国际股票、衍生工具等。一般来说，国际投资主体既可能采用一种客体投资形式，又可能同时采用几种客体投资形式，从而使国际投资呈现多样化和复杂性。

（3）无形资产（Intangible Assets）。无形资产包括生产诀窍（Know-how）、管理技术、商标专利、情报信息、销售渠道等。

总之，正是由于国际投资的主体既可以采用一种客体投资形式，又可以采用多种客体投资形式，所以才使国际主体和客体具备了多元化和组合化的特征。

三、国际投资的分类

国际投资按照不同的标准，可以分为以下几类：

（一）按投资主体划分（以贷方为中心进行分类）

（1）公共投资（Public Investment）。公共投资指一国政府或国际经济组织为了社会公共利益而进行的投资，一般带有国际援助的性质。公共投资的特点多为项目贷款，如某国政府投资为东道国兴建机场、铁路；又如世界银行或国际货币基金组织给某国贷款发展农业。

一般情况下，公共投资的流向多是民间资本认为收益低且风险大的国家。这类投资的目的并不仅仅是自身的经济效益，它们可能是为了向国际收支困难的国家提供援助，以避免出现由于一国经济不景气而造成其他国家经济衰退的连锁反应，也可能是以提供出口信贷的方式促进出口国产业的发展，或是仅以援助借款国经济的恢复及发展为目的。总之，这种投资一般不以营利为主要目的，而是以友好关系为前提，并带有一定的国际经济援助的性质。

相关链接 1-1

马歇尔计划

马歇尔计划（The Marshall Plan），官方名称为欧洲复兴计划（European Recovery Program），是第二次世界大战后美国对被战争破坏的西欧各国进行经济援助、协助重建的计划，对欧洲国家的发展和世界政治格局产生了深远的影响。

第二次世界大战欧洲战场胜利后，美国提出凭借其在第二次世界大战后的雄厚实力帮助其欧洲盟国恢复因世界大战而濒临崩溃的经济体系，并同时抗衡苏联和共产主义势力在欧洲的进一步渗透和扩张，因此提出此计划。该计划因时任美国国务卿乔治·马歇尔而得名，于 1947 年 7 月正式启动，并整整持续了 4 个财政年度之久。在这段时期内，西欧各国通过参加经济合作发展组织（OECD）总共接受了美国包括金融、技术、设备等各种形式的援助合计 130 亿美元。

当该计划临近结束时，西欧国家中除了德国以外的绝大多数参与国的国民经济都已经恢复到了战前水平。在接下来的 20 多年时间里，整个西欧经历了前所未有的高速发展时期，社会经济呈现出一派繁荣景象，可以说这与马歇尔计划不无关系。同时，马歇尔计划长期以来也被认为是促成欧洲一体化的重要因素之一。因为该计划消除了或者说减弱了历史上长期存在于西欧各国之间的关税及贸易壁垒，同时使西欧各国的经济联系日趋紧密，并最终走向一体化。

资料来源：百度百科，http://baike.baidu.com/view/56200.htm.

（2）私人投资（Private Investment）。私人投资指私人或私人企业以营利为目的而对东道国经济活动进行的投资，它是国际投资中的主要组成部分。例如，美国宝洁集团在中国的投资；2010 年吉利集团收购沃尔沃汽车等。

私人投资的投资主体多为跨国公司，无论是从投资者的数量来看，还是从投资的规模来看，私人投资都是当前国际投资中最活跃和最主要的部分，因此这类投资也是国际投资学研究的主要内容。

相关链接 1-2

日本汽车公司中的私人投资

以日本汽车为例，当日本汽车大举进入美国市场时，美国人却万万没有想到：美国通用汽车是日本五十铃公司的最大股东；美国福特汽车公司拥有日本马自达公司 25%的股权，已成为举足轻重的股东；美国克莱斯勒汽车公司是日本三菱汽车的合伙人。这些日本公司已经不再是纯粹的"日本公司"了。因此，如果说日本汽车冲击了美国市场，那么美国的资本也参与了这场冲击。

资料来源：豆丁网，http://www.doc88.com/p-454274324026.html.

（二）按投资期限划分

（1）短期投资（Short-term Investment）。短期投资指一年以内的债权。

（2）长期投资（Long-term Investment）。长期投资指一年以上的债权、股票以及实物资产，如证券投资者购买股票、外国债券，并在短期内将股权出售。

在实践中，无论官方或民间，一般的国际投资项目均以一年以上贷款居多。此种分类以投资期限为依据，过于简单，不能准确反映国际投资活动的实际情况。

（三）按投资性质划分

（1）国际直接投资（Foreign Direct Investment，FDI）。国际直接投资指投资主体以控制国外企业的经营管理权为核心，以获取利润为目的的投资行为。它表现为生产资本流动，也是国际投资学研究的主要范畴。例如，2010年，诺基亚西门子通信公司以12亿美元现金收购摩托罗拉无线网络基础设施部门绝大部分资产。

国际直接投资包括到海外新建企业（绿地投资，即G方式）、购买外国企业的股票并达到控股水平、利用以前国际直接投资的利润在海外投资三种形式。此外，从所有权角度划分，国际直接投资主要包括国际合资经营企业、国际合作经营企业和国际独资经营企业三种基本形式。

（2）国际间接投资（Foreign Indirect Investment，FII）。国际间接投资指投资者通过购买外国公司股票、公司债券、政府债券等金融资产，依靠股息、利息、买卖差价来实现资本增值的投资方式，或实施对外援助开发。主要包括两种投资方式：国际证券投资和国际信贷投资。

从上述定义可以看出，能否取得国外企业的有效控制权是直接投资和间接投资的根本区别，除此之外，两者在投资风险、资本构成等方面都有所区别。

第一，是否有效控制国外企业的经营管理权。国际直接投资是为了在国外企业中获得持久利益而进行的投资，其特点是投资者对所投资的外国企业拥有有效的控制权。而国际间接投资一般是通过国际证券市场进行的，投资者不亲自建立公司企业，也不负责对公司企业的经营管理。

国际机构、各国政府和国际投资界都普遍认为，直接投资与间接投资的根本区别在于投资者是否获得被投资企业的有效控制权，但这种界定往往又是模糊的，国际直接投资所要求的有效控制权往往并不与股份拥有比例构成数量关系，因为有效控制权是指投资者实际参与企业经营决策的能力和在企业经营管理中的实际地位。目前，国际上还没有形成对于国际直接投资范畴所需拥有的最低股权比例的统一标准，但为了便于统计，许多国家及国际组织都相应地规定了"具体数量界限"。

例如，美国商务部1956年规定，如某外国公司完全受美国公司控制，或50%以上的股份被一群相互没有联系的美国人所拥有，或25%以上的股份被一群有组织的美国集团所拥有，或10%以上的股份被一个美国人（或法人）所拥有，则对该国外公司的投资即可视为美国的直接投资。相比之下，德国、英国和法国规定的"门槛"则较高，只有当外国投资者拥有这些国家企业25%（德国）或20%（英国和法国）的股票或债券，才可算是国际直接投资。我国国家统计局规定，如果一个企业全部资本中25%或以上来自外国地区（包括中国香港、澳门、台湾地区）投资者，该企业为外商投资企业。

以上各国的界定只是为了满足统计的需要，国际货币基金组织（IMF）在具体操作时还有一定的变通，近几年IMF更强调"持久利益"。有时，尽管某一集团拥有外国企业的股份不足25%，或某一外国投资者拥有此企业的股份不足10%，甚至不拥有此企业的股份，但只要它为在一个国外企业获得持久利益而进行的投资，其目的是为了在该国外企业的管理中拥有实际发言权，仍可被视为是国际直接投资。

第二，资本的构成不同。国际直接投资和间接投资都表现为资本在各国间的流动，但流动主体（即资本）的构成不同。

国际直接投资表现为"一揽子"生产要素的转移，如货币、原材料和零部件、设备、技术知识、管理能力和劳动力等，处于核心地位的是无形资产，货币资本的流动处于非常次要的地位。国际间接投资主要表现为单一的货币资本由投资国流入东道国的金融领域。

第三，对东道国宏观经济中短期波动的敏感程度不同。国际直接投资对东道国宏观经济中的短期波动反应迟钝；国际间接投资对东道国宏观经济中的短期波动反应十分敏感。

第四，风险大小不同。国际直接投资的风险一般大于国际间接投资。因为国际直接投资一般都要参与企业具体的生产经营活动，与具体的项目联系密切，通常周期较长，会受到诸多难以准确预测的经济及社会因素的影响，这些都会加大投资者的风险。国际间接投资的风险相对较小，一方面是因为国际间接投资的周期较短，另一方面是因为国际间接投资的收益相对固定。

以上是国际直接投资和国际间接投资的主要区别。但是，两者的最终目的都是盈利。事实上，两者相互影响、相互渗透于现实经济中，共同影响着国际收支平衡，推动世界经济向前发展。

（3）其他国际投资方式。除了上述投资类型，第二次世界大战之后又出现了一些新型的、灵活的国际投资方式，主要有以下几种：①补偿贸易：出口企业向进口企业提供技术、设备等作为贷款，进口企业待工程建成后用投产项目的产品或部分利润偿还贷款的一种特殊利用外资形式。②出口信贷：出口国政府为了扩大出口，加强国际竞争力，以政府补贴方式通过本国银行对出口商、外国进口商、进口方银行提供的一种与出口贸易相结合的利率优惠信贷。③BOT（Build-Operate-Transfer）：建设—经营—移交，它是指一国政府通过签订协议授予私人资本（外国投资者）投资设立的项目公司的一定期限内的特许经营权，许可其融资建设和经营特定的公共基础设施以收回投资，并取得投资收益。特许经营权期满后，项目公司将该项基础设施无偿移交给政府所有。例如，1984

年广东大亚湾沙角火电站开辟了我国 BOT 的先河。

第二节 国际投资的发展历程

工场手工业的发展为对外贸易的繁荣奠定了基础，商业繁荣导致市场竞争的加剧，驱使商人们去寻找新的原料供应地和新的外部世界市场。在英国早期的对外扩张中，商人与海盗是两位一体的。这些海盗活动给英国政府和商人自身带来了巨大利润，海盗也因此被国王赐给爵位而获得政治地位，这进一步刺激了海外的扩张活动。政府还成立了各种特许贸易公司（东印度公司、俄罗斯公司、东地公司），批准成立各种股份制贸易公司既是政府聚财的手段，也是进行商业扩张、地理大发现和海上掠夺的工具。

随着商品经济的发展，生产国际化分工的深入，国际投资应运而生了。国际投资的起源可以追溯到 19 世纪上半叶已基本完成的英国工业革命。一方面，英国的工业革命形成了国内相对过剩的资本；另一方面，由于对原材料和食品等的迫切需求而不得不对外大举投资。从国际资本活动的历史进程来看，国际投资活动首先表现为货币资本的运动，即以国际借贷、国际证券投资为主要形式的国际间接投资，其标志是跨国银行的出现；其次表现为生产资本的运动，即国际直接投资，其标志是跨国公司的出现。

按照国际投资的规模及方式，通常把国际投资的发展历程划分为以下五个阶段。

一、初始形成阶段（1870~1914 年）

英国工业革命是国际投资的起步阶段。在资本主义的自由竞争阶段，以电力革命为标志的第二次科技革命出现后，生产力快速发展，国际分工体系和国际垄断组织开始形成，银行资本和产业资本相互渗透融合，从而形成了巨大的金融资本，为资本输出提供了条件，使国际投资活动日益活跃。这一阶段国际投资活动的主要特征表现在以下几个方面：

（1）投资规模。整个 19 世纪的国际投资规模不大，而且资本主义国家尚处在自由竞争的资本主义阶段，东道国或者处于自由竞争的资本主义阶段，或者已沦为殖民地、半殖民地，私人的海外投资较少受到政府的干涉和限制，所以 1914 年以前的国际投资以私人对外投资形式为主，官方投资所占的比重很低，可以说这段时间是国际间私人投资活动的"黄金时代"。

（2）投资格局。这一时期，从事国际投资的国家基本上局限于少数资本主义工业化国家，英国、法国和德国等少数资本主义工业化国家是国际间的最大对外投资国，荷兰与瑞士也是重要的国际资本来源地。其中，英国的对外投资一直居于主导地位，到 1914 年各债权国的对外投资规模已达 440 亿美元，其中英国的国际投资总额已达 180

9

亿美元，相当于英国当时国民财富总额的 1/4，是当时最大的资本输出国。法国的国际投资总额达 90 亿美元，德国达 60 亿美元，比利时达 55 亿美元。美国随着本国工业化和经济的发展，19 世纪末开始对外投资，到 1914 年，其对外投资额为 35 亿美元，而在美国的外国投资额达 72 亿美元，为净债务国。

（3）投资方式。以借贷资本和证券投资为代表的国际间接投资是当时的主要形式，间接投资占国际投资总额的 90% 左右，而生产性直接投资仅占到了 10%。以当时主要国际投资输出国英国和法国为例，当时居投资首位的英国，其 70.5% 的对外投资为证券投资；法国也是以债券资本输出为主，故而有"高利贷帝国主义"之称。

（4）投资流向。国际投资主要流向北美洲、拉丁美洲、大洋洲等自然资源丰富的国家以及亚洲、非洲的一些殖民地、半殖民地国家。这段时期的国际投资带有明显的帝国主义剥削色彩，目的是为寻找有利的投资场所，以获得超额利润。19 世纪初期，英国的对外投资多投向欧洲大陆；1870 年以后，英国的对外投资主要流向农产品和原料的重要产地——尤其是美国、澳大利亚、加拿大、阿根廷和新西兰。法国和德国到 19 世纪末才开始对外投资，受政治因素的影响，法国的对外投资主要流向俄国、东欧和北欧的一些国家，德国对外投资主要集中在中欧、东欧的一些国家。

（5）投资行业。这一时期的投资主要集中在铁路运输、采矿、石油开采、热带植物种植和其他初级产品生产行业，对制造业的投资很少，故而拥有丰富自然资源的地区备受青睐。

二、低迷徘徊阶段（1914~1945 年）

两次世界大战期间，国际投资呈低迷徘徊状态。此阶段，国际投资的主要特征是：

（1）国际投资规模下降。由于两次世界大战和 20 世纪 30 年代的经济危机，世界主要投资国政局动荡，而全球经济萎缩、通货紧缩、贸易量锐减、贸易保护主义和外汇管制政策的实施，使得国际投资活动也处于低迷徘徊的状态。

在 1929~1933 年世界经济大危机期间，主要工业国的工业总产量下降了 17%，世界贸易额下降了 25%。就在这场"大萧条"尚未完全渡过难关之际，第二次世界大战的爆发使国际投资受到了严重的影响，发展十分低迷。到 1945 年战争结束时，主要国家的对外投资总额已经下降为 380 亿美元。据不完全统计，1913~1938 年的 25 年间，对外投资总额仅增加了 90 亿美元。图 1-1 则表明了 1919~1939 年美国对外投资净值不断下降的变化趋势。因此，两次世界大战期间是国际投资缓慢发展、低迷徘徊的阶段。

（2）国际投资的格局发生重大变化。第一次世界大战改变了国际投资格局，由于受第一次世界大战影响较小，加上军事工业发展的强大推动，美国从一个国际净债务国变成最大的债权国。截至 1919 年，美国已从 1914 年债务约 37 亿美元的债务国变成债权总额为 37 亿美元的债权国。1919~1920 年，美国是以政府投资为主，1924~1928 年，美国是以私人投资为主。

英国与法国由于大量战争借款和对外投资的削减及贬值，大大削弱了其传统投资大国的实力。德国由于支付战争费用、在协约国的投资被没收以及在其他地区投资的贬值，使它由债权国沦为一个净债务国。因此，第一次世界大战后，新的长期国际资本的主要来源地由英国转移到美国。

（3）国际投资方式依然以间接投资为主。这一时期的国际投资方式依然以间接投资为主。1920 年，美国私人海外投资中有 60% 为证券投资；1930 年，英国的对外投资中有 88% 为间接投资。1914 年以后，虽然私人投资仍占主导地位，但由于当时国际政治、经济形势动荡，政府对外投资的规模迅速扩大了。

（4）从投资流向来看，殖民地和经济落后国家所占的投资流入量比重下降，而发达国家投资流入量比重上升。例如，第一次世界大战后第一个 10 年，美国借出的长期贷款主要有两个流向：一是对昔日的国际债权国的巨额贷款（几乎都是欧洲国家），帮助它们用于战争的救济和经济复兴；二是专为经济扩张而进行的贷款。

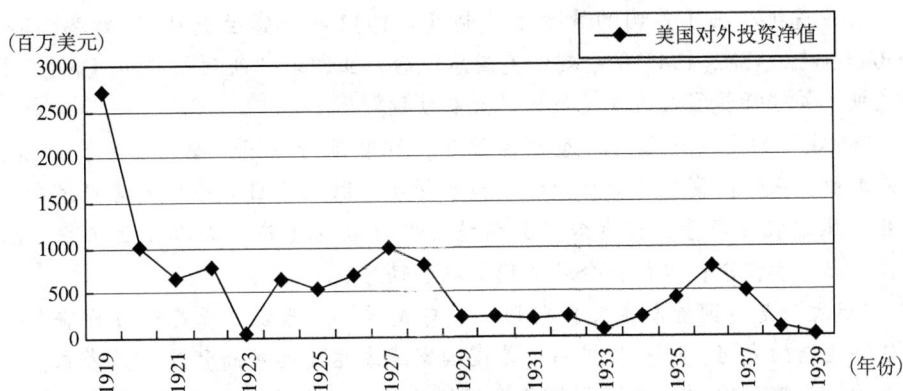

图 1-1　1919~1939 年美国对外投资净值的变化

资料来源：任淮秀. 国际投资学. 北京：中国人民大学出版社，1993：16.

（5）从投资行业来看，初级产品生产行业比重下降，而制造业比重上升。

相关链接 1-3

20 世纪 30 年代的经济大危机

1929~1933 年的经济危机是资本主义世界爆发的空前大危机。1924~1929 年，资本主义世界经历了短暂的经济繁荣。1929 年，经济危机首先在美国爆发，随即席卷整个资本主义世界，形成了前所未有的、持续最久的世界经济大危机。

20 世纪 20 年代，美国证券市场兴起投机狂潮，"谁想发财，就买股票"成为一句口头禅，人们像着了魔似的买股票，梦想着一夜之间成为百万富翁。疯狂的股票投机终于引发一场经济大灾难。1929 年 10 月 24 日，纽约证券交易所股票价格雪崩似的跌落，人们歇斯底里地甩卖股票，整个交易所大厅里回荡着绝望的叫喊声。这一天成为可怕的"黑色星期四"（Black Thursday），并触发了美国经济危机。

然而，这仅仅是灾难的开始。10 月 29 日，交易所股价再度狂跌。一天之内 1600 多万股股票被抛售，50 种主要股票的平均价格下跌了近 40%。一夜之间，"繁荣"景象化为乌有，全面的金融危机接踵而至：大批银行倒闭，企业破产，市场萧条，生产锐减；失业人数激增，人民生活水平骤降；农产品价格下跌，很多人濒临破产。一场空前规模的经济危机终于爆发，美国历史上的"大萧条"时期到来。

1933 年，整个资本主义世界工业生产下降 40%，各国工业产量倒退到 19 世纪末的水平，资本主义世界贸易总额减少 2/3，美、德、法、英共有 29 万家企业破产。资本主义世界失业工人达到 3000 多万，美国失业人口 1700 多万，几百万小农破产，无业人口颠沛流离。经济危机和资本主义制度固有的矛盾引起了资本主义各国的政局动荡。经济危机也使资本主义国家之间的矛盾激化，引发一连串的关税战、倾销战和货币战。

经济危机冲击了美国的资本主义制度。1933 年，富兰克林·罗斯福（Franklin D·Roosevelt，1882~1945 年）就任美国总统后，立即以"新政"（New Deal）救治经济危机，并呼吁美国人民支持他的"大胆实验"。

"新政"的主要内容有：整顿金融业，恢复银行信用，贬值美元，刺激出口；恢复工业，强化国家对工业生产的调节和控制，防止盲目竞争引起生产过剩；调整农业，压缩农业产量，稳定农产品价格，维护农业生产；兴办公共工程，减少失业，扩大消费需求；进行社会救济稳定社会秩序。

"新政"是美国资本主义世界的一次自我调节，开创了资产阶级政府大规模干预经济生活的先河，进一步提高了美国国家资本主义的垄断程度，是资本主义发展史上的一个里程碑。"新政"取得了很好的效果，使美国经济缓慢地恢复过来，人民的生活得到改善；资本主义制度得到调整、巩固与发展；资本主义国家对经济的宏观控制与管理得到加强；美国联邦政府的权利明显增强，渡过了这场危机。

资料来源：百度百科，http://baike.baidu.com/view/5071840.htm.

三、恢复增长阶段（1946~1979 年）

这一阶段是从第二次世界大战后到 20 世纪 70 年代末，称为国际投资恢复增长阶段。这期间，国际直接投资累计总额增加了 12.7 倍，年均增长率达到 7.8%。其中，发达资本主义国家的对外投资总额由 1945 年的 510 亿美元增加到 1978 年的 6000 亿美元。

（1）国际投资规模恢复增长。这一阶段，世界政治局势相对稳定，欧洲大陆百废待兴，急需大量建设资金，同时美国由于第二次世界大战获得了世界政治、军事、经济的霸主地位，它乘机向外扩张，对外投资的规模迅速扩大。1946~1965 年，根据著名的"马歇尔计划"，美国对外贷款与赠予（军事援助除外）总额达 840 亿美元，遥遥领先于其他国家，因此这个时期也是美国在国际投资舞台上一枝独秀的年代。

（2）投资格局再次发生变化。自 20 世纪 60 年代中期起，随着西欧、日本经济的恢复和发展，它们对美国的直接投资急剧增长，西欧和日本的相互投资也开始增多。此外，20 世纪 70 年代的新加坡、韩国等国家和中国香港、中国台湾地区也不断吸收外国投资、引进先进技术，使外资成为其经济发展的重要因素。与此同时，这些发展中国家和地区也登上了国际投资舞台。1970~1972 年，发展中国家和地区的对外投资余额仅为发达国家对外投资余额的 0.33%，在 1978~1980 年，这一比例上升到 1.64%。另外，到 20 世纪 70 年代初，由于受到国际石油危机的严重打击，美国的世界债权国地位发生了动摇，石油输出国组织的"石油美元"成为国际投资舞台上一股重要的力量。

相关链接 1-4

石油美元

1973 年的中东战争，导致石油价格大幅度上涨，形成世界性的能源危机。1977 年 10 月，石油输出国组织宣布石油价格由每桶 3.011 美元提高至 5.11 美元。稍后，又再度提高到 11.65 美元，结果使得世界的国际收支结构发生很大变化。这些变化表现在：因石油输出收入大增，石油输出国家的国际收支出现巨额顺差；而石油消费国家的国际收支因石油输入支出剧增，出现了巨额赤字。

在石油消费国家中，发达国家遭受的打击较为严重，发达国家的经常收支因石油提价而多呈现庞大逆差。相反，石油输出国的经常账户则发生巨额的顺差——这就是"石油美元"。对于这种资金的规模，根据一般推算，1974 年石油输出国家的石油输出总收入约为 1150 亿美元，其经常输入则约为 400 亿美元，因而计有盈余约为 750 亿美元。

这种巨额的石油美元，对整个世界经济，都有很大的影响。对石油输出国家来说，由于石油美元收入庞大，而其国内投资市场狭小，不能完全吸纳这么多美元，必须以资本输出方式在国外运用。对于西方工业发达国家来说，由于进口石油对外支出大幅度增加，国际收支大多呈巨额逆差，倘若采取紧缩性措施，或限制进口石油等来谋求国际收支状况的改善，则可能导致经济衰退，并影响世界贸易的发展。因此，工业国家大多希望石油美元回流——由石油输出国家回流到石油输入国家，这就出现了石油美元的回流。

石油美元的回流，在最初期间，主要是流向欧洲货币市场、纽约金融市场、各国金融机构和国际金融机构等，其流入地区主要是西欧，英、美等国家。发展中国家也都希望能利用石油美元资金来发展经济。

但是，这种庞大的石油美元又给国际金融市场带来了动荡。石油美元在性质上大多是国际短期资金，可能在国际间大量而迅速地移动。而这种移动，又将严重地影响国际金融市场的安定。因此，世界各国都密切地注视着石油美元的变动问题。

资料来源：百度百科，http://baike.baidu.com/view/200689.htm.

（3）投资方式有了较大变化，形成了以直接投资占主导地位的格局。第二次世界大战后据统计，国际直接投资从 1945 年的 200 亿美元，增至 1978 年的 3693 亿美元，占国际投资总额的比重由 39.2%上升到 61.6%。其中，如表 1-1 所示，在 1965 年的美国私人对外投资中，直接投资占到了 80%以上。

表 1-1   1956~1965 年美国私人对外投资净值

单位：百万美元

时　　间	1946~1955 年均	1956	1958	1960	1964	1965
直接投资	1265	2912	2126	2960	3847	4896
新投资	652	1938	1181	1694	2416	3371
再投资	613	974	945	1266	1431	1525
证券投资	163	634	1444	850	1961	1080
总　计	1428	3546	3570	3810	5808	5976

资料来源：Bureau of Economic Analysis, 2009, International Economic Accounts, http://www.bea.gov/internaional/index.htm#iip.

四、迅猛发展阶段（1980~2000 年）

进入 20 世纪 80 年代后，生产国际化的程度进一步提高，国际投资成为世界经济舞台上最活跃的角色，这一时期国际投资的主要特征是：

（1）国际投资蓬勃发展。20 世纪 80 年代以来，国际直接投资进入了高速增长期，1980~2000 年国际直接投资流入量从 540.76 亿美元猛增到 13930 亿美元，图 1-2 反映了 1991~2000 年全球对外直接投资不断增长的态势。图 1-3 则反映了国际直接投资的增长率大大超过了同期世界总产值和世界出口的增长率，成为国际经济联系中更主要的载体。

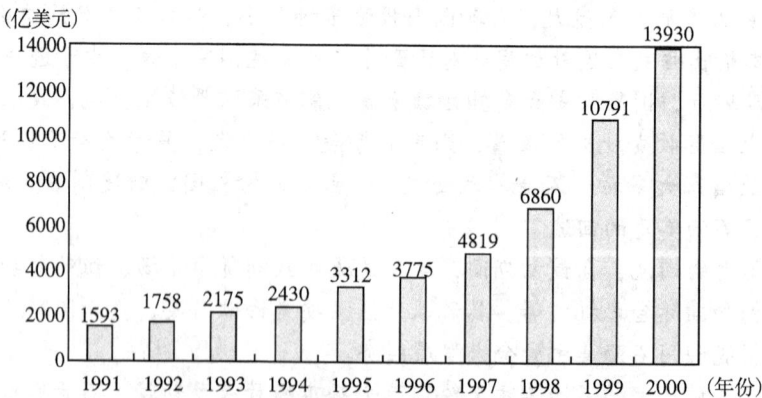

图 1-2   1991~2000 年全球对外直接投资走势

资料来源：UNCTAD, World Investment Report, 2003.

（亿美元）

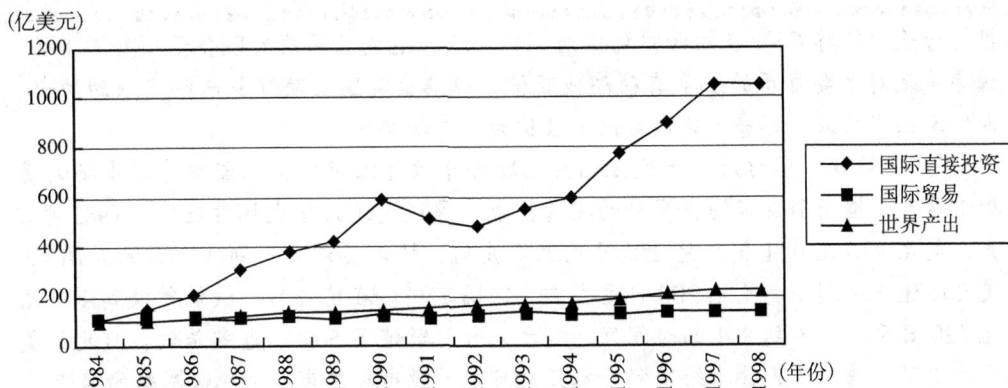

图 1-3　1984~1998 年国际直接投资、国际贸易和世界产出的增长

资料来源：联合国贸发会议. 2003 年世界投资报告.

（2）发达国家相互投资不断增加，形成美国、日本、西欧三足鼎立的局面。从投资格局来看，美国在第二次世界大战一直在国际投资中处于绝对的主导地位。1970 年美国的海外资产为 1654 亿美元，1988 年已达 12537 亿美元，比 1970 年增长了 6.6 倍。同期外国在美国的资产由 1069 亿美元增长到 17862 亿美元，增长 15.6 倍。但是，由于 1985 年美国引进外资的余额超过其对外投资余额，由世界最大的债权国变为债务国，丧失了长达 67 年之久的债权国地位。尽管如此，从 20 世纪 70 年代一直到 2000 年，美国始终是国际投资领域当中的佼佼者。2000 年，美国吸引外来直接投资 2811.2 亿美元，是世界上吸引外资最多的国家；对外直接投资 1392.6 亿美元，仅次于英法两国，在世界上排名第三位。

作为第二次世界大战后经济发展的后起之秀，日本加速了对外直接投资，在国际投资领域的地位日益提高，1968 年底日本在国外的净资产仅为 3 亿美元，到 1980 年底，日本对外直接投资余额为 365.2 亿美元，已成为世界第四大对外投资国。不仅如此，就在美国成为世界最大的债务国同时，日本由于日元升值，日本企业和个人到海外大举投资，使日本一跃成为世界上最大的债权国。到 1985 年，日本的净债权已高达 1300 亿美元，成为世界上最大的债权国。但是，20 世纪 90 年代中期以后，随着日本泡沫经济的破灭，日本的经济陷入低迷，国际投资地位受到了很大的影响和动摇。2000 年，日本吸引直接投资和对外直接投资分别为 81.9 亿美元和 328.9 亿美元，与美国和欧盟的强势地位形成了鲜明对比。

相关链接 1-5

"广场协议"

20 世纪 80 年代初期，美国财政赤字剧增，对外贸易逆差大幅增长。美国希望通过美元贬值来增加产品的出口竞争力，以改善美国国际收支不平衡状况。

1985 年 9 月 22 日，美国、日本、联邦德国、法国以及英国的财政部长和中央银行行长（简称G5）在纽约广场饭店举行会议，达成五国政府联合干预外汇市场，诱导美元对主要货币的汇率有秩序地贬值，以解决美国巨额贸易赤字问题的协议。因协议在广场饭店签署，故该协议又被称为"广场协议"。

"广场协议"签订后，上述五国开始联合干预外汇市场，在国际外汇市场大量抛售美元，继而形成市场投资者的抛售狂潮，导致美元持续大幅度贬值。1985年9月，美元兑日元在1美元兑250日元上下波动，协议签订后不到3个月的时间里，美元迅速下跌到1美元兑200日元左右，跌幅25%。在这之后，最低曾跌到1美元兑120日元。在不到3年的时间里，美元兑日元贬值了50%。也就是说，日元兑美元升值了1倍。这无异于给国际资本投资日本的股市和房市一个稳赚不赔的保险。

"广场协议"后近5年时间里，股价每年以30%、地价每年以15%的幅度增长，而同期日本名义GDP的年增幅只有5%左右。泡沫经济离实体经济越来越远，虽然当时日本人均GNP超过美国，但国内高昂的房价使得拥有自己的住房变成普通日本国民遥不可及的事情。1989年，日本政府开始施行紧缩的货币政策，虽然戳破了泡沫经济，但股价和地价短期内下跌50%左右，银行形成大量坏账，日本经济进入十几年的衰退期。

资料来源：百度百科，http://baike.baidu.com/view/67984.htm.

20世纪80年代后，西欧各国对外投资增长在国际投资领域也扮演着重要的角色，不仅增长速度很快，而且其中的英、法、德等国在国际投资舞台上发挥了越来越重要的作用。2000年，英、法、德三国吸引的外来直接投资分别为1304.3亿美元、441.5亿美元和1760.6亿美元，而对外直接投资则分别为2497.9亿美元、1724.8亿美元和485.6亿美元。

至此，美国、日本和西欧三足鼎立的"大三角"国际投资格局得以形成。不仅如此，发达国家之间的相互投资也不断增加，其资本往来在国际资本流动中占据了2/3的比重，成为国际投资的主体，形成了明显的以美国为中心的北美圈、以日本为中心的亚洲圈和以德国为中心的欧盟圈，占据了发达国家之间资本输入的93%和资本输出的91%。

据联合国《世界投资报告》统计，在欧盟圈中，1992年欧盟内部成员国之间的相互投资量占其对外直接投资总量的72%。1995年以后，由于欧盟成员国的增加，新成员国和原成员国经历一段时间的调整期，欧盟内部成员国之间相互投资比例有所下降。但到了1999年成员国间的相互投资达到了3180亿欧元，2000年又增加到4360亿欧元，占欧盟对外直接投资总量的60%以上。在北美圈中，美国和加拿大两国间的直接投资异常活跃，1993年加拿大吸收的外来直接投资总额中有2/3来自美国，1996年美国对外直接投资总量中有9.4%是投向加拿大的。在亚洲圈中，不同国家之间的交叉投资成为该地区吸收外资的重要组成部分，1990~1992年，东南亚联盟国家吸收外来FDI的总量中，有25%来自本地区内新兴工业化国家或地区，到1993~1994年，这一比率增加到

40%。而在亚洲国家的 FDI 总流量中，绝大部分集中在日本、中国（包括香港和台湾地区）、韩国、新加坡等地。

据联合国贸易和发展会议（简称贸发会议）资料统计，在 1998~2000 年间，以美国、日本和欧盟三极所主导的国际直接投资占全球对外直接投资流入总量的 75% 和流出总量的 85%。由于美国、日本和欧盟三个经济体在世界经济中占有举足轻重的地位，从事国际投资研究的学者普遍认为在未来十年内，全球对外直接投资的"大三角"格局还会继续存在，并得到一定程度的发展。

（3）发展中国家在吸引外资的同时，也走上了对外投资的舞台。

第一，在吸引外资方面，拉丁美洲国家是吸收外国投资较早、较多的国家，主要西方国家对拉美国家的直接投资在 1950 年为 77 亿美元，1965~1969 年外国直接投资的年平均流入量为 80 亿美元，1970~1974 年为 140 亿美元，1975~1979 年为 340 亿美元，1980~1983 年为 670 亿美元，1985 年为 805 亿美元，掀起了发展中国家吸引外国投资的第一次高潮。20 世纪 80 年代中期之后，由于拉美许多国家爆发了债务危机，使得外国投资流入量锐减。但自 20 世纪 90 年代以后，这一地区再次成为吸引外国直接投资较多的地区（见图 1-4）。

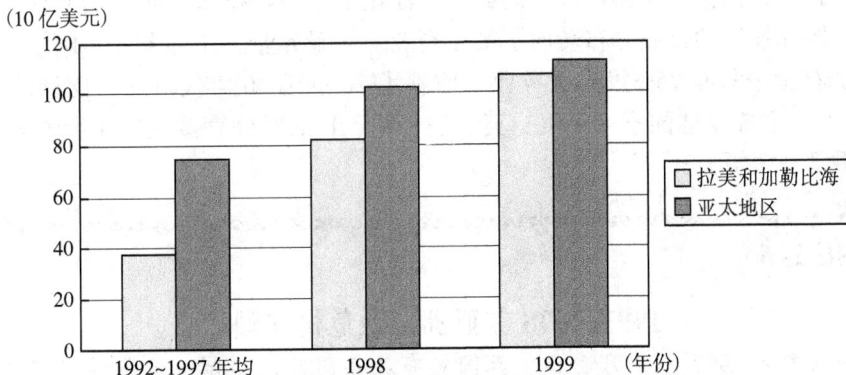

图 1-4　1992~1999 年发展中国家吸引直接投资的规模

资料来源：联合国贸发会议. 2004 年世界投资报告。

亚洲的新加坡、韩国等国家和中国香港、中国台湾地区也不断吸收外国投资、引进先进技术，不仅使外资成为影响其经济发展的重要因素，而且在 20 世纪 80 年代中期之后，掀起了发展中国家吸引外资的第二次高潮。其中新加坡吸引的外国投资最多，1965~1975 年平均每年 1.49 亿美元，1976~1980 年平均每年 3.87 亿美元，1980 年达 5.6 亿美元，1983 年上升至 8.05 亿美元。韩国从 1962 年起实行经济发展计划，第一个五年计划接受外国投资 3.09 亿美元，第二个五年计划增至 22.62 亿美元，第三个五年计划为 59.84 亿美元，第四个五年计划高达 135.8 亿美元。进入 20 世纪 90 年代以来，亚太地区吸引外资继续在发展中国家中扮演着重要的角色，并逐渐形成了与拉丁美洲和加勒比海地区齐头并进的态势。其中，1992 年之后，中国掀起了发展中国家吸引外国投资的第三次高潮。

第二，在对外投资方面，一些发展中国家在积极吸收外国投资的同时，纷纷开展对外投资。这些发展中国家，一些是石油输出组织成员国，如沙特阿拉伯、科威特、阿联酋等；另外一些是经济发展较快的发展中国家和地区，如一些拉美国家和亚洲的韩国、中国台湾、中国香港地区等。1980~1984 年，发展中国家对外直接投资仅占世界直接投资总额的 5%，1996 年上升到 15%，投资金额达 510 亿美元，到 2000 年，投资金额接近 1000 亿美元。

（4）投资方式更加灵活，直接投资与间接投资齐头并进的发展局面。据世界银行统计，1989~1999 年，全球国际投资流量总额占 GDP 的比重从 8.5% 提高到 18.3%，其中国际直接投资由 2.0% 提高到 4.6%，国际间接投资由 6.5% 提高到 13.7%。这一时期，投资方式也更为灵活，股权参与和非股权参与同时开展，并且跨国并购成为国际直接投资的重要方式，特别在能源、电信、金融业方面表现最为活跃。

（5）从投资行业来看，国际直接投资的行业重点进一步转向第二产业。20 世纪 80 年代中期以前，各发达国家纷纷增加了制造业的对外投资，比如美国在制造业的对外投资比重不断上升，1938 年为 25%，1950 年为 32.5%，1960 年为 34.7%，1970 年为 41.3%，1980 年为 41.7%，1985 年为 44%，其投资主要集中在电子、飞机制造、计算机、汽车、化学、机械、仪器仪表、制药、石油化工等高新技术行业。20 世纪 80 年代中期以后，国际投资的行业分布转向了第三产业——服务业。20 世纪 70 年代初期，国际直接投资存量中只有 25% 投向服务业，而到了 20 世纪 90 年代，这一比例已增加到 55% 左右。5 个主要发达国家——美、英、法、德、日的对外直接投资存量中第三产业所占的比重都有大幅上升。

相关链接 1-6

1997~1998 年亚洲金融危机回顾

第一阶段：1997 年 7 月 2 日，泰国宣布放弃固定汇率制，实行浮动汇率制，引发了一场遍及东南亚的金融风暴。当天，泰铢兑换美元的汇率下降了 17%，外汇及其他金融市场一片混乱。在泰铢波动的影响下，菲律宾比索、印度尼西亚盾、马来西亚林吉特相继成为国际炒家的攻击对象。8 月，马来西亚放弃保卫林吉特的努力。一向坚挺的新加坡元也受到冲击。印度尼西亚虽是受"传染"最晚的国家，但受到的冲击最为严重。10 月下旬，国际炒家移师国际金融中心香港，矛头直指香港联系汇率制。中国台湾地区突然弃守新台币汇率，一天贬值 3.46%，加大了对港币和香港股市的压力。10 月 23 日，香港恒生指数大跌 1211.47 点；28 日，下跌 1621.80 点，跌破 9000 点大关。面对国际金融炒家的猛烈进攻，中国香港特区政府重申不会改变现行汇率制度，恒生指数上扬，再上万点大关。接着，11 月中旬，东亚的韩国也爆发金融风暴，17 日，韩元兑美元的汇率跌至创纪录的 1008：1。21 日，韩国政府不得不向国际货币基金组织求援，暂时控制了危机。但到了 12 月 13 日，韩元对美元的汇率又降至 1737.60：1。韩元危机也冲击了在韩国有大量投资的日本金融业。1997年下半年，日本的一系列银行和证券公司相继破产。于是，东南亚金融风暴演变为亚洲金融危机。

第二阶段：1998年初，印度尼西亚金融风暴再起，面对有史以来最严重的经济衰退，国际货币基金组织为印度尼西亚开出的药方未能取得预期效果。2月11日，印度尼西亚政府宣布将实行印度尼西亚盾与美元保持固定汇率的联系汇率制，以稳定印度尼西亚盾。此举遭到国际货币基金组织及美国、西欧的一致反对。国际货币基金组织扬言将撤回印度尼西亚的援助。印度尼西亚陷入政治经济大危机。2月16日，印度尼西亚盾同美元比价跌破10000：1。受其影响，东南亚汇市再起波澜，新元、马币、泰铢、菲律宾比索等纷纷下跌。直到4月8日，印度尼西亚同国际货币基金组织就一份新的经济改革方案达成协议，东南亚汇市才暂告平静。1997年爆发的东南亚金融危机使得与之关系密切的日本经济陷入困境。日元汇率从1997年6月底的115日元兑1美元跌至1998年4月初的133日元兑1美元；5~6月，日元汇率一路下跌，一度接近150日元兑1美元的关口。随着日元的大幅贬值，国际金融形势更加不明朗，亚洲金融危机继续深化。

第三阶段：1998年8月初，趁美国股市动荡、日元汇率持续下跌之际，国际炒家对香港发动新一轮进攻。恒生指数一直跌至6600多点。中国香港特区政府予以回击，金融管理局动用外汇基金进入股市和期货市场，吸纳国际炒家抛售的港币，将汇市稳定在7.75港元兑换1美元的水平上。经过近一个月的苦斗，使国际炒家损失惨重，无法再次实现把香港作为"超级提款机"的企图。国际炒家在香港失利的同时，在俄罗斯更遭惨败。俄罗斯中央银行8月17日宣布年内将卢布兑换美元汇率的浮动幅度扩大到6.0~9.5：1，并推迟偿还外债及暂停国债券交易。9月2日，卢布贬值70%。这都使俄罗斯股市、汇市急剧下跌，引发金融危机乃至经济、政治危机。俄罗斯政策的突变，使得在俄罗斯股市投下巨额资金的国际炒家大伤元气，并带动了美欧国家股市的汇市的全面剧烈波动。如果说在此之前亚洲金融危机还是区域性的，那么，俄罗斯金融危机的爆发，则说明亚洲金融危机已经超出了区域性范围，具有了全球性的意义。到1998年底，俄罗斯经济仍没有摆脱困境。1999年，金融危机结束。

资料来源：腾讯网，http://finance.qq.com/a/20080925/001845.htm.

五、整理发展阶段（2001年至今）

（1）国际直接投资规模增速下降，振幅加大。进入21世纪之后，伴随着网络经济泡沫的破灭，全球大部分地区经济增长放慢，国际直接投资规模连续三年呈下降趋势，2002年全球外国直接投资总额为6510亿美元，只有创纪录的2000年数量的一半，2004年之后恢复增长。但2007年次贷危机引发的金融危机的爆发，全球经济又陷入萧条，2010年开始触底回升。

（2）外国直接投资集中在"大三角"地区的同时，中国吸引外资令人瞩目。从地理分布来看，美国、日本和欧盟 FDI 的流入额和流出额仍占据主导地位，但总的来说，比重呈下降态势，流入发展中国家和转型经济体的比重却趋于上升。发展中国家吸引投资90%以上集中在东南亚、东亚、南亚，50%集中在中国，其他吸收 FDI 较多的国家还有印度、新加坡、韩国、印度尼西亚、马来西亚、泰国、中国香港。发展中国家的转型期经济体在经历了6年的连续增长之后，在 2009 年直接投资量下滑 27%。尽管如此，但其表现出的危机抗御能力强于发达国家，它们在全球直接外资流入量中所占份额仍持续上升。中国在 2003 年成为全世界第二大外国直接投资吸收国。外商设立的企业主要集中在通信设备、电子计算机、电子制造设备、化学原料等制造业和服务贸易领域，这些都说明外商对中国的投资充满信心。随着中国国民经济持续、健康的发展，结构调整成效显著，吸收外资的综合优势日益凸显，中国将继续成为全球最具活力的外商投资地区。

相关链接 1-7

亚洲及太平洋地区对外直接投资呈上升趋势

联合国贸发会议最近的分析指出，在过去 15 年，一些发展中国家已成为外国直接投资的重要来源。按照绝对值计算，发展中国家外流的外国直接投资量从 1980 年的 600 亿美元上升到 1990 年的 1290 亿美元，在 2003 年达到 8590 亿美元。按照相对值计算，1990 年，发展中国家对外直接投资占世界对外投资总量的 7%，到 2003 年，此比重上升到 10%。如果将其外国直接投资流出量与固定资本形成总额相比，一些发展中经济体（新加坡、中国香港、中国台湾、智利和马来西亚）的外国直接投资/固定资本形成总额比率高于某些发达经济体（德国、日本以及美国）。南亚、东亚和东南亚对外直接投资增长最快，这一区域在世界对外直接投资存量中所占的份额从 1990 年的 2.3% 增加到 2003 年的 7.4%。

亚洲及太平洋地区作为发展中国家间外向投资最大的区域来源，对外直接投资流出量遥遥领先，如图 1-5 所示。据估算，2003 年亚太区域对外直接投资总量为

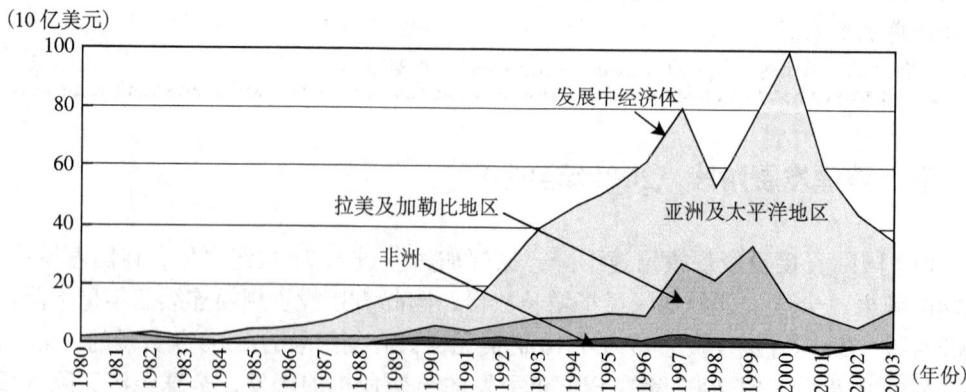

图 1-5　1980~2003 年发展中国家和地区对外直接投资流出量

6070 亿美元,它在全世界外国直接投资总量中所占份额从 1985 年的 2%上升到 2003 年的 8%,其中,仅南亚、东亚和东南亚分区就占发展中国家所有对外直接投资的近 3/4。值得一提的是,中国的对外直接投资迅速增加,尤其是在资源开发方面。中国的跨国公司不仅在邻国投资,同时也在非洲(赞比亚、南非)以及拉美(秘鲁、墨西哥、巴西以及智利)投资。一些中国公司也在逐步进入发达国家市场。

另外,就外国直接投资总量而言,最大的五个发展中国家或地区经济体有四个在亚洲(中国、中国香港地区、新加坡和中国台湾地区),只有一个在拉美及加勒比海(巴西)。这五个经济体占 2002 年来自南方的外国直接投资总量的 72%。

资料来源:亚洲及太平洋地区对外直接投资呈上升趋势,http://genevese.mofcom.gov.cn,2005 年 3 月.

(3) 大型跨国公司主宰全球经济。进入 21 世纪后,跨国公司已成为国际直接投资活动的主体,它不仅加速了资本流动的速度,而且增加了资本的流动总量。据联合国贸发会议统计,目前全球有 82000 个跨国公司,在世界各地开设的分公司和子公司数目达到 810000 家,在全球雇员总数达到 8000 万人。在这些公司中,大型跨国公司更是起到主导作用,几乎主宰着全球经济。2012 年,全球规模最大的跨国公司前三甲分别为荷兰皇家壳牌石油公司、埃克森美孚和沃尔玛,其营业收入分别为 4844.89 亿美元、4529.26 亿美元和 4469.50 亿美元,可谓富可敌国。

(4) 产业结构不断升级,服务业成为外资流入的主要行业。外国直接投资的结构已转向服务业。从投资流量来看,在 20 世纪 70 年代初期,该部分仅占全世界外国直接投资存量的 1/4;1990 年这一比例不到 1/2;而 2007 年它已上升到 60%,如图 1-7 所示。在同一时期,初级部门在 FDI 中地位明显降低,占全世界外国直接投资存量的比例由 9%下降到 7%。而同期制造业降幅更大,由 42%降至 33%,投资流向也从劳动密集型产业转向资本密集型产业,投资形式出现了低股权安排、非股权安排、跨国企业间的战略联盟等,跨国公司内部出现了错综复杂的公司网络。

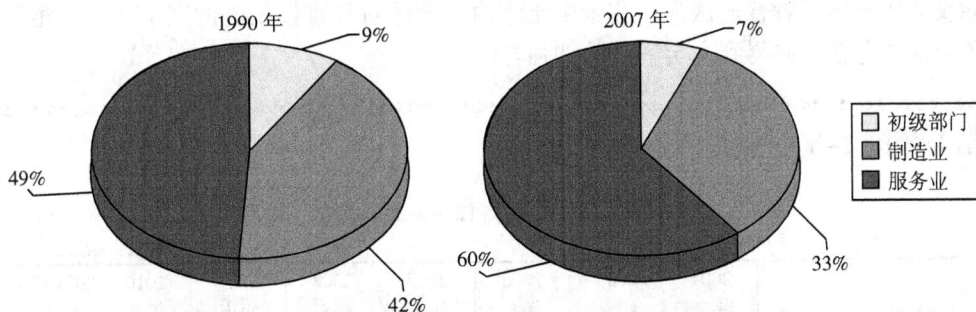

图 1-6 1990 年和 2007 年按部门列出的全世界外国直接投资存量
资料来源:联合国贸发会议. 2008 年世界投资报告:转向服务业.

服务业外国直接投资的构成也在发生变化,主要集中在金融、专业服务和贸易领域,2007 年三者占服务业国际直接投资内流存量的比重分别为 30%、29%和 16.6%。此外，诸如供电、供水、电信和企业活动（包括 IT 带动的商业服务）越来越处于显要地位。

值得一提的是，2009 年受经济危机影响，初级部门、制造部门和服务部门的直接外资都出现了下滑，只有少数行业在 2009 年吸引的直接外资超过了 2008 年，即电力、天然气和供水以及电子设备、建筑和电信业。总体来说，制造部门吸引的直接外资受影响最大。

（5）直接投资和间接投资同步发展，债券融资规模明显增大。进入 21 世纪后，国际直接投资和间接投资同步发展。国际债券市场发展迅速，据国际清算银行统计，国际债券净发行总额由 1998 年的 6811 亿美元增加到 2001 年的 13488 亿美元。到 2010 年 9 月底，国际债务工具总发行额已达 290916 亿美元，总体增长幅度十分可观。从国际债券市场的构成看，以前欧洲资本市场是分散的，单个国家资本市场的规模远远不及美国，但欧元启动后迅速走向一体化的欧洲政府债券市场开始引起国际资本的关注。到 1999 年底，欧元区政府发行的长期欧元债券为 2.2 万亿欧元，相当于美国政府债券市场规模的 2/3，该市场已超过日本，成为仅次于美国的政府债券市场。

从 2004 年起，全球对外直接投资迅速增长。2007 年，全球对外直接投资总额达到 18330 亿美元，同比增长 30%。其中，发展中国家和地区的对外直接投资流入量也创下了历史新高，达到 5000 亿美元，同比增长 21%。

随着次贷危机引发的金融危机愈演愈烈，充裕的资金似乎在一夜之间消失殆尽。美国经济面临通货膨胀、房地产市场萎缩、信贷紧缩等一系列问题。这场危机并没有止步于金融市场，而是通过多个渠道影响到实体经济，造成全球经济进入萧条。

2008 年，全球对外直接投资增长趋势发生了逆转。受全球金融危机和世界经济衰退的影响，全球跨国并购活动明显减少，跨国公司利润也有所下降。统计数据显示，2008 年，全球对外直接投资总额为 14491 亿美元，同比下降 21%。其中，发达国家为 8401 亿美元，下降 32.7%；发展中国家为 5177 亿美元，小幅增长 3.6%。

同时，2008 年全球对外证券投资增速明显减缓。

由于美国、欧盟和日本三个经济体在世界经间接投资中占有举足轻重的地位，从事国际投资研究的学者普遍认为，在未来十年内，全球对外直接投资的这个"大三角"格局还会继续存在，并得到一定程度的加强。

相关链接 1-8

表 1-2　中国国际投资头寸（2004~2011 年第一季度）

单位：亿美元

	2004 年末	2005 年末	2006 年末	2007 年末	2008 年末	2009 年末	2010 年末	2011 年第一季度末
1. 我国对外直接投资	527	645	906	1160	1857	2458	3108	3174
2. 证券投资（作为间接投资的例子）	920	1167	2652	2846	2525	2428	2571	2635
2.1　股本证券	0	0	15	196	214	546	630	632

续表

	2004 年末	2005 年末	2006 年末	2007 年末	2008 年末	2009 年末	2010 年末	2011 年第一季度末
2.2 债务证券	920	1167	2637	2650	2311	1882	1941	2003
3. 其他投资	1658	2164	2539	4683	5523	5173	6439	6983
3.1 贸易信贷	432	661	922	1160	1102	1646	2261	2334
3.2 贷款	590	719	670	888	1071	974	1174	1508
3.3 货币和存款	553	675	736	1380	1529	1310	1985	2125
3.4 其他资产	83	109	210	1255	1821	1243	1018	1015
4. 储备资产	6186	8257	10808	15473	19662	24513	29142	31156
4.1 货币黄金	41	42	123	170	3169	371	481	485
4.2 特别提款权	12	12	11	12	12	125	123	126
4.3 在基金组织中的储备头寸	33	14	11	8	20	25	64	99
4.4 外汇	6099	8189	10663	15282	19460	23992	28473	30447

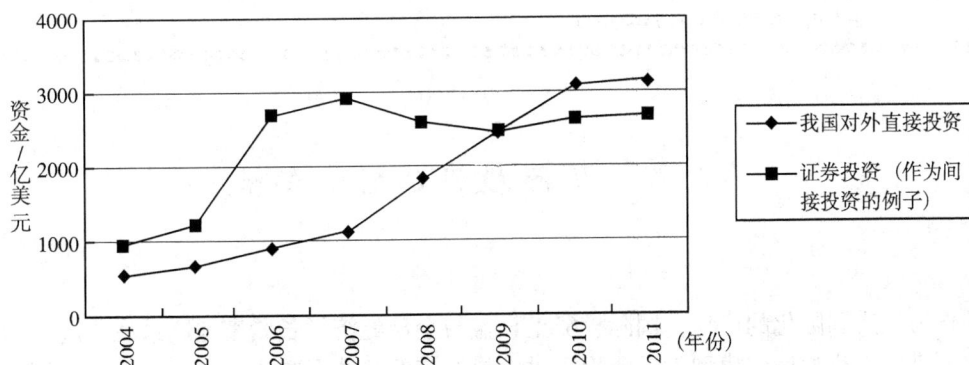

图 1-7　2004~2011 年第一季度末直接投资和间接投资的金额

在 2007~2009 年（金融危机）之间，金融危机对我国直接投资影响较小，我国直接投资呈上升趋势，但在此期间，金融危机对我国的间接投资影响较大，使间接投资呈一定的下降趋势。

从具体方面来看，金融危机对我国国际投资的影响如下：

第一，海外投资。危机发生后，海外资本市场出现暴跌，一些项目可能面临着资产价格缩水、投资收益下降、投资回收期延长等一系列风险，并使得海外许多股市大幅缩水，资产价格大幅下降。一些公司股票估值居于历史地位，为了渡过难关，贱卖公司资产或控股权，这些都为我国企业创造了一系列海外投资的潜在机会。如表 1-2 中显示，2007~2009 年金融危机期间，我国直接投资一直处于增长状态。

第二，进出口贸易。一些出口导向型企业面临着资金回收困难、订单减少的风险。就我国进口而言，一些大宗商品如石油、铜、铁矿石等价格降低，减少了我国进口相关商品的成本。我国企业应抓住这一机遇，根据自身的需要和能力，扩大技术类、资源类、短缺类、价格优势类商品的进口。

第三，金融证券保险业。国际金融危机对我国金融业的影响主要表现为：利率联动、汇率波动及其对金融机构经营的影响。金融环境的变化对银行贷款业务可能产生重要影响。对我国证券业的影响主要表现在：股价波动及其对证券机构经营、业绩和对投资者收益的影响；股价波动对证券市场融资功能的影响及其对上市公司IPO和再融资的影响。对我国保险业的影响主要表现为：利率波动对保险业经营及业绩的影响；资本市场波动对保险业投资收益的影响。今后我国仍会继续坚持金融改革、开放、创新的发展路径，但市场监管和风险防范会进一步加强。如表1-2所示，2007~2009年从整体上看，我国银行贷款投资和贸易信贷投资呈增长趋势。

此外，金融危机还对我国旅游业、劳动就业产生双重的影响。总体来看，金融危机给我国对外直接投资带来了机遇，在我国政府倡导"走出去"战略时，为我国的企业提供了更多的机会。

资料来源：《中国统计年鉴》(2004~2011).

第三节　国际投资的经济影响

作为生产国际化的产物，国际投资正日益与全球经济增长紧密地联系在一起，本节一方面借助麦克杜格尔模型就国际投资对世界经济的整体影响进行分析，另一方面则就国际投资对就业和收入水平、进出口及国际收支水平、竞争水平、技术扩散水平、产业转移水平、资本形成规模和国家经济利益七个方面的影响进行研究和探讨。

一、国际投资对全球经济整体的影响

麦克杜格尔模型是麦克杜格尔在1960年提出的，是用于分析国际资本流动的一般理论模型，其分析的是国际资本流动对资本输出国、资本输入国及整个世界生产和国民收入分配的影响。

现在假设：①世界由资本输出国（甲国）和资本输入国（乙国）组成。世界资本总存量不变，为00′；②在封闭的经济条件下，两国存在充分的竞争，资本的价格由资本的边际生产力决定；③由国际投资产生的收益能够在甲乙两国间得到公平分配；④资本的边际产值呈递减状态，FF′为甲国的资本边际产值，KK′为乙国的资本边际产值。资本价格等于资本的边际产值。

资本流动前：当没有国际投资发生时，也就是甲国和乙国分别使用各自的资本进行生产。在这种情况下，甲国使用 OA 量的资本，生产总量为 OFGA，资本的价格（资本的边际生产力）为 OC；此时乙国使用 O'A 量的资本，生产出 O'KMA 的产量，资本的价格为 O'H，世界资本生产总量为 OFGA+O'KMA，如图 1-8 所示。

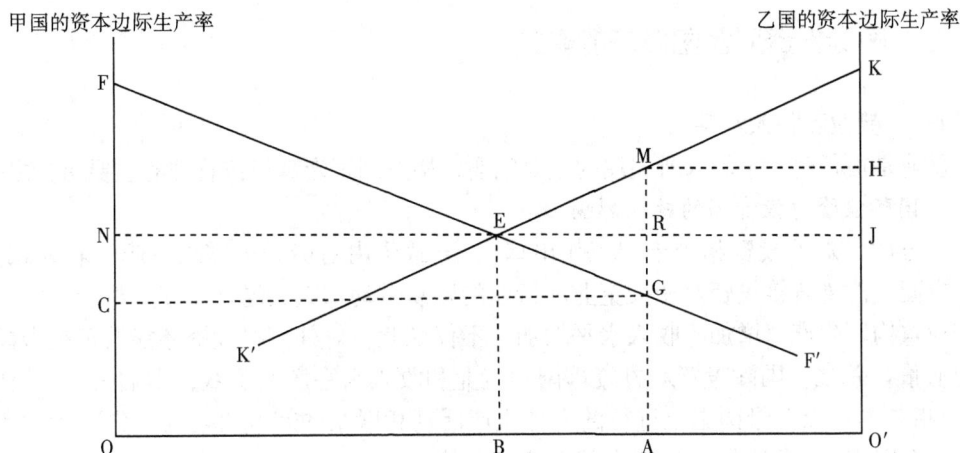

图 1-8　国际资本流动的影响

资本流动后：当发生国际投资时，必然出现的资本流向是从资本充裕、资本价格较低的甲国流向资本短缺、资本价格较高的乙国。由于资本供求的变化，资本的跨国流动会在利益机制的作用下持续进行，一直到甲乙两国的资本边际产值即资本价格相等时，即到 E 点时才会停止。甲国的资本流向乙国，资本流量为 BA，甲国的资本存量为 OB，乙国的资本存量为 O'B。

资本流动的结果：甲国的生产量变为 OFEB，乙国的生产量变为 O'KEB，对全世界来说，资本流动后的总产量增加了，由以前的 OFGA+O'JMA 增加到 OFEB+O'KEB，新增加的产量为 GEM。这表明，资本国际流动有利于增进全世界的产量和福利水平，它是生产资源在世界范围内得到优化配置的结果。

对输出资本的甲国来说：由于国内资本外流而使国内的资本生产总量减少了 AGEB，但甲国因为向乙国投资而从乙国得到了 AREB 的投资收益，扣除了因国内资本减少而损失的 AGEB，剩余的 GER 部分即为对外投资的净收益。

对资本流入的乙国来说：由于引进了国外（甲国）资本 BA，弥补了国内资本的不足，虽然资本的边际产值有所下降，由 O'H 降为 O'J，但因国内资本存量增加而使国内的资本生产总量增加为 O'KEB，比原来增加了 AMEB。其中，AREB 要作为外资收益支付给甲国，RME 是乙国国民收入的净增加。对于资本输入国来说，只要引进资本后增加的产量大于必须支付给外国投资者的报酬，该国的净收益就会增加。

由此可见，国际资本流动使资本输出国和资本输入国同时分享了世界总产量增加所带来的利益。另外，资本流动对甲、乙两国不同要素所有者的影响是不同的。对于甲国来说，资本收入因资本输出带来的资本边际生产力的提高而增加。但对劳动者来说就不那么走运了，他们会因国内生产、就业的减少而减少收入。乙国的情况与此恰恰相反，其国内资本收入因外资流入带来的资本边际生产力降低而减少，劳动者的收益则因此增加。

所以，国际投资能够同时增加资本输出输入国的收益，从而增加全世界的经济收益。

二、国际投资对各国经济的影响

（一）就业和收入水平

就业是被任何一个国家所关注的重要问题，构成国家宏观经济管理的主要指标之一。

1. 国际投资对投资国的就业影响

一方面，对外投资相当于"工作出口"，导致国内对劳动力需求下降，收入减少；另一方面，对外直接投资对相关企业和行业的贸易带动却大大增加了就业机会。对外投资产业重构、生产率增加、收入水平增加。不仅如此，对外直接投资还能改善投资国的就业质量。总之，国际投资对投资母国的就业和收入水平产生了双重影响——"替代效应"（指与本可以在母国本土进行的海外生产活动相联系的就业机会的丧失）和"刺激效应"（指国际投资所导致的国内就业机会的增加）。显然，当替代效应大于刺激效应时，国际投资将导致投资母国就业机会的减少；反之则导致就业机会增加。

2. 国际投资对东道国的就业水平影响

从就业数量上看，跨国公司的本土化策略也必然为东道国增加就业机会，且随着吸引外资的增加而增加。不仅如此，国际投资对母国的就业效应还体现在关联就业上，根据《1994年世界投资报告》估算，每一个直接就业会带动1~2个关联就业，因此其就业总量要比直接就业数量还多。对发展中东道国而言，外来投资所创造的就业效应更加明显，如表1-3所示。外资不但可以解决农业剩余劳动力向工业转移的难题，而且可以利用三资企业提高本国劳动者的素质。对发达国家来说，更多的就业机会可以缓解失业的压力，促进经济进一步发展。引进外资也能够提高东道国的就业质量，跨国公司海外分支机构通常为企业提供更好的工资待遇、工作条件，而且可以给予东道国雇员提供获得新技术的机会。

表 1-3 国际投资对东道国就业的潜在效应

影响领域		就业数量	就业质量	就业区位
直接效应	积极	创造直接就业机会	工资较高，生产力水平也较高	为高失业区增加新的和更好的就业机会
	消极	并购可能导致"合理化"裁员	从雇用和禁止等方面引进不受欢迎的各种管理	城市拥挤加剧地区不平衡
间接效应	积极	通过关联效应创造间接机会	向国内企业传播"最佳运营"工作组织方法	促使供应商转移到劳动力可得地区
	消极	依赖进口或挤垮现有企业会降低就业水平	在国内竞争时降低工资水平	挤垮当地供应商，地区性失业恶化

资料来源：联合国贸发会议.1994年世界投资报告：北京：对外经济贸易出版社，1995.

（二）贸易及国际收支水平

从投资国的角度来看，在短期内，由于涉及资金外流，海外子公司的产品可能在东道国以及国际市场产生对母国出口品的替代，而子公司的他国销售可能与母国产品形成竞争，海外子公司的产品也可能大量返销母国等原因，国际直接投资在短期内对投资国国际收支具有消极影响。但是，长远来看，海外子公司各种投资收益的汇回，可以增加投资国的对外支付能力，进而有利于改善投资国的国际收支状况。对外直接投资是包括资金在内的"一揽子"生产要素的跨国转移，它必然会带动投资国对东道国相关原材料、中间产品、资本货物的出口；同时，也有助于巩固原有市场和开辟新市场，增加母国的出口业绩。这些都有利于改善贸易收支，改善国际收支。

从东道国的角度来看，在短期内，跨国公司基于全球发展战略，在发展中东道国多投资于劳动密集型加工制造业，其产品多数用于出口，从我国外资的情况来看，也证实了这一点。商品出口的增加和加工贸易出口获取外汇，对本国国际收支有明显的积极影响，因此东道国可以从跨国公司海外直接投资中获得明显的短期利益。在长期内，外资企业会将投资利润源源不断汇回母国（直接投资返还周期平均为 5~10 年），也会通过转移定价避税，对东道国国际收支产生不利影响。

因此，无论是投资国还是东道国，都为国际直接投资对国际收支的影响而担忧，只不过投资国担心直接投资对国际收支产生短期不利影响，东道国则担心直接投资对国际收支产生长期不利影响。

（三）产业结构的影响

跨国公司海外直接投资对投资国的所谓"挖空产业"（Hollowing Industry）历来备受关注，但产业空心化问题一般出现在某些传统工业部门和较特殊的高技术部门，且规模极为有限。综合而言，第二次世界大战后海外直接投资的发展极大地促进了投资国产业结构的调整与升级。一方面，从产业部类调整看，第二次世界大战后跨国公司海外直接投资的产业结构经历了由第一产业为主向第二产业为主、再向第三产业为主转移的发展过程，这无疑顺应和强化了世界各国尤其是发达国家产业部类由初级产业向制造业，再向服务业调整的总体趋势。另一方面，从产业内部调整与升级看，第二次世界大战后跨国公司海外直接投资在各大产业内部投向的调整趋势是从低生产率、劳动密集型行业向高生产率、高智能行业调整，从低技术含量、低附加值商品和劳务向高技术含量、高附加值商品和劳务生产调整。显然，上述类型的海外直接投资缩小了投资国境内已经或正在失去竞争优势产业的生产规模，但却为国内有竞争优势的产业让出了资源，从而使投资国原有的产业结构得以不断调整和升级。例如，20 世纪 60 年代以来，随着劳工成本的上升，以美国为首的西方发达国家的劳动密集型产业和传统工业的比较优势相对乃至绝对丧失。于是发达国家一方面致力于产业结构的不断调整与升级，并运用最新科技成果对传统产业进行技术改造；另一方面充分利用各国的比较优势，将劳动密集型、低技术、低增值工序转移海外，而将高技术含量、高增值工序留在国内，致力于产业结构的不断调整和优化。

无论是在发达国家还是在发展中国家，跨国公司海外直接投资促进了东道国新兴工业的发展，进而推动了东道国产业结构的升级。一方面，这在发达国家之间的相互直接投资中表现得十分明显。第二次世界大战以后，在新的科技革命的推动下，发达国家迅速出现了一系列新兴工业部门，而发达国家间的相互直接投资使这类新兴工业部门在各发达国家间迅速发展，加快了发达国家产业结构的演进速度。例如，石油化学工业部门最早出现于美国，是美国实力强大、技术先进的工业部门，美国在西欧的直接投资，使该工业部门首先在英国、进而在其他国家建立和发展起来；其他诸如合成纤维、合成橡胶工业、电子计算机等也大都是由美国跨国公司在西欧最先建立起来的，从而促进了西欧国家这类新兴工业部门的发展。另一方面，在广大发展中国家，外来直接投资对其产业结构的调整尤其是制造业的发展发挥了积极作用。例如，发达国家跨国公司对亚洲"四小龙"的直接投资和技术转让与"四小龙"的高技术战略相呼应，积极推动了其产业结构由劳动密集型产业向资本—技术密集型产业转变，进而促进了其产业结构的日趋高级化。而在东盟一些国家（如菲律宾和泰国等）以及拉美一些国家（如墨西哥、巴西）中，外国直接投资在其资本—技术密集型行业中的作用尤为突出。

（四）示范和竞争效应

跨国公司是高度国际化的垄断资本组织，在技术、资金、组织、人才、研发等方面都有强劲实力。其在东道国所设立的子公司本身也反映了母公司的特点，倾向于加强行业集中，它在技术、管理上对东道国同类企业有示范作用，同时也加大了东道国本土企业的竞争压力，刺激其进行技术创新、服务改善等。

如果东道国企业的生产效率不足以与跨国企业形成竞争，则可能被逐出市场或被购并，市场形成垄断或寡头的格局，因此竞争可能对东道国经济造成损害。

（五）技术进步水平

许多研究表明，外国直接投资是东道国获得先进技术的主要渠道，在这些国家的技术进步中发挥了重要作用。技术的外溢，推动了东道国技术、科学管理水平的提高，主要体现在以下五个方面：①外国直接投资多采用成熟的标准化技术，东道国可以通过模仿和应用成熟产品的设计、生产、销售等成功经验直接获得技术外溢效应；②外商带来先进的管理方法和理念；③外资创造了就业机会并培养了技术和管理方面的人才；④通过增大外部竞争压力刺激国内企业参与竞争；⑤社会责任驱使外商传递技术到其供应链上（企业跨国蜜蜂：传播社会责任，和谐进步，实现可持续发展）。

（六）资本形成效应

就国际投资对东道国的资本形成效应来看，国际投资促成了东道国资本存量的增加。促进资本形成历来被认为是国际投资对东道国（尤其是发展中国家）经济增长的重大贡献，主要表现在：①海外直接投资的注入增加了东道国的资本存量；②无论是绿地投资还是购并方式投资，一般均会为东道国带来后续性追加投资，从而有助于增加东道国的资本存量；③海外直接投资的进入（无论是绿地投资，还是购并形式投资）通常会引致母国企业的追加或辅助投资；④跨国企业可通过为东道国当地资本市场提供有吸引力的投资机会而动员当地储蓄，成为引发国内投资的催化剂。

一般来说，外商直接投资作为一种资源或要素，流入的结果是其中一部分转化为东道国的固定资产投资，从而直接增加东道国的资本积累和资本形成，但由于它还会对东道国国内资本产生一定的"挤入"或"挤出"效应，从而间接地影响东道国的资本积累和资本形成，因而外国直接投资对东道国资本积累和资本形成的影响是不确定的。

外资进入国内市场，打破了原有的市场结构，降低了市场集中度，其产生的竞争效应会使得那些效率低下的国内厂商被逐出市场，从而国内厂商的投资受到压缩，产生对国内资本的"挤出效应"。

（七）产业安全效应

所谓国家产业安全，指的是外商利用其资本、技术、管理、营销等方面的优势，通过并购等方式控制国内企业，甚至控制某些重要产业，由此对我国经济构成威胁。详见第五章。

相关链接 1-9

外商直接投资对我国产业安全的影响

外资对中国产业安全的负面影响涉及面广，但其重要影响表现为品牌控制、技术控制和市场控制。

1. 控制品牌

外资大举进入，使中国民族工业品牌面临严峻挑战。大量外商入境，打着合资合作的幌子，把中方的品牌雪藏，给自己的品牌让路。中国本土的日用品品牌曾经历过辉煌，如洗衣粉中的"活力28，沙市日化"唱响大江南北；"北有熊猫，南有白猫"家喻户晓；"大宝天天见"享誉全国；"中华牙膏"也冠誉中华。但如今这些耳熟能详的名牌产品却逐渐淡出人们的视线，取而代之的是大量的洋品牌。

2. 控制市场

外商来华投资的重要因素之一，是中国巨大市场的吸引力，近年来外商对同一产业内的精英企业进行了一系列的兼并收购活动，以谋求在某些产业的垄断地位。外资大举进入中国后，日化用品市场如今是宝洁和联合利华的天下；软饮料市场被可口可乐、百事可乐、统一和康师傅瓜分；工程机械、汽车等诸多行业，都同样几乎被外商占据。

3. 控制技术

对外商而言，保持技术垄断性比市场更重要。因为在高科技领域里，适用技术巨额垄断利润使高技术"溢出"效应十分有限，加之发达国家因政治原因也严格控制高新技术扩散，引进外资时极难引进世界最先进而又最适用的技术。允许外资大量进入反而会面临既未引进先进技术，又失去国内市场的危险。多年的实践证明，我国"用市场换技术"的初衷与现实相差甚远，我国主动和被动让出许多产业的市场份额，实际上获得的主要是国外第二、三流的技术，而中国原有的关键技术已大多被外商控制。

资料来源：祝年贵.利用外资与中国产业安全.财经科学，2003（5）.

第四节　国际投资学与相关学科的关系

国际投资学是研究国际投资主体、国际投资客体和主体对客体的营运过程以及由此产生的对世界经济、各国经济的影响，探索其内在规律的学科，既包括宏观方面又包括微观方面，既包括理论总结又包括实务操作。它与国际金融学和国际贸易学都属于国际经济学的一个分支学科，目前又都属于高校经济类专业本、专科学生的主干教程，与国际贸易和国际金融既有联系又有区别。

一、国际投资学与国际贸易学的关系

国际贸易学是研究商品和劳务在国际间的流通及其客观规律的学科；国际投资学是研究作为生产要素的资本在国际间的交易与增值。两者既有联系又有区别：

（一）两者的联系

首先，国际贸易与国际投资的研究领域都涉及商品在国际间的流动。其次，国际贸易与国际投资之间存在着相互影响：一方面，国际贸易活动往往是国际投资的基础和先导。例如，根据产品周期理论，企业通常是首先以出口方式来开辟海外市场，当出口逐步受到竞争压力和关税等阻碍时，就会考虑转向在海外就地生产，进行国际投资。另一方面，国际投资也会对国际贸易产生反作用。国际投资行为的发生，会引起购买力在国际间的转移，从而带动国际贸易的发展，而当国际直接投资完成时，形成生产能力后，又会导致东道国进口的减少。

（二）两者的区别

（1）体现的关系不同。国际投资侧重于研究国与国之间的资本交易关系，这种交易导致两国债权债务关系的变化。国际贸易则侧重于商品交换关系，而这种商品劳务和交易一经结算后，债权债务关系也随之完结。

（2）在国际收支表中所处项目不同。国际贸易的情况反映在一国国际收支表的经常项目之中。国际投资活动的情况反映在资本项目方面。不同的项目反映不同的对外投资活动。从国际收支平衡与维护经济稳定增长的角度看，由资本项目反映的国际投资对一国的影响，应与由经常项目反映的国际贸易对该国的影响相互抵消。

（3）对经济活动产生的影响不同。当代经济活动实践表明，推动国际经济发展的主要动力已经由国际贸易转向国际投资。国际投资的增长幅度较长期地快于国际贸易增长幅度。国际投资作为国际经济往来的一种形式，不仅在国家之间表现出已超过贸易往来的趋势，而且与国际贸易不同的是，国际投资的互补性体现在要素而不是产品方面，尤其是直接投资具有带动资金、技术设备、管理等要素全面转移的功能。

二、国际投资学与国际金融学的关系

国际金融学是研究货币在国际间运动及其规律的学科，与国际投资学的关系密切。

（一）两者的联系

（1）国际投资与国际金融的研究内容都包括货币资本在国际间的转移。

（2）由于国际金融和国际投资活动相互影响，因而在研究中也会共同涉及一些相互制约因素：一方面，作为国际金融研究内容的利率、汇率变化会影响国际证券的价格及收益，影响国际直接投资的利润，进而对国际投资行为产生重大影响，例如，人民币的升值对中国的国际投资产生了较大影响；另一方面，国际投资的效果也会制约国际市场上的货币流向，造成供求关系的变化，从而引起利率和汇率的变动。

（二）两者的区别

（1）在学科研究领域方面的基本区别。国际金融以货币为学科研究对象。国际投资不仅涉及货币要素，而且还涉及其他作为要素资本的实物资本和无形资本：设备、原料、技术、管理及专利等。因此，国际投资对货币的研究是将其作为能够带来增值交易关系的要素之一。

（2）所包含的内容不同。国际投资更偏重于中长期资本的经济性流动（即资本项目下的一年期以上的国际投资项目资本）。国际金融的范围还涉及各种短期资金及非经济性流动（包括捐赠、个人汇款和援助等在内的不发生偿还的转移收支项目）。

（3）行为主体的区别。国际金融研究范围的行为主体主要是国家或国际组织，侧重于研究资本运动对国际收支平衡、利率、汇率波动及其对国家长期经济贸易地位的影响等。国际投资研究范围的行为主体是企业、跨国公司（包括跨国银行），更侧重于研究资本运动对其可能带来的经济效益。

本章小结

（1）国际投资是各类投资主体将所拥有的资本经跨国界流动与配置形成实物资产、无形资产或金融资产，并通过跨国运营以实现价值增值的经济行为。国际投资按照投资主体，可分为官方投资和私人投资；按照投资期限，可分为短期投资和长期投资；按照投资形式与性质，可分为直接投资、间接投资和其他方式投资。

（2）国际投资的发展过程大致可以分为五个阶段。进入 20 世纪 70 年代后，生产国际化的程度进一步提高，国际投资的发展规模、速度超过了以往任何一个时期，导致国际投资格局发生了很大的变化。进入 21 世纪之后，伴随着全球大部分地区经济增长放慢以及次贷危机和金融危机的爆发，国际投资的发展进入了缩量整理阶段。

（3）国际投资对各国经济的影响主要体现在就业和收入、贸易和国际收支、产业结构、示范和竞争、技术进步、资本形成、产业安全七个方面。

案例思考

　　卡塔尔是亚洲西南部的一个阿拉伯国家，位于波斯湾西南岸的卡塔尔半岛上，与阿联酋和沙特阿拉伯接壤。作为世界上原油储量第十位和天然气储备第三位的国家，石油、天然气工业具有极其广阔的发展潜力。近年来，当地政府大力投资开发天然气，将其作为经济发展的重中之重，制定了开发天然气的中长期发展规划。卡塔尔还将发展非石油、非天然气工业作为实现国民收入多元化和摆脱对石油依赖的主要途径，注重吸引外资和技术；鼓励发展农业，免费向农民提供种子、化肥和农业机械，号召植树造林，扩大耕地面积。2000~2010 年，卡塔尔 GDP 年均复合增长率达到 13.4%，世界银行《世界发展指标 2009》全球最富国家和地区排行榜显示，2008 年卡塔尔人均 GDP 达到 7.6 万美元，位列世界第三。但 2009 年受金融危机影响，国际原油、天然气价格大幅回落，卡塔尔人均 GDP 也降至不足 6 万美元水平，外资流入锐减，政府财政赤字大增，经济发展过于依靠资源的弊病表露无遗。

　　◆ 试分析卡塔尔在发展经济中的经验和不足。

　　资料来源：百度百科，http://baike.baidu.com/view/7129.htm.

复习题

一、名词解释
国际投资　直接投资　间接投资　产业安全

二、简答题
1. 国际投资的特征是什么？
2. 国际投资经历了哪几个发展阶段？
3. 试述国际投资对投资国和东道国分别产生的经济影响。

第二章　国际投资理论

本章课前实训

有关于国际投资理论的演讲。具体做法是：将学生分为三组，第一组在课堂上就国际投资理论研究方面的内容进行陈述；第二组扮演评委随机进行提问；第三组模拟评委进行点评。最后由教师总结和打分。

本章知识要点

● 国际直接投资理论
● 国际间接投资理论
● 运用投资理论分析国际投资现象

案例导引

迪斯尼集团

　　1984年，美国的沃特迪斯尼集团在美国加州和佛罗里达州迪斯尼乐园经营成功的基础上，通过许可转让技术的方式，开设了东京迪斯尼乐园，获得了巨大的成功。东京迪斯尼的成功，大大增强了迪斯尼集团对于跨国经营的信心，决定继续向国外市场努力，再在欧洲开办一个迪斯尼乐园。在巴黎开设的欧洲迪斯尼乐园与东京迪斯尼不同，迪斯尼集团采取的是直接投资方式，投资了18亿美元，在巴黎郊外开办了占地4800公顷的大型游乐场。但奇怪的是，虽然有了东京的经验，又有了由于占有49%股权所带来的经营管理上相当大的控制力，欧洲迪斯尼乐园的经营至今仍不理想，该乐园第一年的经营亏损就达到了9亿美元，于是关闭了一家旅馆，并解雇了950名雇员，全面推迟第二期工程项目的开发。欧洲迪斯尼乐园的股票价格也从164法郎跌到84法郎，欧洲迪斯尼乐园被戏称为"欧洲倒霉地"。

　　资料来源：百度文库，http://wenku.baidu.com/view/0d255a54ad02de80d4d84076.html.

第一节　西方主流直接投资理论

一、厂商垄断优势理论

（一）垄断优势理论的产生背景

斯蒂芬·海默生于加拿大，美国学者、麻省理工学院教授，首先创立了国际直接投资理论——垄断优势理论，开创了国际直接投资理论的先河。1960 年，他完成了其博士论文——《国内企业的国际经营：对外直接投资研究》。该文问世后，并未引起世人重视，由于快速发展的国际投资实践对其理论的验证，该理论才成为最有影响的流派之一。到 1976 年，该理论正式问世时，他已谢世两年。

之后他的导师 C. P. 金德尔伯格在 20 世纪 70 年代对垄断优势进行了补充和发展，认为它是一种阐明当代跨国公司在海外投资具有垄断优势的理论。此理论认为，考察对外直接投资应从"垄断优势"着眼。鉴于海默和金德尔伯格对该理论均做出了巨大贡献，有时又将该理论称为"海默—金德尔伯格传统"（H–K Tradition）。

（二）垄断优势理论的主要内容

斯蒂芬·海默认为，在完全竞争的市场条件下，企业生产同类产品，有获得所有生产要素——尤其是技术的平等权利。如果不能形成对国内其他企业和对东道国企业的任何优势，就没有必要、同时也难以对外直接投资。

实际上对外直接投资所面对的海外市场是不完全竞争市场，市场上至少有四种类型的不完全竞争产生企业的垄断优势：①产品市场不完全——少数企业能够凭借差异性产品的垄断影响市场价格；②要素市场不完全——专利、技术诀窍等差异；③由规模经济引起的市场不完全——投入同样的资本，只有少数企业可以得到规模收益递增效益；④由于政府的介入导致市场不完全——政府干预、税收、利率和汇率政策。

例如，美国向海外直接投资的企业多是汽车、石油、电子、化工等制造业部门中具有独特垄断优势的企业。对外直接投资就是为了充分利用其他企业所没有的"独占性生产要素"。

（三）垄断优势理论的补充理论

在海默与金德尔伯格的垄断优势论后，西方学者对该理论做了进一步的补充完善和发展，其中具有代表性的理论有：

1. 核心资产论

核心资产论者约翰逊（Johnson）认为资产的核心部分为技术和知识等无形资产。与其他资产相比，知识资产的生产成本较高，而通过国际直接投资方式来对这些知识资产加以利用，则成本较低。所以，跨国公司的垄断优势只来源于其对知识资产的控制。

2. 产品差异论

1971年，凯夫斯（R.E. Caves）认为，跨国公司所拥有的使产品发生异质的能力是其拥有的重要优势之一。跨国公司凭借其强大的资金、技术优势可以针对不同层次和不同地区消费者的偏好设计、改造产品，并通过广告宣传、公关活动等促销手段促使消费者偏爱和购买这些产品，独占东道国市场。

3. 寡占反应论

1973年，美国学者尼克博克（Knickerbocker）在运用垄断优势论研究美国企业对外直接投资时发现，美国这类对外投资主要是由垄断程度较高的少数寡头公司进行，这些寡头公司具有成批地在同一时期对外直接投资现象，这就是"寡占反应"。（寡占指少数大的跨国公司处于行业或市场结构的支配地位。）

相关链接 2-1

跨国汽车公司在华投资的寡占反应过程

根据尼克博克的寡占反应理论，中国作为世界上最后一个最大的汽车市场，任何一家汽车寡头在华的投资都会使其他竞争对手做出强烈的反应，从而避免因对手的投资而使自己的竞争地位受到任何削弱。

1997年，通用汽车公司和上海汽车工业集团共出资15.2亿美元，各占股份50%，建成年产10万辆生产能力的别克轿车生产线，并承诺向中国转让重要技术。同时通用和上汽的合作敦促大众公司向上汽转让先进技术，提高产品的档次。

1998年，广州汽车集团有限公司和日本本田工业株式会社共出资11.4亿元人民币，各持50%股份，生产1998型本田雅阁。

1999年，丰田公司在天津投资生产定价10万元以下的经济型夏利。

到2001年底，全球九大汽车厂商在我国都有大规模的投资，建立了合资汽车制造企业。

资料来源：百度百科，http://wenku.baidu.com/view/2f05b017cc7931b765cel587.html.

4. 风险分散论

1979年加拿大学者拉格曼（A.M.Rugman）认为，从事国际经营的跨国公司可以借鉴国际证券投资中用多元化投资选择方式来降低投资风险的理论，不仅要使自己的产品多样化，也要使自己的投资布局多样化，同时可避免国际经济波动或东道国经济波动对其经营活动可能造成的负面影响，从而取得较为稳定的利润。

（四）垄断优势理论的评价

垄断优势理论在20世纪60~70年代中期对西方学者产生过较深刻的影响。垄断优势论从理论上开创了以国际直接投资为对象的新研究领域，使国际直接投资的理论研究开始成为独立学科。这一理论既解释了跨国公司为了在更大范围内发挥垄断优势而进行横向投资，也解释了跨国公司为了维护垄断地位而将部分工序（尤其是劳动密集型工序）转移到国外生产的纵向投资，因而对跨国公司对外直接投资理论发展产生很大影响。但它也具有一定的局限性，它不能很好地解释对外直接投资流向的产业分布或地理分布，并且该理论是以美国跨国公司为研究对象，无法指导发展中国家企业和没有垄断优势的中小企业的对外投资行为。

二、内部化理论

（一）内部化理论的产生背景

自 20 世纪 70 年代中期，以英国里丁大学学者巴克利（Peter. J. Buckley）、卡森（Mark Casson）与加拿大学者拉格曼（A.M.Rugman）为主要代表人物的西方学者，以发达国家跨国公司（不含日本）为研究对象，沿用了美国学者科斯（R.H.Coase）的新厂商理论和市场不完全的基本假定，于 1976 年在《跨国公司的未来》（*The Future of Multinational Enterprise*）一书中提出的，建立了跨国公司的一般理论——内部化理论。

内部化理论又称市场内部化理论，是西方跨国公司研究者为了建立跨国公司理论时提出和形成的理论观点，是当前解释对外直接投资的一种比较流行的理论。

1977 年，美国经济学家钱德勒（Alfred D. Chandler）在《看得见的手——美国企业的管理革命》中对企业内部化从交易成本方面做了进一步阐述：管理上的协调比市场机制的协调带来更大的生产力、较低的成本、较高的利润；因此，传统的小公司会被多部门的大企业所取代。即交易活动的内部化。该阐述对现代工商业的起源做出了解释。

（二）内部化理论的主要内容

（1）内部化理论的基本假设：第一，企业在不完全市场竞争中从事生产经营活动的目的是追求利润最大化。第二，中间产品市场的不完全，使企业通过对外直接投资，在组织内部创造市场，以克服外部市场的缺陷。第三，跨国公司是跨越国界的市场内部化过程的产物。

（2）主要观点。内部化理论的主要观点可概括如下：由于市场的不完全，若将企业所拥有的科技和营销知识等中间产品通过外部市场来组织交易，则难以保证厂商实现利润最大化目标；若企业建立内部市场，可利用企业管理手段协调企业内部资源的配置，避免市场不完全对企业经营效率的影响。企业对外直接投资的实质是基于所有权之上的企业管理与控制权的扩张，而不在于资本的转移。其结果是用企业内部的管理机制代替外部市场机制，以便降低交易成本，拥有跨国经营的内部化优势。

（3）内部化的实现条件。内部化的成本包括：①资源成本——整体市场被分割，不能利用规模经济优势；②通信联络成本——子公司保护公司技术与财务秘密，与母公司联络成本增加；③国家风险成本——面临东道国的政治风险（战乱、外汇转移、国有化）；④管理成本——跨国公司管理全球子公司，管理监督成本增加。

内部化的收益包括：①统一协调企业各项业务所带来的经济效益；②制定有效的差别价格和转移价格所带来的经济效益；③消除买方不确定所带来的经济效益；④减轻或

消除国际市场不完全（避免政府干预）所带来的经济效益；⑤保持公司在全世界范围内的技术优势所带来的经济效益。

只有当市场内部化的收益大于外部市场交易成本和内部化成本之和时，内部交易的边际收益大于边际成本时，跨国企业进行市场内部化才是切实可行的。

（三）内部化理论的评价

内部化理论是西方学者跨国公司理论研究的一个重要转折。以前的理论主要研究发达国家（主要是美国）企业海外投资的动机与决定因素，而内部化理论则研究各国（主要是发达国家）企业之间的产品交换形式与企业国际分工与生产的组织形式，认为跨国公司正是企业国际分工的组织形式。

与其他理论相比，内部化理论属于一般理论，能解释大部分对外直接投资的动因。而其他国际直接投资理论仅从产品或生产要素等某个侧面来分析跨国公司对外直接投资的原因，因此内部化理论不同程度地包含了其他理论，有助于对跨国公司的成因及其对外投资行为进一步深入理解。

三、产品生命周期理论

（一）产品生命周期理论产生的背景

产品生命周期（Product Life Cycle，PLC），指产品的市场寿命，即一种新产品从开始进入市场到被市场淘汰的整个过程，分为导入期（Introduction）、增长期（Growth）、成熟期（Mature）和衰退期（Decline）。该理论是美国哈佛大学教授雷蒙德·弗农（Raymond Vernon）于1966年在其《产品周期中的国际投资与贸易》一文中首先提出来的。弗农认为：产品生命这个周期在不同技术水平的国家里，发生的时间和过程是不一样的，期间存在一个较大的差距和时差，正是这一时差，表现为不同国家在技术上的差距，它反映了同一产品在不同国家市场上的竞争地位的差异，从而决定了国际贸易和国际投资的变化。

（二）产品生命周期理论的主要内容

1. 第一阶段：引入期

新产品投入市场，此时产品品种少，顾客对产品还不了解，需求价格弹性较低，除少数追求新奇的顾客外，几乎无人实际购买该产品。并且该阶段产品生产批量小，制造成本高，产品尚未定型，因此，创新国（发达国家，如美国）凭借雄厚的研究开发资金首先创新技术，开发出新产品，将新产品集中于国内生产并主要投放于具有高收入的本国市场，并部分出口满足其他收入水平相近的消费需求。创新企业具有技术垄断优势，生产未转移，国际直接投资未发生。

2. 第二阶段：成长期

当产品进入引入期，销售取得成功之后，便进入了成长期。此时，市场出现了新的特点：①寡占市场结构削弱，市场加剧；②新产品的生产技术日趋完善，产品在设计和生产方面已经形成了一定程度的标准化；③国内外市场需求量急剧增加，消费的价格弹性开始增大，因而企业开始关注如何降低产品的生产成本和价格；④随着创新国向其他发达国家大量出口产品，诱导了其他发达国家的市场发育，进口国的当地企业开始仿制类似产品或生产替代品，使原始创新国的技术优势逐渐丧失；⑤其他发达国家为了保护新的民族工业，保持国内市场，也开始实施关税与非关税壁垒，限制美国产品的输入，极大地削弱了美国新产品的出口能力。

在这种情况下，企业开始倾向于到海外直接投资设厂，以绕开贸易壁垒，并解决原材料供应不足、中间费用增加等困扰，这时的对外投资主要面向西欧这类生产条件好、市场容量大，要素价格比美国相对便宜的国家。

3. 第三阶段：成熟期

产品进入大批量生产并稳定地进入市场销售，经过成长期之后，随着购买产品的人数增多，市场需求趋于饱和。此时，产品普及并日趋标准化，成本低而产量大。销售增长速度缓慢直至转而下降，由于竞争的加剧，导致同类产品生产企业之间不得不加大在产品质量、花色、规格、包装服务等方面的投入，在一定程度上增加了成本。美国在技术上的垄断优势已完全丧失，成本和价格因素在竞争中已起到决定性作用，于是企业将生产转移到成本更低的发展中国家进行生产，产品返销到母国。此时，创新国开始研制和开发新的产品。

4. 第四阶段：衰退期

随着科技的发展以及消费习惯的改变等原因，产品的销售量和利润持续下降，产品在市场上已经老化，不能适应市场需求，市场上已经有其他性能更好、价格更低的新产品，足以满足消费者的需求。此时成本较高的企业就会由于无利可图而陆续停止生产，该类产品的生命周期也就陆续结束，直至最后完全撤出市场。

（三）产品生命周期理论的评价

在理论模型提出不久，弗农就意识到该理论的不足之处，并进行了修正。弗农指出，在创新阶段，欧洲、日本发达国家的大企业与美国跨国企业一样具有创新优势。在成熟阶段和标准化阶段，寡头企业将利用其创新优势谋求和维持对其他企业进入市场的有效壁垒。同时，厂商密切关注世界各地的生产效益，以统筹安排其全球经营战略。

总之，产品生命周期理论较好地说明了美国等发达国家跨国公司在一定时期内对外直接投资的区位选择动机和原因，在跨国经营理论的动态性、产品创新等方面有开创性研究。但该理论仍然存在研究范围狭窄、研究对象单一等局限性，它不能量化地描述事件之间的时间差，对实际决策帮助不大，而且在某些方面与事实有相悖的地方。事实上，目前很多创新的产品并不是从母国扩散到海外，而是一开始就在海外设计、研制并销售的。而且，产品生命周期不一定最终走向衰退，例如：日本的汽车和电子工业不断创新、改造，避免了产品的标准化和老化。

四、厂商增长理论

（一）理论产生的背景

该理论的思想始于彭罗斯发表于 1956 年的《对外投资与厂商增长》的论文，文章指出：任何一种企业都具有 FDI 的倾向，这是经营规模扩张的表现，这种扩张取决于厂商特有优势（管理优势、技术诀窍、知识产权等）。1960 年之后，该理论得以完善，建立起厂商的行为模式。

（二）理论的主要内容

理论假设前提：公司所有权、经营权相分离；厂商经理可以在相当独立程度上做出决策，厂商规模与经理报酬之间的关系比与厂商利润之间的关系更紧密，因此经理控制的企业有追求企业规模增长最大化的内在动因。

该理论的主要内容：对外直接投资是厂商追求增长最大化的自然结果。增长最大化厂商的对外扩张一般要经历出口、许可生产、跨国企业三个阶段。这既是厂商追求增长最大化的内在要求，又是增长最大化厂商对外投资的战略体现。

（三）理论的评价

厂商增长理论所论及的情况比较符合跨国公司的特点：厂商经理具有独立经营权力，跨国公司具有较强的扩张实力，厂商倾向于扩大在国外市场的销售额以获取超额利润。同时，跨国公司在国际市场上具有较强的垄断实力，这些公司的规模大到足以能使经理们抵制来自分散的股东们利润最大化要求，从而增加红利分配的压力。因此，厂商增长理论是从厂商经理对扩大规模的偏好以及经营管理动机对跨国公司经营战略影响的角度，来解释对外直接投资的动机及跨国公司的形成。

五、比较优势理论

（一）理论产生的背景

微观的国际直接投资理论基本都可以得出结论：只有拥有雄厚资本和高技术的大企业，才能拥有独占市场的优势，才能有能力从事对外投资。20 世纪 70 年代中期以后，日本学界开始对垄断优势理论提出异议。日本的海外直接投资产业顺序是从资源密集型产业为主向劳动密集型产业为主再向重化工业为主的产业结构转变。从日本的情况分析，对外投资的主体大都是中小企业，所拥有的是易为发展中国家所接受的劳动密集型技术优势。至 20 世纪 70 年代以来，日本著名的国际经济学家——小岛清教授提出了比较优势理论（又称作边际产业扩张理论），该理论不仅在日本，而且在欧美产生了巨大的反响，被认为是"小岛设想"、"小岛主张"、"小岛清模型"。

（二）理论的核心内容

国际直接投资应该从本国已经处于或者即将处于比较劣势的产业（边际产业）依次进行，而这些产业是东道国具有比较优势或者潜在优势的产业。这种投资可以使东道国因资本、技术的限制而未显现出来的比较优势显现出来，扩大两国间的比较优势差距，实现更多的、获益更大的贸易。

根据边际产业扩张理论的核心思想，小岛清提出了"若干推论"：

推论之一：可以将国际贸易和对外直接投资的综合理论建立在"比较优势（成本）原理"的基础之上。在国际贸易方面，根据既定的比较成本，一国应大力发展拥有比较优势产业，并出口该产业生产的产品。同时，缩小比较劣势产业，并进口该产业生产的产品，就可以获得贸易利益。

在对外直接投资方面，投资国从处于或即将处于比较劣势的边际产业依次进行，这样，就可以将东道国因缺少资本、技术和管理经验而没有发挥的潜在比较优势挖掘出来，扩大两国间的比较成本差距，为双方进行更大规模的进出口贸易创造条件。

推论之二：日本式对外直接投资与对外贸易的关系不是替代关系，而是互补关系，既创造对外直接投资又扩大对外贸易。

随着日本式对外直接投资的扩大，一方面可以带动投资国机器设备等出口，另一方面也会促使投资国增加进口。另外，东道国引进外资提高国民收入后，也会从日本进口更多产品。从创造和扩大投资国对外贸易的意义上讲，日本的对外直接投资是属于贸易导向型的。

推论之三：对外直接投资应当立足于"比较成本原理"进行判断。传统的企业发展理论、产业组织理论等往往建立在对一种产品、一种产业或一家企业的分析之上，这是不科学的。

小岛清认为，应采用先找出两种或两种以上的产品成本比率，然后与外国的该种比率进行比较，即运用比较之比较公式，才能做出最后的结论。

推论之四：在国际直接投资中，投资国与东道国从技术差距最小的产业依次进行移植，由投资国的中小企业作为这种移植的承担者（因为这类企业与东道国的技术差距较小）。

（三）比较优势理论的评价

比较优势理论所研究的对象是日本跨国公司，反映了日本在国际生产领域寻求最佳发展途径的愿望，该理论比较符合 20 世纪 60~70 年代日本对外投资实践，是贸易促进型的投资。它从与欧美学者对立的另一角度立论：首次将国际直接投资理论与国际贸易理论在比较优势原则基础上融合，说明了日本企业对外投资的情况，并且说明亚洲出现的以日本→"四小龙"（韩国、新加坡、中国台湾和中国香港）→东盟→中国→越南等为序的产业调整递进的构想和实态，即所谓"雁行结构"，它从各国产业结构调整的角度论述了如何提高国际直接投资效益的问题。

但是，比较优势理论也具有一定的局限性：该理论无法解释发展中国家的对外投资行为，也无法解释 20 世纪 80 年代之后日本的对外直接投资实践（此时日本的对外投资是贸易替代型而非投资与贸易互补型）。该理论也无法解释美国跨国公司对外贸易替代性的投资，即美国对外投资大多为具有垄断优势的制造业部门，投资利益为高额垄断利润而非贸易利益。

相关链接 2-2

比较优势理论的启示

比较优势理论吸收和借鉴"小岛理论"中所蕴含的思想和政策主张,对于我国实施"走出去"的开放战略有着重要启示。"走出去"包括商品、资本和人员(劳务)走出去,但主要是指资本走出去,即对外进行直接投资。无疑,实施"走出去"战略,是中国适应经济全球化、在更高层次上参与国际分工合作的现实需要,是更好地实现中国国民经济和中国企业可持续发展的必然选择,也是提升和扩大中国对外开放深度和广度的必由之路。研究和认识小岛清的"边际产业扩张理论",对我们发展对外直接投资,至少有以下几点启示。

(1)必须加强对"中国式"对外投资模式的研究和探讨。过去,一直对"引进来"研究得多,对"走出去"研究得少;对国外企业在国内投资研究得多,对国内企业在国外投资研究得少。在实践中,也是"引进来"多,"走出去"少;商品走出去多,资本走出去少。这种状况显然不适应当前国内外经济发展形势的需要。小岛清提出这一理论的时代背景与中国国内目前的形势大致相同,有必要加强这一方面的研究和探讨,提出"中国式"的对外投资模式,用来指导中国企业走向世界。

(2)小岛清理论是以 20 世纪 50~70 年代日本对外直接投资为考察对象的。在他看来,"日本式"对外直接投资同"美国式"对外直接投资具有明显的区别,"是受欢迎的"。但是,"在不久的将来,当日本企业发展成为巨大的跨国公司时,也应采取凭借垄断优势、区位优势和内部化优势,以其尖端的新产品向国外扩张,进行巨大跨国公司活动的美国式对外直接投资"。实际上,今天日本对外直接投资的确已经实现了这种转变。为适应这种转变,小岛清也对其理论进行了补充。这给我们的启示是无论提出什么样的对外直接投资模式,都必须立足于本国的实际,与本国的特定发展阶段相适应,都必须是务实的、发展的。

(3)中国要实施"走出去"的开放战略,首先要解决以下三个问题:

一是谁走出去的问题,即谁是投资主体的问题。毫无疑问,"走出去"的主体应该是企业。那么是大企业还是中小企业,是国有企业还是私营企业。在日本式投资中,小岛清认为,中小企业的对外投资应走在前面,理由是在当时日本的劳动密集型产业中,"可能大企业还保持较强的比较优势,而中小企业趋于比较劣势,成为边际性企业"。在中国,有人主张,走出去的首先应该是国有企业,特别是国有大中型企业。

二是解决往哪里走的问题。是向发达国家走还是向发展中国家或地区走?不可否认,一些发达国家国内投资环境比较优越,投资机会多,中国 2/3 的贸易是与发达国家展开的。但这并不意味着中国的投资也应该只走向发达国家。国内处于优势的产业在发达国家就不一定具有比较优势,相反,国内处于劣势的产业可能在某些发展中国家或地区具有比较优势。因此中国企业不应该只像目前这样,投资过分集中在中国港澳地区和发达国家，而应该主要走向与本国经济发展水平相近或者落后的国家，如俄罗斯、越南等周边国家以及非洲、拉美和中东等地。比如说中国在轻工、食品、纺织和普通的家用电器等行业有过剩的加工能力和成熟技术，并且其产品在国内市场上已经饱和。而像俄罗斯这样一些国家和地区，这些行业相对落后，产品需求量大，正好给中国在该国投资这些行业提供了大好机会。再比如说非洲是一个大市场，经济发展水平参差不齐，许多国家拥有丰富的森林、矿产、渔业等资源，而中国很多二手设备和相应发展比较成熟的技术都可以在此找到市场。因此中国对非洲地区的投资前景应该是很广阔的。

三是怎么走的问题。走出去的方式有许多种，小岛清认为，日本是以资源开发进口为中心的对外直接投资，只需要按"非股权安排方式"进行就够了，这也是资源国家所容易接受的方式。中国企业究竟是以股权形式还是非股权形式安排、以合资还是独资、以并购还是新建或者以其他的方式"走出去"，值得进一步研究。走出去的方式应该根据投资企业与投资环境具体情况及各种方式本身的优缺点而定。例如对发展中国家的投资一般应以合资经营的方式为主，原因是发展中国家投资环境较差。并且多数发展中国家对外国直接投资者有进入方式和股权安排上的要求，如与当地企业合资经营者可享受若干优惠政策、外商控股不得高于50%以上等。当然，这并不排除对特殊情况，特殊对待。

（4）在关于对发展中国家工业投资的政策主张中，小岛清提出这种投资应该起到"教师的作用"，"给当地企业带来积极的波及效果"。在谈到日本的对外直接投资起什么作用时，他说"目的在于振兴并促进对方国家的比较优势产业"。小岛清的说法不能说没有起到一种宣传作用。在这一方面，中国学者似乎不如日本学者。在多年关注的这方面的资料中，几乎都是谈中国对外直接投资对国内会有什么好处，而很少谈或根本不谈对对方国家（东道国）的好处。今后中国的对外直接投资在实践中兼顾本国与东道国双方利益的同时，也需要大力宣传"双赢"的思想。其中的意义，不言而喻。

（5）小岛清把国际贸易和对外投资的综合理论建立在比较优势（成本）的基础之上，将国际贸易理论和对外直接投资理论融为一体（目前理论界正在探讨这二者间一体化理论），这在20世纪70年代中期来说，不能不说它是一种理论创新。然而更重要的是，他提出的"日本式"对外直接投资与对外贸易之间不是存在替代关系，而是互补关系，创造和扩大了贸易。这一思想，对中国仍有很大的现实意义。随着中国对外投资规模的日益扩大，在某些产品的国外市场上，特别是在劳动密集型产品的销售市场上，如何使投资与贸易之间存在的替代关系变为互相促进和互补的关系，是摆在中国面前亟待解决的问题。

资料来源：价值中国网，http://www.chinavalue.net/wiki/showcontent.aspx? titleid=179665.

六、邓宁国际生产折衷理论

(一) 国际生产折衷理论的产生背景

1977 年，在国际直接投资领域具有较大影响力的著名学者——英国瑞丁大学教授邓宁 (J. H. Dunning) 在《贸易、经济活动的区位和跨国企业：折衷理论方法探索》中提出了国际生产折衷理论 (The Eclectic Theory of International Production)。该理论又称"国际生产综合理论"，企业对外直接投资所能够利用的有所有权特定优势、内部化优势和东道国区位优势，只有当企业同时具备这三种优势时，才完全具备了对外直接投资的条件。1981 年，他在《国际生产和跨国企业》一书中对折衷理论又进行进一步阐述。

(二) 理论的主要内容

邓宁折衷理论 (OIL 理论) 从厂商资产所有权 (O)、内部化 (I)、国家区位 (L) 三个方面综合解释国际直接投资形成的原因，该理论认为：只有当厂商资产所有权优势、内部化条件、东道国区位优势均满足时，投资厂商才愿意进行国际直接投资。

(1) 所有权特定优势 (Ownership)。所有权优势指一国企业拥有能够得到别国企业没有或难以得到的资本、规模、技术、管理和营销技能等方面的优势。邓宁认为的所有权特定优势有以下几个方面：①资产性所有权优势；②交易性所有权优势；③规模经济优势。

一个企业如果具有所有权优势，它不一定通过对外直接投资来开拓这些优势，通过出口或技术转让的方法同样可以应用这些优势。由此导入了内部化优势概念。

(2) 内部化优势 (Internalization)。内部化优势是指拥有所有权优势的企业为避免市场不完善而把企业的所有权优势保持在企业内部所获得的优势。

由于外部市场的不完美及市场失灵，企业必须具有把所有权优势内部化的能力。只有通过内部化在一个共同所有的企业内部实行供给和需求的交换关系，用企业自己的程序来配置资源，才能使企业的垄断优势发挥最大的效用。所有权优势指出了对外直接投资的能力，而内部化优势决定了企业对外直接投资的目的与形式。但是，一个企业具备了所有权优势并将之内部化，还不能准确地解释直接投资活动，因为出口也能发挥这两种优势。

因此，所有权优势和内部化优势仍只是对外直接投资的必要条件，而非充分条件。由此导入区位优势概念。

(3) 区位特定优势 (Location)。区位优势指一个国家或地区比另一国家或地区能为外国厂商在本国或本地区投资设厂提供更有利条件的优势，也即某一个国家或地区的投资环境。

区位特定优势决定企业对外直接投资的国际生产布局的地点选择。具体的区位因素包括：①劳动成本和自然资源；②市场潜力；③关税与非关税壁垒；④政府政策。

(三) 理论模型

有关国际生产折衷理论可用这样一个简明的公式概括：

对外直接投资＝所有权特定优势＋内部化优势＋区位特定优势

这三组因素的组合可以用来决定：①一企业相对于其他企业是否具有直接投资的优势；②企业是否可以通过出口、技术授权或其他渠道更好地开拓这些优势。

根据企业所具备的优势，邓宁提出了一个方案选择的模型，如表2-1所示。

表2-1　企业跨国方式选择

竞争优势 市场渠道	所有权优势	内部化优势	区位优势
技术转让	√	×	×
出口	√	√	×
对外直接投资	√	√	√

（四）邓宁国际生产折衷理论的评价

国际生产折衷理论是"集大成者"，该理论在继承海默的垄断优势理论、俄林的要素禀赋理论以及巴克利和卡森的内部化理论的基础上，引入区位优势理论，为国际经济活动提供了一种综合分析方法，成为当代对外直接投资理论的主流。

第二节　发展中国家对外直接投资理论

一、投资发展周期论

（一）理论的产生背景

投资周期论是著名国际投资专家邓宁1981年提出的，其目的在于进一步说明国际生产折衷理论。邓宁实证分析了67个国家1967~1978年间直接投资和经济发展阶段之间的联系，认为一国的国际投资规模与其经济发展水平有密切的关系，人均国民生产总值越高，其对外直接投资净额就越大。

其中心命题是：发展中国家的对外直接投资倾向取决于一国的经济发展阶段和该国所拥有的所有权优势、内部化优势和区位优势。

（二）投资发展周期论的主要内容

该理论认为，一国对外直接投资净额NOI（Net Outward Investment，等于对外直接投资额减去吸收外商直接投资额）是该国经济发展阶段的函数，而人均国内生产总值（人均GDP）是反映经济发展阶段最重要的参数。

邓宁将对外投资的发展划分为四个阶段：

第一阶段，年人均GDP在400美元以下，这些国家几乎没有直接投资流出，也很少接受直接投资，净对外投资为零或为较小的负数。这是因为这些国家的企业不具有所有权优势，也没有内部化优势，因而没有对外投资的条件。同时，由于国内缺乏令投资方满意的区位优势，如没有足够大的国内市场和优良的投资环境，外资流入也很少。

第二阶段，年人均 GDP 在 400~2000 美元，处于这一阶段的国家接受直接投资处于上升阶段，并开始少量对外投资，对外净直接投资为负，且负数值在增大，意味着吸收投资大于对外投资。这说明由于实施进口替代，市场扩大，投资环境改善，区位优势增加，直接投资流入也开始增长。但该国企业所有权优势增长有限，难以克服国际化生产障碍，所以直接投资流出仍然很少，且集中于邻近国家。

第三阶段，年人均 GDP 在 2000~4000 美元，处于该阶段的国家对外净直接投资虽也为负数，但其绝对值在不断减少，这是由于接受外资减少，或对外直接投资的速度快于接受外资的速度。在此阶段，该国一些企业所有权特定优势增强，原来的外国投资者在该国的子公司所有权优势下降，该国企业对外投资开始上升。

第四阶段，年人均 GDP 超过 4000 美元，处于该阶段的国家对外净直接投资为正值，并呈增长趋势，对外直接投资比接受的直接投资增长得更快。这表明该国企业具有强大的所有权优势和内部化能力，也善于发现和取得国外的区位优势。与此同时，外国投资者在获得该国的区位优势和发挥自身所有权优势方面受到更大的挑战。

（三）投资发展周期论的评价

投资发展周期论动态地描述了对外投资、吸引外资与经济发展水平的总体联系及趋势，即经济实力最雄厚、生产力最发达的国家，往往是资本输出最多、对外直接投资最活跃的国家。但该理论与当代国际投资的实际情况有许多悖逆之处。现代国际投资实践表明，不仅发达国家对外投资规模不断扩大，而且不少发展中国家和地区的对外投资也很活跃。

此外，人均国民生产总值是一个动态数列，仅用一个指标难以准确衡量各国对外投资变动的规律性。

相关链接 2-3

我国对外直接投资水平

根据投资发展周期理论，在不同的经济发展阶段，如何利用好外国直接投资和对外直接投资进行国际化，是提高本国国际竞争力的基础。那么，首先，我们要判断我国处于哪个阶段。1994 年我国人均 GDP 就已超过 400 美元，为 474 美元（人民币 3923 元）。1994~2005 年人均 GDP 一直保持增长态势。2005 年，我国国内生产总值（GDP）为 182321 亿元，年末全国总人口为 130756 万人，人均 GDP 约为 13944 元，按 2005 年 12 月 31 日人民币汇率中间价 8.07 计算，折合成美元约为人均 GDP1728 美元。因人均 GNP 与人均 GDP 差不多，故将两者等同看待。由此看来，我国总体上处于邓宁教授所分析的第二阶段，即对外直接投资相对于利用外资较少的阶段，但考虑到中国人均 GDP 已处于第二阶段的后半部分，对外投资开始增加。

特别值得注意的是，中国经济发展是不平衡的，中国沿海地区一些省市区的人均GDP已超过 2500 美元，进入邓宁所分析的第三阶段，即对外直接投资加速发展的阶段。其中北京、上海、天津 3 个直辖市已进入第四阶段。因此，可以说中国的对外直接投资已进入新的发展阶段。

资料来源：中国论文下载中心，http：//www.studa.net/qiyeyanjiu/090102/09071030.html，2009 年 1 月.

二、小规模技术理论

（一）小规模技术理论的产生背景

美国经济学家刘易斯·威尔斯（Louis J.Wells）于 1977 年在题为《发展中国家企业的国际化》一文中提出"小规模技术理论"。1983 年威尔斯在其专著《第三世界跨国公司》中，对小规模技术理论进行了更详细的论述，弥补了传统直接投资理论把竞争优势绝对化的不足。

（二）小规模技术理论的主要内容

威尔斯认为发展中国家跨国企业的竞争优势来自低生产成本，这种低生产成本是与其母国的市场特征紧密相关的。威尔斯主要从三个方面分析了发展中国家跨国企业的比较优势：

（1）拥有为小市场需要服务的劳动密集型小规模生产技术。低收入国家商品市场的一个普遍特征是需求量有限，大规模生产技术无法从这种小市场需求中获得规模效益，许多发展中国家正是开发了满足小市场需求的生产技术而获得竞争优势。

（2）在国外生产民族产品。发展中国家对外投资主要是为服务于国外同一种族团体的需要而建立。根据威尔斯的研究，以民族为纽带的对外投资在印度、泰国、新加坡、马来西亚以及中国台湾、中国香港的投资中都占有一定比例。

（3）产品低价营销战略。与发达国家跨国公司相比，生产成本低、物美价廉是发展中国家跨国公司形成竞争优势的重要原因，也是抢占市场份额的重要武器。

（三）小规模技术理论的评价

小规模技术理论被西方理论界认为是发展中国家跨国公司研究中的早期代表性成果。威尔斯把发展中国家跨国公司竞争优势的产生与这些国家自身的市场特征结合起来，在理论上给后人提供了一个充分的分析空间，对于分析经济落后国家企业在国际化的初期阶段怎样在国际竞争中争得一席之地颇有启发。

但从本质上看，小规模技术理论是技术被动论。威尔斯显然继承了弗农的产品生命周期理论，认为发展中国家所生产的产品主要是使用"降级技术"生产在西方国家早已成熟的产品。它将发展中国家跨国公司的竞争优势仅仅局限于小规模生产技术的使用，可能会导致这些国家在国际生产体系中的位置永远处于边缘地带和产品生命周期的最后阶段。同时该理论很难解释一些发展中国家高新技术企业的对外投资行为，也无法解释当今发展中国家对发达国家直接投资日趋增长的现象。

三、技术地方化理论

（一）技术地方化理论的产生背景

英国经济学家拉奥在 1983 年出版了《新跨国公司：第三世界企业的发展》一书，提出用"技术地方化理论"来解释发展中国家对外直接投资行为。拉奥深入研究了印度跨国公司的竞争优势和投资动机，认为发展中国家跨国公司的技术特征尽管表现为规模小、使用标准化技术和劳动密集型技术，但这种技术的形成却包含着企业内在的创新活动。

（二）技术地方化理论的主要内容

在拉奥看来，导致发展中国家能够形成和发展自己独特优势主要有以下四个因素：

（1）发展中国家技术知识的当地化是在不同于发达国家的环境中进行的，这种新的环境往往与一国的要素价格及其质量相联系。

（2）发展中国家通过对进口技术和产品进行某些改造，使他们的产品能更好地满足当地或邻国市场的需求，这种创新活动必然形成竞争优势。

（3）发展中国家企业竞争优势不仅来自于其生产过程和产品与当地的供给条件和需求条件紧密结合，而且来自于创新活动中所产生的技术在小规模生产条件下具有更高的经济效益。

（4）从产品特征看，发展中国家企业往往能开发出与品牌产品不同的消费品，特别是当东道国市场较大，消费者的品位和购买能力有很大差别时，来自发展中国家的产品仍有一定的竞争能力。

（三）技术地方化理论的评价

拉奥的技术地方化理论，对于分析发展中国家跨国公司的意义在于它不仅分析了发展中国家企业的国际竞争优势是什么，而且更强调形成竞争优势所特有的企业创新活动。在拉奥看来，企业的技术吸收过程是一种不可逆转的创新活动，这种创新往往受当地的生产供给、需求条件和企业特有学习活动的直接影响。

与威尔斯的小规模技术理论相比，拉奥更强调企业技术引进的再生过程。即欠发达国家对外国技术的改进、消化和吸收不是一种被动的模仿和复制，而是对技术的消化、引进和创新。正是这种创新活动给企业带来新的竞争优势。虽然拉奥的技术地方化理论对企业技术创新活动的描述是粗线条的，但它把发展中国家跨国公司研究的注意力引向微观层次，以证明落后国家企业以比较优势参与国际生产和经营活动的可能性。

第三节　国际间接投资理论

国际间接投资理论源于现代西方证券投资理论，本节介绍两种国际间接投资理论，一种是古典国际证券投资理论，一种是现代资产选择理论，即国际证券投资组合理论。前者主要用于说明国际证券投资的动因，后者则对国际证券投资的选择和优化提供了某种理论解释。

一、古典国际证券投资理论

古典国际证券投资理论产生于国际直接投资和跨国公司迅猛发展之前。它认为，国际证券投资的根本原因是国际间存在的利率差异，如果一国利率低于另一国利率，则金融资本就会从利率低的国家向利率高的国家流动，直至两国的利率没有差别为止。进一步说，在国际资本能够自由流动的条件下，如果两国的利率存在差异，则两国能够带来同等收益的有价证券价格也会产生差别，即高利率国家有价证券的价格低，低利率国家有价证券的价格高，这样，低利率国家就会向高利率国家投资购买有价证券。

有价证券的收益、价格和市场利率的关系可表示为：

$$C = I/r$$

式中，C 表示有价证券的价格，I 表示有价证券的年收益，r 表示资本的市场利率。

假设世界仅由 A、B 两国组成，A 国的市场利率水平高于 B 国，证券资本在两国间的流动是自由的，不存在任何限制，那么两国能带来同等收益的证券就会因两国利率水平的不同而产生价格上的差别。用公式来表示，则有：

$$C_A = \frac{I_A}{r_A}, \quad C_B = \frac{I_B}{r_B}$$

显然，在 $I_A = I_B$ 的前提下，因为 $r_A > r_B$，所以 $C_A > C_B$。这样，就会导致利率水平较低，从而证券价格较高的 B 国的证券资本流向利率水平较高从而证券价格较低的 A 国，直到两国的利率水平相等时，这类国际证券投资才会停止。

上述的古典国际证券投资理论没有考虑证券形态以外的资本在国际间流动的动因，故无法解释现代的 FDI。按照这一理论，资本流动总是从资本供给相对丰富的国家流向资本供给相对稀缺的国家，但第二次世界大战后的实际情况却是另外一种情形，这个现象说明，资本国际流动与利率理论的解释并不完全相符。此外，该理论对各国间不存在证券资本流动障碍的假设也过于理想化。虽然该理论存在着局限性，但其贡献在于指明了国际利率差异是导致国际间接投资的关键因素。

二、证券投资组合理论

早期，证券投资者以"不要把鸡蛋都放在一个篮子里"的原则，来分散投资风险，获取收益。然而，在实践中这一原则过于机械化，常给投资者造成很大的损失。在此背景下，美国著名经济学家哈里·马克维茨（Harry M. Markowitz）于 1952 年在《金融杂志》上发表其经典之作《资产组合选择》一文中，最早提出了证券投资组合理论。他首次采用风险资产的预期收益和方差表示风险，来研究资产的选择和组合问题。他将以往的个别资产分析推进到一个新阶段，以资产组合为基础，配合投资者对风险的态度，从而进行资产选择的分析。

由于每一种股票价格波动的频率、程度、时间不一致，在每一种投资组合中，各种股票的收益与风险可能相互叠加、相抵或部分相抵。因而，由不同股票构成的投资组合在风险程度上就不同。马克维茨关于资产选择理论的分析方法，有助于投资者选择最有利的投资组合，使其投资报酬最高，而风险最小。马克维茨将证券投资的决策过程分为三个相互分离的阶段：单一证券分析、证券组合分析和证券组合选择。

相关链接 2-4

人物简介：哈里·马克维茨

1927 年 8 月 24 日，哈里·马克维茨出生于美国伊利诺伊州的芝加哥。1947 年，他从芝加哥大学经济系毕业，获得学士学位。

研究经济学并非他童年的梦想。他是在拿到学士学位之后选择硕士专业时才决定读经济学的。微观经济学和宏观经济学他都学得很好，但是他最感兴趣的是不确定性经济学，特别是冯·诺伊曼和摩根斯坦与马夏克关于预期效用的论点、弗里德曼——萨凡奇效用函数以及萨凡奇对个人概率的辩解。

哈里·马克维茨、威廉·夏普和默顿·米勒三位美国经济学家同时荣获 1990 年诺贝尔经济学奖，是因为他们对现代金融经济学理论的开拓性研究为投资者、股东及金融专家们提供了衡量不同的金融资产投资的风险和收益的工具，以估计预测股票、债券等证券价格。这三位获奖者的理论阐释了下述问题：在一个给定的证券投资总量中，如何使各种资产的风险与收益达到均衡；如何以这种风险和收益的均衡来决定证券的价格；以及税率变动或企业破产等因素又怎样影响证券的价格。

马克维茨的贡献是他发展了资产选择理论。他于 1952 年发表的经典之作《资产选择》一文，将以往个别资产分析推进一个新阶段，他以资产组合为基础，配合投资者对风险的态度，从而进行资产选择的分析，由此便产生了现代的有价证券投资理论。马克维茨关于资产选择理论的分析方法——现代资产组合理论，有助于投资者选择最有利的投资，以求得最佳的资产组合，使投资报酬最高，而其风险最小。他发展了一个概念明确且可操作的，在不确定条件下选择投资组合理论，他的研究在今天被认为是金融经济学理论前驱工作，被誉为"华尔街的第一次革命"。因他在金融经济学方面做出了开创性工作，从而获得 1990 年诺贝尔经济学奖。

资料来源：百度百科，http://baike.baidu.com/view/149342.htm.

（一）单一证券分析

单一证券分析主要是对单一证券的收益率和风险进行分析。

1. 单一证券收益的计算

马克维茨运用概率论的方法，将不确定的收益率假定为符合正态分布的随机变量，并用其集中趋势即期望收益率来表示证券预期收益。因此，投资者持有某种证券，在一段时间所获得的收益可以用收益的期望值来表示，公式为：

$$E_{(R)} = \sum_{i=1}^{n} R_i \cdot P_i$$

式中，$E_{(R)}$ 为证券的预期收益率；R_i 为证券的第 i 种可能状态下的收益率；P_i 为第 i 种可能状态发生的概率。

例   假设某种证券的收益率情况及它们相应的概率如下表所示，请问这一证券的预期收益率是多少？

表 2-2   某种证券收益率情况及相应概率

收益率的可能结果（%）	概率（%）
100	5
60	20
10	70
-10	5

证券的预期收益 $E = 100\% \times 5\% + 60\% \times 20\% = 10\% \times 70\% + (-10\%) \times 5\% = 19\%$

2. 单一证券风险的计算

马克维茨用证券在正态分布中呈现出的离散程度，即标准差来衡量证券风险的大小，公式为：

$$\sigma = \sqrt{\sum_{i=1}^{n} [R_i - E_{(R)}]^2 \cdot P_i}$$

式中，σ 为标准差即风险。

计算出的标准差越大，表示实际发生的收益率与期望收益率偏离的越多，证明该证券的风险也就越大；反之，标准差越小，证明该证券的风险也就越小。

（二）证券组合分析

在投资风险证券时，投资者为了回避风险，往往购买多种证券即采用组合投资的策略，计算证券组合期望收益率和标准差，与计算单一证券的收益率的标准差相比要复杂得多，但其基本原理是大致相同的。

1. 证券组合中各证券之间收益的相关性

在测算证券组合风险时，不仅要测算每种证券的风险，而且要测算在证券组合中每种证券之间的关系对收益率的影响，这是证券组合分析与单一证券分析的最大不同。

（1）协方差。协方差是用来衡量证券收益率之间的变动关系，其公式为：

$$cov\ (X,\ Y) = E\ \{[R_X - E\ (R_X)]\ [R_Y - E\ (R_Y)]\}$$

式中，cov（X，Y）为证券 X 和证券 Y 之间的协方差，也可以用 σ_{XY} 表示。

（2）相关系数。

$$\rho_{XY} = \frac{cov\ (X,\ Y)}{\sigma_X \sigma_Y}$$

式中，ρ_{XY} 为证券 X 和证券 Y 的相关系数；σ_X、σ_Y 为证券 X 和证券 Y 各自的标准差。

相关系数 ρ_{XY} 取值在 $-1\sim1$，即 $-1 \leq \rho_{XY} \leq 1$。当 $\rho_{XY}=1$ 时，称证券 X 和证券 Y 完全正相关；当 $\rho_{XY}=-1$ 时，称证券 X 和证券 Y 完全负相关；当 $\rho_{XY}=0$ 时，称证券 X 和证券 Y 收益率之间毫不相关，如图 2-1 所示。

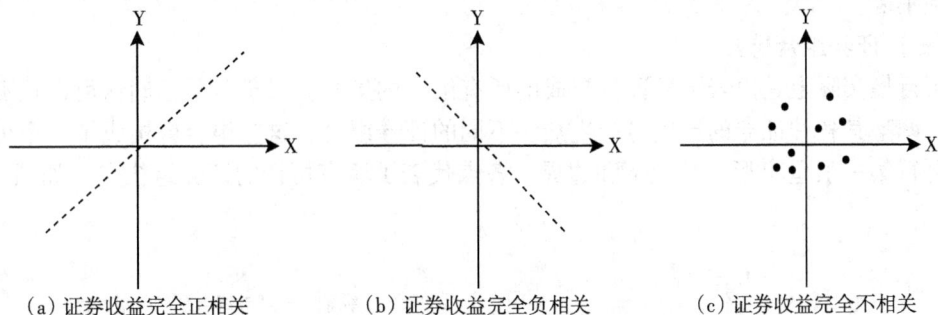

(a) 证券收益完全正相关　　　(b) 证券收益完全负相关　　　(c) 证券收益完全不相关

图 2-1　证券预期收益的相关性

2. 证券组合收益的计算

$$E\ (R_P) = \sum_{i=1}^{n} W_i \cdot E\ (R_i)$$

式中，E（R_P）为证券组合的预期收益率；W_i 为第 i 种证券的投资比例；E（R_i）为第 i 种证券的预期收益率。

由上式可以看出，每一个单一证券对组合的预期回报率的贡献依赖于它的预期收益率，以及它在组合初始价值中所占份额，而与其他一切无关。

3. 证券组合风险的计算

$$\sigma_P^2 = \sum_{i=1}^{n} \sum_{j=1}^{n} W_i W_j cov_{ij}$$

式中，σ_P^2 为证券组合的方差（平方根即为标准差）；cov_{ij} 为证券 i 和证券 j 收益之间的协方差；W_i、W_j 为证券 i 和证券 j 在组合中所占的比例。

由于当 i=j 时，$W_i = W_j$，$\sigma_i = \sigma_j$，$\rho_{ij} = 1$，所以公式可以整理为：

$$\sigma_P^2 = \sum_{i=j=1}^{n} W_1^2 \sigma_i^2 + 2\sum_{i\neq j}^{n} W_i W_j \rho_{ij} \sigma_i \sigma_j$$

为便于分析与计算，我们假设该证券组合由两种证券构成，证券 1 和证券 2。那么，上述计算组合风险的公式为：

$$\sigma_P^2 = W_1^2 \sigma_1^2 + W_2^2 \sigma_2^2 + 2W_1 W_2 \rho_{12} \sigma_1 \sigma_2$$

从上述公式中可以看出，证券组合的预期收益和风险取决于单一证券的期望收益、标准差，各种证券在组合中所占的比例以及证券与证券之间的相关程度。一般来说，各种证券的期望收益、标准差以及它们之间的相关程度难以人为改变。因此，投资者往往在各种证券的相关程度、收益及标准差相对确定的情况下，调整各种证券的比例，可以降低其投资组合风险。

在实践中，只要证券的收益不完全相关，风险规避者就可以通过组合投资来分散风险。收益相关性越低，可用以分散风险证券的数目就越大，分散投资的营利性就越大。当证券完全负相关，即 $\rho=-1$ 时，甚至可以通过调整各个证券的投资比例使投资组合的风险消除。

（三）证券组合选择

可行集实际上是由若干种证券构成的所有组合的集合。对于若干已确认可以投资的证券，调整其各种证券的比例将产生众多不同的证券组合，这些组合就构成了一个可行集。可行集一般呈伞形，其内部和边界上各点代表了所有可行的证券组合点，如图 2-2 所示。

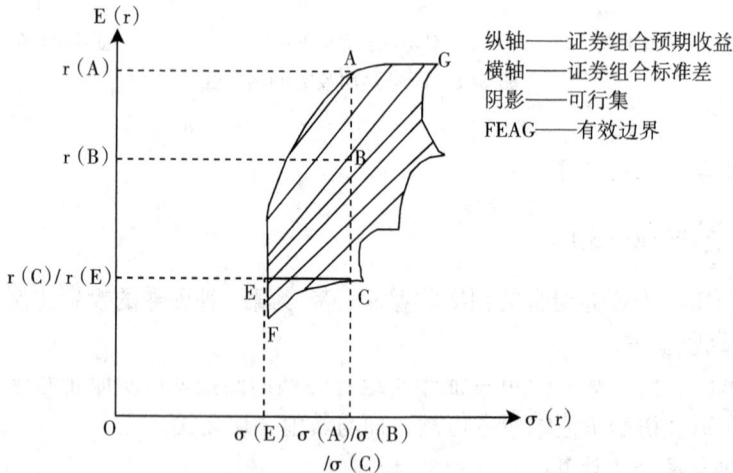

图 2-2　可行集与有效边界

在可行集提供的证券组合的所有可能方案中，投资者通过有效集定理可以找到有效集。有效集定理可以表述为：一个投资者能够从下面一组证券组合中选择到他所期望的最佳证券组合：①在各种风险水平条件下，提供最大预期收益率；②在各种预期收益水平下，承担最小风险。同时满足这两个条件的一组证券组合，我们称之为有效集或有效组合。在马克维茨的模型图中（图2-2），这套有效组合的位置处于一条左上方的曲线上，即曲线FEAG，又称为有效边界。我们用有效边界FEAG上的点与其他证券组合点相比，可以发现此边界上的点比其他所有点在同样风险水平下收益都高，如A、B两点相比，二者有同样的标准差，即$\sigma_A = \sigma_B$，但A点收益r_A明显高于B点收益r_B。同样的道理，有效边界上的点比其他所有点在同样收益水平下风险都低，如E、C两点相比，二者具有相同预期收益，即$r_E = r_C$，但明显，$\sigma_E < \sigma_C$，即E点风险要小于C点。总之，除有效边界FEAG上的点以外，可行集中的其他组合点，相比之下不是收益太低就是风险太高，所以都不足取。投资者在证券组合选择时，都倾向于选择有效边界FEAG上的点。有效边界以外的点我们均称之为"无效证券组合"。

对于具体投资者而言，并不是有效集中的任何一个证券组合都是他们认为的最优组合，这里还存在着一个投资者偏好的问题。对投资者偏好的分析需要引入经济学上的概念——无差异曲线来进行比较研究。投资者对同一无差异曲线上的不同证券组合具有相同的偏好，但不同的无差异曲线代表了不同的偏好水平（容易证明不同的无差异曲线不会相交）。由于在风险增加的情况下，投资者为保持相同的偏好水平，必然要求更高的收益，因此无差异曲线具有正的斜率；又由于投资者大多是风险的厌恶者，投资者总是希望以最小的风险获取最高的收益，因此偏好增加的方向是由右下指向左上（见图2-3）。

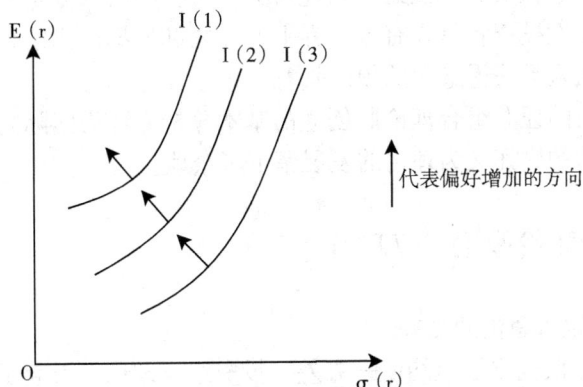

图2-3　无差异曲线

图2-3曲线I_1、I_2、I_3代表了三条不同的无差异曲线。它们所代表的投资者偏好是不同的，从图中我们可以明显看出，在相同收益情况下，风险状况依次是$I_1 > I_2 > I_3$；而在相同风险状况下，收益情况依次是$I_1 < I_2 < I_3$。因此，投资者偏好依次是$I_1 < I_2 < I_3$，即投资者更偏好于I_3这条无差异曲线，这与上面的结论是一致的。

引入无差异曲线来衡量投资者偏好后，我们就很容易通过求出无差异曲线与有效边界的切点来取得适合投资者偏好的最优证券组合（见图2-4）。

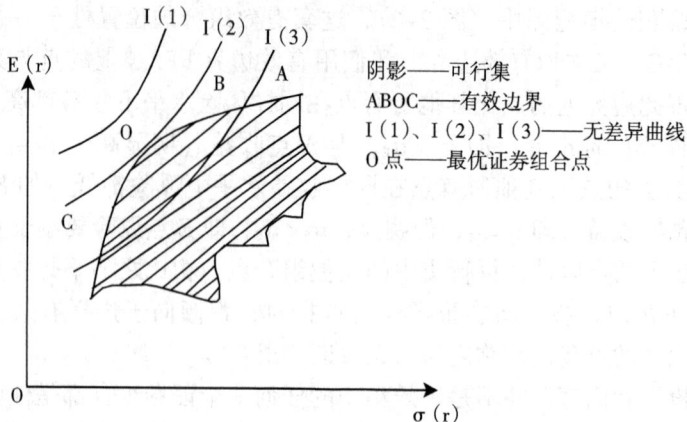

图中 I(1)、I(2)、I(3)

阴影——可行集
ABOC——有效边界
I(1)、I(2)、I(3)——无差异曲线
O点——最优证券组合点

图2-4 最优证券组合

图中 I_1、I_2、I_3 是某投资者的无差异曲线，阴影代表可行集，边界 ABOC 是有效集，图中 I_2 与 ABOC 切于 O 点。我们知道投资者偏好 I_3 甚于 I_2 和 I_1，但 I_3 与有效边界没有交点，即在 I_3 上无法找到有效的证券组合，满足投资者偏好。投资者转而求其次，找到了 I_2 与有效边界的切点 O，在这一点上可得到有效可行的最优证券组合。投资者不会选择 B、C 点的证券组合。这两点虽然都是有效可行的证券组合点，但满足的偏好水平是相当于 I_1 代表的水平，投资者不满意。由此可见，可行集大部分是不重要的，重要的是有效边界，每一个理性投资者是在有效边界上而非内部选择最优组合，因为投资者在此可以确保每一单位风险下获得最大的预期收益。

总之，马克维茨的证券组合理论所创立的基本分析方法为国际间接投资理论设立了基本框架，但其计算的繁冗又为理论的发展留下了余地。

三、资本资产定价理论（CAPM）

（一）资本资产定价理论的由来

1952 年，马克维茨提出了（均值—方差）投资组合理论，引起了证券投资理论的一次创新。他与威廉·夏普、米勒共同获得了 1990 年诺贝尔经济学奖。他的贡献主要有：

（1）提出了如何定量计算股票投资的收益和风险以及投资组合的收益和风险。

（2）用模型揭示出股票投资收益和风险成正比。

（3）说明股票投资风险由系统风险和非系统风险两部分构成，通过适当的投资组合，可以避免非系统性风险。

（4）提出有效投资组合的概念。有效投资组合具有如下要求：在相同的风险水平下，投资组合有最高的收益；在相同的期望收益下，投资组合有最低的风险。

（5）如果有以下三个变量的数据，即每个股票的收益、收益的标准差（风险）、每个股票之间的协方差，就可以决定投资组合的期望收益和期望风险，从而建立有效投资组合。

马克维茨的投资组合理论需要大量的计算，在当时较难大量地运用于实践。1963年，他的学生夏普对其理论进行了简化，提出了单指数模型，也称为市场模型或对角线模型。实证分析表明：借助于单指数模型所选取的有效投资组合，十分类似于马克维茨体系下的投资组合，但计算量大大减少。

夏普首先将统计学上简单回归分析中的两个系数——α 和 β 引入股票投资分析中。β 系数反映某个股票（或投资组合）对市场组合方差的贡献率，用来衡量该股票的系统风险。$|\beta| > 1$，说明该股票比较活跃；$|\beta| < 1$，说明该股票比较稳定；$|\beta| = 1$，说明该股票与指数同步波动。在当前国内新股发行实施市值配售的情况下，选择 $|\beta|$ 尽可能小的股票持有，既可以避免二级市场的风险，又可以得到市值配售的好处。α 系数反映某个股票的非系统性风险，主要用来检验某个股票或投资组合是否具有异常收益。

1964 年，夏普提出了著名的资本资产定价模型（Capital Asset Pricing Model，CAPM），在投资理论上再一次取得重大突破。夏普系统地提出了：

（1）资本市场线（Capital Market Line，CML）。该线反映的是有效组合的风险与收益之间的关系。在 CML 中，用标准差衡量组合的风险。

（2）证券市场线（Security Market Line，SML）。该线反映达到均衡时每个证券和证券组合的风险与收益之间的关系。在 SML 中，用 β 系数衡量风险。

（3）市场组合是最有效的组合。没有任何具有相同风险的投资组合能比市场组合提供更高的预期收益，也没有任何具有相同预期收益的投资组合能比市场组合拥有更低的风险。这意味着，没有投资者能够长时间战胜市场，最好的投资策略就是买进并持有一个尽可能分散的投资组合。

（二）资本资产定价模型

1. 资本资产定价模型的基本假设

假设一：投资者都依据期望收益率评价证券组合的收益水平，依据方差（或标准差）评价证券组合的风险水平，并采用寻找无差异曲线族与有效边界的切点的方法选择最优证券组合。

假设二：投资者对证券收益、风险及证券间的关联性具有完全相同的预期。

假设三：在资本市场上没有摩擦。摩擦是指对整个市场上资本和信息自由流通的阻碍，主要指市场产生的交易成本及费用。

2. 资本市场线

引入无风险借贷后，投资者将在无风险资产和风险资产间分配资金。假定投资者根据证券的期望收益率和方差选择证券，对证券的期望收益率、方差和证券间的相关系数有相同的认识，并允许卖空。那么，根据证券组合理论，投资者风险证券组合的曲线将证券组合视为一种证券，引入无风险资产后，投资者的证券组合的方差和期望收益率的计算公式为：

$$E(r_p) = x_A E(r_A) + x_B E(r_B)$$

$$\delta_p^2 = x_A^2 \delta_A^2 + x_B^2 \delta_B^2 + 2 x_A x_B \rho_{AB}$$

式中，x_A 和 x_B 为两种证券组合的权重；ρ_{AB} 为相关系数；$E(r_p)$ 为期望收益；δ_p^2 为

方差；δ_p 为标准差。

假定 A 为无风险证券，则 $\delta_A = 0$，即 $\delta_p = x_A x_{B\circ}$

此时，投资者的所有证券组合将落在一条直线上，通过寻找这条直线上的两点，就可以确定这条直线的位置。如果投资者将所有资金投向无风险证券，即 $x_A = 1$，$x_B = 0$，直线将通过 $[\delta_B, E(r_B)]$ 点。

由于每个投资者均投资于相同的风险证券组合 R，因而作为一个整体，这个证券组合必须与整个市场风险证券比例一致，一般将与整个市场风险政权比例一致的证券组合称为市场证券组合。在满足基本假设的均衡状态下，最优风险证券组合 R 必是一个市场证券组合。

市场证券组合是包含所有证券的证券组合，其中每一种证券所占比重等于其相对市场价值，相对市场价值是该种证券的市价总值占整个市价总值的比重。假设市场上的证券种数为 N，x_i 为无风险证券所占比重，x_i ($i = 1, 2, 3, \cdots, N$) 为市场证券组合中第 i 种证券所占比重，则：

$$x_i = \frac{P_i Q_i}{\sum_{i=1}^{N} P_i Q_i}$$

式中，P_i 为证券 i 的价格；Q_i 为证券 i 的发行量（股份数额）；$P_i Q_i$ 为证券 i 的市场价值。这里证券 1 表示无风险证券，因而风险证券种数为 N–1 种。

在均衡状态下，风险厌恶投资者贷出一些资金，而将其余的资金投资于市场证券组合 M = R 上；风险偏好的投资者将借入资金，使追加的资金投资于市场证券组合上，但所有点都停留在该直线上，这条线就称为资本市场线。因为只有有效证券组合落在 CML 上，在满足基本假设的均衡状态下，有效证券组合的风险和收益率之间的关系才是线性的。因而，CML 对有效证券组合的风险与收益率的关系提供了完整的解释。CML 的计算公式为：

$$E(r_p) = r_f + b\delta_p$$

式中，$E(r_p)$ 为任意有效证券组合 P 的收益率；r_f 为无风险收益率；b 为 CML 的斜率；δ_p 为有效证券组合 P 的标准差（风险）。

因为市场证券组合 M 本身作为一个组合（$x_1 = 0$）是一个有效的证券组合，因而落在 CML 上（如图 2–5 所示），即有 $E(r_M) = r_f + b\delta_{M\circ}$ 由此可算得，CML 的斜率 b 为 $[E(r_M) - r_f]/\delta_M$，CML 的计算公式为：

$$E(r_p) = r_f + \delta_P \times [E(r_M) - r_f]/\delta_M$$

式中，$E(r_M)$ 为市场证券组合 M 的收益率；δ_M 为市场证券组合收益率的标准差。

在确定 CML 之后，应对它的意义有所了解：CML 在纵轴上的截距 r_f 是无风险收益率，它表示放弃即消费的补偿，也称 r_f 为资金的时间价值。CML 的斜率指出了期望收益率与风险的关系。斜率表示承担单位风险所能获得的期望收益率上的奖励。斜率的计算公式为：

$$b = [E(r_M) - r_f]/\delta_M$$

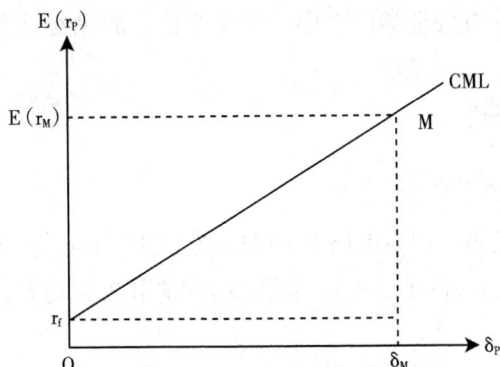

图 2-5 资本市场线

因此，可将斜率看成风险的价格（通常称为风险溢价），这个价格对每一个投资于有效证券组合的投资者是一样的。时间价格、风险价格与其他价格一样，依赖于供求关系。时间价格、风险价格在不同时期是不同的，如果人们更倾向于即期消费，将减少投资的供给，从而提高时间价格；如果投资者更厌恶风险，那么降低风险的需求便会扩大，从而会提高风险价格。随着时间价格与风险价格在不同时期的变化，CML 也将发生变化，因而一条 CML 只反映特定时期风险与期望收益率之间的关系，这个特定的关系由当时的时间价格和风险价格决定。

3. 证券市场线

CML 给出了有效组合的风险与收益的关系，即期望收益与风险之间存在线性关系，随着风险的增大，期望收益也将增加。这种关系存在的前提就是资本资产定价模型假定对于有效组合可以用标准差衡量投资者承担的具有收益回报的风险。然而，对于单个证券来讲，就不能再用标准差衡量投资者承担的这种风险了。造成这种差别的原因就是单个证券的风险总是包含着系统性风险和非系统性风险。在均衡的市场中，只有系统性风险能够得到补偿，非系统性风险与收益无关。有效组合中的非系统性风险通常已经被完全分散了，只剩下可以带来收益的系统性风险，所以可以用标准差衡量有效组合的风险。单个证券中存在非系统性风险并不能为投资者带来任何收益，只有系统性风险才能在某种意义上代表投资者的期望收益 E。因此，对于单个证券来讲，只需要了解其系统性风险与期望收益之间的关系。

在衡量市场组合风险时，重要的不是各种证券的总风险，而是单个证券与市场组合的协方差。所以，具备较高风险的证券不一定就会有较高的期望收益，具有较低风险的证券，其期望收益也不一定就低。单个证券的风险水平应该由它与市场组合的协方差来衡量。显然，单个证券的投资选择很可能不在 CML 上，而在它之下的可行集当中的某个区域。

由于单个证券的风险可以通过其与市场组合的协方差来衡量，所以具有较大协方差的证券必须提供较高的收益率以弥补投资者所承受的高风险。改进之后的 CML 可以容纳单个证券的风险与收益分析，将其扩展得到更为一般的、带有多个权重（x_i, i=2, 3,

4，…，）的证券组合。在有效证券组合中，对单个证券的风险只需测定这部分贡献。其计算公式为：

$$r_M = x_2^M r_2 + x_3^M r_3 + \cdots + x_N^M r_N$$

$$\delta_M^2 = \text{cov}(r_M, r_N) = \sum_{i=2}^{N} x_i^M \text{cov}(r_i, r_M)$$

式中，r_M 为总体收益率；x_i^M 为市场 M 中的证券权重；$\text{cov}(r_i, r_M)$ 为协方差。

证券 i 对方差的贡献为 $\text{cov}(r_i, r_M)$，记作 δ_{iM}，或用 β_i 来衡量，其计算公式为：

$$\beta_i = \frac{\text{cov}(r_i, r_M)}{\delta_M^2}$$

单个证券的期望收益率与风险的线性关系可以用计算公式描述为：

$$E(r_i) - r_f = \beta_i [E(r_M) - r_f]$$

式中，等式左边为证券 i 承担风险的奖励；右边的 $E(r_M) - r_f$ 为对整个市场风险的奖励；β_i 为证券 i 对市场证券组合风险的贡献率。这个等式表示市场证券组合将其承担风险的奖励按每个证券对其风险的贡献大小分配给单个证券。SML 与 CML 之间所作比较，如图 2-6 所示。

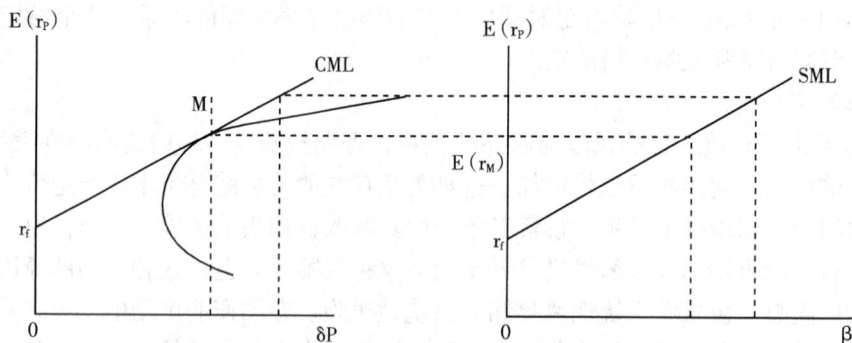

图 2-6 资本市场线和证券市场线的比较

与 CML 不同的是，SML 可以描述单个证券收益风险之间的关系，或者说所有的证券都可以在 SML 上找到对应的点。CML 给出有效组合期望收益与标准差之间的线性关系，SML 同时给出了单个证券和有效组合的期望收益与 β 之间的线性关系。由于非系统性风险的存在，单个证券在 E-δ 坐标图中的位置与有效组合不同，但各个证券不会落在 CML 上，而是落在它的下方，这也就是 SML 是 CML 更一般形式的原因。

（三）资本资产定价模型的局限性

按照 CAPM 的构思，应用 β 分析法的投资者愿意接受与市场相等或接近的收益率，排除了投资者比市场做得更好的可能性。这种方法否定了证券的选择性和分析家识别优质证券的投资能力。事实证明，建立在大量实证分析基础上的选择性投资能够取得优异的收益成果。同时，市场指数不一定真正反映全部股票的市场情况，一个投资者完全有可能将其资产组合做得和市场指数一样，但在实际市场上的投资却未必能取得预期的收益。CAPM 假定股票市场是均衡的，而且所有投资者对于股票的预期都是相同的。事实并非如此，在证券投资中，有所谓"最后乐观的投资者"和"最后悲观的卖出者"，这类现象用 CAPM 很难加以解释。随机游走理论分析人员从根本上反对资产组合理论，他们认为未来的收益率是不可能预计的，因为股票的短期波动全然无法预测。在他们看来，确凿的输入数据是不存在的，所以，组合的构建只不过是一种数学游戏而已。

与国外成熟的股票市场相比，中国股市有其特殊性：一是市场存在许多不完善的方面，如投资者投机性很强、股权分裂、市场缺乏有效率的机构投资者等。二是市场仍受政府政策的调控，市场机制不能充分发挥作用。三是从投资管理来看，非常缺乏高水平的投资管理专门人才。只有经过一定时间的理论研习与实践磨练，才能锻造出理解和掌握现代资产组合理论与资本资产定价理论并赋予实际运用的投资家。四是证券市场信息不对称、市场规模和机构等方面都不同程度存在着各种问题。所有这些都会影响到 CAPM 成立所需要的假设前提，从而影响 CAPM 中期望收益与风险之间的线性关系。

在中国股票市场中，对 CAPM 的适用性进行实证检验具有重要的意义。但是面对中国这样的新型市场，由于市场自身的特点，实证研究的开展存在诸多困难，无法找到一种非常有效的检验方法。就目前已经进行的实证检验看，大多数结果显示 CAPM 在当前的中国股市并不适用，β 值在一定程度上可以解释股票收益，但是收益率与 β 之间不是简单的线性关系，尚需借助其他因素共同解释股票收益问题。因此，CAPM 存在的局限性也就在所难免了。

四、资产套价理论（APT 理论）

马克维茨的证券组合理论和夏普的资本资产定价理论集中解决了一定收益水平下使风险最小化的问题。史提夫·罗斯在 1976 年又进一步提出了资产套价理论（APT 理论）。与上述两种理论相比，资产套价理论不需要那样严格的假定条件就能分析多因素影响的证券均衡价格问题，因此，这种理论更具有一般性。

APT 理论建立在一物一价法则的基础上，在一个竞争充分的市场上，相同的产品一定会以相同的价格出售。这种法则同样适用于更加复杂的资本市场。一切相同的证券都应提供相同的收益率。如果同样的证券价格不同，那么套期者就会买进价格低的证券，卖出价格高的证券，迫使价格过高的证券下跌，套期者将不断进行这种活动，直到同样的证券提供同样的收益率为止。

（一）因素模型

如果说资产定价模型着重解决的是个别证券的市场均衡问题，那么，罗斯的资产套期定价模型则要回答在更加一般和更复杂的市场条件下证券价格的形成过程。罗斯认为，收益要受各种宏观经济因素，如国民生产总值增长率、通货膨胀率、利率等的影响，因此，证券分析的目的在于识别经济中的这些因素，以及证券收益对这些因素变动的不同敏感性。敏感性用 β 系数来说明。由此，他提出了"证券收益因素模型"，简称因素模型。

APT 理论的基本假定是：不同证券收益的相关性可归因于证券或多或少地对一种或多种因素的变动而产生的效应。若我们假定证券收益率和其他多种因素之间的关系是线性的，则在任一给定的时期 t，证券 i 的收益可用公式表示为：

$$R_{it} = \alpha_i + \beta_{i1} F_{1t} + \beta_{i2} F_{2t} + \cdots + \beta_{ij} F_{jt} + e_{it}$$

式中，R_{it} 为证券 i 在 t 时期中的收益率；α_i 为无风险收益率；F_{jt} 为 t 时期内影响证券收益的风险因素；β_{ij} 为敏感系数，衡量证券 i 的收佃对风险因素 F_{jt}；e_{it} 为证券 i 在 t 时期中的特有风险。

若我们构建一个包括几种证券的市场证券组合，则其收益率可表示为：

$$R_{pt} = \sum_{i=1}^{n} x_i \alpha_i + \left(\sum_{i=1}^{n} x_i \beta_i \right) F + \sum_{i=1}^{n} x_i l_i$$

式中，R_{pt} 为 t 时期证券组合 p 的收益率；x_i 为组合中各证券所占投资比重；α_i 为组合 P 中各证券的预期收益率；β_i 为组合 P 中各证券的贝塔系数；l_i 为组合 P 中各证券的特有风险。

从公式中可以看到，由于各种因素产生的风险平均化，对各种证券的特有风险而言，该因素对每个企业并不相同，一般低于个别证券平均的标准差，再加上证券的个别收益率互不相关，市场证券组合具有良好的分散风险的功能，当 n 很大时，特有风险将大大减小，甚至为零，即 $l_p \approx 0$。

(二) 套期定价模型

罗斯套期定价模型的假设条件为：①市场上存在无穷多种证券；②影响证券收益率的市场因素 F 的数量是有限的，证券组合高度多样化；③市场抛空交易不受限制；④投资者为风险厌恶型，预期收益率不一定均匀。

在完善市场上，如果证券 i 的预期收益率低于投资组合 P 的预期收益率，一个精明的套利者就会卖空证券，从抛空中取得收益，再来购买投资组合 P 的，以获得差额收益；反之亦然。投资组合较高的收益率吸引众多投资者纷至沓来，从而使证券组合的均衡价格发生变动。APT 理论的核心是，如果因素系数 β 和预期收益率 $E(r)$ 之间的关系近似线性，那么就可以通过无穷的套利机会来增加财富。

概括地说，资产套价理论对证券组合风险与收益关系的说明最终可用公式来表示：

$$E(r_p) = r_f + \beta_{p1} [E(r)_1 - r_f] + \beta_{p2} [E(r)_2 - r_f] + \cdots$$

式中，$E(r_p)$ 为证券组合 P 的预期收益；r_f 为无风险收益率；β_{p1} 为组合 p 对因素 1 的敏感性；β_{p2} 为组合 p 对因素 2 的敏感性；$[E(r)_1 - r_f]$ 为因素 1 的风险代价；$[E(r)_2 - r_f]$ 为因素 2 的风险代价。

上面的公司概括起来，可以变为：

$$E(r_p) = r_f + \beta_{p1} \lambda_1 + \beta_{p2} \lambda_2 + \cdots + \beta_{pi} \lambda_i + \cdots$$

式中，λ_i 即 $E(r)_i - r_f$——因素 i 的风险代价。

资产套价理论虽然建立了"因素模型"，但其本身并没有指明影响证券收益的是什么因素，有哪些主要的因素以及数目的多寡。一般认为，诸如国民生产总值增长率、通货膨胀率、利率、公司资信、股息发放比例等因素对决定证券价格变化起重要作用，但估计总数不大可能超过 10 个。然而，这一问题至今还没有人作出肯定的解释，尚待理论界和实务界进一步研究。

五、期权定价理论

（一）期权及其交易概况

期权是一种独特的衍生金融产品，它使买方能够避免不利的因素，同时又能从有利于自身的因素中获得收益。金融期权创立于 20 世纪 70 年代，并在 20 世纪 80 年代得到了广泛的应用。在当今的经济发展中，期权已经成为所有金融工具中功能最多的工具之一。因此，了解期权的定价对于了解所有证券的定价具有重要意义。

1. 期权的介绍

期权既是一种选择权，又是一种合约。期权交易本质上是一种权利的买卖。期权的买方在向卖方支付一定数额的货币后，即拥有在未来一定时间内以一定价格向对方购买或出售一定数量的某种商品或有价证券的权利，而不承担必须买进或卖出的义务。根据选择权执行时间的不同，期权合约可以分为欧式期权（European Options）和美式期权（American Options）。欧式期权是指只有在期权合约到期日，选择权拥有者（买方）才能按协议价格（Strike Price）行使选择拥有期货合约的权利。美式期权则给选择权拥有者（买方）以更加灵活选择的权利，即在到期日或至到期日之前的任何交易日均可以行使权力。期权交易有两种基本形式，即看涨期权（Call Options）和看跌期权（Put Options）。看涨期权是指在到期日或在到期日为止的期间内，按照事先约定的协议价格，拥有事先约定数量多头期货合约的选择权。看跌期权是指在到期日或在到期日为止的期间内，按照事先约定的协议价格，拥有事先约定数量空头期货合约的选择权。

在期权交易中，权利金（Premium）也称期权费，即买卖期权合约的价格是唯一的变量，其他要素都是标准化的。权利金是期权的买方为获取期权合约所赋予的权利而必须支付给卖方的费用，其多少取决于协议价格、到期时间以及整个期权合约。对期权的卖方来说，权利金是卖出期权的报酬，也就是期权交易的成交价。如果期权买方能够获利，可以选择在期权到期日或有效期内按协议价格行使权利，如果蒙受损失，就会选择放弃权利，其所付出的最大代价便是权利金。因此，对于期权买方来说，其风险是有限的，所以在进行期权交易时，期权买方不需要交纳保证金。期权的卖方在期权交易中面临与进行期货交易同样大的风险，而期货价格走势又是无法准确预知的，所以期权的卖方必须交纳一定金额的保证金，以表明其具有应付潜在履约义务的能力。

2. 期权的价格

期权价格就是买进（或卖出）期权合约时所支付（或收取）的权利金。期权的权利金由内在价值和时间价值组成，内在价值是指立即履行期权合约时可获取的总利润。这是由期权合约的执行价格和标的物价格决定的。根据执行价格和标的物价格的关系，期权可以分为实值期权、虚值期权和平值期权，其关系如表 2-3 所示。

表 2-3　实值期权、虚值期权和平值期权的关系

期权关系	看涨期权	看跌期权
实值期权	执行价格 < 标的物价格	执行价格 > 标的物价格
虚值期权	执行价格 > 标的物价格	执行价格 < 标的物价格
平值期权	执行价格 = 标的物价格	执行价格 = 标的物价格

从表 2-3 中可知，对于期权买方而言，只有当期权是实值期权时，执行期权才可以获利。

时间价值是期权权利金扣除内在价值的剩余部分，是指当期权的买方希望随着时间的延长、相关标的物价格的变动有可能使期权增值时而愿意为买进这一期权所付出的权利金金额。一般来说，期权剩余的有效时间越长，其时间价值就越大。当期权临近到期日时，如果其他条件不变，该期权的时间价值的衰减速度就会加快。而在到期日，该期权就不再有任何时间价值。

3. 影响期权价格的因素

（1）标的物价格及执行价格。标的物价格及执行价格是影响期权价格的最重要因素。标的物价格与执行价格的差额决定了内在价值的有无及大小。就看涨期权而言，标的物价格超过执行价格越多，内在价值就越大；反之就越小；当标的物价格等于或低于执行价格时，内在价值为零。就看跌期权而言，标的物价格低于执行价格越多，内在价值就越大；反之就越小；当标的物价格等于或高于执行价格时，内在价值为零。执行价格与标的物价格的关系还决定了时间价值的有无和大小。一般来说，执行价格与标的物价格的差额越大，则时间价值就越小；反之就越大。

（2）标的物价格波动率。价格波动率是指标的物价格的波动程度。它是期权定价模型中最重要的变量。在其他因素不变的条件下，标的物价格的波动增加意味着期望收益的增加，价格波动幅度越大，权利金就越高。

（3）期权有效期。期权有效期是指距离期权到期日的剩余时间，在其他因素不变的条件下，有效期越长，其时间价值也就越大。期权的时间价值与期权合约的有效期成正比，并随着期权到期日的来临而衰减，在到期日，时间价值为零。

（4）无风险利率。在期权交易中，看涨期权的买方只需要付一小部分资金用于购买期权，剩余资金可以以无风险利率进行投资。无风险利率越高，投资收益就越高，因此，看涨期权的价格也就越高。而看跌期权的买方直到执行期权时才能卖出标的资产，并收回现金。较高的无风险利率表明机会成本的增加，因此，看跌期权的价格也就越低。

（5）标的资产的收益状况。以股票为例，红利的支付对股票的价格产生除权作用，大大约束了股票价格的上涨。对股票价格的抑制降低了看涨期权的收益。因此，股票支付的红利金额越多，看涨期权的价格越低，而看跌期权的价格就越高。

（二）期权定价理论的由来

在期权定价理论的形成过程中，很多学者都涉猎过这一领域。该模型最早是由法国数学家路易·巴舍利耶（Lowis Bachelier）于 1990 年提出的。随后，卡苏夫（Kaddouf）

于 1969 年、斯普里克尔（Sprekle）于 1961 年、博内斯（Boness）于 1964 年、萨缪尔森（Samuelson）于 1965 年分别提出了不同的期权定价模型，但他们都没能完全解出具体的方程。

现代期权定价理论的研究始于 1973 年，美国芝加哥大学教授费雪·布莱克（Fischer Black）与马尤·斯科尔斯（Myron Scholes）发表了《期权和公司负债的定价》一文，推导出基于不付红利股票的任何一种衍生证券的价格必须满足的微分方程，并成功地求解了该方程。后来默顿对此进行了改进。布莱克—斯科尔斯期权定价理论（简称 B—S 期权定价模型）为金融衍生产品市场的快速发展奠定了基础。目前，最重要的期权定价模型是 B—S 期权定价模型和 Cox–Ross–Rubinstin 二项式期权定价公式。尽管它们是针对不同状态而言的，但两者在本质上是一致的，本节着重介绍 B—S 期权定价模型。

（三）布莱克—斯科尔斯定价公式

一般情况下，股价（S）运动遵循布朗运动，无规律可循，但可以用一种随机过程来刻画股价的运动。如果某变量的价值以某种不确定的方式随时间变化而变化，则称该变量遵循某种随机过程。当一个随机过程变量的未来预测值只与该变量的当前值有关，而与该变量的过去值无关时，该随机过程被称为马尔科夫过程。伊藤（又称 ITO 引理）过程就从属于马尔科夫过程。在引入 B—S 期权定价模型之前，首先应当清楚该模型的基本假设：①没有交易费用和税负；②无风险利率在期权的有效期内保持不变；③市场连续运行；④股票交易是连续的且股票具有可分性，投资者可以购买任意数量的标的股票；⑤股票在期权的有效期内不派发现金股息；⑥期权为欧式期权；⑦股票可以卖空且不受惩罚，而且卖空者得到交易中的全部利益；⑧市场不存在无风险套利机会。因此，在众多前提条件下利用 ITO 引理就可以推导出 B—S 期权定价模型。由于公式推导复杂，需要大量的数学演算和繁琐的推理过程，本书在此不作介绍，只给出布莱克—斯科尔斯（B—S）微分方程和公式最终演算结果。

B—S 微分方程为：

$$\frac{\partial f}{\partial t} + rS\frac{\partial f}{\partial S} + \frac{1}{2}\sigma^2 S^2 \frac{\partial^2 f}{\partial S^2} = rf$$

式中，f 为依赖于衍生证券 S 的价格；t 为时间；r 为无风险利率；$\sigma^2 S^2$ 为瞬时方差率。

对应于不同标的的证券 S 定义的不同衍生证券，该方程有不同的解。由此可得重要的边界条件，即对于欧式看涨期权和欧式看跌期权，边界条件分别为：

$f = \max(S_T - X,\ 0)$，$f = \max(X - S_T,\ 0)$

式中，X 为期权的执行价格，S_T 为时间 T 时期权的预期价格。

由 B—S 微分方程及其边界条件可知，假设所有的投资者都是风险中性的，即某个投资者认为一笔确定的收入和一笔等额但包括风险的收入是无差别的，那么所有证券的预期收益率都是无风险利率 r，且其衍生证券的当前价值可以用其期末价值的期望值以无风险利率 r 来贴现得到。

相应地，最终的 B—S 定价公式为：

$$c = e^{-rT} \cdot \hat{E} \left[\max (S_T - X, \ 0) \right] = e^{-rT} \left[Se^{rT} \cdot N(d_1) - XN(d_2) \right] = SN(d_1) - Xe^{-rT} N(d_2)$$

式中，

$$d_1 = \frac{\ln(S/X) + (r + 0.5\sigma^2) T}{\sigma \sqrt{T}}$$

$$d_2 = \frac{\ln(S/X) + (r - 0.5\sigma^2) T}{\sigma \sqrt{T}} = d_1 - \sigma \sqrt{T}$$

N 表示正态分布。

根据欧式看涨期权 c 与看跌期权 p 之间的平价关系，有：

$$c + Xe^{-rT} = P + S$$

因此，欧式看跌期权的价值为：

$$p = c - X + Xe^{-rT} = Xe^{-rT} \cdot N(-d_2) - S \cdot N(-d_1)$$

例如，6 个月有效期的期权，股票的现价为 42 美元，期权的执行价为 40 美元，无风险利率为每年 10%，波动率为 20%，即：

$$S = 42, \ X = 40, \ r = 0.1, \ \sigma = 0.2, \ T = 0.5$$

所以

$$d_1 = \frac{\ln(42/40) + (0.1 + 0.5 \times 0.2^2) \times 0.5}{0.2 \times \sqrt{0.5}} = 0.7693$$

$$d_2 = \frac{\ln(42/40) + (0.1 - 0.5 \times 0.2^2) \times 0.5}{0.2 \times \sqrt{0.5}} = 0.6278$$

查表，得：

$$N(0.7693) = 0.7791, \ N(-0.7693) = 0.2209$$

$$N(0.6278) = 0.7349, \ N(-0.6278) = 0.2651$$

将上述数据代入公式得：

$$c = S \cdot N(d_1) - Xe^{-rT} \cdot N(d_2) = 4.76$$

$$p = Xe^{-rT} \cdot N(-d_2) - S \cdot N(-d_1) = 0.81$$

六、投资行为金融理论

与上述正统的证券投资理论相比，投资行为金融理论属于边缘证券投资理论，该理论突破了正统金融投资理论给予证券市场有效性的假设前提，从人类投资决策的行为模式入手，注重将心理学研究与投资决策相结合，由此得出了更贴近实际和可操作性更强的证券投资模型及策略，在基金投资中得到了广泛应用。

（一）理论演进的三个阶段

（1）早期阶段。19 世纪 Gustave Lebon 的 *The Crowd* 和 *Extraordinary Popular Delusion and Madness of Crowds* 是两本研究投资市场群体行为的经典之作。凯恩斯是最早强调心理预期在投资决策中作用的经济学家。后来的 Paul、Slovic 等陆续进行了一些人类决策过程的心理学研究。

（2）心理学行为金融阶段（20世纪60~80年代中期）。这一阶段的行为金融研究以Tversky和kahnerman（1979）共同提出了"期望理论"为代表，使之成为金融研究中的代表学说。

（3）金融学行为金融阶段（20世纪80年代中期至今）。这个时期以芝加哥大学的Thaler和耶鲁大学的Shiller为代表。其中，Shiller主要研究了股票价格的异常波动和股市中的"羊群效应"、投机价格和流行心态的关系等。与上个时期相比，这个时期的行为金融理论研究是从投资策略上加以完善，注重将心理学研究和投资决策结合起来。

（二）理论基石

总体来看，投资行为金融理论的理论基石主要有两个方面：

（1）期望理论（Prospect Theory）。期望理论的思想最先是Markowitz（1952）提出的，但推动这一理论发展的是行为经济学先驱Kahneman和Tversky。在1979年著名的"Prospect Theory: An Analysis of Decision Making Under Risk"一文中，他们通过实验对比发现，与预期效用理论相反，大多数的投资者并非标准金融投资者，而是行为投资者：他们的行为并非总是理性，他们的效用不是单纯财富的函数，他们也并不总是风险规避的。行为金融投资者的"效用"反映在"价值函数"中，是一条中间有拐点的S形曲线，在盈利范围内通常是凹的，在损失范围内通常是凸的，而且曲线的斜度在损失范围内比在盈利范围内要陡。即根据期望理论，行为投资者在损失的情况下通常是风险偏好的，而在盈利时则是风险规避的，并且投资者损失时感受到的痛苦通常又远大于盈利时所获得的愉悦。这与现实的情况是基本一致的。

（2）行为组合理论（Behavioral Portfolio Theory，BPT）和行为资产定价模型（Behavioral Asset Pricing Model，BAPM）。一些行为金融理论研究者认为将行为金融理论与现代金融理论完全对立起来并不恰当，应将二者结合起来成为最新的研究方向。Statman和Shefrin提出的BPT和BAPM尤为值得关注。BPT认为现实中的投资者实际构建的资产组合是基于对不同资产的风险程度的认识以及投资目的所形成的一种金字塔型的行为资产组合，位于金字塔各层的资产都与特定的目标和风险程度相联系，而各层之间的相关性被忽略。BAPM则是CAPM模型的扩展。

（三）行为模型

行为金融理论对投资者行为的探讨往往是从对异常现象的解释开始的，由此而得到相应的行为模型。

（1）正反馈投机模型。也可称为"羊群效应模型"，是由德龙等于1990年提出的，主要是对于过度反应行为的解释。在《正反馈投资战略和几个不稳定的投机》一文中，他们从投资者行为的角度对噪声交易所导致的噪声价格进行了探讨。他们认为，金融市场上由于噪声的存在而出现正反馈的投资行为，即一批反应迅速的投资者在证券价格上涨时买进证券，而在价格下跌时卖出证券的行为。理性投资者由于预期到正反馈投资者这种行为，所以他们会买进比基本信息所能解释的数量更多、价格更高的股票，这又刺激了正反馈投资者的投机行为，由此产生持续的效应，即反应过度。

（2）BSV模型。这是由Barberis、Shleifer和Vishny于1998年提出的，它可以解释

过度反应和反应不足。该模型来自认知心理学的两个判断偏向证据：①代表性偏向。他认为人们对近期数据模式给予了太多的权重，而对生成这些数据的总体特征注意太少。②保守主义。即面对新证据时较慢的更新模式。基于这两点假设，投资者对所谈论的公司有一种先验的观点，当收到关于公司回报的信息时，他们因为保守主义而倾向于不对这些信息作出反应，这种行为导致价格对收益信息和短期趋势的反应不足。与此同时，当投资者一再受到这些信息的影响时，他们不仅放弃原先的想法，而且他们会形成一种新的收益会增加的判断，他们会低估过去的那些好消息都是偶然的可能性，这导致了过度反应。

（3）DHS 模型。这是由 Daniel、Hirshleifer 和 Subrahmanyam 等于 1998 年提出的。该模型与 BSV 模型有着不同的行为基础。在 DHS 模型里，存在有信息的投资者和无信息的投资者。无信息的投资者无判断偏向，股票价格是由有信息的投资者决定的。有信息的投资者受制于两个偏向"过分自信和自我归因"。过分自信使他们夸大关于一种股票价值的私人信号的准确性。自我归因使他们低估有关股票价值的公开信号，尤其是当公开信号与私人信号相冲突时。对私人信息的反应过度和对公开信息的反应不足往往产生短期股价趋势的持续，但当公开信息最终压倒行为偏向时就会出现长期反转。

（四）投资策略

伴随行为金融理论和行为模型的提出和不断完善，相应的投资策略开始被关注。这里面既包括反价值策略（价值策略即基于信息的投资策略），也包含技术策略，还有行为控制策略等。

（1）反向投资策略。反向投资策略就是买进表现差的股票而卖出表现好的股票来进行套利的投资方法。这种策略的提出最初是基于 Debondt 和 Thaler（1985，1987）对股市过度反应的实证研究。行为金融理论认为，由于投资者在实际投资决策时，往往过分注重上市公司的近期表现，从而导致对公司近期业绩情况作出持续过度反应，形成对绩差公司股价的过分低估和对绩优公司股价的过分高估现象，最终为反向投资策略提供了套利的机会。

（2）动量交易策略。动量交易策略即预先对股票收益和交易量设定过滤准则，当股票收益和交易量同时满足过滤准则就买入或卖出股票的投资策略。动量交易策略的提出，源于对股票价格中期收益延续性的研究。

（3）成本平均策略和时间分散化策略。成本平均策略是指投资者在将现金投资为股票时，通常总是按照预定的计划，根据不同的价格分批地进行，以备不测时摊低成本的策略。时间分散化策略是指根据投资股票的风险将随着投资期限的延长而降低的信念，建议投资者在年轻时将其资产组合中较大比例投资于股票，而随着年龄的增长将此比例不断调低的策略。成本平均策略和时间分散化策略由于与现代金融理论的预期效用最大化原则相悖，而被指责为收益较差的策略。但行为金融理论的支持者认为，不能单纯评价这两种策略的好与坏，事实上，二者体现了投资者的感受和偏好对投资策略的影响，属于行为控制策略。

本章小结

（1）海默的垄断优势理论开创了以国际直接投资为对象的新研究领域，使国际直接投资的理论研究开始成为独立学科。这一理论既解释了跨国公司为了在更大范围内发挥垄断优势而进行横向投资，也解释了跨国公司为了维护垄断地位而将部分工序，尤其是劳动密集型工序转移到国外生产的纵向投资，因而对跨国公司对外直接投资理论发展产生很大影响。

（2）国际生产折衷理论在继承海默的垄断优势理论、俄林的要素禀赋理论以及巴克利和卡森的内部化理论的基础上，引入区位优势理论，为国际经济活动提供了一种综合分析的方法，成为当代对外直接投资理论的主流。

（3）随着发展中国家对外投资的迅速发展，解释发展中国家对外投资活动的理论不断涌现，比较有代表性的有投资发展周期理论、小规模技术理论、技术地方化理论。

（4）证券组合是指投资者对各种证券资产的选择而形成的投资组合。它通常以组合的投资为标准进行分类。证券组合管理的步骤大致分为五种：确定证券投资政策、进行证券投资分析、构建证券投资组合、投资组合的修正以及投资组合业绩评估。

（5）夏普提出了著名的CAPM，在投资理论上再一次取得重大突破。夏普系统地提出了：①CML；②SML；③最有效的投资组合。

（6）套利行为是指发现两个本质上相同的商品、可投资的资产，以低价购入并以较高价售出的行为。根据套利定价理论，投资者会考虑n种一般的风险因素。即使该风险与期望收益有关，风险也只是影响资产组合收益率众多因素中的某一个或某一类。

（7）期权既是一种选择权，又是一种合约。期权交易本质上是一种权利的买卖。期权的买方在向卖方支付一定数额的货币后，即拥有在未来一定的时间内以一定价格向对方购买或出售一定数量的某种商品或有价证券的权利，而不承担必须买进或卖出的义务。目前，最为重要的期权定价模型是B—S期权定价模型和Cox-Ross-Rubinstein二项式期权定价公式。尽管它们是针对不同状态而言的，但两者在本质上是一致的。

（8）行为金融理论对于原有理性框架中的现代金融理论进行了深刻的反思，从人的角度来解释市场行为，充分考虑市场参与者心理因素的作用，为人们理解金融市场提供一个新的视角。

案例思考

◆ 试用邓宁OIL理论的有关原理对本章开篇案例进行分析。

复习题

一、名词解释

所有权优势　内部化优势　区位优势　产品生命周期　外部市场不完全

二、简答题

1. 用比较优势理论评述 20 世纪 70 年代美国和日本的对外投资情况。

2. 请用学过的国际投资理论分析这句话的含义："世界经济将变得越来越像美国经济，即大公司遍布整个大陆，渗透几乎每个角落。"

3. 简述 CML 的基本特征及其与 SML 的联系。

4. 简述 B—S 期权定价模型的基本假设。

5. 简述行为金融理论对经典投资理论的改进之处。

第二篇

[国际投资主体]

第三章　跨国公司

本章课前实训

组织一场"跨国公司中国子公司 CEO 施政演讲"。具体做法是：将学生分为三组，第一组 3 人，其中 1 人任 CEO，2 人任部门经理，在课堂上就未来三年的经营策略进行演讲；第二组 3 人，其中 1 人任董事长，1 人任执行董事，1 人任董事长秘书，可就第一组说的经营策略进行随机提问；其余学生担任评委，进行点评、讨论。最后教师进行总结和打分。

本章知识要点

● 跨国公司的定义、特征、分类
● 跨国公司的形成与发展
● 跨国公司的企业组织形态、组织结构以及经营战略
● 当今世界 500 强企业的特点

案例导引

IBM

IBM（国际商业机器公司）于 1914 年创立于美国，是世界上最大的信息工业跨国公司，全球拥有雇员 30 多万人，业务遍及 160 多个国家和地区。IBM 与中国的业务关系始于 1934 年，它为北京协和医院安装了第一台商用处理机。随着中国改革开放的不断深入，IBM 在华业务日益扩大，在 20 世纪 80 年代中后期，IBM 先后在北京、上海设立了办事处。1992 年 IBM 在北京成立国际商业机器中国有限公司，这是 IBM 在中国的首家独资企业，此举使 IBM 掀开了在华业务的新篇章。随后，IBM 中国有限公司又在广州、上海、沈阳、深圳、南京、成都、西安和武汉建立了分公司，从而进一步扩大在华业务覆盖面。1995 年 IBM 在北京成立了 IBM 中国研究中心，成为 IBM 在全球设立的 8 个研究中心之一。

为了进一步发挥 IBM 的全方位优势，IBM 在组织机构、管理模式、产品技术及

客户服务等方面进行了重大调整与改革，成立了 IBM 大中华地区，改变了以产品划分为基础的传统模式，实施以行业划分为基础的发展战略。20 多年来，IBM 的各类信息系统已成为中国金融、冶金、石化、交通、制造业、商品流通业等许多重要业务领域中最可靠的信息技术手段。目前 IBM 在中国员工已有近 3000 人，成立了 8 家合资公司和 2 家独资企业。

资料来源：百度百科，http://baike.baidu.com/view/1937.htm.

第一节　跨国公司概述

跨国公司（Transnational Corporation），又称多国公司（Multi-national Enterprise）、国际公司（International Firm）、超国家公司（Supernational Enterprise）和宇宙公司（Cosmo-corporation）等。20 世纪 70 年代初，联合国经济及社会理事会（联合国经社理事会）组成了由知名人士参加的小组，较为全面地考察了跨国公司的各种准则和定义后，于 1974 年做出决议，决定联合国统一采用"跨国公司"这一名称。

一、跨国公司的定义

跨国公司主要是指发达资本主义国家的垄断企业，以本国为基地，通过对外直接投资，在世界各地设立分支机构或子公司，从事国际化生产和经营活动的垄断企业。联合国经社理事会在 1973 年和 1986 年通过并修订了《跨国公司行为守则草案》，对跨国公司的定义作了比较全面的规范和界定，认为跨国公司应具备以下三要素（见图 3-1）：

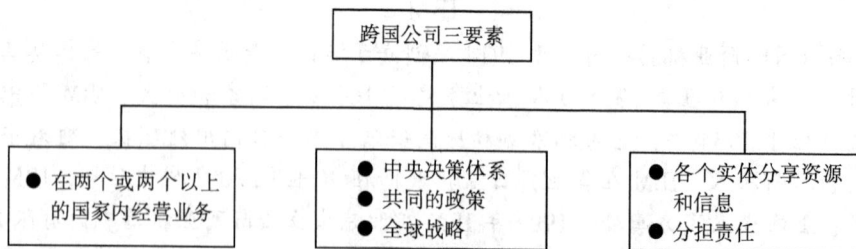

图 3-1　跨国公司概念框架

（1）跨国公司是指一个工商企业，组成这个企业的实体在两个或两个以上的国家内经营业务，而不论其采取何种法律形式经营，也不论其在哪一经济部门经营。

（2）这种企业有一个中央决策体系，因而具有共同的政策，此等政策可能反映企业的全球战略目标。

（3）这种企业各个实体通过股权或其他方面的联系，其中的一个或多个实体能够对其他实体的经营活动施加有效的影响，各个实体分享资源、信息以及分担责任。

二、跨国公司国际化经营的度量

如何度量跨国公司国际化经营的程度一直是学术界关注的问题，目前普遍采用下述经营业绩标准进行衡量：

（一）跨国经营指数（Transnationality Index，TNI）

在评价传统的跨国公司国际化水平时，使用的最为普遍的标准由两个指标体系构成：一是海外经营指标体系，包括海外营业额指数（海外营业额占总营业额的比例）、海外采购与生产指数（海外采购额与生产额占总采购额与生产额的比例）、海外直接投资指数（海外投资额占总投资额的比例）、海外技术转让指数（海外技术贸易额占总技术贸易额的比例）等主要定量评价指标；二是管理职能的国际化发展指标体系：包括跨国公司战略与决策的协调力、当地市场的适应力、聘用外籍管理人员的状况、财务管理上的控制力等主要定性评价指标。据此，联合国跨国公司与投资公司确定了跨国经营指数的计算方法：

TNI =〔(国外资产/总资产 + 国外销售额/总销售额 + 国外雇员数/总雇员数) /3〕×100%

跨国化指数来综合评价企业国际化程度，即跨国化指数越高，企业的国际化程度就越高。联合国贸易与发展委员会（UNCTAD），每年要对全球 100 家最大跨国公司（Transnational Corporations，TNCs）进行国外总资产与跨国化指数排序。TNCs 跨国化指数与海外资产总额（规模）没有直接关系，而与其所经营的行业领域密切相关，不同行业的 TNCs 平均跨国化指数有明显差异。

（二）外向程度比率〔Outward Significance Ratio，OSR〕

OSR =（海外产量或资产额、销售额、雇员数）/（母国的产量或资产额、销售额、雇员数）

（三）外销比率〔Foreign Sales Ratios，FSR〕

FSR =产品出口额/海内外销售总额

（四）研究与开发国际化比率〔R&DR〕

R&DR =海外 R&D 支出/境内外 R&D 总支出

（五）网络分布指数

跨国公司在多个国家拥有从事生产经营活动的子公司，并对子公司能达到有效控制；具有全球性的经营动机和战略，并将其所有经营活动都置于该战略的指导之下。其中，应用最多的指标之一是网络分布指数，该指标主要用于衡量跨国公司经营所涉及东道国的数量程度，其表述公式是：

网络分布指数=国外分支机构所在的国家数/有可能建立国外分支机构的国家数

相关链接 3-1

首份中国企业跨国指数发布　企业跨国经营水平低

日前，中国企业联合会、中国企业家协会发布了"2011中国100大跨国公司及跨国指数"。这是国内第一份有关中国企业跨国指数的榜单。数据显示，现阶段我国大企业的跨国经营水平不高，不仅远远落后于世界100大跨国公司的平均水平，也明显落后于发展中国家100大跨国公司的平均水平。纳入统计的100大跨国公司中不含外资企业，包括80家国有企业、20家民营企业，分布在38个细分行业。

从海外业绩看，"2011中国100大跨国公司"海外资产总额32504亿元，占总资产的21.10%；实现海外收入31011亿元，占总营业收入的14.82%；海外员工32.9万人，占员工总数量的4.17%。

从跨国指数看，现阶段我国大企业的跨国经营水平还很低，尚处于初级阶段。"2011中国100大跨国公司"的平均跨国指数为13.37%，不仅远远低于"2011世界100大跨国公司"60.78%的平均跨国指数，而且远远低于"2011发展中国家100大跨国公司"40.13%的平均跨国指数。"2011中国100大跨国公司"中跨国指数在30%以上的只有9家。

资料来源：陆娅楠.人民日报，2011年11月16日.

三、跨国公司的主要特征

与其他企业相比，跨国公司有其独特的特征：

（一）全球战略目标

在国际分工不断深化的条件下，跨国公司凭借其雄厚的资金、技术、组织与管理等方面的力量，通过对外直接投资在海外设立子公司与分支机构，形成研究、生产与销售一体化的国际网络，并在母公司控制下从事跨国经营活动。跨国公司总部根据自己的全球战略目标，在全球范围内进行合理分工，组织生产和销售，而遍及全球的各个子公司与分支机构都围绕着全球战略目标从事生产和经营。跨国公司的重大经营决策都以实现全球战略目标为出发点，着眼于全球利益的最大化。

相关链接 3-2

跨国公司的转移定价与国际资本流动

转移定价（Transfer Pricing），又称转让定价或划拨定价，它是指跨国公司内部、母公司与子公司、子公司与子公司之间相互约定的出口和采购商品、劳务和技术时所规定的价格。这种定价在一定程度上不受市场供求关系法则的影响，它不是独立各方在公开市场上按"独立竞争"原则确定的价格，而是根据跨国公司的全球战略目标和谋求最大限度利润的目的，由总公司上层决策者人为确定的。

1. 跨国公司转移定价的主要目的

①通过转移定价使整个公司纳税最小化；②通过转移定价减少风险；③通过转移定价支持子公司争夺市场；④通过转移定价减少跨国公司与东道国的矛盾冲突。

2. 跨国公司转移定价的策略

（1）对进入子公司商品、资金、服务和技术定高价的情况：

①在合营企业里，跨国公司为了转移利润少纳税，或为了多分利润并将其调出合营企业，或为了避免增加的利益被当地合营者所瓜分；②遇到子公司劳工方面提高工资和福利待遇的压力，希望降低其子公司账面的利润额；③子公司非常高的利润率有可能吸引更多的新竞争者进入该行业或该市场；④存在着被东道国政府国有化和被没收的政治风险；⑤子公司所在国政府以产品成本为标准对现行价格实行严格的控制。

（2）对进入子公司商品、资金、服务和技术定低价的情况。①子公司进口遇到高关税负担的障碍，为了减少关税的影响；或东道国实行外汇定量配给制；或者限定进口商品的价值量等限制措施。②子公司所在国的所得税税率低于母国的税率。③子公司遇到激烈的竞争对手，为了进行市场渗透，或开拓新的市场。④子公司所在国的通货膨胀率低于母国。

资料来源：华律网，2012年6月14日 http://www.66law.cn/laws/64741.aspx.

相关链接 3-3

跨国公司税收筹划案例分析

某跨国公司总部设在A国，并在B国、C国、D国分设甲、乙、丙三家子公司。甲公司为在C国的乙公司提供布料，假设有1000匹布料，按甲公司所在国的正常市场价，成本为每匹2600元，这批布料应以每匹3000元出售给乙公司；再由乙公司加工成服装后转售给D国的丙公司，乙公司利润率20%；各国税率水平分别为：B国50%、C国60%、D国30%。该跨国公司为逃避一定税收，采取了由甲公司以每匹布2800元的价格卖给D国的丙公司，再由丙公司以每匹3400元的价格转售给C国的乙公司，再由C国乙公司按总价格3600000元在该国市场出售。

对各国税负的影响分析：

（一）在正常交易情况下的税负

甲公司应纳所得税 = (3000 - 2600) × 1000 × 50% = 200000（元）

乙公司应纳所得税 = 3000 × 20% × 1000 × 60% = 360000（元）

则对此项交易，该跨国公司应纳所得税额合计 = 200000 + 360000 = 560000（元）

（二）在非正常交易情况下的税负

甲公司应纳所得税 = $(2800 - 2600) \times 1000 \times 50\% = 100000$（元）

乙公司应纳所得税 = $(3600000 - 3400000) \times 60\% = 120000$（元）

丙公司应纳所得税 = $(3400 - 2800) \times 1000 \times 30\% = 180000$（元）

则该跨国公司应纳所得税合计 = $100000 + 120000 + 180000 = 400000$（元）

比正常交易节约税收支付：$560000 - 400000 = 60000$（元）

这种避税行为的发生，主要是由于 B、C、D 三国税负差异的存在，给纳税人利用转让定价转移税负提供了前提。

资料来源：豆丁网，http://www.docin.com/p-265808434.html.

（二）全球一体化经营

为实现全球战略目标，跨国公司实行全球一体化经营，对全球范围内各子公司与分支机构的生产安排、投资活动、资金调遣以及人事管理等重大活动拥有绝对的控制权，按照全球利益最大化的原则进行统一安排。跨国公司强有力的管理体制和控制手段是实现全球一体化经营必需的组织保证，当代通信技术的巨大进步和现代化的交通运输则为跨国公司的全球一体化经营提供了必要的物质基础。跨国公司采取集中与分散相结合的管理方式和全球战略，在国际范围内从事生产经营活动。

（三）灵活多样的经营策略

在实行全球一体化经营的同时，跨国公司也会根据国际政治经济形势、东道国的具体情况及其对跨国公司的政策法规、自身的实力以及在竞争中的地位，采取灵活多样的经营策略安排，以更好地满足东道国当地的实际需求，获得良好的经营效益，也有利于与东道国政府建立融洽的关系。在组织机构上，跨国公司往往会相应地改变原来的集权管理，将原先集中在总部的权力适当下放给下属各子公司与分支机构，实行分权管理。

（四）强大的技术创新能力

在科学技术迅猛发展的今天，技术进步已成为垄断资本获取高额利润、争夺市场、增强自身在国内及国际市场竞争力的重要途径。大型跨国公司是当代技术创新与技术进步的主导力量，其实力主要体现在它们拥有雄厚的技术优势和强大的开发能力。跨国公司要在国际分工和国际竞争中保持领先，就必须不断地投入巨额资金，加强技术研究与开发，保持自己的技术优势。技术领先地位带来的丰厚市场回报，又激励着跨国公司不断进行技术创新，推动技术进步。

（五）具有较大的经营风险

跨国公司与国内企业最大的区别在于面临着更为错综复杂的国际经营环境，复杂的经营环境在给跨国公司创造出更多的发展机会和空间的同时，也使它具有较大的经营风险。除了正常的商业风险外，跨国公司还面临着国际经营所特有的政治风险和财务风险等，前者指国际经济往来活动中由于政治因素而造成经济损失的风险，包括东道国对外国资产没收、征用和国有化的风险以及东道国革命、政变等风险；后者指东道国汇率变化和通货膨胀而带来的经济损失等。

四、跨国公司的分类

按照不同的分析角度和划分标准，对跨国公司可以有不同的分类。

（一）按经营项目分类

按照跨国公司经营项目的性质，可以将跨国公司分为三种类型：

（1）资源开发型跨国公司。资源开发型跨国公司以获得母国所短缺的各种资源和原材料为目的，对外直接投资主要涉及种植业、采矿业、石油业和铁路等领域。这类公司是跨国公司早期积累时经常采用的形式，资本原始积累时期英、法、荷等老牌殖民国家的特许公司在19世纪时向美国、加拿大、澳大利亚和新西兰等经济落后但资源丰富的国家进行的直接投资就主要集中在种植业、采矿业和铁路。目前，资源开发型跨国公司仍集中于采矿业和石油开采业，如著名的埃克森—美孚公司（Exxon-Mobil）、英荷壳牌公司（Royal Dutch Shell）。

（2）加工制造型跨国公司。加工制造型跨国公司主要从事机器设备制造和零配件中间产品的加工业务，以巩固和扩大市场份额为主要目的。这类公司以生产加工为主，进口大量投入品，生产各种消费品供应东道国或附近市场或者对原材料进行加工后再出口。这类公司主要生产和经营诸如金属制品、钢材、机械及运输设备等产品，随着当地工业化程度的提高，公司经营逐步进入到资本货物部门和中间产品部门。加工制造型跨国公司是当代一种重要的公司形式，为大多数东道国所欢迎。美国通用汽车公司（General Motors）作为世界上最大的汽车制造公司，是制造业跨国公司的典型代表。

（3）服务提供型跨国公司。服务提供型跨国公司主要是指向国际市场提供技术、管理、信息、咨询、法律服务以及营销技能等无形产品的公司。这类公司包括跨国银行、保险公司、咨询公司、律师事务所以及注册会计师事务所等。20世纪80年代以来，随着服务业的迅猛发展，服务业已逐渐成为当今最大的产业部门，服务提供型跨国公司也成为跨国公司的一种重要形式。

（二）按经营结构分类

按照跨国公司的产品种类和经营结构，可以将跨国公司分为以下三种类型：

（1）横向型跨国公司。横向型跨国公司是指母公司和各分支机构从事同一种产品生产和经营活动的公司。在公司内部，母公司和各分支机构之间在生产经营上专业化分工程度很低，生产制造工艺、过程和产品基本相同。这类跨国公司的特点是母子公司之间在公司内部相互转移生产技术、营销诀窍和商标专利等无形资产，有利于增强各自的竞争优势与公司的整体优势、减少交易成本，从而形成强大的规模经济。横向型跨国公司的特点是地理分布区域广泛，通过在不同的国家和地区设立子公司与分支机构，就地生产与销售，以克服东道国的贸易壁垒，巩固和拓展市场。

（2）垂直型跨国公司。垂直型跨国公司是指母公司和各分支机构之间实行纵向一体化专业分工的公司。纵向一体化专业分工又有两种具体形式：一是指母子公司生产和经营不同行业的相互关联产品，如自然资源的勘探、开发、提炼、加工制造与市场销售等；二是指母子公司生产和经营同行业不同加工程序和工艺阶段的产品，如专业化分工程度较高的汽车行业与电子行业等的关联产品。垂直型跨国公司把具有前后衔接关系的社会生产活动国际化，母子公司之间的生产经营活动具有显著的投入产出关系。这类公司的特点是全球生产的专业化分工与协作程度高，各个生产经营环节紧密相扣，便于公司按照全球战略发挥各子公司的优势；而且由于专业化分工，每个子公司只负责生产一种或少数几种零部件，有利于实现标准化、大规模生产，获得规模经济效益。

（3）混合型跨国公司。混合型跨国公司是指母公司和各分支机构生产和经营互不关联产品的公司。混合型跨国公司是企业在世界范围内实行多样化经营的结果，它将没有联系的各种产品及其相关行业组合起来，加强了生产与资本的集中，规模经济效果明显；同时，跨行业非相关产品的多样化经营能有效地分散经营风险。但是由于经营多种业务，业务的复杂性会给企业管理带来不利影响，因此具有竞争优势的跨国公司并不是向不同行业盲目扩展业务，而是倾向于围绕加强核心业务或产品的竞争优势开展国际多样化经营活动。

（三）按决策行为分类

20世纪60年代末，美国经济学家巴尔马特从跨国公司的决策行为出发，将跨国公司分为以下三种类型：

（1）民族中心型公司。民族中心型公司的决策哲学是以本民族为中心，其决策行为主要体现母国与母公司的利益。公司的管理决策高度集中于母公司，对海外子公司采取集权式管理体制。这种管理体制强调公司整体目标的一致性，优点是能充分发挥母公司的中心调整功能，更优化地使用资源，但缺点是不利于发挥子公司的自主性与积极性，且东道国往往不太欢迎此模式。跨国公司发展初期，一般采用这种传统的管理体制。

（2）多元中心型公司。多元中心型公司的决策哲学是多元与多中心，其决策行为倾向于体现众多东道国与海外子公司的利益，母公司允许子公司根据自己所在国的具体情况独立地确定经营目标与长期发展战略。公司的管理权力较为分散，母公司对子公司采取分权式管理体制。这种管理体制强调的是管理的灵活性与适应性，有利于充分发挥各子公司的积极性，加强责任感，且受到东道国的欢迎。但这种管理体制的不足在于母公司难以统一调配资源，而且各子公司除了自谋发展外，完全失去了利用公司内部网络发展的机会，局限性很大。在跨国公司迅速发展的过程中，东道国在接受外来投资的同时逐渐培养起民族意识，经过多年的积累和发展，大多数跨国公司的管理体制从集权和本民族为中心转变为多元中心型。

（3）全球中心型公司。全球中心型公司既不以母公司也不以分公司为中心，其决策哲学是公司的全球利益最大化。相应地，公司采取集权与分权相结合的管理体制，这种管理体制吸取了集权与分权两种管理体制的优点，事关全局的重大决策权和管理权集中在母公司的管理机构，但海外子公司可以在母公司的总体经营战略范围内自行制订具体的实施计划、调配和使用资源，有较大的经营自主权。这种管理体制的优点是在维护公司全球经营目标的前提下，各子公司在限定范围内有一定的自主权，有利于调动子公司的经营主动性和积极性。

第二节　跨国公司的产生与发展

一、跨国公司的产生

跨国公司是垄断资本主义高度发展的产物，它的出现与资本输出密切相关。19 世纪末 20 世纪初，资本主义进入垄断阶段，资本输出大大发展起来，这时才开始出现少数跨国公司。当时，发达资本主义国家的某些大型企业通过对外直接投资，在海外设立分支机构和子公司，开始跨国性经营。例如，美国的胜家缝纫机器公司、威斯汀豪斯电气公司、爱迪生电器公司、英国的帝国化学公司等都先后在国外活动。这些公司是现代跨国公司的先驱。在两次世界大战期间，跨国公司在数量上和规模上都有所发展。第二次世界大战后，跨国公司得到迅速发展。美国跨国公司的数目、规模、国外生产和销售额均居世界之首。据联合国贸易与发展会议公布的《1993 年世界投资报告》中对全球跨国公司的排名，前十名依次是英荷壳牌集团（RoyaI Dutch Shell），美国的 Ford、GM、Exxon、IBM，英国石油（British Petroleum），瑞典及瑞士合资的 Asea Brown Boveri，瑞士的 Nestle，荷兰的飞利浦，美国的 Mobil。前十名中美国占了五名。这是按公司海外资产进行的排名。若按销售额排列，美国依然居前列。1987 年，按销售额排列的世界最大跨国公司的金字塔，在高踞塔尖的 23 家中，美国占了 10 家，平均每家年销售额高达 250 亿美元。在紧接塔尖之下的 52 家中，美国占了 21 家，平均每家年销售额达 100 亿美元。1987 年，600 家世界最大跨国公司的销售总额高达 4 万亿美元，其中美国占42%，西欧占 32%，日本占 18%，发展中国家和地区仅占 2%。

从利润收益来看，1980~1987 年美国跨国公司的利润在平均水平以上，而日本跨国公司则在平均水平以下。这可能与日本为了加强竞争，在这段时期内大量投资进行科研创新活动有关，而美国跨国公司的研究开发费用在销售额中的比重在这一时期都下降了。据联合国有关机构 1993 年的统计数据显示，目前世界上共有 37000 家跨国公司其海外附属公司总计达 17 万家。37000 家母公司中，90%是西方国家的，90%中又约有一半属于美国、日本、德国、荷兰、意大利五国。属于发展中国家和地区的跨国公司只有2700 家。在跨国公司的发展中，美国占有绝对重要的地位和比重，而日本作为后起之秀穷追不舍，亦不可小看。据权威杂志《幸福》评选的 1993 年全球最大跨国公司排名，以销售额为序，1993 年全球 500 家最大工业企业中，美国独占鳌头，有 159 家上榜，其中通用汽车、福特汽车和埃克森名列前三名；日本紧随美国之后，有 133 家企业入围。另外上榜的有：英国 41 家、德国 32 家、法国 26 家、韩国 12 家、瑞典 12 家、澳大利亚 10 家、瑞士 9 家。在全球最大的 500 家服务公司中，美国占 136 家、英国和德国各 43 家、日本 40 家其中三井公司名列榜首，法国 29 家、加拿大 17 家、意大利 15 家、西班牙 14 家。

相关链接 3-4

先别急着咬苹果

美国参议院一个委员会指控苹果（Apple）利用其爱尔兰子公司逃税数十亿美元。该委员会在本周发布的一份报告中提出了上述指控。有人会利用该指控，来炮轰那些"背叛祖国"的跨国公司和那些低税收国家。但参议员们更应仔细审视的是美国自己的问题。美国税法过于复杂，导致"不重复征税"的原则被用来"重复免税"。

诚然，这份报告确实揭露出苹果诸多令人震惊的做法。这家技术公司一直采取比较大胆的方式管理税收事务。利用美国和爱尔兰税收体系的缺陷，苹果似乎捧到了参议员卡尔·莱文（Carl Levin）所说的那个"圣杯"——在任何地方都无需纳税。该报告指出，2009~2012 年，苹果在爱尔兰注册，但受美国遥控的一家子公司获得了 300 亿美元收入，却无需报税。报告还称，苹果的其他一些子公司通过谈判，将在爱尔兰的税率压至 2% 甚至更低。

在经济合作与发展组织（OECD）重点关注利润转移和税基缩水问题、欧洲再次对不公平竞争表示不满之际，该报告可能会将爱尔兰推至聚光灯下。但平心而论，没有证据表明爱尔兰与苹果签订了什么税收优惠协议。此外——正如苹果首席执行官蒂姆·库克（Tim Cook）周二在该委员会面前所强调的那样，也没有任何证据显示，苹果的行为违反了法律。报告提到的一些避税做法，大部分都是美国跨国公司常用的，因为美国税法对海外和国内收益区别对待，为企业提供了一种合法避税的途径。最新统计显示，美国企业无需缴税的收益总额达到 1.7 万亿美元。

面对苹果一案，美国国会与其攻击企业和其他国家，不如继续推动公司税改革。本报主张在世界范围内的全面的税法改革，呼吁各国一致同意按照经济活动的实际发生地确定公司税归属地。或许经合组织可以在这方面有所作为。如果不行的话，就应该考虑美国的方法。比如说，可以对因向外国附属机构付款或偿付债务而减扣的营业额设定上限。

爱尔兰的税率水平可能确实比较低，苹果可能确实也将合法避税做到了极致。但如果美国想要遏制这股愈演愈烈的企业向海外转移利润的风潮，首先应该填堵本国税收体系中的漏洞，不给这种行为以可乘之机。这样一来，美国在全球税务辩论中将拥有更大的话语权，其税收体系也会变得更加公平。

资料来源：社评. 金融时报. 2013-5-22.

二、跨国公司的迅猛发展

在经历了一个多世纪之后，特别是在 20 世纪 50 年代以后，跨国公司由小到大、由少到多，取得了举世瞩目的长足发展。

国际生产的所有主要指标均显示，2011 年外国子公司的经济活动增长。据估计，在这一年中，外国子公司聘用了 6900 万名员工，创造了 28 万亿美元的销售额，7 万亿美元的增值。贸发会议对最大的 100 家跨国公司进行了年度调查，所得数据反映出国际生产总体呈上升趋势，这些公司在外国的销售额和员工人数的增长速度明显高于母国（见表 3-1）。

表 3-1　1990~2011 年直接外资与国际生产若干指标

单位：10 亿美元

年 项目	1990	2005~2007 危机前平均水平	2009	2010	2011
直接外资流入量	207	1473	1198	1309	1524
直接外资流出量	241	1501	1175	1451	1694
内向直接外资存量	2081	14588	18041	19907	20438
外向直接外资存量	2093	15812	19326	20865	21168
内向直接外资的收入	75	1020	960	1178	1359
内向直接外资的回报率	4.2	7.3	5.6	6.3	7.1
外向直接外资的收入	122	1100	1049	1278	1470
外向直接外资的回报率	6.1	7.2	5.6	6.4	7.3
跨境并购	99	703	250	344	526
外国子公司销售额	5102	20656	23866	25622	27877
外国子公司增值（产值）	1018	4949	6392	6560	7183
外国子公司总资产	4599	43623	74910	75609	82131
外国子公司出口额	1498	5003	5060	6267	7358
外国子公司员工数（千人）	21458	51593	59877	63903	69065
备查：					
国内生产总值	22206	50411	57920	63075	69660
固定资本形成总值	5109	11208	12735	13940	15770
特许权和许可证收费	29	156	200	218	242
货物和服务出口额	4382	15008	15196	18821	22095

资料来源：联合国贸发会议. 2012 年世界投资报告.

尽管跨国公司的国际生产日益增长，但创纪录水平的现金留存仍未转化为持续的投资增长。贸发会议预计，现金留存量已超过 5 万亿美元，包括在海外留存的收益。关于最大的 100 家跨国公司的数据显示，全球金融危机期间，它们削减了生产性资产和收购（特别是外国收购）方面的资本支出，倾向于持有现金。2010 年，仅这 100 家公司的现金存量便达到了 1.03 万亿美元的峰值，其中估计有 1660 亿美元是新增的，高出危机前现金存量的平均水平。尽管近期数据显示，跨国公司在生产性资产与收购方面的资本支出正在增加，2011 年上升了 12%，但所持有的新增现金（2011 年估计有 1050 亿美元）仍未得到充分利用。国际金融市场再度不稳，将继续鼓励这些公司持有现金，或将现金用于支付股息或降低债务水平等方面。尽管如此，随着条件的改善，当前现金"过剩"的情况可能会在未来推动直接外资激增。根据跨国公司共持有 5 万亿美元现金这一估值，预计最大的 100 家跨国公司拥有的超过 5000 亿美元可用于投资，约合全球直接外资流量的 1/3。

跨国公司的历史可以至少追溯到 19 世纪 60 年代，当时西欧和美国的一些大企业开始在海外设立生产性分支机构，从事制造业跨国经营活动，已初具跨国公司的雏形。第二次世界大战后，特别是 20 世纪 50 年代后，随着西方发达国家垄断资本的大规模对外扩张和生产的进一步国际化，对外直接投资迅猛增加，跨国公司得到了迅速发展。

（一）跨国公司的形成

跨国公司是垄断资本主义发展的产物。19 世纪 60 年代，资本主义从自由竞争逐渐向垄断阶段过渡，"过剩资本"的大量形成直接成为资本国际流动的动力和源泉，西方国家的一些大企业开始向海外投资，资本输出成为这一阶段的重要特征。垄断组织通过资本输出把资本主义生产方式扩大到殖民地与半殖民地国家，使得传统的垂直分工体系进一步深化。与此同时，资本输出实现了世界范围的生产国际化和社会化，加强了世界各国的相互依赖及各国对国际分工的依赖。这时的资本输出主要是英、法、德、美等资本主义强国向海外进行以证券投资为主的对外间接投资，至于对外直接投资，其数额和比重都很小，并且主要是投资到殖民地和附属国的资源开发项目（如采煤、采油、开矿）以及农业种植园等，只有极少数企业在海外从事制造业生产性投资。从制造业来看，直接投资的流向主要是比较发达的国家和地区。例如，1914 年英国制造业对外直接投资中近 90% 是投向发达国家，其中对美国的投资占 70% 之多。从投资主体来看，制造业投资以美国为主体，但美国当时还是接受外国投资的主要债务国，其全部对外投资的比重排在英、法、德之后。

美国的第一家跨国公司是胜家缝纫机公司（Singer），它于 1867 年首先在英国的格拉斯哥建立了一家缝纫机装配厂，其产品供应欧洲和其他地区。1880 年又在伦敦和德国汉堡设立负责欧、亚、非业务的销售机构。在欧洲，德国的拜耳化学公司（Bayer）于 1865 年在美国纽约州的奥尔班尼开设了一家苯胺制造厂；瑞典的诺贝尔公司（Nobel）于 1866 年在德国汉堡设立了生产炸药的分厂。上述三家公司在海外设立生产性分支机构，从事跨国经营活动，已初具跨国公司的雏形，因此它们通常被看作是早期跨国公司的代表。后来，欧美不少大企业通过对外直接投资，在海外设厂从事跨国经营，如美国的国际收割机公司、国际收银机公司、西方联合电机公司以及英国的尤尼来弗公司和瑞士的雀巢公司等都先后到海外投资设厂，它们成为现代意义的跨国公司先驱。据估计，到第一次世界大战之前，美国在海外拥有的制造业子公司已达 122 家，欧洲大陆国家为 167 家，英国有 60 家。

（二）两次世界大战期间跨国公司的发展

两次世界大战期间，发达国家对外直接投资增长缓慢，处于停滞状态。这主要是由于以下几方面原因：第一，战争造成的损失和巨额战后重建费用使欧洲大陆由债权国变为债务国，难以筹措资金进行对外直接投资；第二，1929~1933 年爆发的经济危机使资本主义世界受到重创，生产力遭到严重破坏，而且主要发达国家纷纷实行贸易保护政策，对外资进行限制与歧视；第三，世界性经济危机后国际货币秩序混乱，资本主义各国从自身利益出发，纷纷组成货币集团，实行外汇管制，限制国际资金自由流通，直接影响了对外直接投资。因此，两次世界大战期间，对外直接投资发展缓慢，虽有所增加，但主要集中在资源开发性行业，且具有明显的地域局限性。但是，这一阶段，美国企业对外直接投资增加快于世界整体水平，在世界直接投资总额中仅次于英国居第二位，一些大型企业向欧洲和世界其他地区积极扩张，建立起遍布世界各地的生产与销售网络，跨国公司在海外的分支机构也从第一次世界大战前的 100 多家增加到第二次世界大战爆发前的 700 多家。

（三）第二次世界大战后跨国公司的迅速发展

第二次世界大战以后，尤其是 20 世纪 50 年代以来，全球范围内直接投资迅猛增长，跨国公司得到空前发展。这一时期跨国公司的发展可以分为三个阶段：战后初期至 20 世纪 60 年代末为第一阶段，美国跨国公司占绝对优势地位；自 20 世纪 70 年代初开始至 80 年代末为第二阶段，国际直接投资格局逐步由美国占绝对优势向多极化方向发展；自 20 世纪 90 年代初期至今为第三阶段，跨国公司在全球经济一体化时代获得长足发展。

1. 第一阶段：战后初期至 20 世纪 60 年代末

这一阶段的显著特征是，跨国公司对外直接投资在战后初期具有恢复性质，后得到迅速发展，美国跨国公司在其中居主导地位。

第二次世界大战使西欧国家经济受到重创，对外直接投资锐减。而美国在第二次世界大战期间利用各种有利条件加速进行对外直接投资，第二次世界大战结束时已成为世界最大对外直接投资国。战后初期，美国垄断资本利用其他国家被战争削弱的机会，凭借在战争期间大大膨胀起来的政治、经济和军事实力攫取了世界经济霸主地位。从战后初期到 20 世纪 60 年代末，美国通过实施"马歇尔计划"，参与欧洲和国际经济重建，为美国跨国公司大规模对外直接投资创造了极好的条件。在战后 20 余年间，美国的对外直接投资迅速增长，跨国公司也获得空前发展。1945 年，主要资本主义国家对外直接投资总额为 200 亿美元，其中美国占 42%；到 1967 年，对外直接投资总额达 1050 亿美元，其中美国占 50.5%。据统计，1956 年世界最大的 200 家跨国公司中，美国有 144 家，占 70% 以上 。因此，这一时期美国公司几乎成为跨国公司的同义词。正如跨国公司问题专家尼尔·胡德和斯蒂芬·扬所指出的："美国公司是唯一有能力出口并在国外扩展的公司……对外直接投资变成了私人资本流动的主要部分，美国成为主要母国，而欧洲成了主要东道国。"

2. 第二阶段：自 20 世纪 70 年代初开始至 80 年代末

这一阶段的特征是，国际直接投资规模继续扩大，西欧和日本的经济实力增强，跨国公司迅速崛起，美国跨国公司的地位相对受到削弱，国际直接投资格局逐步由美国占绝对优势向多极化方向发展。

西欧和日本经济在第二次世界大战后得到迅速恢复与发展，在 20 世纪 50 年代初，工业生产就几乎接近战前水平，它们对外直接投资也很快发展起来，跨国公司迅速增加。70 年代，西欧和日本的跨国公司积极对外扩张，在全球范围内与美国公司展开了激烈的竞争，对外直接投资年增长率均为 20% 左右，远远高于同期美国 11.1% 的年均增长率。西欧跨国公司同美国公司相比，不仅数量增加，而且规模扩大，经济实力和竞争能力迅速增强，在资本、技术、管理和研发方面的差距日趋缩小，日本跨国公司的力量也在不断加强。因此，尽管美国公司在 70 年代对外直接投资增长较前期迅速，仍处于领先地位，但其相对优势已大大下降。另外，从 70 年代开始，随着石油大幅度涨价和某些原材料价格上涨，发展中国家经济实力大大加强，在经济发展的同时，一些发展中国家开始对外直接投资，从事跨国经营。80 年代后，亚洲"四小龙"以及巴西、墨西哥等新兴工业化国家和地区涌现了一批具有相当规模与实力的跨国公司，使国际直接投资呈现出多元化、多极化的新格局。当然，与发达国家相比，发展中国家对外直接投资的资金规模与地域分布还相当有限。

3. 第三阶段：自 20 世纪 90 年代初期至今

这一阶段的特征是，对外直接投资持续大幅度增长，跨国公司数目空前增加，在全球经济一体化时代获得长足发展。

进入 20 世纪 90 年代以来，尽管受到某些不稳定因素的影响，例如东南亚金融危机、发展中国家长期债务危机，随着世界经济全球化趋势的不断增强和国际分工的日益深化，对外直接投资迅猛增长。据联合国贸发会议历年《世界投资报告》统计，90 年代以来国际直接投资保持持续大幅增长，远远超过同期世界贸易增长率，尤其是 90 年代中期以来增长势头更为迅猛，1996~2000 年平均增幅超过 40%，2000 年全球外国直接投资流入流量达到创纪录的 12710 亿美元。尽管全球外国直接投资扩大，但其分布却很不平衡，世界排名前 30 位的东道国占世界外国直接投资总流入流量的 95% 和存量的 90%，排名前 30 位的母国占世界外国直接投资总流出流量和存量的 99%，其中主要是工业化国家和地区。值得注意的是，跨国并购在 90 年代特别是 90 年代中期以来，交易急剧扩大，已成为国际直接投资的主要方式及其增长的主要推动力量。

在这一时期，国际直接投资领域唱主角的仍是发达国家，美国、德国、英国、日本和法国这五大对外直接投资国的对外直接投资约占世界对外直接投资的 2/3，而它们对外直接投资的绝大部分又主要是由为数不多的数家大型跨国公司作出的，这使得跨国公司体系的集中化趋势更加明显。另外，规模不断扩大，跨国购并也加剧了这一趋势。另外，国际化经营程度更高。这是跨国公司推行全球战略的必然结果。自 1990 年以来，跨国公司 TNI 指数基本上呈不断上升的趋势。还有跨国购并已成为跨国公司对外直接投资的主要手段。面对竞争压力、自由化浪潮和新投资领域的开放，越来越多的跨国公司将跨国购并作为自己参与全球化竞争的核心战略，以保护、巩固和增强自己的国际竞争力。尽管在 20 世纪 90 年代初，全球跨国购并额一度回落，但自 90 年代中期以来，跨国购并再度大幅增长，又进入了一个高潮期。

总之，跨国公司是一个巨大的、多样化的和不断扩展的世界性经济组织。它通过全球一体化的公司战略和错综复杂的跨国组织结构，对世界经济的发展产生日益深远的影响。

相关链接 3-5

跨国公司纷纷将研发中心移至中国

百事公司（Pepsi Co.），近日在上海建立了该公司在海外最大的研发中心。眼下，为更迅速地提供中国市场所需的产品，跨国公司启动了一轮在中国内地开办研发中心的热潮。这其中就包括过去一周在上海开办研发中心的两家公司：一个是菲多利（Frito-Lay）和桂格（Quaker）的母公司百事；另一个是德国化工企业巴斯夫（BASF）。

跨国公司越来越多地将研发中心移到这一目标市场，不仅仅是为了更加接近消费者，还为了更大程度地利用中国的研发人才资源。

实际上，包括百事和巴斯夫在内的跨国公司在中国的研发已经进行了多年。不过这些研发活动通常都很分散。过去巴斯夫仅在上海就已拥有 10 家研发中心，而这次在当地政府的激励政策下，巴斯夫又在上海建立了耗资 5500 万欧元的泛亚洲创新中心以及更大的在华总部。数百家跨国公司在过去几年中在华建立了创新中心，现在中国各种研发中心有至少 1600 家。

麦肯锡（McKinsey）最近一份关于在华医药研发的报告显示，过去五年跨国医药公司在华研发投资超过了 20 亿美元。报告指出："在欧美研发中心关闭或者缩减规模的同时，在华研发中心几乎在以同样的速度启动或扩张。"

百事价值 4000 万到 4500 万美元的新研发设施包括：百事的厨师们可以用来根据中国传统烹饪技术开发新口味的厨房、可以让消费者进行品尝测试的实验室以及可以用来生产样品的设备。百事表示，在中国开展这些流程意味着，其产品可以在两周内上架，跨国公司需要这样的速度才能与灵活的本土竞争者竞争。

不过在华研发中心已经不再拥有成本优势。中国现在不是最廉价的产品生产地及开发地。中欧国际工商学院（China Europe International Business School）中国创新研究中心主任马科恩（Bruce McKen）表示："这其中的优势不是你想象中的那种。真正最大的优势是人才优势——不过能不能留住这些人才是另一个问题了。"巴斯夫对此表示同意。该公司坚称尽管在中国建造成本更低，但他们决定在 2020 年前将 1/4 的研发人员迁移到亚洲"不是为了控制成本"。

多数跨国公司表示，如今在中国招聘合格的员工不再像过去那么难了，然而留住他们则是另外一回事。麦肯锡援引的一项调查表明，约 100 名在中国为跨国公司工作的MBA中，4/5的人不打算在目前的职位工作超过两年。

这些研发中心的最终目标是在中国面向全世界开展创新，不过这一目标不会在一夜之间达成。百事提到使用在中国开发的"龙舟"托盘盛放乐事无限（Lay's Stax）薯片，这种托盘将很快向美国引进。不过在近期紫薯燕麦还是不太可能取代枫糖燕麦的。

目前，中国研发中心还只是在忙着开发针对中国市场的创意。

资料来源：帕提·沃德米尔. 金融时报，2012–11–16.

第三节　跨国公司的组织形态和结构的演变

一、跨国公司的组织形态

无论何种类型的跨国公司，大多数都是采取股份有限公司的形式。跨国公司的具体组织，包括设在母国的母公司，设在东道国的子公司、分公司以及避税港公司。

（一）母公司

母公司是跨国公司在母国登记注册的法人公司，也是跨国公司在母国的发源地和基地组织。母公司通过在各东道国参股和控股活动来实际控制一些子公司，使它们成为母公司的附属公司。各国对母公司控制子公司有不同的法律规定。有些国家规定要达到50%以上的股本，有的国家规定只要达到10%以上的股本；有的国家规定只要母公司是子公司在册股东并能实际控制其董事会。母公司管理机构通常是跨国公司的总部。

（二）子公司

子公司是在东道国登记注册的法人公司。它受母公司管理和控制，按照母公司统一的全球战略进行自主经营、独立核算。作为一个独立的法人组织，子公司有自己的名称和章程，在产供销和人财物六个方面具有一定的权限。母公司与子公司之间以及各子公司之间一般都有密切的联系和往来。

（三）分公司

分公司是母公司的派出机构。一般是由于生产经营的需要或者是为了加强管理，而在母国母公司非注册地或东道国设立的组织。分公司没有自己的名称和章程，所以它并不是法人实体，仅仅是母公司的分支机构。

相关链接 3-6

分公司与子公司在法律特征上的不同

1. 分公司是总公司的分支机构

（1）不具有法人资格，不能独立承担责任，其一切行为后果及责任由总公司承担。

（2）分公司由总公司授权开展业务，自己没有独立的公司名称和章程。

（3）分公司的所有资产属于总公司，其债务也由母公司无限承担。

（4）分公司不受当地国家法律保护，而受母公司的外交保护等。

2. 子公司是指按一定的比例被另一家公司拥有或以协议方式而受到另一公司的实际控制的公司

（1）子公司是独立法人。

（2）子公司在经济上和业务上被母公司实际控制。

（3）母公司对子公司的实际控制或是基于股权参与或是支配性协议等非股权安排。

（4）子公司受到当地国家的法律保护，而不受母公司的外交保护。

资料来源：法律教育网，2011-9-29http：//www.chinalawedu.com/new/21604a21630aa2011/2011929caoxin104141.shtml.

（四）避税港公司

全球的避税港和避税区的数目呈上升趋势。中国改革开放 10 多年之后，在大陆沿海港口也建立了避税区。在避税港或避税区内，公司的人员、物资、资金都可自由进出，不受多少限制，而且实行低税率或免税政策。跨国公司为了逃避征税，常把利润从高税率国家转移到避税港或避税区来，在避税港或避税区设立公司。

相关链接 3-7

避税地介绍

世界上著名的国际避税地有百慕大群岛、巴哈马群岛、荷属安的列斯群岛、巴拿马、巴巴多斯、开曼群岛、瑞士、列支敦士登、卢森堡、直布罗陀、利比里亚和中国香港等。避税地必须具备有利于跨国公司的财务调度和进行国际业务活动的条件。例如对其境内公司所得税一律实行低税率或免税；取消外汇管制，允许自由汇回资本和投资收益、经营利润；对企业累积不加限制，不征租税；具备良好的财务服务、通信、交通以及健全的商法等。

资料来源：百度百科，http：//baike.baidu.com/view/2090372.htm.

二、跨国公司的组织结构

从广义上来说，组织结构设计本身就是经营战略安排的有机组成，跨国公司组织结构的演变与其经营战略变化密切联系，其组织结构不是固定不变的，而是随着企业各种因素（内部因素和外部因素）进行局部的、有时甚至是很大的调整。通过对跨国公司组织结构演变的分析，我们能从另一个角度理解跨国公司经营战略的发展脉络。总的来说，跨国公司组织结构的演变主要经历了以下几种模式：

（一）出口部

出口部是企业在国内组织结构的基础上，在销售部下设立一个部门，全面负责企业产品的出口业务，并在国外建立销售、服务机构和仓储设施。出口部是责任中心，国外的销售机构是利润中心（见图 3-2）。

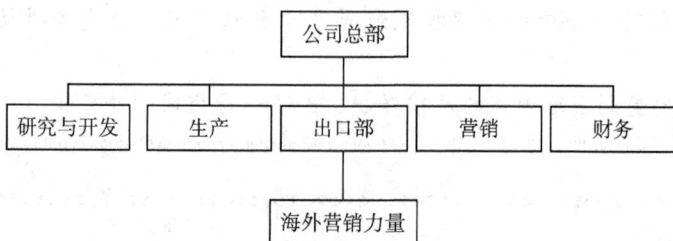

图 3-2　出口部组织形式

早期的跨国公司绝大部分业务仍面向国内，在国外的生产经营活动规模比较小，且主要以产品出口为主，出口量不大，通常采取在总公司下设立一个出口部的组织形式，以全面负责管理国外业务。当时国外业务在整个企业的经营活动中占的比重不大，因此，母公司对子公司很少进行直接控制。母公司与子公司之间的联系比较松散，主要限于审批子公司的投资计划；子公司的责任仅是每年按控股额向母公司支付股东红利，母公司实际只起控股公司的作用，子公司的独立性很大。

（二）国际业务部

随着跨国公司业务范围的扩大，国外子公司的数目增多，公司内部单位之间的利益矛盾日渐显露。母公司需加强对子公司的控制，出口部的组织形式已不能适应，于是新的组织形式呼之欲出，许多公司采取在总部下面设立国际业务部的组织形式（见图 3-3）。

所谓国际部，是指当国际企业的国外子公司达到一定数量和规模时所设立的、与其他国内事业部处于同等地位的、由企业副总经理负责、直接受企业总经理领导的、统管母国以外一切业务的国际部门。

国际业务部总管商品输出和对外投资，监督国外子公司的建立和经营活动。国际业务部的作用表现在以下几个方面：

（1）为跨国公司筹划国外业务的政策和战略设计。

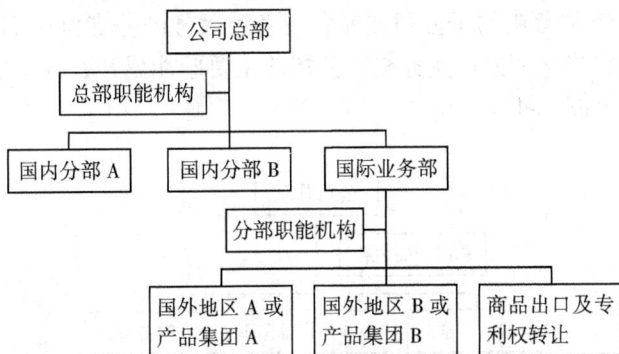

图 3-3　国际业务部组织形式

（2）为子公司从国际市场取得低息贷款。

（3）为子公司提供情报，提供更好的合作机会以及配合和协调工作。

（4）可通过转移定价政策减轻或逃避纳税负担。

（5）为子公司之间划分国外市场，以免自相竞争。

第二次世界大战以前，美国通用汽车公司、国民现金记录器公司都采用过国际业务部的组织形式。到 20 世纪 60 年代初期，这种组织形式已被美国的跨国公司广泛采用。

然而，从国际业务部的组织形式来看，其所处的地位又决定了它的局限性：

（1）国际业务部主要是起协调子公司扩展活动的作用，它无力掌握国外广大地区的市场特点和各种情况。

（2）如由国际业务部来制定业务决策，由于情况不熟，往往使子公司的灵活反应能力受到影响。子公司与国际业务部的情报往返，也容易造成时间上的延误，使公司遭受损失。

（3）国内与国外的业务部门也产生矛盾。因为如果跨国公司在国外制造和销售的产品与国内相同，国际业务部通常没有专设自己的产品发展、工程研究和设计人员，于是不得不依赖于国内各产品部，这使跨国公司内部、国内和国外的业务部门在生产计划、产品设计和销售渠道等方面相互抵触。因此，随着国外业务扩大，子公司增多，国际业务部已显得难以应付复杂局面。

（三）跨国公司全球性组织结构

20 世纪 60 年代中期以后，越来越多的跨国公司采用全球性组织来代替国际业务部。全球性组织结构从公司的整体利益出发，克服了国际业务部将国内和国外业务隔离的弊端，并大大加强了总部集中决策的作用。

全球性组织结构意味着跨国公司要建立更加复杂的内部结构。跨国公司可以分别按职能、产品、地区设立总部，也可以将职能、产品、地区三者作为不同的维度建立矩阵结构。在矩阵结构的基础上，跨国公司通过与外界的非股权安排，结成战略联盟，建立网络结构。

1. 全球性职能组织结构

公司负责特定职能的单位称作职能总部，负责跨国公司某一特定的行为。国际性的采购机构、协调销售和营销的子公司或者负责售后服务的分支机构都属于职能型总部。全球性职能组织结构将整个公司业务按照公司的主要职能展开，各个职能部门按照其分工负责全球业务（见图3-4）。

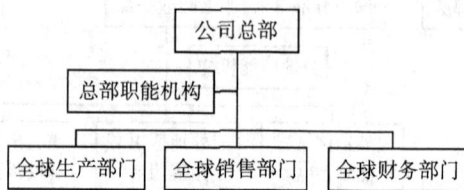

图 3-4　全球性职能组织结构

采用全球性职能组织结构，具有如下优点：①高层管理者能对经营活动进行分类专业化的管理，适合专业化原则，有利于维护职能部门的权力和权威。②部门设置较少重复，人力资源占用较少。③有利于公司整体的纵向和专业化协调，管理效率在有现代管理、信息平台的基础上得到提高。④有利于统一成本核算、资源的集中调配、利润等经营业绩的统一考核。

然而，采用这种组织结构可能带来如下问题：①管理环节层次太多。②信息流转不畅，决策到执行的中间环节太多。③职能部门的目标有可能出现分离甚至冲突，各个环节例如研究与开发、生产、经营、服务等出现脱节或不协调。

因而，设立全球性职能组织结构的跨国公司通常具有如下特征：①产品系列简单。②强调资源的集中使用，风险的集中控制。③市场经营环境相对比较稳定，经营决策变动不频繁。

2. 全球性产品组织结构

在跨国公司多样化经营的情况下，不同产品、不同的服务业务领域往往需要跨国公司按照专业化分工和运作的方式来进行生产、经营，相应地，跨国公司就需要按照权、责、利统一的要求，分专业、分产品甚至分部门地实施全球性的计划、管理和控制（见图3-5）。

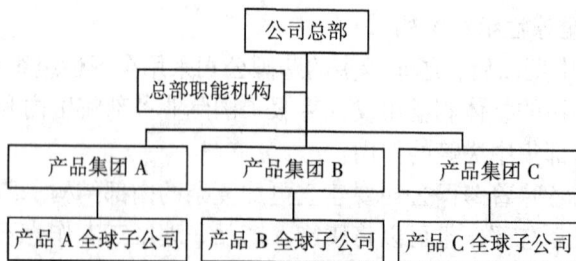

图 3-5　全球性产品组织结构

这种公司组织形式具有如下优点：①强调产品和市场销售的全球性规划，有利于国际市场细分。②有利于加强产品的技术、生产、销售和信息的统一管理，避免公司内部业务冲突，提高公司的整体国际竞争力。③最大限度缩小国内外业务间的差距。

但是，按照产品种类或生产线来对企业资源进行布局，容易带来如下问题：①不利于公司对长期投资、市场销售、资源配置和利润分配等全局性问题进行集中统一决策；②不同产品管理线的职能机构设置有可能重复；③内部机构设置的重叠性又容易导致内部协调工作的困难，资源的使用有时难以突出重点。

设立全球产品组织结构的公司一般具有如下特征：①产品经营领域广泛或服务领域多样。②市场覆盖范围广泛，经营触角遍及全球的许多国家、地区，且形成国际化网络。③具有很强的技术研究开发实力，研究成果众多且范围较广。

相关链接 3-8

英国石油公司的组织结构

英国石油公司是英国石油业垄断企业，也是世界上最大的石油集团之一，其经营范围广及石油和天然气的各个领域。该公司的业务分别由 12 家国际专业公司经营：英国石油开发公司（主要经营原油的开发）、英国石油国际油公司（掌管全集团石油的提炼、贸易及销售）、英国石油国际化学品公司和英国石油国际矿产品公司（主要经营铜、锌等金属的生产）、英国石油天然气公司、英国石油煤业公司、英国石油饲料公司、英国石油国际洗涤剂公司、英国石油航运公司等。该公司是产品分部制的一个典型。

资料来源：百度百科，http://baike.baidu.com/view/112108.htm.

3. 全球性地区组织结构

跨国公司按地区设立总部，负责协调和支持一个地区所有分支机构的所有活动。在这种组织结构形式下，由母国总部级所属职能部门进行全球性经营决策，地区总部只负责该地区的经营责任，控制和协调该地区内的所有职能（见图 3-6）。

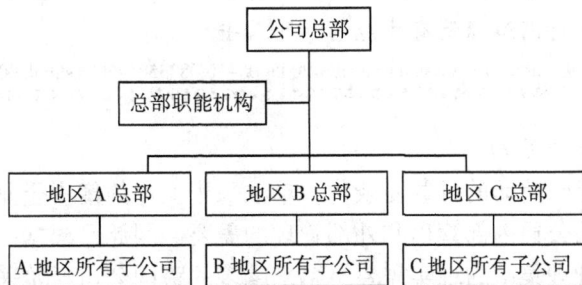

图 3-6 全球性地区组织结构

这种组织结构有如下几个优点：①企业可能在同一地区的市场上有效协调产品生产、经营等各个环节，给予分支机构更多的协调职能，使之能根据地区市场的特点和变化采取灵活的经营策略。②有利于简化跨国公司高层对企业具体经营事务的管理，使之能更关注于公司的战略决策、战略规划。③有利于使分支机构成为地区性的利润中心，使每一个地区总部更容易协调本地区分公司与子公司之间的资源有效使用和利益分配。④有利于地区性分支机构的独立经营成长，强化市场的针对性竞争意识。

将区域作为公司经营和管理的基本单位，会带来如下问题：①不能适应产品的多样化发展。②容易出现统一公司产品的不同定价水平、不同公司形象和差别化的市场经营策略，使跨国公司一体化的程度受到影响。③不同地区分公司有可能争夺资源、彼此分隔、缺乏协调沟通，甚至在地区发展上顾此失彼。④资源重复使用，机构设置重叠，管理成本因此增加。

设立全球性地区组织结构的跨国公司，一般具有如下特征：①产品标准化程度高的企业。②产品线较少，生产技术接近、市场条件相近。

相关链接 3-9

瑞典的山德维克（Sandivik）集团公司是一个高技术材料加工企业，该公司管理总部下设四个区域公司：山德维克国际部、山德维克东南亚有限公司、山德维克拉丁美洲公司、山德维克亚洲公司，各区域分管各地区的经营业务。

资料来源：知网空间，http://www.cnki.com.cn/Article/CJFDTotal-GJJS197301013.htm.

相关链接 3-10

联想区域总部将设在新加坡

2005 年 5 月 10 日，联想集团宣布将其区域总部设在新加坡，负责东盟国家和印度的营运业务，包括个人电脑产品供应链管理和国际销售支援。

联想新加坡（Lenovo Singapore）为本区域提供销售和分销支援，包括金融管理、定价、产品管理等。这些员工主要来自新加坡 IBM。

联想集团选择新加坡是因为它在亚洲的地点适中，拥有世界级的物流基础设施、优越的国际银行网络以及有才能的专业人士。

资料来源：法制日报，http://news.sina.com.cn/w/2005-05-10/08235844507s.shtml2005-5-10.

4. 全球性混合组织结构

随着跨国公司经营活动的日益复杂化，单独采用上述的集中企业管理组织结构已经难以适应大规模跨国公司内部管理和外部管理的需要。因此，根据产品情况、市场分布结构和资源、风险管理集中的现实需要，越来越多的跨国公司开始采用更加灵活有效的所谓混合式管理组织结构（见图 3-7）。

采取混合组织结构具有如下优点：①有利于经常实施流程变革、组织变革与管理变革，使之更适应千变万化的内部、外部环境，即组织结构的非刚性结构。②资源比较容易在公司内部进行多方向性的调配。③有利于企业进行全球化的多位新发展并集中优势

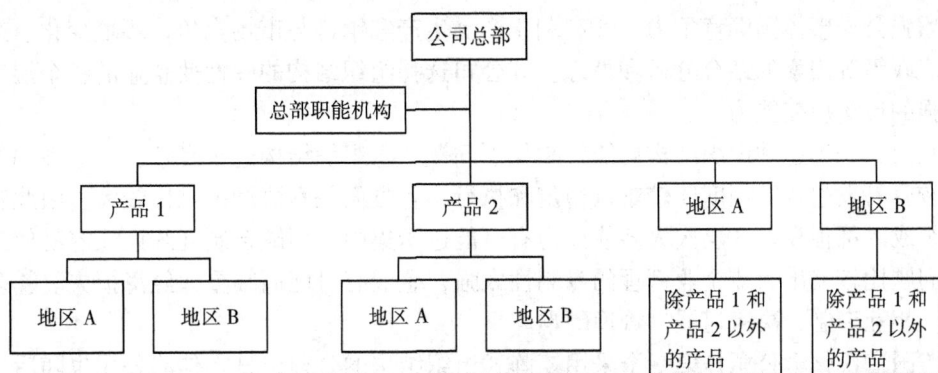

图 3-7　全球性混合组织结构

资源，强化重点。

　　然而，采用这种组织结构可能会带来如下问题：①组织结构非规范化，企业内的协调管理成本很高。②企业运行中经常有可能发生经营脱节、目标冲突。③各部门、环节业务差异较大，所以合作协调困难，特别是难以统一对外。

　　因而，设立全球产品组织结构的跨国公司通常具有如下特征：①产品系列很多、市场覆盖范围广泛、客户差异较大。②企业战略或经营方向处在较大的调整期。

　　5. 全球性矩阵结构

　　不少巨型跨国公司采取将职能、产品线、地区三者结合起来设立矩阵式的组织结构。在矩阵式的组织结构中，有三个维度：职能维（由各种职能总部构成）、产品维（由各个产品线总部构成）和地区维（由各个地区总部构成）（见图 3-8）。

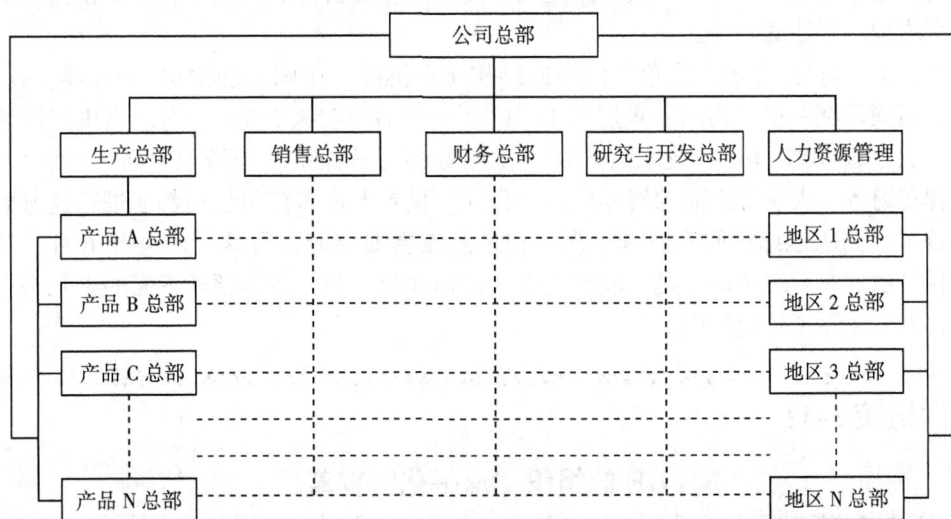

图 3-8　全球性矩阵结构

　　采用全球性矩阵结构，具有如下优点：①有利于各部门、各层次之间的合作和协调，增强公司整体国际竞争力。②有利于产品生产和销售与市场竞争、环境变化、东道国政府政策等因素的结合分析和处理。③公司选择组织结构的弹性使企业的各个层次具有较强的市场应变能力。

然而，采用这种组织结构可能带来如下问题：①组织结构过于复杂，官僚性的低效率比较容易发生。②制度比较难以稳定和执行，各方面关系协调困难比较大，因此管理和组织成本都很高。③层次太多使权力有可能过于集中，而缺乏制度约束又容易使道德风险问题比较突出，或企业管理的专制性太强，企业有可能面临重大经济损失。④多种领导，相互牵制，决策迟缓，管理困难。

美国道氏化学公司是第一个采用矩阵式组织结构的公司，日本佳能公司也随后采用了这种形式。这种组织结构比较适合于规模庞大、产品多样化、市场分散、经营活动和公司发展前景属于全球性的公司。

（四）跨国公司组织变革的最新进展

随着信息技术的迅速发展和广泛应用，有关信息技术与组织变革之间的关系已成为信息系统和组织理论中人们关注的重要问题。被称为现代组织理论之父的巴纳德（Chester I. Barnard）在计算机诞生之前就很早地认识到信息传递对于组织的重要意义。20世纪西方跨国公司曾经经历过以减人增效为特征的组织变革热潮；20世纪90年代以来，基于信息革命的组织结构调整再掀热潮，其发展趋势表现在以下两个方面：

1. 变"扁"和变"瘦"

信息时代微电子技术的发展、信息处理技术的进步，使得公司中工人与管理人员的职责不再分明，这就对传统金字塔形管理组织结构提出了挑战。信息技术的进步，通过计算机与决策的管理，加快了信息的收集、传递和处理，缩短了组织结构的高层与基层之间的信息传递距离，提高了决策的速度。而不是像在传统的公司中，工人仅仅是执行自金字塔顶层下达的命令。

（1）变"扁"：是指形形色色的纵向结构正在拆除，中间管理阶层被迅速削减。据预测，美国现在一般公司的管理层有11~13层，今后将会减少1/3左右。而中间层管理人员将会削减10%~14%。比较理想的组织是最高层只保留一个精干的高级经济小组，以发挥在财务、人事等方面的辅导作用。目前，世界上许多跨国公司都在进行这方面的组织改造，力求压缩中间和管理层次，使信息流更加快捷、通畅。1994年6月，美国阿莫科共识宣布组织重造方案：取消三个子公司和总公司，直接领导下面的十几个企业单元，大大压缩了管理层次。

相关链接 3-11

GE 的组织"扁平化"变革

GE 实施了"零管理层"的组织架构，其目标是使其组织层次更加扁平。

GE 航空发动机厂曾有3万名员工，现在只有8000人左右。"零管理层"是指，在这所8000人的发动机总装厂里，只有一个厂长和全厂职工两个阶层，没有任何中间管理层。在一般工厂常见的车间、工段、班组、工会、人力资源、财务、计划、技术、材料、供销等所有部门全部取消。在生产过程中所必需的管理职务由工人轮流担任。而一些临时性的工作，如招收新工人，就由各岗位老工人临时组成人力资源部门，完成之后即解散。

GE总裁的"零管理层"理念，就是要求一个工厂，甚至一个公司的所有员工在工作时，都处于一种平面相交的环境中。所谓平面相交，就是没有层次，没有等级。这样做有两个好处：一是大大精简了工厂的机构，二是在生产过程中使所有职工都是平等的。

GE原来从董事长到基层的工人，大约有24~26个阶层，通过"零管理层"的推行，GE阶层减到5~6个。经组织结构变革后的GE，一跃成为全美利润率最高的公司之首，这对一个以工业产品为主导的老企业来说，不啻是一个奇迹。

资料来源：广东培训网，http://www.gdpx.com.cn/news/200612713.shtm.

（2）变"瘦"：是指组织部门横向压缩，将原来企业单元中的服务辅助部门抽出来，组成单独的服务公司，使各企业能够从事法律事务、文书等各种后期服务工作中解脱出来。在阿莫科公司1994年组织机构重建中，总公司和个人企业单元的服务支持关系，如：环境、健康、安全、采购、公关、设备服务、企业设计、企业咨询等，全部被抽出来，成立一个共享的服务部门，使企业服务专业化。

相关链接 3-12

微软组织结构的精简

微软于2006年1月30日表示，他们进一步完善了公司于2005年开始的机构大调整，调整后微软的部门由原来的七个合并为三个，领导结构更趋合理，也更加灵活和高效。微软的机构调整为平台与服务、微软商务和娱乐与服务三大部门，分别设立一名首席财务官。微软在声明中表示："上述设计有助于财务伙伴与微软各个部门的领导层加强合作，并为该部门建立更加合理的财务战略。"除了向各个部门总裁汇报工作之外，新任命的部门首席财务官还可直接向微软公司首席财务官克里斯·里德尔（Chris Liddell）汇报工作。

资料来源：中华会计网，http://www.chinaacc.com/new/184/185/2006/1/ma851514359113160028938-0.htm.

2. 全球网络组织

伴随着组织结构重造的进程，现代跨国公司的组织结构，正在逐步转向横向管理体制的网络结构。如果说金字塔形结构是制造业时代代表性企业结构，那么网络型结构则是信息时代的代表性组织结构。

网络组织的最大特色是流程短、流程不重合而使信息充分、失真度小。网络组织结构由两个部分组成：一是战略管理、人力资源管理、财务管理与其他功能相分离，从而形成一个由总公司进行统一管理和控制的核心。二是根据产品、地区、研究和生产经营业务的管理需要形成组织的立体网络,这一网络具有柔性,即网络中机构的重要性顾及项目性质而变化。在这种组织结构下,核心控制点的设置主要是为了使管理的网络流程路径变短,使其有适当的集中性。

网络型组织结构虽然由矩阵型组织结构发展而来,但在内部关系处理上简单得多,它保持了单向的责任链,一个核心控制点,只有一个经理,从而保证了整个系统运行的效率。特别是它着眼于有效的管理过程而不仅仅是结构上的设计,更关注于发展员工的能力。

传统上,企业内部不同单位的角色是对称的,跨国公司通常采用统一的方法来管理不同的业务、只能和不同子公司运作。网络化的组织模式不是把不同的义务、职能和子公司看成同一性质,而是系统地对不同的工作和责任区别对待;不是按依赖或独立的简单关系来理解组织清晰度,而是建立起一个公司内部不同部门之间相互依存的关系;不是把控制下属单位当做主要目标,而是通过复杂的机制来协调和引导差别化和相互依存的组织单位,使它们具有关于公司战略任务的公摊愿望。

现代公司网络化组织结构,意味着一个个大公司正成为小企业的集合,它的中心负责全局战略计划的制订和提出,并将各个部门、子公司联络起来。网络上的各个联络点,往往具有充分的自由权,可以视如一个个小企业,它们又与其他网络建立着某些经营业务上的关系。于是就全球范围来看,没有公司的"内"、"外"之分,只是距离公司战略中心地理上的远近之别而已。如此联系又扩展到另外的战略中心,后者又同其他集团相联系。跨国公司的网络组织,正以不可阻挡的力量冲击着传统的金字塔组织结构。这意味着现代公司的组织结构正由稳定的金字塔形的组织结构转向适应性强的网络化组织结构,以顺应全球化和信息化时代经营管理的更高要求。

相关链接 3-13

飞利浦的网络化组织模式

飞利浦公司是跨国网络的一个经典。该公司在 60 个不同国家和地区从事经营活动,其生产的产品从国防系统到灯泡等多种多样。该公司拥有根据产品相似性划分的 60 个产品亚类基础上的 8 个产品分部,每个产品分部都拥有世界范围的子公司。子公司可能集中于一种产品或一定范围的产品,子公司可能集中于专业化与研究与开发、制造,或世界市场或地区市场的营销,还有一些子公司只集中于销售。一些子公司高度独立于总部,而其他单位却受到总部的严格控制。

在地区方面,飞利浦公司将其划分为三类:包括荷兰和美国在内的"关键国家",在这些国家为当地市场和世界市场生产,控制当地销售;包括墨西哥和比利时在内的"大国",在这些国家拥有一些当地和世界范围的生产设施,并进行当地销售;"当地商业过"是一些小国,在这些国家设立的主要是销售单位,这些单位从产品分部在其他国家的世界生产中心进口产品。其组织结构如图 3-9 所示。

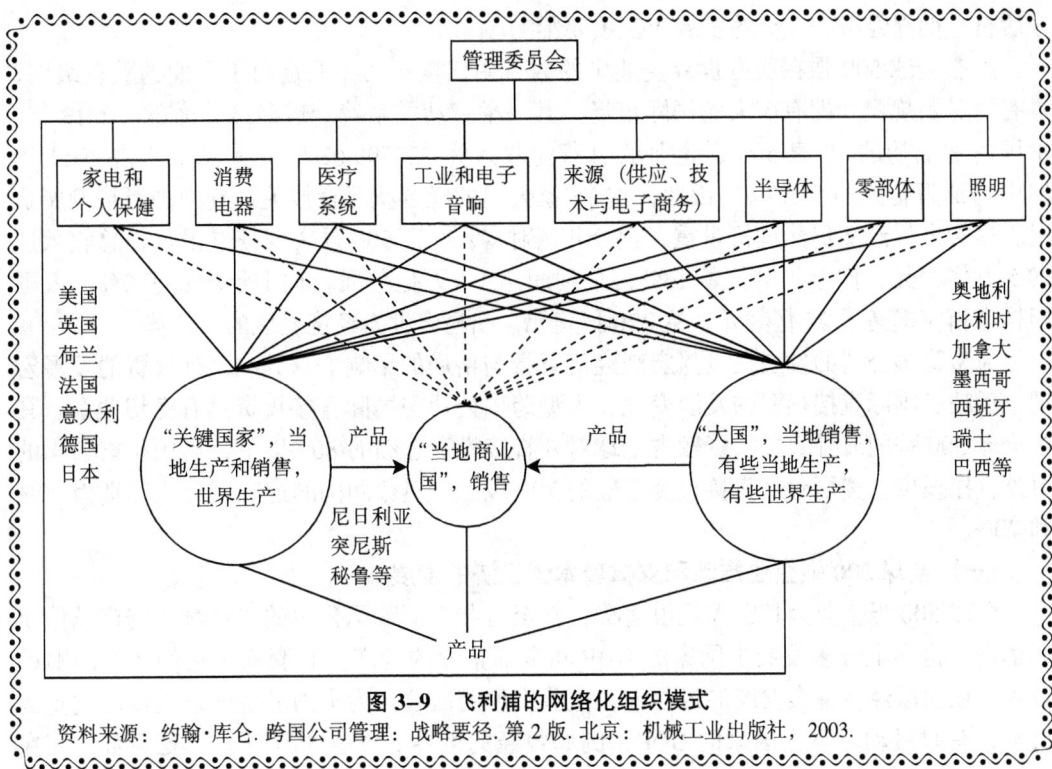

图 3-9　飞利浦的网络化组织模式

资料来源：约翰·库仑.跨国公司管理：战略要径.第 2 版.北京：机械工业出版社，2003.

第四节　世界 500 强

一、世界 500 强基本介绍

随着世界经济的发展，在经济全球化、国际化、现代化的大背景下，大型跨国公司发挥着越来越重要的作用，在世界经济贸易中扮演着不可替代的角色。特别是世界 500 强企业，美国《财富》杂志于 1995 年第一次以严谨的评估和计算，根据各企业前一年营业收入作为指标，评选出了全球最强的 500 家企业，从此，拉开了一年一度评选世界 500 强的序幕，人们越来越关心哪些企业在世界 500 强之列，并以在世界 500 强公司工作为荣。世界 500 强企业成为推动世界经济发展的中坚力量。现在，《财富》排行榜已经超越了国家、民族和文化的限制，成为全球经济的标准，其影响之大，没有任何一个其他媒体的排行榜能与之媲美。位于 500 强之列的企业，无论是自身规模、实力和国际影响力都是毋庸置疑的，而且它们代表着世界产业、行业的发展方向和发展趋势，并将对今后整个世界经济和社会的发展产生重要影响。

虽然全球 500 强在所有世界企业中的数目中比重不大，但是由于它们的重量级别、具有的财团规模和拥有庞大的国际市场，其一举一动关系着全球经济的命脉。2012 年，中国内地上榜的 73 家 500 强企业的总营业收入为 253799.63 亿元人民币，占 2011 年 GDP 47.2 万亿元的 53.77%。因此，这 73 家公司的经营状况直接关系到中国经济发展状况。尽管世界经济仍然危机重重，但今年《财富》世界 500 强表现依然出色，总收入达 29.5 万亿美元，比上年增长了 13%，总利润达 1.6 万亿美元，比上年增长了 7%，入围门槛也相应提高了 25 亿美元，达 220 亿美元，凸显出世界经济发展的新趋势。

大型跨国公司的发展在世界宏观经济背景与格局的影响下，其在国外投资的发展宏观上反映了国际直接投资的发展变化，大型跨国公司与国际直接投资具有密切关系。其中全球 500 强的海外直接投资额占全球对外直接投资总额的 80% 以上，美国跨国公司的海外直接投资占美国对外直接投资总额的 70% 以上，英德两国的这一百分比分别为 80% 和 70%。

（一）全球 500 强企业推动和支撑着本国经济的发展

全球 500 强企业因其庞大规模著称，甚至有些大型跨国公司的销售额和资产总值要远远高于世界上许多发展中国家的 GDP 和全部企业的资产，利润高于它们政府的财政收入。在国家经济健康发展的过程中，这些大型跨国公司为本国经济的发展作出过重大贡献，有时带动着整个国家的 GDP。例如曾经的世界 500 强之首日本三菱商事，其在 1994 年登上《财富》排行榜榜首，当年的销售额为 1758.36 亿美元，在当时若和世界上各国的 GDP 相比，可排到第 22 位，也就是说，世界上 90% 的国家的国民生产总值在当时都比一个日本三菱商事的销售额低。正是因为拥有像三菱一样的大型公司，日本经济在 20 世纪 80 年代获得了突飞猛进的快速发展，使日本成为全球经济大国。所以，一国拥有像全球 500 强这样的国际级大企业的数量已成为衡量一个国家经济实力和国家地位的重要指标。这也是《财富》杂志能坚持这么多年每年公布最新的 500 强排行榜的动机所在。

相关链接 3-14

世界 500 强逆势增长，中国企业坐稳第二

2012 年 7 月 9 日，《财富》发布 2012 年世界 500 强名单。今年榜单数据的一个引人注目看点是中国企业异军突起。排行榜中有中国内地企业 69 家，如果加上两个独立关税区的企业，中国共有 79 家（香港企业 4 家，台湾企业 6 家）上榜，首次超过日本（68 家），成为除美国（132 家）以外上榜公司数量最多的国家。

1. 经济停滞，"500 强"前进

一年一度的《财富》世界 500 强企业名录根据公司的营业收入对全球企业进行排名。把该榜单多年的数据联系起来，可以清楚地看到全球企业发展、产业变化以及全球经济走向的脉络。

北京新世纪跨国公司研究所所长王志乐说，全球最大的 500 家公司连续两年强劲增长，其发展趋势与国际金融危机走向出现偏离。

他说，国际金融危机始于 2008 年第四季度，先是美国的次贷危机，后来是欧元危机，全球经济陷入停滞甚至衰退。然而，近两年全球最大的 500 家公司的经营状况却相当不错。全球金融危机发生后，2009 年，500 强公司的营业收入出现了多年未有过的负增长（20 年来，全球 500 强公司营业收入仅在 2002 年因 IT 泡沫破裂同比略有下降）。2009 年，500 家公司的营业收入为 23.1 万亿美元，比 2008 年减少 8.3%。此后全球金融危机仍在，欧债危机愈演愈烈，但是 2010 年榜单上 500 家公司的营业收入与 2009 年相比增加了 12.7%，利润大幅度增长 59.0%。今年发布的榜单显示，世界 500 强公司营业收入达到 29.4 万亿美元，同比增加 13.3%，利润 1.63 万亿美元，同比增加 6.7%。显然，最大的 500 家企业经营状况与全球经济走向发生了偏离。

王志乐分析，这种大公司经营状况与全球宏观经济形势偏离的主要原因在于，这 500 家公司多为跨国经营，其中许多已经成为全球公司。全球公司往往超过一半的营业收入、资产和雇员来自海外。它们超越国家地理界限，在全球吸纳资源、布局价值链、进行市场经营，从而大大提高了生产要素的效用，同时有效地规避了在一个或几个国家市场经营的风险。

"根据以往的经验，财富世界 500 大公司率先增长意味着全球企业经济和产业经济的复苏，进而将带动全球整体经济的恢复。因此全球经济发展趋势并不是那么悲观。"王志乐说。

2. "企业大不等于强"

今年的世界 500 强企业榜单中，"中国企业实现了历史性突破"，接受本报记者采访时，长期从事世界 500 强企业成长跟踪和分析的国务院国资委研究中心研究员胡迟，看到新出炉的榜单后给出了这样的评价。

从所有制属性看，入榜企业仍然以国有企业为主，这个格局在一定时期内恐怕都难以改变。但今年民营企业的表现也十分抢眼。今年的排行榜中共有 5 家中国民营企业入围。它们分别是：中国平安保险（集团）股份有限公司（排名第 242 位）、江苏沙钢集团（排名第 346 位）、华为投资控股有限公司（排名第 351 位），以及今年新入榜的山东魏桥创业集团有限公司（排名第 440 位）、浙江吉利控股集团（排名第 475 位）。胡迟说，5 家民营企业一起进入 500 强排行榜也实现了历史的突破，充分显示了我国民营企业的高成长性。"中国进入世界 500 强排行榜的企业迅速增加与我国经济超高速增长、经济规模不断放大密不可分。"胡迟说，进入 21 世纪以来，我国经济在成功摆脱亚洲金融危机的不利影响后，在市场化、国际化双因素的强力推动下，成功抓住了新一轮世界经济上升周期的机遇，实现了飞速增长。我国经济规模先后超越了英国、法国、德国。2010 年我国经济规模超越日本，位居世界第二位。与此同时，我国大企业也同样抓住了新世纪头十年的黄金发展机遇，实现了跨越式发展。

"中国企业群体在全球化潮流中异军突起是一件让人高兴的事。但是我们应当清醒地看到，企业大不等于强。"在王志乐看来，不少企业规模确实超过了许多老牌跨国公司，然而多数还不是真正的跨国公司，更不是全球公司。我们的企业缺乏在全球市场布局、吸纳整合全球资源的能力。中国企业的真正崛起还有很长的路要走。

据了解，在 1995 年首届财富 500 强排行榜上，大陆只有中国石化、中粮公司和中国银行三家企业上榜。2001 年加入世贸组织全面融入全球经济以来，中国企业在该全球大企业排行榜的地位不断攀升。当年，中国内地有 11 家企业上榜，而美国和日本分别有 197 家和 88 家企业上榜。国际金融危机以来，中国经济一枝独秀，中国企业在该榜单上的地位急剧攀升。到 2011 年，大陆企业的数量达到了 58 家，如果算上港台公司，榜上中国公司的数量达到 69 家，仅次于美国。

资料来源：张娜. 中国经济时报. 2012-7.

（二）全球 500 强企业是当代支柱产业的集中体现

500 强企业的实力不仅体现在经济总量上，而且在经济质量方面还体现为其对一国乃至世界经济支柱产业发展的主导作用。以汽车工业为例，第二次世界大战后的汽车工业是美国经济发展的三大支柱产业之一，其中通用汽车、福特汽车和克莱斯勒汽车公司三家企业几乎垄断了美国的汽车工业。韩国从 20 世纪 70 年代开始大力发展重化学工业，积极发展钢铁、机械、石油化工、汽车等重化学工业，并且基本由现代、三星、大宇等大财团垄断，这些企业在韩国政府的政策下飞速发展，相继进入世界 500 强。就目前情况来看，世界 20 家跨国电脑公司几乎控制了全球所有的计算机市场；10 大跨国化学公司、10 大跨国半导体公司、20 家跨国汽车公司所占领的国际市场份额都超过 90%。因此，如果说全球 500 强企业控制着世界经济发展的命脉毫不夸张。

（三）全球 500 强企业是世界先进技术的开发者和新产品的生产者

大型跨国公司之所以能持久地在国际竞争中立于不败之地，原因之一是他们不断在创造新的东西，利用自身的资本优势、设备优势和人才优势，大力发展和研究新技术、新产品。无数的发明创造都诞生于大型跨国公司中，例如，美国的杜邦公司在 20 世纪 60 年代几乎垄断了全世界 80% 的化学纤维专利；埃克森美孚几十年来共取得一万多项专利。据统计，从 20 世纪 70 年代中叶至现在，美国大型跨国公司拥有的专利占专利总数的 80% 左右，世界工业研制的 80%、生产技术的 90% 和世界技术转让的 75% 也由全球跨国公司控制。世界大型跨国公司在科学技术研究领域遥遥领先，他们控制着世界产业链的核心。

（四）全球 500 强企业是各国综合国力和国际竞争力的集中体现

当今世界经济正在朝全球一体化方向发展，国际分工和国际竞争已经完全超出了国界，资源的优化配置和分工重组在全球范围内展开。而全球 500 强公司无疑成了各个国家参与国际竞争的主要代表，这些公司不仅在经济，甚至已经将触角延伸到了政治、社会、文化和人权的各个方面，成为新型国际竞争和国际分工的主体。国家与国家之间的经济竞争，实际上已成为国家间大型企业之间的竞争，一个国家的经济实力和国际地位，集中体现在大型企业的实力和竞争力上。尤其是一个国家全球 500 强企业的多寡，就美国而言，其经济实力主要体现在福特、通用、沃尔玛、埃克森美孚、康菲石油、杜邦、IBM、微软、英特尔等国际级大公司身上；日本的经济实力主要体现在三菱、住友等大型集团；而中国的经济实力更多地体现在国有企业中，例如中石油、中石化、国家电网、中国工商银行等大型企业。美国哈佛大学著名教授米歇尔曾说："市场竞争实际上不是在国与国之间，而是在公司与公司之间进行的，迄今为止，我还不曾看到哪个国家不拥有强大的公司就能在全球经济中占先的。没有强大的公司，也就不会有持续的经济增长。"

总之，全球 500 强企业一定程度上决定着未来世界经济的发展和趋势，世界经济的发展依靠科学技术的推动，科学技术的进步需要巨大的资金投入，并伴随着巨大的风险，这是中小企业难以实现和承担的。大型企业已成为推动技术进步、实现科研成果转化的主体，国家科技进步也只有依靠大型企业的财力、物力和人力的支持才能形成自主的技术开发和产品的创新能力。当一个先进的技术创新被开发出来，会辐射到中小企业中，透过产业链的协作，大企业帮助小企业实现新产品、新技术的更新换代。这样，在这个产业链内只要形成良性循环，整个国家的经济就会得到发展，因此，世界经济发展的原动力来自于像世界 500 强一样的大型企业，未来的经济发展在一定程度上是由这些大型企业决定的。

毋庸置疑，21 世纪将会是大型企业，特别是全球 500 强发展的全盛时期，一切高水平、高技术、高层次、大规模的国际生产、投资和贸易活动将主要由他们主导。中国作为发展中的大国，要真正成为世界经济强国，就应该拥有更多的世界 500 强企业。对 500 强发展规律的认识，更是中国企业研究的重要任务。

相关链接 3-15

荷兰皇家壳牌石油公司于 2012 年荣登全球 500 强榜首

荷兰皇家壳牌集团（Royal Dutch Shell, LSE：RDSA, LSE：RDSB），又译"蚬壳"，总部位于荷兰海牙。由荷兰皇家石油与英国的壳牌两家公司合并组成。荷兰皇家石油于 1890 年创立，并获得荷兰女王特别授权，因此被命名为荷兰皇家石油公司。为了与当时最大的石油公司，即美国的标准石油竞争，1907 年荷兰皇家石油与英国的壳牌运输贸易有限公司合并。壳牌是石油界的"七姊妹"之一，至今依然是石油、能源、化工和太阳能领域的重要竞争者。壳牌拥有五大核心业务，包括勘探和生产、天然气及电力、煤气化、化工和可再生能源。壳牌在全球 140 多个国家和地区拥有分公司或业务。

壳牌的公司结构十分独特：世界各地的分公司是由总部设在荷兰的荷兰皇家石

油公司和总部设在英国的壳牌运输和贸易公司共同管理的，其中荷兰皇家控股六成，英国的壳牌控股四成。还有一些公司则是壳牌和其他公司或政府的合资企业。荷兰皇家壳牌集团最大的股东是荷兰王室的投资公司。2000年，壳牌化工与中国海洋石油总公司合资的中海壳牌石油化工有限公司签署合营合同，这项总投资达41亿美元的合资项目是中国迄今为止最大的中外合资项目之一。该项目于2006年1月正式投产。壳牌目前于中国北京、江苏、天津、河北、广东、四川、重庆、陕西、山西建有加油站。

2004年1月9日，壳牌公司宣布调低公司已探明的石油和天然气储备，引起震惊。之后公司承认3年来共夸大了48.5亿桶的石油天然气储备，公司的3名高层人员离职。4月，标准普尔将壳牌公司的评级从AAA级调低到AA+，该公司之前拥有标准普尔和穆迪两家国际评级机构AAA的评级，是欧洲两家得到双AAA评级的公司之一。4月28日，美国司法机构和英国当局都开始对事件展开调查。

皇家壳牌于2013年2月27日斥资67亿美元（包含44亿现金与23亿的贷款），收购西班牙石油公司雷普索尔YPF（Repsol）于北美地区以外的液化天然气业务，拓展南美洲等市场。

资料来源：维基百科：http://zh.wikipedia.org/wiki/%E8%8D%B7%E5%85%B0%E7%9A%87%E5%AE%B6%E5%A3%B3%E7%89%8C%E9%9B%86%E5%9B%A2.

二、世界500强的位次变化

《财富》杂志自1995开始发布世界500强企业名单以来，由于受到各国经济自身发展的影响和地区宏观经济格局的影响，500强的位次一直在不断的变化中，但大体保持稳定。1995年公布的数据显示，位于前三位的是三菱商事、三井物产和伊藤忠商事，都来自日本，可见在20世纪90年代，日本经济的高速发展离不开日本大型企业的发展壮大。以美国大型零售业沃尔玛公司为例，1997年以1193亿美元的营业额位居当年500强第8位，1998年以1392亿美元的营业额位居第4位，1999年、2000年为第2位，从2001~2012年间，除了2006年、2009年被埃克森美孚以及2012年被荷兰皇家壳牌石油公司分别夺取桂冠之外，其余年份沃尔玛都稳居营业额第一的宝座。

从世界500强的国籍来看，2012年美国入围企业数量最多，有132家，其中前十名美国拥有4家；其次是中国的79家企业，有3家企业进入前十；日本位列第三。中国企业在世界500强中的比例越来越大，在一定程度上说明了我国经济在不断的发展与进步中，在世界经济的全球化中扮演着重要的作用。

从企业的经营利润来看，2010年，埃克森美孚排名第一，达到192.8亿美元，到2012年，如表3-2所示，俄罗斯天然气工业股份公司以444.59亿美元的巨额利润超过埃克森美孚的410.60亿美元跃居第一。表3-3是2012年世界500强的前30位。

表 3-2　2012 年《财富》世界 500 强利润排行

排名	公司	国家	2011年利润（10亿美元）
1	俄罗斯天然气工业股份公司	俄罗斯	44.4
2	埃克森美孚	美国	41.6
3	中国工商银行	中国	41.6
4	壳牌集团	荷兰	30.9
5	雪佛龙	美国	26.9
6	中国建设银行	中国	26.1
7	苹果公司	美国	25.9
8	英国石油	英国	25.7
9	必和必拓	澳大利亚	23.6
10	微软	美国	23.2

资料来源：根据《财富》世界 500 强排行榜整理制表.

表 3-3　2012 年世界 500 强前 30 位

2012年排名	2011年排名	公司名称（中英文）	营业收入 百万美元	利润 百万美元	国家
1	2	荷兰皇家壳牌石油公司（ROYAL DUTCH SHELL）	484489.0	30918.0	荷兰
2	3	埃克森美孚（EXXON MOBIL）	452926.0	41060.0	美国
3	1	沃尔玛（WAL-MART STORES）	446950.0	15699.0	美国
4	4	英国石油公司（BP）	386463.0	25700.0	英国
5	5	中国石油化工集团公司（SINOPEC GROUP）	375214.0	9452.9	中国
6	6	中国石油天然气集团公司（CNP）	352338.0	16317.0	中国
7	7	国家电网公司（STATE GRID）	259141.8	5678.1	中国
8	10	雪佛龙（CHEVRON）	245621.0	26895.0	美国
9	12	康菲石油公司（CONOCOPHILLIPS）	237272.0	12436.0	美国
10	8	丰田汽车公司（TOYOTA MOTOR）	235364.0	3591.3	日本
11	11	道达尔公司（TOTAL）	231579.8	17069.2	法国
12	13	大众公司（VOLKSWAGEN）	221550.5	21425.5	德国
13	9	日本邮政控股公司（JAPAN POST HOLDINGS）	211018.9	5938.8	日本
14	18	嘉能可国际（GLENCORE INTERNATIONAL）	186152.0	4048.0	瑞士
15	35	俄罗斯天然气工业股份公司（GAZPROM）	157830.5	44459.6	俄罗斯
16	29	意昂集团（E.ON）	157057.1	-3085.4	德国
17	23	埃尼石油公司（ENI）	153675.5	9538.5	意大利
18	17	荷兰国际集团（ING GROUP）	150570.7	6590.7	荷兰
19	20	通用汽车公司（GENERAL MOTORS）	150276.0	9190.0	美国
20	22	三星电子（SAMSUNG ELECTRONICS）	148944.4	12059.1	韩国
21	24	戴姆勒股份公司（DAIMLER）	148138.8	7879.7	德国
22	16	通用电气公司（GENERAL ELECTRIC）	147616.0	14151.0	美国
23	34	巴西国家石油公司（PETROBRAS）	145915.0	20121.0	巴西
24	19	伯克希尔—哈撒韦公司（BERKSHIRE HATHAWAY）	143688.0	10254.0	美国
25	14	安盛（AXA）	142711.8	6012.3	法国

续表

2012 年 排名	2011 年 排名	公司名称 （中英文）	营业收入 百万美元	利润 百万美元	国家
26	15	房利美（FANNIE MAE）	137451.0	−16855.0	美国
27	25	福特汽车（微博）公司（FORD MOTOR）	136264.0	20213.0	美国
28	27	安联保险集团（ALLIANZ）	134167.5	3538.7	德国
29	31	日本电报电话公司（NIPPON TELEGRAPH & TELEPHONE）	133076.9	5923.5	日本
30	26	法国巴黎银行（BNP PARIBAS）	127460.0	8412.2	法国

资料来源：2012 年美国《财富》杂志统计数据.

三、世界 500 强的地区分布

就中国而言，2012 年上榜企业 79 家，首次超越日本，上榜总数仅次于美国。中国石油化工集团公司（第 5 名）、中国石油天然气集团公司（第 6 名）、国家电网公司（第 7 名）、鸿海集团（第 43 名）、中国工商银行（第 54 名）、中国建设银行（第 77 名）、中国移动（第 81 名）、中国农业银行（第 84 名）、来宝集团（第 91 名）、中国银行（第 93 名）、中国建筑工程总公司（第 100 名）11 家中国企业进入财富榜前 100 强。中国内地上榜企业共 73 家，总收入为 39846.71 亿美元（约合 253799.63 亿元人民币），占 2011 年国内生产总值 47.2 万亿元的 53.77%。

按地理区域划分，2012 年入围世界 500 强的企业里，上榜企业数量最多的国家依次是：美国 132 家，中国 79 家，日本 68 家，德国 32 家，法国 32 家，英国 27 家，韩国 13 家。而最新公布的数据显示在 2011 年 GDP 世界排名中位居前 10 位的国家依次是：美国、中国、日本、德国、法国、英国、意大利、巴西、加拿大、俄罗斯。榜单公布后，法新社发文说，这份榜单反映了世界经济版图的变化，中国企业上榜的数量与中国世界第二大经济体的地位更加相称。

2001 年以来的世界 500 强中，除中国异军突起外，长期是美日欧三大板块称雄。然而到 2011 年，中国大幅上升，跻身四强，列于第二位。从某种意义上说，中国增加的 60 多家企业是从美日欧这三家蛋糕里切出来的。相反，日本企业在世界 500 强中的数量由 1995 年的 147 家下降至 1998 年的 114 家，2001 年则下降到 105 家，现在下降到 68 家。1995 年以后日本上榜企业数量逐年下降，今年又被中国内地企业超过。日本上榜企业的数量的变化与其整个国家的经济状况密切相关。第二次世界大战结束后到 20 世纪 90 年代初的这段时期，是"日本的战后经济奇迹"时期，这期间日本以让全世界惊异的速度实现了经济的迅速腾飞。不过，随着日本的资产价格泡沫的破裂，在 1995 年世界前 100 强企业中，日本企业几乎占一半（41 家），随着日本经济进入"逝去的十年"，到 2001 年则减少到 22 家，现在基本被挤出了前 10 强。而此时的欧洲正笼罩在债务危机的阴影之下，入围企业数量也有所减少，今年共有 161 家企业入围，去年则为 172 家。英、法、德三国实力明显高于其他各国，其企业数量之和长期保持在 100 家以上，占 500 强中欧盟企业数量 80% 左右，三强的企业数量总体上差距不大，基本都保持在 33~40 家。

四、世界 500 强的行业特点

这次入围世界 500 强企业前 100 位的美国企业有 29 家，日本有 12 家，中国有 11 家，其中包括中国台湾、中国香港各一家。把中国大陆的 9 家企业与美日世界 500 强企业对比，可以发现，美国企业里位居 500 强前 100 位的 29 家企业中包括医疗保健企业 5 家、炼油企业 4 家、银行 4 家、金融企业 2 家、零售企业 2 家、汽车企业 2 家、电信企业 2 家、食品药品企业 2 家、家居个人用品企业 1 家、多元化企业 1 家、保险企业 1 家、计算机办公设备企业 1 家、信息技术服务企业 1 家、电子企业 1 家。日本企业里位居 500 强前 100 位的 12 家企业中包括电子电器设备 4 家、汽车企业 3 家、保险企业 2 家、邮政服务 1 家、电信企业 1 家、炼油企业 1 家，中国大陆企业里位居 500 强前 100 位的 9 家企业中包括银行 4 家、炼油企业 2 家，电力企业 1 家、电信企业 1 家、建筑工程企业 1 家。

仅仅就前 50 强的企业而言，它们主要集中在金融、能源与高技术性制造业。其中从事银行与保险的企业 15 家，从事炼油、采矿、原油等能源行业的企业 15 家，从事车辆与零部件行业的企业 7 家，从事电子、电气设备行业的企业 5 家，从事一般商品零售、食品、批发等综合商业行业的企业 4 家，从事电信行业的企业 3 家，从事公共设施行业的企业 1 家。汽车生产、电子与电气设备生产、计算机办公设备生产均属于高技术性制造业，把美国通用电气的多元化按较大比重考虑进制造业内，世界前 50 强中则共有 13 家（其中汽车业 7 家）企业都属于高技术性制造业，占 26%。这证明了高技术性制造业对全世界的重要性，其包括为人们的生活提供汽车、电子电器和供办公生产的计算机办公设备与电子及电气设备等。

就 2012 年的世界 500 强排行榜来看，除了金融服务业之外，其中石油处在显要位置，石油消费国是世界大国争夺的焦点。炼油与原油生产的企业在世界前 50 强中有 15 家，占 30%。从近几年的排名情况看，每年都比较稳定地有一定数量的石油类能源企业进入世界前 50 强。而且，这些炼油与原油生产企业不是产生在世界主要的产油国，而集中分布在石油消费国。这充分说明，在世界范围内，石油是目前重要的战略资源，是世界各大国抢夺的焦点，是能源问题的核心。如果考虑到还有一家电力企业（中国国家电网）进入世界前 50 强，那么，中国进入前 50 强的三家公司则全部为石油能源类企业，这进一步说明能源是全球性的大问题。而信息和生物技术行业在最近几年取得了突飞猛进的进展，与信息产业直接相关的通讯业、电子和电气设备、计算机和办公设备业、计算机服务和软件业、网络通信业、出版和印刷业的营业额每年有新的增长，显示出信息产业发展的强大生命力。各个信息产业企业入围 500 强的时间虽较晚，但其排名上升幅度及速度令人惊叹。生物技术给企业带来丰厚回报，人类对生活质量的关注同样给世界经济带来了新的增长机遇，生物技术行业成为继信息业之后的又一个经济增长热点。

就中国入围世界 500 强而言，其行业有自身的特点。从产业结构看，中国入围企业集中在传统产业，新兴产业不尽如人意；从行业来看，我国这次入围的 79 家企业中，仍然主要集中在电力、银行、钢铁、能源、工程建筑、电信、汽车等领域，基本上都属于资金密集型和自然垄断、行政垄断性较高行业。而技术型、创新型的电子类、IT 类企业所占比重仍然较小，其中电子类仅有 4 家，计算机类仅 3 家，而其中台湾又分别占据了两家，这进一步凸显了我国大陆地区技术类和创新类企业的差距和不足。

相关链接 3-16

《福布斯》杂志评选全球 2000 大上市企业

与《财富》杂志世界 500 强企业相仿，《福布斯》杂志在 2009 年 4 月公布全球 2000 大上市企业排名，评估是以销售额、利润、资产和股值的综合结果，评估口径的不同使得排名与《财富》世界 500 强产生显著差异，美国花旗集团（Citigroup）排名世界第一。美国以 659 家企业为世界最多上榜企业之国家，其次为日本有 291 家企业，第三位为联合王国（英国）126 家，中国大陆及香港合计 89 家。全球 2000 大企业有 304 家是银行，石油石化业有 116 家公司，表 3-4 是《福布斯》上市企业排行榜前 20 位。

资料来源：维基百科，http://zh.wikipedia.org/zh-tw/%E5%85%A8%E7%90%832000%E5%A4%A7%E4%B8%8A%E5%B8%82%E4%BC%81%E6%A5%AD。

表 3-4 《福布斯》上市企业排行榜前 20 位

名次	企业名称	国家	行业	销售额（亿美元）	利润（亿美元）	资产（亿美元）	股值（亿美元）
1	花旗集团控股	美国	银行/金融	146.56	21.54	1884.32	247.42
2	美国银行	美国	银行/金融	116.57	21.13	1459.74	226.61
3	汇丰控股	英国	银行/金融	121.51	16.63	1860.76	202.29
4	美国通用电气公司	美国	企业集团	163.39	20.83	697.24	358.98
5	摩根大通	美国	金融/保险	99.30	14.44	1351.52	170.97
6	美国国际集团	美国	金融/保险	113.19	14.01	979.41	174.47
7	埃克森美孚	美国	石油/石化	335.09	39.50	223.95	410.65
8	荷兰皇家壳牌	荷兰	石油/石化	318.85	25.44	232.31	208.25
9	瑞士联邦银行	瑞士	银行/金融	105.59	9.78	1776.89	116.84
10	荷兰国际集团	荷兰	银行/保险	153.44	9.65	1615.05	93.99
11	英国石油	英国	石油/石化	265.91	22.29	217.60	198.14
12	丰田汽车	日本	汽车制造	179.02	11.68	243.60	217.69
13	苏格兰皇家银行	英国	银行/保险	77.41	12.51	1705.35	124.13
14	法国巴黎银行	法国	银行/金融	89.16	9.64	1898.19	97.03
15	安联保险	德国	金融/保险	125.33	8.81	1380.88	87.22
16	波克夏哈萨威	美国	金融/控股	98.54	11.02	248.44	163.79
17	沃尔玛	美国	零售业/连锁企业	348.65	11.29	151.19	201.36
18	巴克莱银行	英国	银行/金融	67.71	8.95	1949.17	94.79
19	雪佛龙股份有限公司	美国	石油/石化	195.34	17.14	132.63	149.37
20	道达尔	法国	石油/石化	175.05	15.53	138.82	152.62

资料来源：《福布斯》杂志官网.

本章小结

（1）衡量跨国公司国际化经营程度的指标有：跨国经营指数、外向程度比率、外销比例、研究与开发国际化比率、网络分部指数。

（2）跨国公司的主要特征有：全球战略目标、全球一体化经营、灵活多样的经营策略、强大的技术创新能力、具有较大的经营风险。

（3）跨国公司在法律形式可分为：母公司、分公司、子公司和避税地公司等。在组织结构的演变上，则主要经历了以下几种形式：出口部、国际业务部、全球性组织结构（包括全球性职能、产品、地区组织结构、全球性混合组织结构、矩阵组织结构）。由于信息技术的普及，跨国公司的管理组织机构出现了扁平化和网络化的趋势。

案例思考

联想采用新组织结构

2005 年，联想在并购了 IBM 公司的 PC 业务之后，对外公布了其全新的全球组织架构（见图 3-10）。通过此次整合，新联想将全球的产品和产品营销业务整合为一个新的全球产品集团，而这个产品集团将由联想集团高级副总裁兼首席运营官——弗兰·奥沙利文领导。新联想将区域总部由三个扩展到五个，整体上由联想集团高级副总裁拉维·马尔瓦领导，他负责联想全球的销售和渠道运作。对于企业永续发展最核心的部门——研发机构，联想此次将设在中国北京、日本大和以及美国北卡罗来纳州罗利的研发中心整合到一起，并统一由现任的联想集团首席技术官贺志强负责。完成调整后，贺志强、刘军、拉维·马尔瓦和弗兰·奥沙利文直接向史蒂夫·沃德汇报。吕岩副总裁将负责全球的台式机业务，联想国际中国区总裁、原 IBM 大中国区总经理洪月霞将帮助吕岩，负责台式机业务。Bill Matson 将负责全球人力资源。杨元庆主要负责新兴市场。

根据所学理论，分析联想新的组织结构的效率。

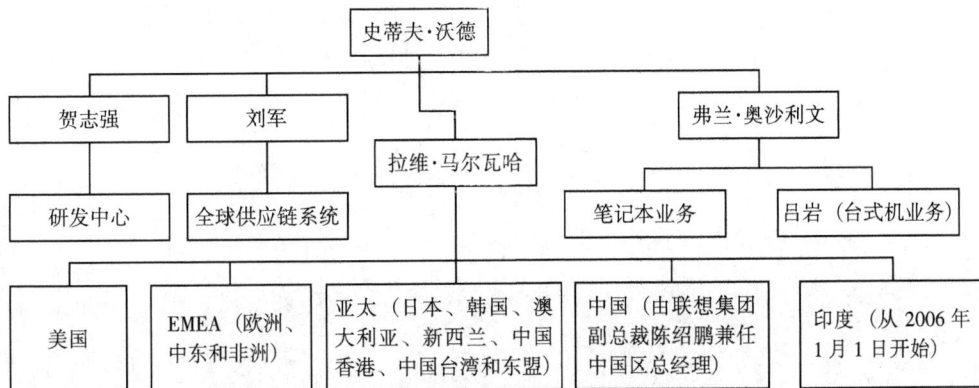

图 3-10 联想的全球组织结构

资料来源：网易，http://tech.163.com/05/0930/11/1UT5K6SA000915BD.html.

复习题

一、名词解释

跨国公司　跨国经营指数　横向型跨国公司　垂直型跨国公司　多元中心型公司
全球网络组织　分公司　子公司　避税地公司

二、简答题

1. 衡量跨国公司国际化经营程度的指标有哪些?

2. 跨国公司的组织结构是如何演变的?

3. 简述分公司和子公司的区别。

4. 选择一个熟悉的跨国公司,研究其国际化程度和组织结构。

第四章　跨国金融机构

本章课前实训

组织一场"跨国银行业绩报告"演讲。具体做法是：通过课前准备，让一组学生在课堂上做一个关于某个跨国银行业绩报告，其余学生扮演评委，点评、提问和讨论。最后教师总结和打分。

本章知识要点

● 跨国银行的内涵、特征、最新发展趋势
● 跨国银行的主要职能、组织形式及在国际投资中的作用
● 跨国投资银行、共同基金、对冲基金、养老基金、主权财富基金的内涵

案例导引

2010年11月5日，德意志银行一年一度的全球高管会议在北京召开，220位德意志银行最高层的银行家从全球各地汇聚北京，讨论集团全球战略的实施情况以及德意志银行在中国和亚太地区的定位及发展问题。这是该银行第一次将其全球高管会议放在北京举行。而几乎在同一时间，渣打集团的全球董事会议也在北京召开。据渣打中国相关人士介绍，这是渣打在中国正式成立法人银行之后，第一次选择在中国举行全球董事会议。

德意志银行集团首席执行官阿克曼表示："这体现了我们对中国市场的高度认可。来到北京，也说明我们对服务中国客户取得的成就，对此我们感到十分自豪。比如，德意志银行承销了有史以来全球前三大首次公开发行，它们都来自中国。我们对于在中国以及亚太地区的业务发展态势十分满意。"

包括巴克莱、花旗等在内的跨国银行，提高亚太区收入占全部收入比例已经成为这些银行一致的目标，而当前中国是亚太区成长最为快速的市场。一方面，中国市场的巨大增长空间毋庸置疑；另一方面，随着越来越多的外资银行涌入中国市场，银行间彼此竞争不断加剧。因此，对于中国市场及亚太市场战略安排的重要性

第一节　跨国银行的定义和分类

　　从广义上讲，经营国际业务的银行都可称为跨国银行，但这些银行的国际化程度却有很大差别。这种差别体现在银行国际业务的规模、国际业务及其利润占银行业务及其利润总额的比重以及机构的分布上。在国际业务的规模方面，有的银行每年仅有几百万美元到几千万美元的业务额，有些则达几百亿美元以上；在国际业务及其利润的比重方面，有的银行只占其业务及其利润总额的 5%~10%，有的银行却高达 60%~80%。根据以上两个方面，跨国银行可以按规模在广度上分为大、中、小型跨国银行，或按国际业务比重在深度上分为高、中、低层次的跨国银行。

一、跨国银行的概念

　　跨国银行又称多国银行，是指以国内银行为基础，同时在海外拥有或控制着分支机构，并通过这些分支机构从事多种多样的国际业务，实现其全球性经营战略目标的超级银行。对这一概念的理解可以与从事一般国际业务的银行比较中加以把握。

（一）从事一般国际业务的银行

　　这一类银行指的是在国外设有自己分支机构的银行，其国际业务一般是银行的国内机构通过与外国银行建立的代理行关系进行的。

（二）跨国银行

　　跨国银行在国外设有分支机构，其国际业务很大程度上是通过其国外分支机构进行的。虽然从一般意义上说，一家在另一国家设有分支机构的银行就可成为跨国银行，但跨国银行的一般定义对设在国外的分支机构的形式和数目或分支机构所在国家的数目有所规定。对这一规定目前尚无统一说法。联合国跨国公司中心历来把跨国银行列为跨国企业的一部分。联合国贸易发展会议从分支机构的地理分布角度出发，认为至少在 5 个国家或地区设有分行或拥有掌握大部分股权附属机构的银行才能称为跨国银行。英国《银行家》杂志评选跨国银行的主要标志是：①资本实力，跨国银行的实缴资本或实缴普通股本和未公开储蓄两部分之和必须在 10 亿美元以上，这一定义是由《巴塞尔协议》确定的；②境外业务情况，跨国银行的境外业务在其全部业务中应占较大的比重，且必须在伦敦、东京、纽约三大国际金融中心设有分（支）行，经营国际融资业务，并派出一定比例的境外工作人员。

跨国银行的分支机构形式随着国际贸易的飞速发展和金融衍生工具的不断开发，也呈现出多样化的趋势，主要有以下六种形式：代理处、代表处、经理处、分行、子行和联营银行。

二、跨国银行的特征

（一）跨国银行具有派生性

跨国银行是国内银行对外扩展的产物，因而它首先具有商业银行的基本属性和功能。从这个意义上讲，跨国银行具有派生性。跨国银行的发展史表明，跨国银行必须首先是在国内处于领先地位的重要银行，然后才能以其雄厚的资本、先进的管理经验等优势为基础实现海外扩张和经营。世界著名的跨国银行，如英国的汇丰银行、美国的花旗银行、法国的农业信贷银行、日本的东京—三菱银行等在各自国内也都是最为主要的银行之一。

（二）跨国银行的分支机构全球化

跨国银行的根本特征之一是在海外广泛地建立各种类型的分支机构。跨国银行及其分支机构数目在 20 世纪 70 年代到 80 年代曾经有过大幅增长，进入 90 年代以来，总体结构已经趋于稳定。随着新技术的发展及其在银行业中的广泛应用，发达国家跨国银行的发展主要体现在机构调整上，其最大特点是电子化网络不断扩大，而实体性机构在某些地区尤其是在发达国家甚至出现了下降的趋势。但是，发达国家设在发展中国家的机构数目以及发展中国家跨国银行的海外机构数目则相对增加，发展中国家近年来已显示出大举进入发达国家开办分行或代表处的趋势。预计这种趋势在今后一段时间内还将继续。

相关链接 4-1

工行在欧洲五国新建分行　海外员工总数达 4700 人

2011 年 1 月 17 日，中国工商银行董事长姜建清在卢森堡宣布，中国工商银行将在比利时、法国、西班牙、意大利和荷兰五个欧洲国家新建布鲁塞尔、巴黎、马德里、米兰和阿姆斯特丹分行。

当天，姜建清在卢森堡财政大臣吕克·弗里登的陪同下举行新闻发布会。他说，中国工商银行高度重视欧洲的长远发展潜力，虽然目前一些欧盟国家和欧元遭遇了困难，但欧盟仍然是世界最重要的政治和经济集团。姜建清说："中国工商银行的决定反映它对欧洲未来的发展有信心。"

目前，中国工商银行已经在卢森堡、德国、英国和俄罗斯设有分行。随着中国工商银行在欧洲的扩展，中国工商银行卢森堡分行也从此变更为中国工商银行欧洲分行。

姜建清表示，中国工商银行在欧洲的扩展受益于中欧经贸关系近年来的快速发展。欧盟目前是中国第一大贸易伙伴和最大技术来源地。

姜建清介绍说，中国工商银行目前的国际业务主要是国际银团、租赁和债券，今后将拓宽领域，以满足在华投资的欧洲企业和越来越多走向欧洲的中国企业的需要。他指出，中国工商银行所有海外分行目前都实现盈利，而且超过所在地同业的平均水平，具有良好的成本控制能力。

姜建清希望，随着中国对外投资的增加、人民币境外结算的发展，拥有超过10万亿元储蓄存款的中国工商银行能够凭借其无可比拟的优势，成为一个国际性、全球性银行。

中国工商银行目前在28个国家和地区拥有203个分支机构，海外员工总数达4700人。

资料来源：财经网，http://www.caijing.com.cn/2011-01-18/110622008.html. 2011.1.18.

（三）跨国银行业务的国际化

跨国银行作为金融中介机构，实施的是跨国界经营，在全球范围内筹集、调度、运用资金，以实现利润最大化这一经营目标。与此相适应，跨国银行的经营管理将从全球战略出发，业务呈现出很强的国际性。跨国银行业务的国际化主要表现在负债活动的国际化、主要资产活动的国际化和跨国银行其他业务的国际化三个方面。

1. 负债活动的国际化

跨国银行资金的主要来源是欧洲货币存款、银行同业借款和发行国际债券、票据等。这一系列业务的开展都是在国际金融市场上进行的，其国际导向性很明显。例如，各大型跨国银行的国际存款在其全部存款总额中占有很高的比重，表明这些银行筹资时很注重国际市场的开拓；当今国际金融市场上许多国家的跨国银行都注意利用欧洲债券筹措资金，因为在欧洲进行债券融资受到的限制比较少，这也体现了其筹资活动的国际导向性。

2. 主要资产活动的国际化

跨国银行信贷业务的国际导向性突出。跨国银行的资金运用虽然在地区上有所侧重，但其全球分布的趋势是明显的。

（1）跨国银行资产海外化程度。《美国银行家》杂志2001年4月号按海外资产排出了全球前50家银行，表4-1反映了前10家跨国银行结构及其海外化程度（见表4-1）。

表4-1　跨国银行结构及其海外化程度

排名	银行	海外资产占总资产比重（%）
1	美国花旗银行集团	82.32
2	英国汇丰银行集团	77.15
3	英国渣打银行	75
4	瑞士银行集团	70.56
5	瑞士联合银行	68.23
6	法国巴黎银行	67.15
7	瑞士信贷集团	63.42

续表

排　名	银　行	海外资产占总资产比重（%）
8	东京三菱金融集团	59.23
9	奥地利信贷联合银行	52
10	荷兰银行	50.78

资料来源：《美国银行家》，2001（4）.

（2）跨国银行的对外资产。根据国际清算银行（BIS）统计，1990年国际银行的对外资产总额为62545亿美元，1999年增长至98235亿美元，增长57%，年平均增长5.1%。其中，美国银行业的对外资产从5784亿美元增长至8710亿美元，增长50.6%，主要是由于其持续强劲的经济增长推动了银行资本和资产的全球扩张。从资产分布来看（见图4-1），1965~1985年间，美国跨国银行在发达国家的资产要大于在发展中国家的资产，但此后两者的差额呈递减趋势。1998年，分布在发展中国家的资产甚至首次超过了分布在发达国家的资产。而且，在1980~1990年间，美国跨国银行在发达国家的资产呈下降趋势，而此时期在发展中国家的资产则保持平稳且略有上升。

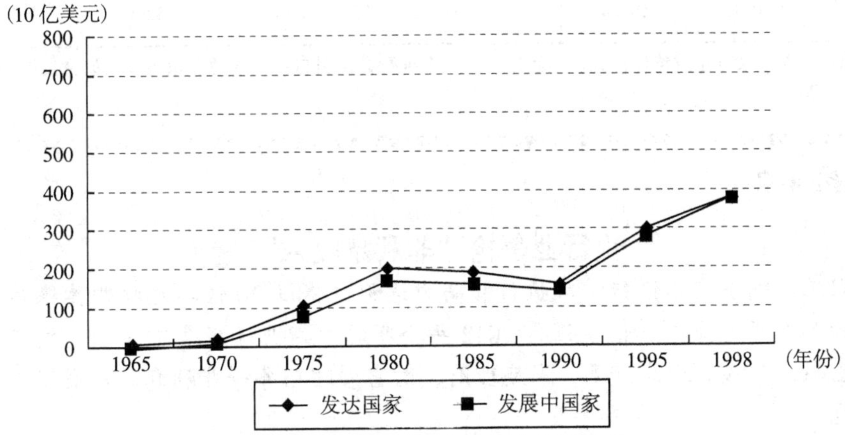

图4-1 美国跨国银行国外资产分布

资料来源：毛泽盛.跨国银行发展浪潮的国际政治经济学分析［J］.国际金融研究，2005（2）.

欧洲15国的对外资产从32439亿美元增长至57907亿美元，增长78.5%，反映了欧洲统一大市场的建立及欧元面市促进银行业在欧元区内的贷款和投资增加；日本虽然在20世纪80年代末、90年代初泡沫经济崩溃后，银行业为注销巨额坏账而削弱了资本基础及对外贷款和投资能力，但仍是拥有对外资产最多的国家，其对外资产从9506亿美元增长至11738亿美元，增长23.5%。

3.跨国银行其他业务的国际化

跨国银行其他业务的国际化主要体现在非利息收入的国际化。非利息收入主要指银行为客户提供各种服务而取得的费用和佣金收入，包括外汇、支付和担保交易佣金、证券交易、托管佣金、股票、可变现收益证券收入等。

表4-2 业务收入结构比较：按收入类型划分

单位：（%）

银 行	总收入	净利息收入	非利息收入			非利息收入合计
			佣金及手续费收入	净交易收入	其他收入	
花旗银行 （2004年）	100	51.77	31.73	4.83	11.66	48.23
汇丰银行 （2004年）	100	61.33	25.88	5.07	7.72	38.67
渣打银行 （2005年）	100	71.11	27.06	1.02	0.81	28.89
恒生银行 （2005年）	100	68.94	19.79	5.93	5.34	31.06
星展银行 （2005年）	100	78.93	20.42	−0.13	0.78	21.07
中银香港 （2005年）	100	72.90	16.36	8.03	2.71	27.10
深圳发展银行 （2004年）	100	93.53	3.29	−0.05	3.24	6.47
深圳发展银行 （2005年）	100	92.24	4.14	0.06	3.56	7.76

资料来源：根据各银行年报整理得到。花旗银行、汇丰银行数据引自：中国商业银行发展研究.北京：社会科学文献出版社：2.

相关链接 4-2

银行业争抢"非利息收入"

本周三，瑞士宝盛银行首席执行官高力达称，将以20亿美元收购美银美林在美国外的私人银行业务。恒生银行2012年公布的中期业绩报告中显示，该行非利息收入已高达33%。由此可见，家庭理财、财富管理业务等非利息收入成了银行逐鹿的高地。

随着经济的快速发展和家庭财富的增加，家庭理财不但成为现代人生活的一个重要组成部分，也渐成银行的核心业务。

恒生银行2012年公布的中期业绩报告显示，2012年上半年，该行非利息收入占本行总营业收入的33%，占比提升了0.48%。其中，保险业务表现出色，推出的人寿保险方案带动财富管理业务收入增长15%。

浦发银行也在针对短期大额闲置资金理财的"周周赢"荣获2012年《亚洲银行家》最佳存款产品和ATM缴费业务顺利上线后，继续完善自己的家庭理财业务。该行整合了旗下的理财、缴费、支付、汇兑、汇划等多项日常生活中常用金融服务，借助电子银行平台，推出了全新的支付结算体系。与以往相比，浦发银行此次整合推出的支付结算新平台，主打"家庭理财"概念，意在帮助现代小型化家庭，在繁忙的工作空隙中也能兼顾家庭生活和财富管理。

　　国外银行也是如此。2012 年 8 月 13 日，瑞士苏黎世，瑞士宝盛收购美银美林在美国外的私人银行业务。瑞士宝盛银行首席执行官高力达称将收购美银美林在美国以外的财富管理业务，代价最多为 20 亿美元。

　　招商银行行长马蔚华在 2012 年召开的财富管理论坛上指出，利率市场化破题之后，银行坐吃息差的日子将一去不复返。

　　南京银行金融市场部研究员张兰表示，利率管制消失后，银行竞争力的维持将有赖于其业务转型的成效和非利息收入能力，要推动中间业务的发展，特别是财富管理这一新兴中间业务。商业银行要帮助客户做好理财规划与服务，打理好企业及个人的各类金融资产。

　　资料来源：和讯网，http://bank.hexun.com/2012-08-15/144780630.html.

（四）跨国银行的战略制定具有全球性

　　一方面，作为特殊的一类跨国公司，跨国银行只有从全球性目标出发，在世界范围内实现分支机构及经营资源的合理配置，才能跟上国际银行业务创新的步伐，所以跨国银行制定全球性战略目标具有必要性。另一方面，电子通信技术的飞速发展，保证了跨国银行的总行和分支机构之间的信息交流和业务往来的便捷，为制定全球性战略提供了可能性。

　　跨国银行制定的全球性经营战略包括三类：

　　（1）面向特定地区型战略。其主要项目是提供中长期信贷。

　　（2）面向特定业务型战略。其特点是向世界各地的客户提供专业化的服务，如国际汇兑、出口信贷、工程项目融资等。

　　（3）面向特定部门型战略。其特点就是以特定的工程项目或产业部门为主的经营战略。

第二节　跨国银行的产生和发展

一、跨国银行的产生与发展阶段

　　跨国银行的产生与发展过程大致可分为以下五个阶段：

（一）萌芽产生阶段（15~20 世纪初）

　　早在中世纪的欧洲便出现了主要为国际贸易服务的国际银行业。当时，最为典型的如意大利的麦迪西银行（Medici Bank），以佛罗伦萨为总部，在西欧 8 大城市设有分行。

而自 16 世纪以来，德国、荷兰、英国的国际银行业依次各领风骚。到 1910 年，仅总部在伦敦的 32 家英国银行便在其殖民地拥有 2100 多家分行。虽然这些银行海外分支机构的业务范围还十分有限，国际业务占业务总量的比重也不大，但其已经具备了跨国银行的雏形。其中，米德兰银行（Midland Bank）、香港上海汇丰银行（HongKong & Shanghai Banking Corp.）、标准渣打银行（Standard Charted Bank）等至今依然存在。此外，当时法国与德国的跨国银行在海外也拥有 500 多家分行。

（二）逐步形成阶段（20 世纪 20~60 年代）

从 20 世纪 20 年代开始，随着国际贸易的进一步发展和西方国家跨国公司的对外扩张，跨国银行的国际业务量明显上升，业务范围也不断扩大，突破了以往的商业融资、外汇交易等传统业务，开始开展批发业务及投资银行业务，如向跨国公司提供融资等各项服务。至此，真正意义上的现代跨国银行开始形成。这一时期具有代表性的跨国银行有英国的巴克莱银行集团（Barclays Bank Group）、渣打银行（Charted Bank）、法国的印度支那银行（Banque de IndoChine）等。此外，美国、日本等新兴资本主义国家的跨国银行也开始起步，如美国的第一国民银行等 8 家银行的海外分行从 1914 年的 26 家上升到 1920 年的 181 家。

第二次世界大战之后，由于战争的破坏和新兴独立国家的国有化运动，原先主要资本主义国家跨国银行的海外机构网络基本消失。而唯一实力增强的美国对银行业的限制非常严格，其跨国银行发展也较为缓慢。因此，跨国银行的发展长期处于停滞状态。这一局面直至 20 世纪 60 年代才发生转机。

（三）迅速发展阶段（20 世纪 60~80 年代）

随着西方国家经济实力的恢复与增长，世界跨国公司迅猛向海外扩张，加之欧洲货币市场的形成，为跨国银行的迅速发展创造了条件。在 20 多年的时间里，各国跨国银行重建了密布全球的海外分支机构网络。而且，这些分支机构的业务量及业务范围迅速扩张。如美国跨国银行由于有庞大的政治经济实力作后盾，其国际化扩张势头一直遥遥领先。美国跨国银行的海外资产在 1965 年时为 89 亿美元，1980 年则为 397.5 亿美元，其占美国银行总资产的比重也由 2.4% 提高到 23.3%，业务范围也转向以批发业务、欧洲货币业务及投资银行业务为主导。1960 年，美国的跨国银行数目为 8 家，到 1970 年已发展到 79 家，1980 年增至 139 家，1986 年为 158 家。1975 年美国有 126 家联邦储备银行成员银行在海外设立 703 家分行。1985 年这个数字更达到 864 家（见表 4-3），分行的增加与海外资产的增加相一致；1972 年海外资产为 770 亿美元，到 1981 年上升到 3910 亿美元。

在这一阶段，日本的跨国银行则后来居上。日本跨国银行从 20 世纪 70 年代末起大举向海外扩展。1979 年底，共有 23 家日本跨国银行在海外设立分行 127 家；到 1987 年底，已有 70 多家日本跨国银行及其海外分行 441 家。

（四）调整重组阶段（20 世纪 90 年代初~90 年代中期）

20 世纪 90 年代初，欧美各国相继进入经济衰退期，日本泡沫经济破裂，使西方银行陷入经营效益滑坡的困境；而金融自由化的发展及非银行金融机构的竞争，又使银行

表 4-3　联邦储备银行的海外分行地区分布（1972~1992 年）

地区＼年	1972	1975	1980	1985	1990	1992
拉丁美洲	175	180	161	218	236	234
加勒比海	146	190	200	192	146	130
英国	49	55	57	68	41	33
其他欧洲地区	93	119	112	125	98	83
中东和非洲	17	30	48	46	27	25
中国香港	19	25	44	73	56	51
日本	21	31	29	30	35	39
其他非洲地区	57	73	90	112	106	108
合计	577	703	741	864	745	703

资料来源：盛维.跨国银行的国际化扩张：动因、进程及区位 [J].金融市场，2012（2）.

所面临的风险与日俱增。在这样的背景下，主要资本主义国家的跨国银行进入大规模的调整和重组阶段。这次重组呈现出两大趋势特征：一是通过银行间兼并风潮向巨型化发展；二是着力于银行内部机制调整及业务创新。

1. 银行间兼并、联合活动频繁，向大型化发展以增强实力

以美国为例，仅在 1995~1996 年间，全国共有 1176 件银行并购案，涉及交易金额 825 亿美元。全美国银行家数由 1985 年的 14417 家减至 1996 年的 10168 家。国际银行业的兼并风潮也广泛波及欧、日等国。在这次兼并风潮中，有两点尤其值得注意：首先，在合并中往往出现大型银行间的"强强联合"，从而构筑出一批超大型跨国银行。据英国《银行家》杂志对世界 1000 家大银行的统计，仅 1995 年前 10 个月就有 8 起涉及拥有千亿美元资产的银行兼并事件。其中典型的有日本的三菱银行与东京银行合并成东京—三菱银行，美国的化学银行收购大通曼哈顿银行组成的"新大通曼哈顿银行"等（见表 4-4）。其次，这次兼并风潮中出现了跨国银行收购投资银行以拓展业务的现象。如荷兰国际集团（ING）收购了亏损破产的英国巴林银行，瑞士银行收购了英国华宝银行，德国德累斯顿银行收购了英国的克林沃·本森银行等。

表 4-4　世界大型银行的兼并（1995 年 1~10 月）

单位：亿美元

所属国家	银行名	1995 年世界排名	资本金	资产
日本	三菱银行	6	198	5477
	东京银行	14	125	2712
美国	化学银行	27	100	1714
	大通曼哈顿银行	37	82	1140

资料来源：英国《银行家》，1995 年 10 月。

2. 跨国银行业在本阶段还着力于内部机构的调整与改善

许多银行采取了削减机构和裁减员工的举措。如英国的西敏士银行在 5 年内关闭了

1000 家分行，裁减了 16000 名职员；又如法国里昂信贷银行近年来在全球裁减员工 3500 名，约占总人数的 10%。此外，银行内部机构的调整还表现在业务部门的改革。例如，德意志银行根据银行业务性质改革内部管理体制，将该行分为 4 个管理部：对私银行业务部、机构及商业银行业务部、投资银行业务部、团体服务部，各部都设有自己的管理层，管理层则由"集团执行委员会"统一控制。

（五）创新发展阶段（20 世纪 90 年代中期至今）

近年来，金融自由化浪潮和信息技术的迅猛发展使国际银行业的竞争更趋激烈。为了应对日益加剧的竞争压力，跨国银行一方面延续了 20 世纪 90 年代初以来的并购风，通过规模效应、资源整合和优势互补来巩固和增强竞争优势；另一方面则加强了业务创新和技术创新，以创新来寻求新的竞争优势，总的来说，国际银行业未来发展的主基调将始终是创新。总体来看，跨国银行的最新发展呈现出重组化、全能化和电子化三大趋势。

1. 国际银行业的并购重组愈演愈烈

20 世纪 90 年代中期以来，国际银行业出现了并购浪潮，其规模之大、范围之广、影响之深，都堪称史无前例。银行业的兼并和收购是当今与未来国际银行业发展的一个非常重要的趋势，银行并购已经成为引起国际银行业格局变动的基本动力，是推动国际银行业进入全新时代的最重要因素之一。

国际银行业并购经久不衰有其深刻的原因。从宏观因素来看，随着金融全球化的发展，金融自由化程度日益加深，大多数国家对银行业发展的限制逐步减少，大都采取了推动银行并购的宏观政策，这就为银行并购提供了较为宽松的宏观环境。比如，美国早在 1994 年 9 月就通过了《州际银行法》，允许商业银行以收购的方式在全国范围内设立分支机构。经过银行并购和重组，美国银行总数在过去的十多年中减少了约 1/3，由 1989 年的 12697 家减少至 1999 年的 8562 家。1999 年 11 月，美国颁布了旨在提高其银行业竞争力的《金融服务现代化法案》，在美国甚至全球掀起了新一轮银行并购浪潮。并购使美国银行在 2002 年世界 1000 家大银行排名的前 10 大银行中占 3 家，占据的总数连续数年稳坐头把交椅。日本银行经过合并和整合在世界 10 大银行中占有 4 个席位，其中的瑞穗金融集团就是由 2000 年排名分别为第 6 名、第 9 名和第 19 名的第一劝业银行、富士银行和兴业银行合并而成的世界第三大超级银行，使日本的银行在世界 10 大银行中的地位不断巩固。

与此同时，包括转型经济体在内的发展中国家进行了以放松金融管制为特征的金融自由化运动，其直接效应是带来了外国资金的大量流入，尽管外资金融机构进入还受着诸多限制。图 4-2 显示 1991~2003 年间的从发达国家流入新兴经济体的银行 FDI 中的大多数流入拉丁美洲。相当一部分流入了欧洲的转型经济体，这些国家由于长期实行银行国有制，银行规模庞大但效率欠佳。小部分并购入亚洲，更少的部分并购入非洲和中东。

从银行并购的微观因素来看：

（1）并购可增强资本实力，是银行实现全球扩张的最为便捷的方式。一般来说，银

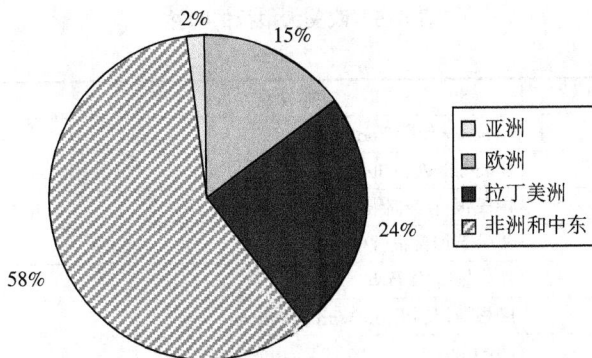

图4-2 银行并购总量的地区分布（1991~2003年）

资料来源：Tompson Financial.

行的规模与客户的信任度以及市场占有率呈正比例变化，银行规模越大，就有可能更广泛地赢得客户的信任，从而大大提高市场占有率。并购已成为扩大银行规模的捷径。根据对美国金融史的考察，美国所有现存资产价值超过200亿美元的大银行，无一例外都是通过并购产生的。

（2）并购可节省资源和优化资源配置、降低经营成本、增加利润。并购在精简机构和降低经营成本方面有显著的效果。而且，更为重要的是并购产生优势互补效应，如地区互补效应、业务互补效应和产品交叉互补效应。

（3）并购是银行业向全能银行发展的需要。在市场竞争日趋激烈的情况下，并购不同业务类型的金融机构或非银行金融机构使业务向综合化发展，向客户提供不同的金融产品和全面的金融服务，走全能银行的道路，就成为银行业在剧烈的竞争中的最佳选择。

（4）并购是现代信息技术迅速发展的必然结果，其主要原因在于：一是信息技术的发展为并购提供了强大动力，保证了银行并购的实现。如果没有现代高科技和信息技术的高度发展，就无法对并购后的大型银行进行控制和管理，而且也难以负担管理成本。二是并购有利于银行对信息技术的应用。信息技术的发展促使银行经营方式发生结构性转型，即由传统的劳动密集型生产方式转向可减少长期成本的高效技术资本密集型生产方式。先进信息技术的应用将极大地提高银行竞争力，但投入的代价是高昂的。并购不但可以较好地解决巨额投资问题，而且随着规模效应的实现，也会大大降低研发成本。

（5）并购可使银行提高抵御风险的能力。并购可大幅度提高银行的竞争力，使之能够最大限度地获取利润。而竞争力的提高、盈利能力的增强，毫无疑问将增强银行抵御风险的能力。

在世界前10家大银行中除了个别银行外，几乎都是自20世纪90年代以来通过并购扩大规模的，如表4-5和表4-6所示。

2.跨国银行向全能化发展

全能银行（Universal Bank）又称综合银行，是指不受金融业务分工限制，能够全面经营各种金融业务的银行。全能银行有三种类型：一是商业银行加上投资银行；二是商

表 4-5　欧美大银行的购并

单位：亿美元

日　期	购并双方	报价
1998 年 5 月 1 日	Generale 银行/Fortis	112
1998 年 4 月 2 日	Unicredito/Credito Italiano	107
1998 年 4 月 3 日	国民银行/美洲银行	593
1998 年 4 月 4 日	第一芝加哥银行/Banco One	297
1998 年 4 月 5 日	花旗银行/旅行者	820
1998 年 2 月 6 日	摩根斯坦利/Dean Witter Discover	64
1997 年 12 月 7 日	UBS/SBC	246
1997 年 12 月 8 日	国民城市银行/第一美洲银行	70
1997 年 11 月 9 日	ING/BBL	46
1997 年 9 月 10 日	Salomon/旅行者	92
1997 年 8 月 11 日	Credit Suisse/Winterthur	95
1997 年 8 月 12 日	Nations 银行/Barnett 银行	159
1997 年 7 月 13 日	Bayersche Vereins/Bayerische Hypotheken	47

资料来源：潘英丽. 全球视角的金融变革，江西人民出版社 2000 年版，第 117–118 页.

表 4-6　2010 年全球 1000 家银行前 20 位排行榜

单位：百万美元

排　名	银行名称	国家	一级资本
1	美国银行（Bank of America Corp.）	美国	160387.8
2	摩根大通公司（J P Morgan Chase & Co.）	美国	132971.0
3	花旗集团（Citigroup）	美国	127034.0
4	苏格兰皇家银行（Royal Bank of Scotland）	英国	123859.0
5	汇丰集团（HSBC Holdings）	英国	122157.0
6	美国富国银行（Wells Fargo & Co.）	美国	93795.0
7	中国工商银行（ICBC）	中国	91110.5
8	巴黎银行（BNP Paribas）	法国	90648.4
9	桑坦德银行（Banco Stantander）	西班牙	81577.8
10	巴克莱银行（Barclays Bank）	英国	80586.7
11	三菱日联金融集团（Mitsubishi UFJ Financial Group）	日本	77218.1
12	劳埃德银行（Iloyds Banking Group）	英国	77034.0
13	法国农业信贷银行（Credit Agricole Group）	法国	75504.3
14	中国银行（Bank of China）	中国	76667.0
15	中国建设银行（China Construction Bank Corp.）	中国	71973.9
16	高盛集团（Goldman Sachs）	美国	64642.0
17	意大利联合信贷银行（UniCredit）	意大利	56244.9
18	法国 BPCE 银行（Groupe BPCE）	法国	54141.2
19	法国兴业银行（Societe Generale）	法国	49989.9
20	德意志银行（Deutsche Bank）	德国	49576.4

资料来源：《银行家》，2011 年.

业银行加投资银行加保险公司；三是商业银行加投资银行加保险公司加非金融公司股东。以德国为代表的欧洲全能银行大多属于第三种类型，而人们通常所指的全能银行则属于第二种类型。传统的全能银行又有两种运作模式：一种是德国模式，在银行内设置业务部门全面经营银行、证券和保险业务；另一种是英、美、日模式，通过设立金融控股公司，银行以控股公司的名义从事证券、保险和风险投资等业务。

随着金融创新的不断发展，传统的银行业务受到了证券、保险、基金等非银行金融机构的强烈冲击，尤其是融资证券化趋势使银行传统的信贷业务受到极大的挤压。为了应对新的挑战，跨国银行纷纷拓展业务范围，向"金融百货公司"的方向发展，而各国纷纷放松金融管制为银行全能化消除了制度壁垒。国际大银行的资产结构出现了重要的变化，非贷款性资产（主要是证券投资）在银行总资产中所占比重不断上升，与此相对应，那些非传统的"其他营业收入"对传统的存贷款利差收入的比例也在迅速提高。比如，花旗集团 2002 年年报显示，自 1998 年成立以来，花旗集团整体盈利增长了 120%。其中，投资银行业务是其收益的主要组成部分。从表 4–7 可以看出，1999 年以来，在花旗集团核心业务中，虽然由于其他业务的成长及近两年资本市场低迷，资本市场及金融业务占总收入的比重下降，但其收益值占集团全部收入的 25% 以上，一直稳居集团首位。2002 年，花旗集团资本市场与金融业务更是在全球市场以债券和股票方式为客户筹资超过 4140 亿美元，担任 1300 笔发行案的主承销商，超过所有竞争对手；为欧洲五起最大的并购交易中的三起担任顾问，增强了在欧洲市场的实力；专案融资团队在公募及私募市场为 34 个国家的 80 个专案筹资 405 亿美元。

表 4–7　1999~2002 年花旗集团九大核心产品部门收益情况表

单位：亿美元

时间	全球消费金融业务				美邦	全球企业及投资银行部			全球投资管理				合计	资本市场及金融占比
	全球信用卡业务	全球消费金融业务	全球零售金融	小计	私人客户集团	资本市场及金融	全球交易服务	小计	人寿保险及年金	私人银行部	资产管理业务	小计		
1999	17	12	17	46	9	33	2	35	6	3	3	12	102	32.4%
2000	22	14	20	56	11	36	5	41	8	3	3	14	122	29.5%
2001	25	19	25	69	8	39	4	43	8	4	4	16	136	28.7%
2002	31	22	32	85	7	39	5	44	8	5	5	18	154	25.3%

资料来源：数据来自花旗集团 2002 年年报，仅为九大核心产品业务数据。

全能银行业务范围较广，能够同时为顾客提供多种服务，经营成本低，在保障资金的营利性、安全性和流动性方面有独特优势；全能银行在应对金融全球化和自由化带来的金融市场深刻变化的挑战中，表现出较高的应变能力和灵活性及较强的竞争力。正因如此，以美国《金融服务现代化法案》的正式生效、实行近 70 年的分离银行体制的彻底终结为标志，国际银行业已进入全能银行时代。

目前，跨国银行拓展的主要新业务有：信托业务、投资银行业务、现金管理业务、保险业务、房地产业务、共同基金的经营与管理、金融咨询业务和信用担保业务。另外，跨国银行越来越多地参与金融衍生品市场的交易，通过金融期货、期权、利率互换、外汇买卖等交易对银行资产负债的风险进行管理。跨国银行全能化发展模式主要有三种，即德国的全能银行模式、英国的金融集团模式和美国的金融控股公司模式。它们的比较如表4-8所示。

表 4-8 德、英、美三国跨国银行全能化发展模式的比较

项 目	德国全能银行	英国金融集团	美国金融控股公司
银行能否在银行集团内提供所有的金融服务和合同	能	能	不能
对金融服务结构有无分开的监管要求	有	有	有
银行在公司客户中有无控股权	有	无	无
银行有无能力选择组织结构	有	无	无
有无内部防火墙	无	有	有
有无外部防火墙	无	有	有
信息优势	能够完全实现	如果不能共享信息，可能降低信息优势	由于各业务单位之间限制信息交流，严重减少了信息优势
规模与范围经济	能够完全实现	由于业务隔离，不能完全一体化	由于要求不同业务部门的业务隔离，因此减少了规模和范围经济
收入流的多元化	能够完全实现	由于利润归银行，因此收入流多元化在银行层次能够实现	由于证券部门活动所获得收入归证券部门，因此受到限制
通过交叉销售产品增加收入	可以完全实现	有限	有限
利益冲突	有限保护	可能减少	可能减少

资料来源：杨大楷.国际投资学（第四版）.上海：上海财经大学出版社，第109页.

3.跨国银行向电子化、网络化发展

高新技术的进步和银行业竞争的加剧促进了金融电子化的发展。电子技术和信息技术的不断改进使银行系统有了先进的电脑系统和外围设备，为国际银行业务的开拓、服务手段和金融产品的更新创造了条件。可以说，电子化、网络化是国际银行业变革的重大趋势之一，也是其他变革的重要条件，并将对未来的银行产生难以估量的影响。

（1）电子技术的应用越来越广泛，网络化程度不断提高。电子技术的迅猛发展对银行业务产生了深刻影响。在批发银行业务方面，银行已借助电子技术向公司客户有效地提供了现金管理方面的大量服务，如支付账户的控制、账户调整、电子资金转账、支票存款服务、信用证的电子签发等；在零售银行业务方面，电子技术的运用已为银行创造出了一些非常重要的付款方式，如ATMs、家庭银行、电话票据支付等。

美国最大的银行——花旗银行电子技术的发展过程很大程度上代表了跨国银行电子化发展趋势。20世纪80年代，花旗银行发展了100个独立的私人网络，覆盖了92个国家。从1992年1月起，这些独立的电子信息网络被合并成为一个全球信息网络（GIN），其目标是技术综合、跨国界服务以及成本的降低。GIN具有声音、图像、数据功能，连接局域网（LANs）和广域网（WANs）并支持增值服务，如电子数据交换。20

世纪 90 年代以来，花旗银行还积极开拓网络银行业务。目前，花旗银行已在网上提供了基本交易功能服务、开户、金融信息服务、花旗金融专家与客户的访谈服务等。电子化不仅促使花旗银行等传统银行积极发展网络业务，更激发了一批新兴的纯粹网络银行的迅速崛起，美国威尔斯银行（Wells Fargo）就是典型的代表。美国威尔斯银行是美国最早从事网络银行业务的银行，这家资产达 1000 亿美元的大银行从 1995 年开始通过一种发达的室内系统提供网上银行业务，其网上银行的客户从 2 万人迅速增加到 2000 年的 40 万人，到 2004 年增加到 150 万人。

（2）支付工具由现金和票据向电子货币转换。20 世纪，科学技术的浪潮席卷全球，计算机技术、通信技术、新材料技术、生物技术等飞速发展，给世界经济和人们的日常生活带来了日新月异的变化。其中，信息技术的发展最为迅速，影响也最为深远。信息技术普遍应用于银行、证券、保险等金融领域，使古老的金融业迎来了新的发展机遇，以银行卡为代表的电子支付工具就是信息技术应用于金融领域取得成功的典范之一。电子支付工具通过电子支付渠道实现不同账户间资金所有权的转移，它安全、高效、便利，克服了纸质支付的诸多缺点，受到了人们的广泛欢迎，因而发展迅速，逐渐替代现金和支票，成为支付工具的主要发展方向。

随着社会对支付需求的多样化发展，信息技术不断地应用于支付领域，各种创新的电子支付工具层出不穷。目前在美国，除了传统的信用卡、借记卡外，还出现了储值卡、EBT 卡、预授权支付等多种支付方式。

（3）银行分支机构通过各种终端不断向客户延伸。目前，北美、欧洲大陆和英国的一些大商业银行正面临大幅度裁减雇员和经营方式的改革，设立营业网点将成为次要的方式，取而代之的将是能够进行银行业务的家庭电脑和提款机等。当今以自动柜员机、信用卡和销售点终端等为代表的电子自动服务正在普遍推广。据美国一家顾问公司的调查，与银行业务的平均单位成本相比，电话银行服务可降低 50%，使用银行本身的电脑连线服务可降低 76%，互联网系统可降低 88%，因此高科技在银行业务中的运用方兴未艾。

二、跨国银行发展的原因

20 世纪 60 年代末以来，跨国银行发展十分迅速，其原因是多方面的。作为一种金融企业，对利润的追逐自然是跨国银行进行跨国经营的根本内在动力；同时，也应该看到，还存在以下几个方面的外部条件：

（一）世界经济形势的发展造就了一批具有优势的跨国银行主体

20 世纪 60 年代以后，西欧、日本的经济实力得到了恢复与增强，其国内银行开始具备了跨国经营的实力，与美国银行在国际金融领域展开竞争。20 世纪 70 年代后，部分发展中国家的经济也有所发展，如一些石油输出国和新兴工业化国家，在这些国家也产生了一些较大的银行能够积极参与国际银行业务。这些跨国银行具备了所有权优势、内部化优势等竞争优势，从而得以在与东道国银行的竞争中保持不败。如其拥有先进的金融业务处理技术和金融产品创新技术；拥有雄厚的资金实力，具有良好的国际声望，遍布全球的信息网络；可以利用系统内部渠道划拨资金、调剂外汇等以降低成本。

（二）全球跨国公司的扩张要求银行跟随到海外继续提供服务

跨国公司是跨国银行的最大客户，其在世界范围的投资生产、国际贸易活动都离不开跨国银行的金融媒介及信息咨询服务等。当美国的许多跨国公司在20世纪50年代开始建立全球业务网络时，便引起了一阵美国银行随之在海外建立分行的高潮。70年代中后期，日本的制造业跨国公司为了扩大原料及产品销售市场，努力向国际化发展，而它的跨国银行对此提供了重要的融资支持。例如，当时的日本第一劝业银行就向920家企业提供了较大的贷款额。

相关链接 4-3

跨国银行在中国的发展

2006年底我国银行业全面开放。2005年各跨国银行加快了在华发展步伐，其增开分支机构和营业网点的数量和速度都大大超过以前任何一年。在2005年里，汇丰采取"东西并重"策略，将成都、重庆代表处均升格为分行，并在上海、天津和北京各开设一家支行，使其分行达到12家、支行7家；花旗成都分行正式开业，并申请成立大连分行；渣打苏州、成都分行正式开业，使渣打在中国拥有10家分行、1家支行和4家代表处。东亚银行在杭州、重庆分行正式开业，另外获准在大连和西安开办两家支行；恒生银行在北京成立了分行，在上海设立第三家支行，在东莞设立了代表处；荷兰银行在上海开设了第二家支行，并将广州代表处升格为分行。

参股中资银行是跨国银行进入内地银行业的另外一个策略，表4-9列出了跨国银行的参股情况（截至2005年10月1日）。

表 4-9　跨国银行参股中资银行

跨国银行名称	参股时间	内地银行名称	持股比例（%）	涉及金额（美元）
汇丰银行	2004.8/2001.12	交通银行/上海银行	19.9/8	17亿/6260万
花旗银行	2003.1	浦东发展银行	4.62	7230万
渣打银行	2004.11	渤海银行	19.99	2.2亿
恒生银行	2004.4	兴业银行	15.98	2.08亿
美国银行	2005.6	中国建设银行	9.1	25亿
苏格兰皇家银行	2005.8	中国银行	5.16	16亿
瑞士银行	2005.9	中国银行	1.6	5亿
荷兰商业银行	2005.3	北京银行	19.9	2.15亿
德意志银行	2005.9	华夏银行	7.02	1.1亿
澳大利亚联邦银行	2005.4	杭州商业银行	19.9	8000万

资料来源：根据中国人民银行、各大跨国银行资料统计整理.

(三) 各国推行政策激励银行开展跨国经营

许多国家对银行业的政策体现了对其国内业务的限制和对其海外活动的鼓励。一方面，政府往往对银行国内业务采取各种管制。首先表现在对本币的存款准备金要求，这增加了银行本币业务的经营成本，从而加强了银行经营欧洲货币业务的倾向性；其次表现在资本管制上，如美国政府在 20 世纪 60 年代中期制定了对外直接投资方案、利息平衡税和银行自愿对外信贷限制方案三项资本管制措施，使得美国银行的大批客户转向国外市场，从而也促使银行走向国外；最后表现在利率管制方面，如 20 世纪 60 年代美国政府的 Q 字条款、70 年代瑞士和联邦德国政府对非居民本币存款的利率管制、日本政府对国内存款利率的管制推动了欧洲货币市场的发展，从而刺激了银行的跨国进程。另一方面，各国政府对银行海外活动往往给予鼓励。如美国 1919 年的"爱治法案"准许联储给符合条件的公司颁发执照以经营国际银行业务；20 世纪 70 年代时联储鼓励国内银行在境外建立"空壳"分行 (Shell Branches) 开展国际银行业务；1981 年的"国际银行设施法案" (IBFs) 允许美国银行从国内总行指导境外业务活动，从而实现了"境内跨国经营"。又如日本通过 1982 年《日本银行法》所确认的外国银行在日本的国民待遇，使日本银行在海外获得了同等待遇而迅速发展。

(四) 国际金融市场的发展为跨国银行的业务拓展开辟了新天地

首先，20 世纪 50 年代末期开始产生并不断发展的欧洲货币市场，是第二次世界大战后国际金融市场的最大创新。欧洲货币市场的基本特征在于其不受任何国家的银行法规的限制，并由此降低了融资成本。因此，它逐渐成为资本主义世界最重要的融资渠道。而且随着欧洲短期信贷市场的发展，欧洲证券市场也发展起来。欧洲金融市场的发展为跨国银行提供了大量的新型业务。其次，不断创建和发展的新的国际金融中心促进了跨国银行营业网的扩大。第二次世界大战后，除了原有的发达国家老牌金融中心如伦敦、纽约、巴黎、苏黎世等以外，在一些新兴发展中国家（地区）出现了许多新的国际金融中心。例如，1971~1976 年期间，世界最大 50 家银行的国外分支机构增加了 60%以上，其中以在发展中国家（地区）扩展的速度最快。这些新兴金融中心的形成原因多种多样，如新加坡是由经营亚洲美元兴起的，中国香港是以其高度自由化的经济政策吸引了大量外国银行，加勒比海地区的巴哈马等地是作为著名的"避税地"及欧洲美元转账中心而发展起来的。

(五) 20 世纪 90 年代以来跨国银行业的重组和新发展有着特定的时代背景

首先，金融全球化趋势是促使跨国银行重组和调整的主要动因。金融全球化是建立在金融自由化和金融创新基础之上的。全球金融联系是涉及金融市场、金融工具、金融交易和金融监管等各个方面的立体架构。近年来跨国银行出现的并购重组、全能化、电子化发展的新动向均与金融全球化趋势有着直接联系。而跨国银行的发展又进一步推动了金融全球化。其次，金融自由化加剧了跨国银行的竞争和风险。20 世纪 70 年代以来，国际金融业的发展呈现出日益自由化的趋向，主要西方国家及一些新兴工业化国家逐步取消了利率管制；有些国家开始放宽业务领域的限制（如加拿大政府于 1987 年 6 月取消了银行、证券业务分离制）；越来越多的国家开放了本国的金融市场等。金融自由化一方面加剧了跨国银行间及其与其他金融机构之间的竞争，另一方面也增大了跨国银行经营中的风险。近年来，国际金融市场一直动荡不安，不时出现区域性金融危机（如墨西哥金融危机、亚洲金融风暴等）。在上述形势下，各跨国银行力图通过调整与重组以实现增强实力及抗风险能力、取得业务互补的竞争优势、降低经营成本等目标。事实上，这些举措已经显现出初步成果。

相关链接 4-4

外资金融机构可能大举重返中国

受世界经济不景气影响，已进入中国的外资行开始出现撤资的趋势。2011年，苏格兰皇家银行已基本撤出中国零售银行市场，与此同时，汇丰银行的大撤退同样引人注目。事实上，外资行的撤离不仅体现在业务方面，资本市场上国有银行的外资战略投资者也呈现全线撤退的格局，高盛、美国银行、淡马锡等机构近年来均有大幅减持银行股的举动。

分析外资行撤离中国的举动，需要从以下两方面看待。在零售银行方面，外资行强龙难斗"地头蛇"，拉存款缺少网点，投贷款受制于渠道，传统优势为跨国企业提供信贷则因金融危机导致需求锐减。再加上外资行的经营成本普遍高于中资银行，声誉又因近年来QDII理财产品表现惨淡遭受损害，在综合因素作用下，外资行在竞争中败给中资银行是很正常的事情。而在资本市场上，一方面，外资行战略持有中国银行股已到收获期；另一方面，中国银行业业绩可能已经见顶，战略性地抛售能够更好地保护利润。

从银行长期存款利率的分化来看，渣打等外资大行的资金成本明显高于中资银行，经营成本的劣势很难扭转。但这种主动定价、引导存款短期化的举动也表明，外资行正积极发挥定价优势，拒绝盲目扩张，稳扎稳打地开拓中国市场。这种经营理念比起片面追求增长的中资银行无疑要稳妥得多，而随着金融改革的推进，价格管制的进一步放松，外资行在定价方面的优势将能发挥更大的作用。

对于外资行而言，更大的利好来自于金融市场的开放，特别是人民币国际化及资本项目管制的放开，这将进一步加深境内外资本市场的交流，而在对外业务上，外资行相对于中资银行的优势可谓巨大。

中国的金融改革将使得外资行的优势得到更好的发挥，也将令中国市场更具有吸引力。有鉴于此，外资行极可能大规模重返中国，分享中国的经济增长。考虑到外资行在本土化方面的劣势短期内难以弥补，并购中资银行股权可能是它们回归中国市场的最佳方式，这样可以扬长避短，与成为战略合作伙伴的中资银行优势互补。

资料来源：中国安邦集团研究总部，2012年6月15日。

第三节 跨国银行的运行

一、跨国银行的主要职能

国际资本市场是国际领域长期资金交易的市场，国际资本市场的形成是资本市场国际化的必然结果。跨国银行作为这一市场中重要的金融机构之一，在国际资本流动、面向跨国公司的投资与融资活动中发挥着举足轻重的作用。

跨国银行的主要职能包括以下三个方面：其一是作为金融中介的职能，包括间接融资和直接融资；其二是在外汇市场上的职能；其三是提供金融服务。

（一）间接融资职能

间接融资是金融中介机构融资的主要方式，是指以金融机构作为媒介，在资金盈余方与资金短缺方之间进行的资金融通。其特点是在资金盈余部门和资金不足部门之间存在中介机构。间接融资有很多具体形式，最主要的有国际贸易融资、国际证券融资、国际项目融资、国际租赁融资和国际银行贷款。

1. 国际贸易融资

跨国银行的国际贸易融资是银行在进行国际结算过程中向进出口企业提供的资金融通。它的主要特点是：①与进出口贸易结算存在紧密的关系。②多以贸易结算项下的单证、票据、应收账款作抵押，属变相的抵押贷款，因此风险小。③可带动存款、结算、理财等业务的开展，吸引更多客户。

2. 国际证券融资

随着世界经济一体化、贸易自由化、金融国际化和生产全球化的发展，大型跨国企业集团大多采取证券化，如发行债券和股票的方法进行筹资，这就加快了证券市场的发展与创新，促进了证券市场的国际化。与跨国企业相伴而行的跨国银行，其金融活动也逐渐呈现出证券化的趋势。现代跨国银行既是国际债券的发行者和主要投资者，同时又是国际债券的主要经理人；综合性的跨国银行还充当股票等有价证券的发行人和投资的中间人或经纪人，专门经营新发行的证券。国际证券融资包括国际股权融资、国际债券融资和国际可转换债券融资三种。

3. 国际项目融资

对国际项目融资的定义可分为广义和狭义两种。从广义上讲，在国际市场上，凡是为了建设一个新项目或者收购一个现有项目以及对已有项目进行债务重组所进行的融资，均可称为项目融资；而狭义的项目融资则专指具有无追索或有限追索形式的融资。项目融资具有筹措能力大、风险发散、有限追索、资产负债表外融资等优点和风险分配复杂、融资成本较高、贷款人风险大等缺陷。其适用范围主要是三大类：资源开发项目、基础设施建设项目和工业项目。国际项目融资模式主要包括以产品支付为基础的项目融资模式、以杠杆租赁为基础的项目租赁模式、资产支持证券化模式（Asset-Backer Securitization，ABS）、建设—经营—转让模式（Build-Operate-Transfer，BOT）、公私合伙制模式（Public-Private Partnerships，PPP）等等。

4. 国际租赁融资

国际统一私法协会（The International Institute for the Unification of Private Law）对国际租赁融资是这样界定的：出租人和承租人居住在不同国家或地区，出租人依承租人的说明和经其同意的条件订立一项协议（供货协议），据此从第三方（供货方或制造商）取得资产（工厂、资本货物或设备），并与承租人也订立一项协议（租赁协议），使承租人有权为了商业或专业目的使用该资产并有义务向出租人交付租金。国际租赁形式多样，一般分为金融租赁、经营租赁、维修租赁和综合租赁。

5. 国际银行贷款

国际银行贷款是指由某一跨国银行或多家跨国银行组成的跨国银团在国际金融市场上向另一国家或地区政府、金融机构及公司企业提供不限定用途的资金融通。它完全采取货币资本（借贷资本）的形态。跨国银行信贷主要分为短期（不超过1年）信贷和中长期（1年以上）信贷。

银行短期信贷以银行与银行之间信贷即银行同业拆借为主。而银行同业拆借的贷款最终会通过各种融资渠道、方式和工具转化为银行对非银行客户的贷款。银行中长期信贷的借款人一般包括外国银行、国际金融组织、公司企业、政府部门，借款多以伦敦同业拆放利率为基础，加上一个附加利率。因为中长期信贷具有资金数额大、周期长、风险大等特点，所以经常是以多家银行组成跨国银团共同承贷，即银团贷款（又称辛迪加贷款，Syndicate Loan）。

（二）直接融资职能

一般来说，在直接融资过程中，往往有资金不足部门和资金盈余部门两者外的第三者存在，如经纪人和承销商。经纪人只是充当资金不足部门和资金盈余部门之间的中间人，自身并不持有任何债务工具；承销商则通常是先从资金不足部门购入债务工具（如有关证券），然后出售给资金盈余部门，其间承销商自身持有这些债务工具。在国际金融市场上，金融工具主要是债券、商业票据和股票，其中债券是最重要的形式（约占90%）。这些债券工具通常由若干（一般为百余家）银行组成的集团认购、出售。这些银行往往采用私人配售（Private Placement）的方式发售，从而使新证券的发行更加迅速，同时降低了发行成本。

（三）参与外汇市场业务

外汇买卖是跨国银行日常业务中的一个重要组成部分，除了代理客户进行外汇买卖之外，跨国银行由于各种业务涉及多种货币，也要进行经常性的大量外汇买卖。跨国银行日常进行的外汇买卖业务主要有即期外汇买卖（Spot Exchange Transaction）、远期外汇买卖（Forward Exchange Transaction）和掉期外汇买卖（Swap Exchange Transaction）

三种。

1. 即期外汇买卖

即期外汇买卖是指成交后两个营业日内进行交割的外汇买卖。即期外汇买卖使用的汇率就是即期汇率，通常是指银行同业间买卖外汇的价格。大多数跨国银行因其实力雄厚，一般也是各外汇市场有资格报价的银行。跨国银行的即期外汇买卖除了应客户要求而做之外，主要是满足银行本身对不同货币的需求，建立起各种货币的头寸。通过即期外汇买卖来调整所有的不同货币外汇头寸的比例，也可以起到规避汇率风险的作用。

2. 远期外汇买卖

远期外汇买卖是指在成交时约定了买卖外汇的数量、汇率等，但交割日期约定在即期交割日以后将来某个时间的外汇买卖。常见的远期外汇买卖的交割期限通常为 1 个月、2 个月、3 个月、6 个月或 1 年。按照对实际交割目的的确定来分，远期外汇买卖可以分为以下两种：固定日起交割的远期外汇买卖（Fixed Forward Transaction）和择期交割的远期外汇买卖（Optional Forward Exchange Transaction）。远期外汇买卖的发展已有近百年的历史，跨国银行是这一市场的重要主体。除了满足客户需求、建立和平衡外汇头寸，银行也可以用远期外汇买卖来套期保值（Hedging），规避汇率风险。

3. 掉期外汇买卖

掉期外汇买卖是指同时买进和卖出同币种、同金额，但交割日期不同的外汇买卖。比较常见的掉期外汇买卖通常由一笔即期交易和一笔远期交易组合而成，即即期对远期的掉期交易（Spot-Forward Swap）。客户与银行之间也有一些远期对远期的掉期交易（Forward-Forward Swap）。此外，银行间进行短期资金拆借时，会有大量的一天掉期交易（One-Day Swap），如买进明天交割，同时卖出后天交割的同金额外汇。掉期外汇买卖具有降低筹资成本、转换币种和套期保值的作用，与远期外汇的套期保值相比，掉期交易使用更加简单、普遍。

（四）提供金融服务

这里所指的金融服务主要是指银行提供的建立在手续费和佣金基础上的银行业务。传统的国际金融服务主要是国际结算、国际信托等。随着国际银行业的竞争愈演愈烈，科学技术日新月异，跨国银行近几十年来一直致力于提高金融技术与手段，开发业务新品种，推动金融业的迅速发展。目前，跨国银行除继续提供传统的结算和信托业务外，还积极参与诸如对外国政府的债务——收益掉期服务，为客户开立备用信用证，代客户进行利率掉期安排、现金管理、外汇风险管理，为投资者进行国际投资组合管理，即参与国际收购与兼并咨询、外汇交易等咨询服务。下面介绍几种较为重要的创新金融工具。

1. 可转让大额存单

该金融工具由花旗银行于 1962 年推出。持有可转换大额存单的客户既能按定期利率获得利息，又能在需要现金时将存单在金融市场上转换出售。对银行来说，发行大额存单有获得稳定的资金来源和减少交纳准备金的双重作用。

2. 票据发行便利

20 世纪 70 年代，票据发行便利（Note Issuance Facilities，NIF）应运而生，借款人

以自己的名义发行短期票据或债券，期限一般为 3~6 个月，到期可循环；包销银行承诺购买借款人未能出售的那部分票据余额或承担提供备用信贷责任，承诺期长达 5~7 年。

3. 浮动利率债券

浮动利率债券是银行发行的一种可变利率负债工具，其利率定期加以调整，通常以市场利率作为参照基数。发行这种债券可以减少市场利率变动风险，增强购买者的持有信心。

4. 远期利率协议

远期利率协议是两个当事人之间为规避市场利率变动风险而签订的一种合约。合约期满时，双方按原先约定的利率与期满时的市场利率之间的利差结算款项。

5. 货币互换

交易双方筹借不同币种的贷款所需要支付的成本不同，为使双方均能获利，双方同意在交易之初交换两种不同货币的一定数额，经过一段时间后，再根据预先规定的条件交付利息和交换回本金。这实际上是贷款的互换。

6. 金融期货

金融期货是买卖双方达成的在指定的将来某日按约定的利率或汇率交割金融资产的一种合约。它也是防范利率或汇率变动风险的产物。

7. 债务—股权（债券）转换

20 世纪 70 年代，发展中国家债务危机四起，当时银行为减少损失，开创了债务—股权（债券）转换业务。这一业务的出现缓解了无力还债者（国）的还债压力，增加了其资金融通渠道，同时也减轻了银行的资金负担。

二、跨国银行的组织形式

跨国银行的组织形式包括跨国银行母行与其海外银行分支机构的组织结构关系及这些分支机构的具体形式。就母行与海外分支机构的组织结构关系而言，主要有三种类型：分支行制、控股公司制和国际财团银行制。就海外分支机构的具体形式而言，又可分为代理行、经理处、分行、附属行、联营银行等。

（一）母行与海外分支机构的组织形式

1. 分支行制

跨国银行的分支行制是指母行在海外设立和控制的各种类型的分支机构，通过这些分支机构来开展跨国经营活动的组织结构形式。这些分支机构根据不同的级别构成一个金字塔形的网络结构，如图 4-3 所示。

2. 控股公司制

控股公司制又称集团银行制，是指银行通过银行持股公司（Bank Holding Company）建立海外分支机构网络的组织结构形式。这种组织方式以美国最为典型。美国跨国银行的海外分支机构可以由银行或其持股公司设立，而更多的是通过其附属机构——艾奇法公司（Edge Act Corporation）设立的，控股公司制跨国银行的组织机构如图 4-4 所示。

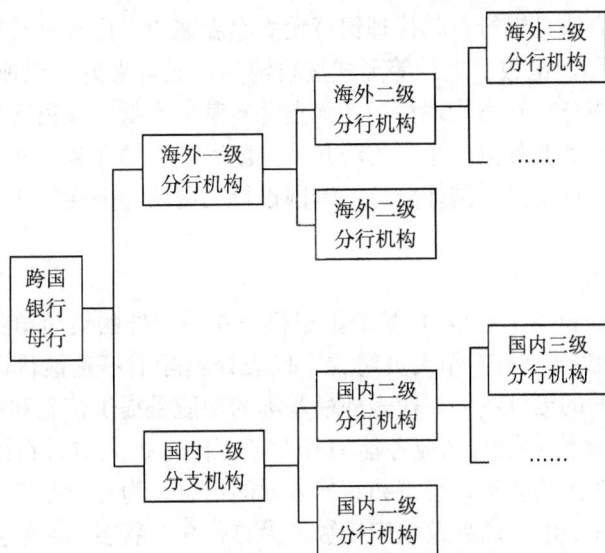

图 4-3　分支行制跨国银行的组织机构

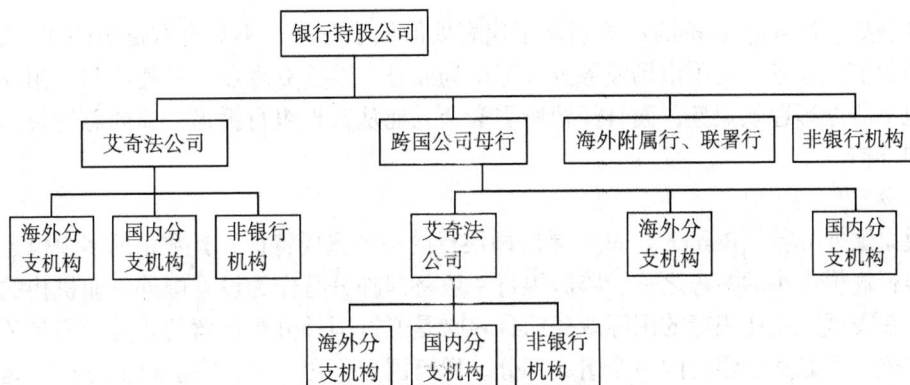

图 4-4　控股公司制跨国银行的组织机构

3. 国际财团银行制

国际财团银行制是指由来自不同国家或地区的银行以参股合资或合作的方式组成一个机构或团体来从事特定国际银行业务的组织方式，且这个机构或团体是正式注册的法人，而非一个临时的组织。在当前的国际银行业中，国际财团银行制是一种流行的组织形式，这种趋势反映了目前银行业务的外部环境变化，包括顾客需求、同业关系和宏观政策等。

（二）跨国银行海外分支机构的组织形式

跨国银行海外分支机构的组织形式主要有六种。

1. 代理行

代理行（Correspondent Bank）是指与其他国家建立往来账户，代理对方的一些业务，为对方提供服务的银行。代理行实际上是通过在不同国家的银行间建立清算关系来开展业务的。具体方式是银行在其代理银行设立存款账户，由代理行代理支付、托收等业务，双方通过信函、电报、电传等形式进行清算。通常来说，代理行关系是双向的，双方银行互相提供服务，互为代理行。其优点是经营成本低，只需支付代理费就能够获得较多的服务；缺点是业务范围小，无法开展存款和贷款的业务。从目前情况来看，代理行这类机构的数量远远多于国外分行，跨国银行的国际业务在很大程度上要依赖国外代理行。

2. 代表处

代表处（Representative Office）是跨国银行设立在国外的最简单的机构，通常由银行派出的代表和为数很少的工作人员组成。代表处实际上不是银行设立的对外营业机构，它不能从事一般的银行业务。代表处最基本的功能是提供信息和进行相互沟通，具体包括：向所在国宣传本银行的业务能力和业务范围，扩大本行在该地区的声誉和影响；向总行提供所在国的政治、经济和其他方面的信息，为总行是否在该地设立分行提供决策依据；与所在国的工商界及政府接触，为总行介绍新客户和新业务。设立代表处通常是跨国银行进入一个新的国家或地区所采取的第一步措施。

3. 经理处

经理处（Managing Bank）级别高于代表处但低于分行，不具有东道国的法人资格，可以经营贷款业务、货币市场业务及外汇市场业务、票据兑现业务及托收和信用证业务等，但不能办理存款业务，而且经营所需资金只能从其他银行拆借，或向总行及其他分支机构筹措。

4. 分行

设立国外分行（Branch Bank）是跨国银行的一个重要特征，其数量的多少也是反映跨国银行规模大小的标志之一。跨国银行一般将国外分行作为设立国外营业机构的首选形式。在美国，商业银行的国际业务约有 60%是通过国外分行经营的。分行不是独立的经济实体，而是整个银行的一个组成部分。像跨国分公司一样，在法律上分行不是独立法人。从法律的约束角度来讲，分行既要遵守所在国的法律，也要同其总公司一样遵守本国的法律。

分行的业务范围很广，从吸收存款、发放贷款到各种收费等服务性业务一应俱全，既包括当地业务，也包括国际业务，如存放款、同业拆放、外汇交易、出口信贷、托收和信用证业务等。其中，分行的当地业务在分行的业务中占有很大的比重。

5. 子银行

由于有些国家的法律限制外国银行在该国设立分行机构，跨国银行便按照该国的法律要求建立新的银行或通过对所在国的银行参股而成立新的银行。子银行（Subsidiary Bank）是一个独立的经济实体，是在所在国注册的银行。子银行是由母银行全资拥有或拥有大部分股份的银行。在股权分散的情况下，母行可以只拥有控股权。因此，子银行与母行的关系只是控股与被控股的关系。子银行有自己独立的董事会，并有完全的经济自主权。

子银行与当地银行一样，在所在国所有法律的约束下，可以经营全部的银行业务，包括经营租赁、证券买卖等母行不便办理的业务。

6. 联营银行

联营银行（Consortium Bank）是合资银行，必须是由 2 家以上的银行合资。联营银行通常属于不同的国家，是永久性的机构，有自己的名称，并具有独立的法人资格，开展独立于股东的银行业务。联营银行的成立与欧洲货币市场有关，许多联营银行主要从事欧洲货币市场的中长期贷款业务，现在还从事贷款以外的许多业务。联营银行的一个共同特点是都不吸收存款。

按照经济业务的不同可以将联营银行分为主要在欧洲市场从事中期贷款的联营银行、兼营投资银行和商业银行业务的联营银行、专营某一地区业务的联营银行。从实际情况看，联营银行能够扩大跨国银行的活动范围，扩大国际业务，并具有经营专业化的优势。

三、跨国银行在国际投资中的作用

跨国银行是一种经营特殊对象的跨国公司，因此，跨国银行的发展首先表现为设立海外分支机构而进行的国际直接投资；在此过程中，跨国银行还通过对跨国公司的股权参与，间接地加入了国际直接投资活动，从而形成了银行资本与工业资本的融合，推动了金融资本的国际化。但是，跨国银行经营对象的特殊性，使得其与一般的跨国公司的作用又有着显著的不同，跨国银行主要是为国际投资活动提供金融支持和媒介服务。具体表现在以下三个方面：

（一）跨国银行为国际投资者提供融资中介作用

跨国公司在进行国际直接投资时，往往会产生巨大的资金需求。同时，国际上又存在众多的间接投资者或短期信贷提供者，产生了巨大的资金供应。但资金需求与资金供应往往存在数额、期限、币种等方面的差异，这就需要跨国银行发挥信用中介作用予以调整。跨国银行可以通过汇集小额、短期的资金向资金需求者提供大额、长期的信贷，并且通过商业票据的承兑、贴现等为其创造出流动性。随着经济的发展，这种传统的信贷业务出现了证券化趋势。例如，跨国银行在负债业务方面，凭借自身的声誉和资信优势，通过发行银行债券等，能够以较低的成本聚集起大量的资金；在资产业务方面，通过把对借款人的债权转化为股权或债券，增强了流动性，从而能够更好地发挥中介功能。随着跨国银行开始介入投资银行的传统业务——证券的发行和包销，其中介作用已扩展到直接融资领域。

（二）跨国银行为跨国界支付提供高效率的中介服务

由于跨国银行拥有分布广泛的海外分支机构和代理行网络，因而能为投资者在世界范围内办理转账结算和现金收付业务，充当其国际支付的中介。国内银行在执行国际支付中介时是通过与外国银行之间的代理行关系间接地进入对方国内支付系统的。而跨国银行则更多地通过海外分支机构直接进入东道国支付清算系统，然后通过母行与分支机构及分支机构相互间的支付清算形成一个国际支付清算网络，如美国的银行间同业支付清算系统（CHIPS）或由多家跨国银行及其分支机构直接组成的完全用于国际间资金调拨的支付清算系统，如环球银行间财务电讯协会（Society for Worldwide Interbank Financial Telecommunications，SWIFT）、伦敦外汇清算（ECHO）等。SWIFT向客户提供的是一种可任意选择的双边差额结算的电信服务。SWIFT自投入运行以来，以其高效、可靠、低廉和完善的服务，在促进世界贸易的发展、加速全球范围内的货币流通和国际金融结算、促进国际金融业务的现代化和规范化方面发挥了积极的作用。SWIFT的设计能力是每天传输1100万条电文，而当前每日传送500万条电文，这些电文划拨的资金以万亿美元计，它依靠的便是其提供的240种以上的电文标准。SWIFT的电文标准格式，已经成为国际银行间数据交换的标准语言。这里面用于区分各家银行的代码，就是SWIFT Code，依靠SWIFT Code便会将相应的款项准确地汇入指定的银行。到2007年6月为止，SWIFT的服务已经遍及207个国家，接入的金融机构超过8100家。

（三）跨国银行可以为国际投资者提供全方位的信息咨询服务

由于跨国银行拥有覆盖全球范围的机构网络和广泛的客户及同业关系，因而掌握大量的信息，承担其信息中介的作用。例如，上述的跨国银行融资中介行为，实际上就是在掌握众多资金供求信息的基础上进行的。此外，由于跨国银行汇集了许多财务管理、投资分析方面的专家，因而可以向投资者提供多方面的咨询服务，帮助公司把握风险，更为有效地拓展海外业务。这些服务在对跨国公司产生裨益的同时，也为跨国银行扩大了利润的来源。在如今来自传统贷款业务收益不断降低的情况下，银行的收费性服务能够在无风险的基础上创造较高的收益。美国纽约第一曼哈顿咨询集团的一项调查报告显示，美国银行对大公司贷款的资本收益率仅为5%~7%，而收费性服务的资本收益率可达40%~80%。

相关链接 4-5

打造中资跨国银行

目前中资银行仅仅在海外设点布局并不是跨国银行建设的要义所在，实现盈利、竞争力和发展质量在当地同业领先，确立在当地市场的竞争地位才是跨国银行的目标。

近年来，中国银行业顺应中国开放型经济发展需要，把握全球经济金融格局变化带来的战略机遇，稳步加快国际化进程，全面提升了对"走出去"的中资企业的全球金融服务能力，书写了"扬帆出海"的精彩篇章。

十八大明确提出"加快走出去步伐，增强企业国际化经营能力，培育一批世界水平的跨国公司"，"十二五"规划纲要、金融业发展和改革"十二五"规划对此已经做出了全面部署。国家培育大型中资跨国金融机构，提升金融业国际竞争力的目标越来越明确，路径越来越清晰。中国银行业要充分利用当前内外部的一切有利因素和条件，以建设具有较强国际竞争力和影响力的跨国银行为目标，推动国际化经营向纵深发展，更好地服务中国经济全球化进程。

资料来源：《财经》杂志，2013年3月31日.

第四节　非银行的金融机构

金融自由化趋势已经促进了非银行金融机构（Non-Bank Financial Intermediaries）的大发展，非银行金融机构已经成为金融创新的主体。在国际投资领域，非银行金融机构正日益显示其非凡的活力。

一、跨国投资银行

（一）投资银行

投资银行是以证券承销、经纪为业务主体，并可同时从事兼并与收购策划、咨询顾问、基金管理等金融服务业务的金融机构。它在各国的名称各异，如在美国称为投资银行（Investment Bank），在英国称为商人银行（Merchant Bank），在日本从事投资银行业务的机构是证券公司（Security Firms）。此外，在法国称为实业银行，在澳大利亚称为货币市场公司，在我国的香港地区称为有限制牌照银行，在印度尼西亚称为投资金融公司等。

投资银行的起源，最早可追溯到 3000 多年前的美索不达米亚地区。当时，一些富有的商人不仅为贵族、教会提供贷款，而且还帮助他们管理财产、制定策略，这非常类似于今天投资银行的基金管理、咨询服务等职能。现代意义上的投资银行是 18 世纪后在欧洲产生的，主要是由众多的销售政府债券和贴现企业票据的商号演变而来。当时，以生产资料私有制为基础的资本主义生产关系已经确立，推进了以股份制为特征的企业制度的形成和发展。而资本主义国家政府为行使其政治统治、对外扩张等职能也常常面临入不敷出的境地，需要发行债券予以弥补。这就在客观上需要有专门机构来从事证券发行、推销。而证券交易所的诞生和发展更为投资银行业注入了催化剂。1773 年在英国伦敦建立了伦敦证券交易所，1792 年美国成立了纽约证券交易所，1878 年日本成立了日本东京证券交易所。投资银行以证券承销、经纪为业务核心，逐步确立了在证券市场上的突出地位。此后，随着世界经济活动的日益丰富多彩，投资银行不断发展起企业兼并重组、金融工程、基金管理、风险资本等新型业务（见图 4-5）。

考察投资银行 20 世纪以来的发展历程，可以从它与商业银行的关系变迁角度进行。在 1929 年之前的一段时期，资本主义世界经济的持续繁荣造就了证券业的异常高涨。当时，投资银行与商业银行并没有分离，商业银行凭借其雄厚的资金频频涉足证券市场，甚至参与证券投机。1929 年 10 月 28 日，西方世界爆发了股市大跌，并引发了持久而深刻的经济危机。事后，有关国家政府总结认为，这次危机的重要原因之一在于作为国民经济核心的商业银行卷入了风险较大的证券市场，而一旦其在股市崩溃引起的亏

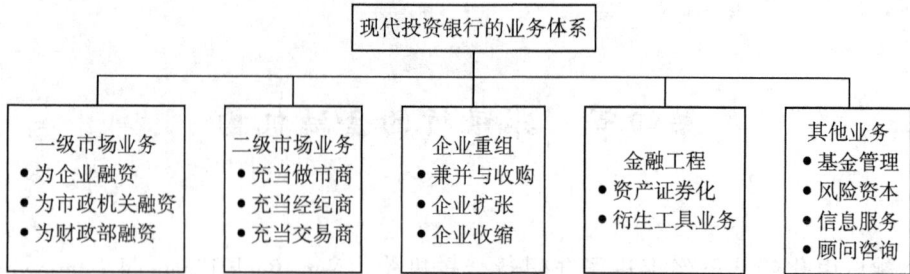

图 4-5　现代投资银行的业务体系

损影响下破产（1930~1933 年间美国有 7763 家银行倒闭），便会不可避免地影响整个经济。因此，英、美等国政府颁布法令将商业银行与投资银行业务截然分开，如美国的《格拉斯·斯蒂格尔法》（Glass Steagall Act）、日本的《证券交易法》等。但也有德国、瑞士等欧洲银行并没有实施这种分离，而继续实行《全能银行制度》（Universal Banking System）。20 世纪 70 年代以来，由于金融业竞争的加剧，分业经营制度下的商业银行面临不利的局面。在金融自由化、放松管制的强烈要求下，分业经营模式日益向混业经营模式靠拢，英、美等银行业务和证券业务的分水线逐渐被打破。不过，尽管投资银行与商业银行之间业务交叉与融合已发展到相当程度，但分别从其本源等实质性方面探析，两者之间还是存在一定差异的（见表 4-10）。

表 4-10　投资银行与商业银行的区别比较

项　　目	投资银行	商业银行
（1）本源业务	证券承销	存贷款
（2）融资功能	直接融资且侧重长期融资	间接融资为主，侧重短期融资
（3）利润来源	佣金	存贷利差
（4）业务概貌	无法用资产负债表反映	分为表内业务与表外业务
（5）经营方针	在控制风险前提下更注重创新与开拓	坚持稳健原则，注重"三性"结合
（6）保险制度	投资银行保险制度	存款保险制度

注：表 4-10 中"三性"是指收益性、安全性和流动性。
资料来源：杨大楷.国际投资学（第四版）.上海：上海财经大学出版社，第 116 页.

（二）跨国投资银行

跨国投资银行是指在世界各地设立分支机构进行跨国经营的大型投资银行，是投资银行业在国际范围内的延伸。它不仅是国际证券市场的经营主体，而且其活动范围与影响已超出证券业，与跨国商业银行并列成为当代国际金融资本的重要组成部分。

1. 跨国投资银行的发展过程

跨国投资银行的发展大致可分为以下几个阶段：

（1）在 1960 年之前，出现了投资银行开展跨国业务的萌芽。如英国巴林银行曾帮助许多美国铁路债券在伦敦上市。但这并不算形成了现代意义上的跨国投资银行。因为当时投资银行的国际业务主要通过其在国外的代理行进行，很少有投资银行在海外设立分支机构；其业务种类也较为单一，主要是进行外国债券的推销，并没有形成今天投资银行丰富多彩的业务体系；其开展业务的地区也还存在局限性，主要在欧洲。

（2）20世纪60年代和70年代，是跨国投资银行的起步发展阶段。在这一阶段，世界大型投资银行纷纷设立海外分支机构，纽约、伦敦、巴黎、东京、日内瓦等金融中心汇集了许多跨国投资银行的分支机构；其国际业务也出现了综合化、一体化的趋向，并致力于开发欧洲债券业务和欧洲股票业务。如第一次典型的欧洲债券发行是在1963年7月由英国的华宝银行设计并主承销的。

（3）进入20世纪80年代以来，跨国投资银行进入前所未有的迅猛发展阶段。许多跨国投资银行已基本上在世界上所有的国际或区域金融中心设立了分支机构，建立并完善了其全球业务网络；其国际业务体系日益完善，不仅包括国际证券的承销、分销、代理买卖和自营买卖等传统业务，而且还包括在全球范围内开展兼并收购、资产管理、财务咨询、风险控制等活动；其国际业务规模也急剧扩张，在各重要的国际金融市场上，许多跨国投资银行证券交易量已超过本地金融机构。此外，其国际业务管理机制不断完善，许多大型跨国投资银行建立了负责协调管理全球业务的专门机构，如美国摩根斯坦利（Morgan Stanley）银行的"财务、管理和运行部"、高盛（Goldman Sachs）公司的"全球协调与管理委员会"等。

（4）近年来，国际投资银行业的竞争日趋激烈，跨国投资银行的创新力度显著增强，以此来提高自身的竞争力。其创新主要体现在：第一，融资方式多样化。投资银行除发行不同期限的浮动利率债券、各种抵押债券外，还采用BOT、TOT、ABS（资产支持的证券化融资）等形式进行融资。第二，购并业务推陈出新。投资银行在企业购并浪潮中日趋活跃，业务不断创新，不但为企业担任财务顾问、制定收购和反收购措施、进行票据交换等，还为购并企业提供资金支持。第三，创造新的金融产品。各大投资银行挖空心思，迎合市场需要。例如，巴林银行倒闭后，洛希尔银行发现美国资金市场上闲置的资金数目庞大，但对资产安全性要求高，希望更好地分散风险，针对这种情况洛希尔银行推出名为"五箭现金管理基金"的投资工具，结果吸引了大量资金。投资银行还为企业制订定期投资计划、定期退股计划，组建各种基金，并利用现代金融工程学技术，对期权、期货、商品、债券、利率、汇率进行计算机系统的关键技术和关键设备安全防御能力，使得从用户的电脑端开始，资料传送就受到层层保护。

2. 跨国投资银行在国际投资中的作用

对于跨国投资银行在国际投资中的作用，可以从国际直接投资和国际间接投资两方面进行考察。在国际直接投资方面，跨国投资银行除了像跨国商业银行一样要在国外设立分支机构而进行直接投资外，其作用也突出表现在对跨国公司跨国直接投资活动的支持和帮助，如策划跨国收购与兼并，对跨国投资行为提供信息、咨询服务等。在国际间接投资方面，跨国投资银行发挥着营造国际证券一级市场并积极参与二级市场的作用，如国际证券的发行承销和分销、金融衍生工具的创造和交易、国际证券自营买卖及基金管理等。具体有以下几个方面：

（1）支持跨国兼并与收购（Merger & Acquisition）。跨国投资银行可以为跨国公司物色收购目标，并加以分析，帮助建立一个可行的资金财务计划，必要时可以通过发行债券等手段提供融资帮助，从而完成兼并或收购活动。这大大加快了全球资产存量调整的步伐。

（2）对跨国投资的信息、咨询等服务。由于跨国投资银行拥有全球分支机构网络，掌握着一个巨大的信息资源库；同时，其还具有人才、技术方面的优势，因而可以为企业的跨国投资活动提供各种服务，如投资组合设计、现金管理、风险管理、财产估价等。

（3）国际证券的发行承销。证券承销是投资银行最本源、最基础的业务，国际证券业务是其向国际范围的扩张和延伸。跨国投资银行不仅替各国企业、各国政府进行证券承销，同时还给国际金融组织如世界银行、亚洲开发银行等承销证券。这些活动不仅营造了国际间接投资的一级市场，同时又推动了一级市场的发展。

（4）金融衍生工具的创造和交易。跨国投资银行是创造和交易金融衍生工具的重要机构。日新月异的金融衍生工具不仅为投资者提供了有效规避利率、汇率等金融风险的可能，而且推动了国际投资对象的创新和改革。

（5）国际证券的自营买卖及基金管理。跨国投资银行自身进行国际证券的自营买卖，以期获得价差收入。这是其参与国际间接投资的行为。同时，许多跨国投资银行还管理着各种基金，代理基金进行国际证券二级市场的交易。这些活动推进了全球证券交易二级市场的深化和发展。

二、其他非银行金融机构

20世纪80年代以来，在各国证券市场上产生了一个重要现象，即个人投资者不断将自己的证券投资事务委托给各类金融机构，从而使得机构投资者的份额和地位日益上升。如日本在20世纪50年代时的上市公司持股比率为个人70%，机构20%；到80年代，个人持股比率已下降到20%，机构则上升到70%。美国的机构投资者所占市场比重在1965年为16%，1992年已高达48%。这些机构包括各种共同基金、对冲基金、养老基金、保险公司等。同时，随着国际证券市场的发展，这些机构的证券投资也日益向海外发展，成为国际证券投资的重要主体。

（一）共同基金

共同基金（Mutual Fund）是指通过信托、契约或公司的形式，通过公开发行基金证券（如"受益凭证"、"基金单位"、"基金股份"等）将众多的、零散的社会闲置资金募集起来，形成一定规模的信托资产，由专业人员进行投资操作，并按出资比例分担损益的投资机构。在美国它被称为"共同基金"、"互惠基金"，在英国被称为"单位信托基金"（Unit Trust），在日本则被称作"证券投资信托基金"。共同基金的种类众多，但根据其投资战略不同，大致可分为两大类：一类是投资于长期资产，如股票、债券乃至实业资产的基金；另一类是主要投资于短期金融资产，如可转让大额存单、商业票据、短期国库券的基金。

20世纪80年代以来，共同基金的发展十分迅速，被引进到许多发达国家和发展中国家，这标志着它已步入到全球发展阶段。根据国际金融市场一体化与区域化并存的特征，全球共同基金市场可大致分为北美市场、欧洲市场和以亚太为核心的新兴地区市场三大部分。

1. 北美共同基金市场

它主要包括美国和加拿大的共同基金，其中美国占据约 80% 的市场规模。在美国，1981~1986 年间共同基金资产以年均 50% 的速度扩充。到 1993 年，美国共同基金资产已达 2 万亿美元，而 1996 年底，其资产规模又进一步达到 3.5 万亿美元。到 2000 年，美国共同基金的资产规模已达到 7 万亿美元，超过商业银行成为美国第一大金融机构。到 2009 年，这一资产规模进一步扩展至 9.6 万亿美元。从资产增长的构成来看，近一半的增长额来自基金的运作，包括资产增值加上再投资红利和资本利润分配，而 46% 的增长来源于投资者的新增资金流入，其余来源于一些新基金。据保守的估计，美国共同基金的管理费用收入已超过 8650 亿美元，超过了出版、航空、医药业，成为美国的第八大产业。

2. 欧洲共同基金市场

欧洲是仅次于北美的第二大共同基金市场，其中最重要的国家包括法国、德国、卢森堡和英国。欧洲共同基金的跨国一体化程度较高，这得益于 1985 年 11 月 18 日欧洲理事会通过的有关投资基金组织发行的资金单位自由交易的两个指令，其内容主要包括：协调成员国间有关法律规定的大致框架，创造平等的竞争条件；投资基金组织的申请范围、准入条件和结构及其投资政策；应提供给投资者的信息；监管机构的权利、义务以及设立成员国共同组成的联系委员会等。

3. 新兴地区共同基金市场

20 世纪 80 年代后期以来，以新兴市场国家为主要投资对象的共同基金不断发展，其主要形式为国家基金。国家基金有许多种类，包括投资于任何新兴市场的全球基金、集中投资于特定地区的基金或专门投资于一国的基金。到 1993 年底，在许多主要的金融中心列名的有将近 500 个国家基金，其证券投资总值也不断上升。

（二）对冲基金

对冲基金（Hedge Fund），又称套头基金、套利基金和避险基金，意为"风险对冲过的基金"，20 世纪 50 年代初起源于美国。其操作的宗旨就是利用期货、期权等金融衍生产品以及对相关联的不同股票进行实买空卖。风险对冲的操作技巧，在一定程度上可规避和化解证券投资风险。经过几十年的演变，对冲基金已失去其初始的风险对冲的内涵，成为一种新的投资模式代名词，即基于最新的投资理论和极其复杂的金融市场操作技巧，充分利用各种金融衍生产品的杠杆效用，承担高风险、追求高收益的投资模式。发展到今天，全球已有大约 10000 个对冲基金，管理着 1.5 万亿美元的资产，成为国际证券市场上重要的机构投资者，表 4-11 是全球十大离岸注册对冲基金。

1. 对冲基金的特点

（1）对冲基金比其他机构投资者受到较少的管制。由于对冲基金都是不到 100 人组成的私人公司，按美国 1940 年公司法规定，不足 100 人的私人基金不必遵守 SEC 关于

表 4-11　全球十大离岸注册对冲基金（2009 年 1 月）

单位：10 亿美元

名　次	基金名称	资产总值
1	Bridgewater Associates	38.6
2	JPMorgan	32.9
3	Paulson & Co.	29
4	D.E.Shaw Group	28.6
5	Brevan Howard	26.8
6	Och-Ziff Capital Management	22.1
7	Man AHL	22
8	Soros Fund Management	21
9	Goldman Sachs Asset Management	20.6
10	Farallon Capital Management	20
11	Renaissance Technologies	20

资料来源：IFSL（伦敦国际金融服务公司），Hedge Fund Report，2009.

信息披露和注册的要求。而且，在境外注册往往能够逃避管制。例如，其不必向股东报告财务状况和交易行为。这使得对冲基金经理在报告运作上拥有很高的自由度，可以灵活地安排其投资品种组合、期限组合、地区结构组合及资金结构组合等，而共同基金在这些方面往往受到较严格的限制。对冲基金运作中的主要约束因素在于自身的风险管理行为。

（2）对冲基金的投资者多为高收入者，对风险具有较高的承受力。美国的对冲基金一般要求其股东拥有 100 万美元以上的净财产，或前一年收入在 25 万美元以上。绝大多数对冲基金都有最低入股额要求，一般在 35 万~1000 万美元不等。因此，对冲基金可以较为大胆地承担较高的市场风险以博取更高的回报率。事实上，20 世纪 90 年代中期以前，对冲基金的经营业绩在大多数情况下都要高于其他机构投资者，表 4-12 反映了 1987~1993 年期间美国对冲基金与其他机构投资者的收益率差别。

表 4-12　对冲基金与其他投资机构收益率的比较

单位：%

年　份	1987	1988	1989	1990	1991	1992	1993
对冲基金	14.5	22.9	24.9	10.9	25.4	15.8	23.2
共同基金	5.2	16.5	31.6	-3.1	30.4	7.7	10.1
标准普尔 500	1.0	15.8	28.5	-3.8	36.1	6.8	14.3

资料来源：联邦纽约证券.

（3）对冲基金往往大规模地使用财务杠杆，从而大大增强了其市场影响力。据统计，对冲基金资本的杠杆率在 5~20 倍之间，它采用的手段主要是通过抵押借款在回购市场上投资于政府债券。正是因为对冲基金的高杠杆运作，使得它能够在短时间内聚集巨额资金操纵市场，甚至能够与某些国家的官方相对抗。从这种意义上说，对冲基金的投资行为具有一定的投机性，因而常常造成国际金融市场的动荡。有人认为，1992~1993年欧洲货币风暴，1995年墨西哥金融危机，1997年亚洲金融危机，都与对冲基金的操纵有关。此外，对冲基金的高财务杠杆比率可能会带来的另一个问题是信贷风险。对冲基金的贷款者多为大银行或大证券公司，因此一旦基金受到巨额损失而无法清偿债务，就会影响整个经济的稳定。

（4）对冲基金的收益分配机制更具有激励性，从而汇集了投资界许多尖端人才。一般的共同基金中，经理人的收入主要来自根据交易规模固定比例而收取的管理费用。但对冲基金在固定比例管理费的基础上，常常要把基金净投资收益的一定比例作为激励费支付给经理人员。这种分红有时可高达数亿美元。因此，对冲基金行业中汇集了众多的金融人才，甚至包括诺贝尔经济学奖的某些得主。

2. 对冲基金面临的挑战

长期以来，大型对冲基金在国际金融市场上可谓是呼风唤雨，但随着国际经济和金融环境的变化，大型对冲基金已不再像往日那般风光。1999年美国长期资本管理公司出现40亿美元的亏损而濒临倒闭，美国联邦储备局史无前例地匆匆出面，筹措挽救计划，美国和欧洲15家大的商业银行、经纪公司和证券公司成立财团对之进行注资36.5亿美元，接管其债权。这一消息传出，不仅引发了全球金融市场的恐慌，同时也触发了对冲基金多米诺骨牌式的崩溃。1999年前9个月，索罗斯基金集团的几大对冲基金均未盈利，资产亏损13%~31%不等。2000年3月底，世界第二大对冲基金老虎基金宣布倒闭，时隔一个月，索罗斯的"左膀右臂"两员投资大将均挂冠而去。而与此同时，投资信息和生物科技等增长领域的小型基金明显增长，并都取得不错的业绩。投资者拥向小型、专门化的对冲基金，如科技股基金，而不是在所有市场均有投资的对冲基金。引起大型对冲基金发生危机的原因是多方面的，归根结底是国际经济和金融环境的变化。

（1）全球债券和货币市场不断完善，减少了对冲基金的可乘之机。由于债券和货币市场的改进，对冲基金已很难再找到市场欠缺之处进行狙击。欧元面世后，各国汇率的反常现象减少，炒家也少了大获其利的机会。此外，由于许多国家的通货膨胀率普遍走低，近年全球债券的利率趋向一致，进一步减少了投机机会。

（2）对冲基金的影响力减弱。以往，大型投资基金的投资消息传出市场，会促使其他投资者跟随，产生"羊群效应"，使对冲基金如虎添翼。但随着对冲基金的影响力减弱，它们左右市场的能力也相应下降。

（3）股市波动也打击了很多对冲基金。近年来，股市波动加剧，即使大型对冲基金使用了先进的风险管理技术也派不上用场。索罗斯手下投资大将德鲁肯米勒无奈地说："市场的大幅度波动原本是一年发生一次，但现在十天就来一次。"

（4）大型宏观对冲基金对科技股投资欠缺资源和专业知识。例如，索罗斯在1999年下半年才沾手科技股，这方面的知识远不及一些小型、专以科技股为主的对冲基金。老虎基金的掌门人罗伯逊也不讳言地称自己失败的重要原因是根本看不懂"新经济股"。

3. 对冲基金的前景展望

对冲基金面临日益严峻的市场挑战是必然的，但随着市场的不断发展，对冲基金仍然大有希望，它仍将是国际金融市场上一支重要的影响力量。原因如下：

（1）对冲基金是优越的投资工具。对冲基金的业绩表现优于共同基金和广泛的市场指标。因为在收益率、收益——风险比、度量期，以及被定义为损失可能性的"真正风险"等方面，某些类型的基金和许多个体基金的业绩表现更是远优于共同基金和权益市场。马尔奇尔的"随机漫步"假说可能不适用于对冲基金，因为对冲基金有能力去加强市场收益和减缓市场风险。

（2）对冲基金的生存环境是客观存在的。对冲基金与其生存环境的关系，如同苍蝇与蛋的关系，俗话说，苍蝇不叮无缝的蛋。从亚洲金融危机的发展来看，被对冲基金等国际游资冲击的国家和地区，其"蛋"上往往有这样或那样的缝隙，如对短期国际资本依赖性太强、国内储蓄率偏低、资本市场开放度过高等。亚洲一些国家在20世纪90年代初为吸引外资都已实现资本自由化，本国证券市场对外资开放，但金融监管能力及反投机能力还跟不上，这给了对冲基金以可乘之机。

（3）加强监管不影响对冲基金的生命力。对冲基金之所以能兴风作浪，主要靠钻各国金融市场的漏洞。亚洲金融危机之后各国金融机构纷纷制定更加有效的监管政策，加大了对非法市场炒作的打击力度。随着国际金融市场制度和规则的不断完善，对冲基金的活动空间必将受到限制，其活动也必须更加规范，它对市场的杀伤力必将大大减弱。但是，只要金融衍生产品市场仍然存在，那些稳健运作的对冲基金便会有继续生存的机会和空间，并且得到更健康的发展。

（4）对冲基金正逐渐被主流机构接受。近年来，欧美一流的投资机构纷纷设立了对冲基金业务。主流机构进军对冲基金的原因：一是传统对冲基金的客户，如私人银行、富有人士、家庭捐赠基金，能为它们带来庞大的收入；二是认为在股市充满不确定性的情况下对冲基金能获得最佳回报；三是对冲基金诱人的收费结构，除每年约1.5%的管理费用外，许多对冲基金还收取投资收益20%的提成。

（5）对冲基金可作为检验金融体系是否完善的"试金石"。将对冲基金视为金融危机的主要原因是不客观的，亚洲金融危机是自身经济状况不健康造成的。由于大量资金进入房地产等容易产生经济泡沫的领域，加上缺乏有效的监督和管理的金融体系，不良贷款的比例剧增，导致经济基础变得极其脆弱，经济大厦漏洞百出。索罗斯的对冲基金就是利用了这些漏洞，按照现行的金融游戏规则而兴风作浪。从某种角度上说，对冲基金是利用、检验金融体系是否完善的"试金石"。

（三）养老基金和保险公司

养老基金和保险公司传统上一直是工业化国家金融市场的重要投资者，它们控制着相当规模的证券投资。美国养老基金已成为美国股票市场上最主要、最稳定的资金来源。据美联储统计，美国养老基金规模相当于美国交易所市值的85%左右。而按美国投资公司协会（Investment Company Institute，简称ICI）统计，养老基金规模则超过了美国交易所市值。受益于其庞大的规模，可以在相当程度上保证资金不断、定期地注入美国证券市场，为美国证券市场提供了强有力的稳定机制。据美联储统计，截至2011年第三季度，养老储备基金在美国居民总资产中的比例为17.6%，总规模达12.5万亿美元。相对地，2011 年底美国居民储蓄率则降到 3.5% 的低位。而在英国，私人养老金是英国资本市场上最大的境内资金来源。2008 年末，保险公司和养老基金分列英国股票市场前两大的境内投资者，持股市值占总市值的比例分别为 13.4% 和 12.8%。实际上，私人养老金还是保险公司投资的主要资金来源。以 2009 年为例，在英国私人养老金高达 1.9 万亿英镑的总资产中，通过保险公司管理的个人养老金规模就达到 0.87 万亿英镑。如果考虑到保险投资中的养老资金，则私人养老金就成为英国资本市场上最大的境内资金供给者。

随着养老基金和保险公司的投资组合向国际化发展，它们已成为重要的国际间接投资参与者。20 世纪 80 年代以来，其持有的外国证券比重有所上升。这一点在养老基金方面表现得较为明显，而保险公司的行为则尚不明朗（有些国家保险公司的外国证券持有比重甚至有所下降）。比较典型的例子是加拿大，1993 年时其保险公司的外国资产比重只是养老基金的 1/6。此外，从总体上看，养老基金和保险公司的国际投资多样化程度要远远低于共同基金。

（四）主权财富基金

主权财富是指由一国或地区政府通过特定税收与预算分配、可再生自然资源收入和国际收支盈余等方式积累形成的，由政府控制与支配的，通常以外币形式持有的公共财富。政府为管理和运作主权财富而成立的基金就是主权财富基金，它既不同于传统的政府养老基金，也不同于那些简单持有储备资产以维护本币稳定的政府机构，而是一种全新的专业化、市场化的积极投资机构。

目前，设立主权财富基金的国家既包括一些发达国家和自然资源丰富的国家，也包括一些新兴市场国家和资源贫乏国家。主权财富基金通常由独立于央行和财政部的专业投资机构进行管理，其资金来源主要有三类：外汇储备盈余、自然资源出口的外汇盈余、国际援助基金。

1. 主权财富基金的发展状况

主权财富基金设立的历史可以追溯到 1953 年，科威特设立科威特投资局，利用其石油出口收入投资于国际金融市场。1956 年，英属吉尔伯特群岛利用其富含磷酸盐的鸟粪出口收入创建了一只主权财富基金，如今这只基金的价值已经超过该岛 GDP 的 9 倍。虽然主权财富基金成立时间较早，但在 20 世纪 90 年代以前，发展一直比较缓慢。据估计，1990 年末，全球主权财富基金规模只有约 5 亿美元。

20 世纪 90 年代以后，由于国际油价上涨以及新兴市场经济体外汇储备的增加，主权财富基金的规模迅速膨胀。根据伦敦国际金融服务局（IFSL）的统计数据，2008 年全球主权财富基金管理的资产达 3.9 万亿美元，比 2007 年增长 18%，中东产油国拥有全球主权财富基金的 45%，亚洲其他地区占大约 33%。主要资金来源是石油等资源类商品出口，总额为 2.5 万亿美元；来自官方外汇储备、政府预算盈余、养老金储备和私营化收入的资金为 1.4 万亿美元。2011 年全球十大主权财富基金排名见表 4-13。

表 4-13　2011 年全球十大主权财富基金排名

排序	基金名称	国　家	成立时间	资产 (单位：十亿美元)	收益率（%）
1	Abu Dhabi investment Authority 阿布达比投资局	阿布达比酋长国	1976	627	8.1
2	SAFE Investment Company 中国华安投资有限公司	中国	1997	567.9	—
3	Government Pension Fund–Global 挪威政府养老基金	挪威	1990	560	9.62
4	SAMA Foreign Holdings 沙特阿拉伯货币管理局	沙特阿拉伯		472.5	
5	China Investment Corporation 中国投资有限责任公司	中国	2007	409.6	11.7
6	Kuwait Investment Authority 科威特投资局	科威特	1953	296	5.52
7	Hong Kong Monetary Authority Investment Portfolio Portfolio 香港金融管理局投资组合	中国香港	1993	293.3	5.3
8	Government of Singapore Investment Corporation 新加坡政府投资公司	新加坡	1981	247.5	7.8
9	Temasek Holdings 淡马锡控股公司	新加坡	1974	157.2	6.8
10	National Social Security Fund 全国社会保障基金	中国	2000	134.5	4.23

资料来源：百度文库。

2. 主权财富基金的前景展望

（1）主权财富基金规模将不断增大。研究机构 The City UK 近日发布的一份报告部分揭开了主权财富基金的"神秘面纱"。数据显示，截至 2012 年年底，全球主权财富基金的规模较上年增长了 8% 至 5.2 万亿美元；2013 年，预计主权财富基金的资产规模将增加至 5.6 万亿美元左右。

（2）主权财富基金将加大对外直接投资。近年来，越来越多的主权财富基金开始涉足全球对外直接投资。

位于米兰的博科尼大学（Bocconi University）主权投资实验室（Sovereign Investment Lab）的数据显示，2011 年，主权财富基金进行了 237 项直接投资，价值为 809 亿美元。这些资金中的大部分都来自发展中国家，最终流入了欧洲和其他发达市场，通常流入了在新兴经济体拥有业务的公司，比如在中国有着较大市场的奢侈品品牌法国酩悦·轩尼诗、路易·威登集团（LVMH）和深入拉美市场的西班牙电力公司 Iberdrola。报告指出，"2011 年，主权财富基金通过发达市场的公司、间接利用新兴市场消费者的旺盛需求，从而在增长型市场上获得了收益"。

相关链接 4-6

跨国金融机构掀裁员潮

包括德意志银行、高盛、瑞士信贷、摩根士丹利在内的多家跨国金融企业掀起新一轮的裁员潮，两个月内已经有九家跨国金融机构宣布不同幅度裁员。

德意志银行 2012 年 9 月 4 日宣布，在其亚洲地区的股票交易部门进行裁员，裁员人数约占员工人数的 10%，此次裁员是德意志银行 7 月 31 日宣布的全球裁员计划的一部分，计划在全球范围内裁 1900 人，裁员可节省成本 37 亿美元。

欧债危机仍未解决，全球经济萎靡，导致金融业受灾严重。近期，跨国金融企业已悄然刮起一场裁员风暴。据不完全统计，自今年 7 月以来，已有九家知名的跨国金融企业宣布裁员，其中，银行占多数。

另外，据相关数据显示，截至今年 6 月 30 日的 12 个月内，美国资产规模排名前六的金融公司总计裁员超过 1.8 万人，相当于员工总数的 1.6%。

今年以来，各大跨国银行的经营状况不容乐观。从各家大型银行的经营数据来看，一直以来作为增长引擎的投行业务多数出现明显下滑，而零售银行业务和企业信贷业务则并未得到根本复苏。包括德意志、高盛、摩根士丹利等在内的大型银行都已经采取了或大或小的裁员动作，而且未来仍会有类似的举措。

不过，在裁员风劲吹的金融业，部分金融机构在某些领域仍旧在继续招聘，但招聘力度与早先的计划相比却略有缩小，例如，高盛原本打算在印度班加罗尔、美国犹他州盐湖城等增加上百个技术部门以及运营部门职位，但目前增加的数目可能有所下滑。

资料来源：广州日报，2012 年 9 月 17 日.

本章小结

（1）跨国银行是指以国内银行为基础，同时在海外拥有或控制着分支机构，并通过这些分支机构从事多种多样的国际业务，实现其全球性经营战略目标的超级银行。其具有四个特征，即派生性、分支机构全球化、业务的国际化、战略制定全球性。

（2）跨国银行的形成和发展从最初的萌芽状态到当代的发展，大致可划分为四个阶段，即早期、近代、现代和当代跨国银行，每个阶段的活动领域和经营模式都不同。跨国银行的最新发展呈现出重组化、全能化和电子化三大趋势。

（3）跨国银行作为国际资本市场中重要的金融机构之一，在国际资本流动、向跨国公司的投资与融资活动中发挥着举足轻重的作用。其主要职能包括以下三个方面：其一，作为金融中介的职能，包括间接融资和直接融资；其二，在外汇市场上的职能；其三，提供金融服务。其组织形式包括跨国银行母行与其海外银行分支机构的组织结构关系及这些分支机构的具体形式。就母行与海外分支机构的组织结构关系而言，主要有三种类型：分支行制、控股公司制和国际财团制。就这些海外分支机构的具体形式而言，又可分为代理行、经理处、分行、附属行、联营银行等。

(4)非银行跨国金融机构包括跨国投资银行、共同基金、对冲基金、养老基金和保险公司、主权财富基金。

案例思考

跨国银行并购热潮席卷全球

进入 21 世纪，跨国并购的热潮再次席卷全球。仅 2006 年上半年，全球并购案涉及的资金总额已达到 1.93 万亿美元，创下有史以来半年并购额的新纪录。在这次并购浪潮中，金融服务业逐步取代制造业成为全球并购的焦点。其中，尤以跨国银行间的并购最为引人注目。

美国花旗集团于 2006 年 10 月 18 日对外宣布同意以约 31 亿美元的价格收购土耳其 Akbank TAS 银行 20%的股份，以实施花旗集团向快速增长的国际金融市场推进的战略部署。2006 年 9 月 28 日，美国私人股本集团孤星（Lone Star）以 505 亿日元（合 4.3 亿美元）的价格收购了日本中型银行 Korakuen Finance 的全部股份，并承担其 1300 亿日元的未清偿贷款，从而启动了市场期待已久的日本消费金融行业的整合。

欧洲各大银行也积极展开跨国并购活动。2005 年 6 月，意大利最大的银行——联合信贷银行以换股形式兼并了德国第二大银行——裕宝联合银行，成为欧元区第四、欧洲第九大银行。此项交易的总金额达 151 亿欧元，成为欧洲最大的跨国银行并购交易。2005 年 12 月，荷兰银行成功兼并了意大利第九大银行——安托威尼塔银行。法国巴黎银行（BNP Paribas sA）2006 年共斥资 100 多亿欧元用于并购外国银行，其中仅收购意大利第六大银行——国家劳工银行（BNL）48%股权的金额就约合 108 亿美元。紧随其后的是法国农业信贷银行，该银行以 21 亿欧元的价格收购希腊 EMPORIKI 银行约 70%股份，法国兴业银行则将跨国银行并购的主攻方向定为东欧地区，2006 年 6 月斥资 10 亿欧元收购了克罗地亚的 SPLITSKA 银行。

注重亚洲业务的英国渣打银行（Standard Chartered PLC）也于 2006 年 9 月 28 日宣布，同意以 12 亿美元的价格收购中国台湾新竹国际商业银行（Hsinchu International Bank）。11 月完成的此项交易是渣打银行自 2005 年 1 月以 33 亿美元的价格收购韩国第一银行（Korea First Bank）以来最大的一笔并购交易。美国新桥投资集团购买了韩国第一银行 51%的股份。德国商业银行在韩国外汇银行投资 2.49 亿美元，以 27.79%的股权成为该银行的第二大股东。在亚洲起家的英国汇丰集团也将矛头对准了环太平洋西海岸各国。在韩国，汇丰买下了汉城银行 70%的股份，并以 14 亿英镑收购了韩国 LG 信用卡公司。

在印度，汇丰支付了 6760 万美元的现金取得了印度第二大私营零售银行 UTI 的 14.62%的股权；在泰国，斥资 366.19 亿泰铢收购了京华银行 75.02%的股份；在越南，拿出了 1730 万美元现金收购越南第三大银行 Techcom bank 10%的股份；在菲律宾，与Equitable PCI Bank Inc.达成协议，以现金 2200 万美元向后者收购 PCIB 储蓄银行的全部股权。

◆ 请根据以上案例分析近年来跨国银行并购趋势的背景和动因。

资料来源：天涯–经济问答，http：//wenda.tianya.cn/question/700ba4ff341324d4.

复习题

一、名词解释

跨国银行　国际财团银行制　投资银行　共同基金　对冲基金　主权财富基金

二、简答题

1. 简述跨国银行的概念及特征。

2. 简述跨国银行的最新发展趋势。

3. 简述跨国银行的主要职能。

4. 简述跨国银行的组织形式。

5. 简述对冲基金存在哪些特征。

第三篇

[国际投资管理]

第五章　国际直接投资

本章课前实训

组织学生进行一场"跨国并购"的国际模拟谈判。具体做法是：将学生分出两组，每组 4 人，分别担任谈判组长、技术谈判代表、商务谈判代表和法律谈判代表。其中，一组模拟收购方企业——如吉利、联想、海尔等；另一组扮演在金融危机中经营不善的目标企业，如沃尔沃、力拓等。其余学生中，两名学生担任主持人，负责掌控气氛和控制时间等；其余学生扮演评委，主要就双方的出牌策略、讨价还价策略和战术运用进行点评、讨论和提问。教师最后进行总结和打分。

本章知识要点

● 国际直接投资的类型
● 国际投资中的知识产权问题
● 国际合资企业、国际合营企业与国际独资企业的特征

案例导引

72 亿卡夫吃掉达能饼干

2008 年 11 月 30 日，全球食品巨头——美国卡夫食品公司，正式完成对法国达能全球饼干业务的收购。此次交易金额为 72 亿美元，涉及包括中国在内的 20 余个国家、32 个工厂。卡夫方面表示，达能饼干业务的加盟，将使得饼干业务占卡夫全球总收入的 20%，成为卡夫全球最大的业务品类。

由于卡夫在奶酪、咖啡以及色拉调味料等主打产品失掉了大块的美国市场份额，转而发力饼干业务。

资料来源：人民网，http://shipin.people.com.cn/GB/6614855.html.

第一节　国际直接投资概述

一、国际直接投资的定义

国际直接投资是指投资者为了在国外获得长期的投资效益并拥有对企业或公司的控制权和经营管理权而进行的在国外直接建立企业或公司的投资活动，其核心是投资者对国外投资企业的控制权。

二、国际直接投资的分类

国际直接投资按照不同的划分标准，可以分为不同的类型。

（一）按母公司和子公司经营方向是否一致

（1）横向型投资（水平型投资）：指一国企业到外国投资建立与国内生产和经营方向一致的子公司或附属机构，同时这种机构或子公司能独立地完成产品的全部生产与销售过程。

例如：2003年美国吉列收购南孚电池；2007年拜尔斯道夫收购丝宝集团；2008年美国强生公司收购大宝。

相关链接 5-1

横向收购后，SEB"斩首"四招

1996年，法国SEB集团收购国营上海红心电熨斗厂60%的股份。

收购前，红心一度占据了中国电熨斗市场的半壁江山，在上海的占有率更高达87%。1993年品牌评估价值就高达1.3亿元。然而，1995年还销售2亿元、盈利2000万元的红心与法国SEB合资后，市场占有率从50%直线下降。到1999年分手的时候，占有率下降到20%。"合了三年，亏了三年。最后双方分手了，结果渠道被占了、市场被占了，留给中方的是一屁股应收账款。"

第一招，控股合资、做亏、独资。数据显示，合资3年预算年年亏损，尽管中方力主拿出办法解决，几乎每次董事会议都冲突不断、不欢而散，但这样的亏损预算照样年年通过。3年下来亏损高达近3000万元。3年后，中方无法承受巨额亏损撤出了，合资公司于是变成独资公司。

第二招，鲸吞渠道。合资后，法国SEB充分利用红心几十年积累下来的渠道网

络资源、人脉资源，借助红心强大的销售队伍，使 SEB 旗下的特福、好运达从无到有，顺利地进驻中国大中城市的数百个商场，低成本地控制了渠道消费终端。

第三招，品牌差异化操作。合资公司在鲸吞红心渠道的同时，却把红心定位在低端，同时把自己的品牌如特福、好运达定位在中高端，并用专柜分割进行推广。由于推广力度、费用存在着明显差异，红心最后在市场慢慢消失了。

第四招，转移利润。合资后的赛博公司利用控股权，把红心变成了一个加工车间，国内低价采购，国际高价销售，国内亏、国外飞，利润被这样"合理合法"地拿走了。

资料来源：郭永刚. 中国青年报，2006 年 9 月.

（2）纵向型投资（垂直型投资）：指一国投资者为了生产过程的不同阶段实行专业化而将生产资本直接输出到另一国进行设厂或建立企业的投资活动，与出口则主要体现为互补关系。可是同一行业的不同程序的产品，多见汽车、电子等专业化分工水平较高的行业；可是不同的行业有关联的产品，多见资源开采、加工行业，如 2007 年宝钢到巴西买矿。

（3）混合型投资：指一国企业到国外建立与国内的产品完全不同产的子公司，目前只有少数巨型跨国公司采取这种方式。

（二）按投资者是否创办新企业分为以下类型

（1）绿地投资：又称创建投资，是指跨国公司等投资主体在东道国境内依照东道国法律设置的部分或全部资产所有权归外国投资者所有的企业。

绿地投资作为国际直接投资中获得实物资产的重要方式是源远流长的。早期跨国公司的海外拓展业务基本上都是采用这种方式。绿地投资有两种形式：一是建立国际独资企业，其形式有国外分公司、国外子公司和国外避税地公司；二是建立国际合资企业，其形式有股权式合资企业和契约式合资企业。

全资新建是一个复杂且需要很大代价的过程，如在新的国家建立新企业的成本较高，相应的风险也很高。为了建立新企业，需要或者通过雇用当地员工（受到当地劳动力市场限制），或者通过咨询公司（可能相当昂贵），来获得当地市场的知识和专业技能。因此，绿地投资出现的条件是：①母公司拥有最先进技术和其他垄断性资源。采取绿地投资策略可以使跨国公司最大限度地保持垄断优势，充分占领目标市场。②东道国经济欠发达，工业化程度较低。创建新企业意味着生产力的增加和就业人员的增多，而且能为东道国带来先进的技术和管理，并为经济发展带来新的增长点；而并购东道国现有企业只是实现资产产权的转移，并不增加东道国的资产总量。因而，发展中国家一般都会采取各种有利的政策措施，吸引跨国公司在本国创建新企业，这些有利的政策有助于跨国公司降低成本，提高盈利水平。

就一般情况而言，创建进入比购并进入的周期要长得多。这一较长周期使投资者面对的不确定性增大，进而，使其可能遭受的风险也进一步提高。例如，按一般情况计算，从创建进入到生产和经营正常运转，通常需要 3~5 年的时间。在这段时间里，由于受各种因素变化的影响，等到新建企业开始运转时市场情形可能与决策时的大相径庭。

但是，新建企业维持了对其产品的技术、营销及分销的完全控制，拥有了企业最大的控制权，因此可以避免合营所难免的冲突和矛盾，母公司可能对企业进行有效的经营管理，使它更好地服从国际企业的全球战略和整体利益。同时，强大的控制权，使得企业可以保护技术秘密，并使产品生产和营销等活动标准化。

相关链接 5-2

海尔集团进军海外市场

国际化战略是海尔发展战略中至关重要的一点，甚至可以说是海尔集团发展的动力性战略，因为海尔从 1984 年的一个小厂发展为今天的大企业，所有做出的努力归根结底就是为了成为一个国际大企业并跻身国际名牌企业行列。

1997 年 6 月，海尔集团在菲律宾合资成立"菲律宾海尔 LKG 电器有限公司"。虽然这家企业从规模、效益、影响等方面在海尔集团的国际化战略中并不重要和突出，但是，它在海尔集团跨国经营人才的培养方面却是非常重要的。1999 年海尔集团美国工厂的建立，许多人员就来自菲律宾合资企业，即海尔派驻美国的人员先到菲律宾合资企业工作一段时间后再赴美国。究其原因，当与菲律宾使用英语有密切关系。以地处东南亚的菲律宾作为在美国投资建厂的人才培训基地，不但可以得到独特的人才培训，还可以节省大量资金，实在是明智之举。

1999 年 4 月 30 日，海尔集团在美国南卡罗来纳州的汉姆顿开始建设它在北美地区的第一个家用电器生产基地。该基地是海尔集团独资企业，占地 44.5 万平方米，计划分 6 期来建设。首期项目是建设面积为 2.7 万平方米的电冰箱厂，设计能力为年产 20 万台，以后逐步扩大到 40 万~50 万台。这是一笔高达 3000 万美元的投资。

海尔集团在美国生产基地的建立，标志着海尔集团跨国经营本地化战略的初步实施。在美国洛杉矶，海尔集团拥有技术开发厂，实现了海尔产品设计、生产和销售的全面当地化，初步形成设计、生产、营销"三位一体"的海尔美国产业体系。

资料来源：郭永刚. 中国青年报，2006，(9).

（2）跨国并购：指跨国兼并和跨国收购的总称，是指一国企业（又称并购企业）为了达到某种目标，通过一定的渠道和支付手段，将另一国企业（又称被并购企业）的所有资产或足以行使运营活动的股份收买下来，从而对另一国企业的经营管理实施实际的或完全的控制行为。具体见第二节。

第二节　跨国并购

从经济发展的历史进程来看，跨国并购是在企业国内并购的基础上发展起来的，是企业国内并购在世界经济一体化过程中的跨国延伸。因此，为了完整地理解跨国并购的含义，首先要理解并购的内涵。

一、并购的含义

并购包括兼并和收购两层含义。

（一）兼并

1. 兼并的定义

企业兼并是指两家或两家以上的独立企业、公司合并组成一家企业。这是企业变更、终止的方式之一，也是企业竞争优胜劣汰的正常现象。在西方公司法中，"企业兼并"又可分为两类，吸收兼并和创立兼并。

2. 兼并的类型

（1）吸收兼并（Consolidation Merger），指在两家或两家以上的公司合并中，其中一家公司因兼并其他公司而成为续存公司的合并形式。在这一类合并中，续存公司仍然保持原有公司的名称，而且有权获得其他被吸收公司的资产和债权，同时承担其债务，被吸收公司在法律上从此消失。简言之，甲公司 + 乙公司 = 甲公司。

（2）创立兼并（Statutory Merger），又称新设兼并，它是指两家或两家以上的公司通过合并同时消失，并在新的法律和资产负债关系基础上形成新的公司。新设公司接管原来两家或两家以上公司的全部资产和业务，新组董事机构和管理机构等。简言之，甲公司 + 乙公司 = 丙公司。如果丙公司以支付现金或其他资产的方式合并甲、乙公司，则甲、乙公司的原所有者无权参与丙公司的经营管理，也无权分享丙公司以后实现的税后利润；但如果丙公司采取向甲、乙公司发行股票以换取原甲、乙公司股票并将其注销的方式，则甲、乙公司原股东成为丙公司的股东，这些股东与丙公司存在投资与被投资的关系，且可以参与丙公司的管理，分享其实现的税后利润，但一般已丧失对原企业的控制权。如 1996 年上海著名的两家证券公司申银和万国组成申银万国证券公司，就属典型的创立兼并。

（二）收购

1. 收购的定义

收购指一个企业以购买全部或部分股票（或称为股份收购）的方式购买了另一企业的全部或部分所有权，或者以购买全部或部分资产（或称资产收购）的方式购买另一企业的全部或部分所有权。

一般来说，收购是企业透过取得控制性股权而成为一个公司大股东的过程，它通过产权交易取得其他公司一定程度的控制权，以实现一定经济目标的经济行为。收购的目标是获得对目标企业的控制权，目标企业的法人地位并不消失。

2. 收购的类型

根据不同的标准，上市公司收购有多种分类方法。

(1) 按目标公司和收购公司是否处于同一行业部门来划分：①横向收购是指收购公司与目标公司处于同一行业，产品属于同一市场的收购。此种收购的目的通常是收购公司为了扩大规模，提高产品占有率。②纵向收购是指目标公司与收购公司在生产过程、经营环节相互衔接，或具有纵向协作关系的收购。③混合收购是指收购公司与目标公司的经营活动完全无关联，此类收购通常是寻求业务多元化，或以分散风险、深化规模经济等战略为目标。

相关链接 5-3

南孚电池被吉列收购

福建省南平南孚电池有限公司成立于 1988 年，在全国电池生产行业可以说是首屈一指。2003 年，南孚占据全国电池市场的半壁江山，总销量超过 7 亿只，产值 7.6 亿元。南孚已发展成为中国第一，世界第五大碱性电池生产商。

2003 年 8 月，南孚突然被其竞争对手美国吉列公司收购。这一事件当时在全国引起了不小的轰动：这个曾经让中国人引以为豪的"民族力量"怎么一夜之间就落入美国人手里了？

1988 年，南平电池厂与福建兴业银行、中国出口商品基地建设福建分公司、香港华润集团百孚有限公司合资组建福建南平南孚电池有限公司。1999 年，南孚正处在发展的黄金时期，在南平市政府吸引外资政策的要求下，上述股东以南孚 69%股份作为出资与摩根士丹利、荷兰国家投资银行、新加坡政府投资公司合资组成中国电池有限公司。其中，外方持股 49%，中方持股 51%。

做为国际风险投资大鳄，摩根士丹利要入股一家企业的理由很简单，无非是看中其潜在的市场价值，时机一到便将其所持股份抛售，从股票升值中赚取巨额利润。南平市政府引进国际风险投资的举动无疑是"引狼入室"，南孚后来被出卖给竞争对手的厄运便由此开始了：首先是百孚公司由于经营不善，造成巨额亏损，被迫向摩根士丹利出让了中国电池 8.25%的股份。接着，摩根士丹利以 1500 万美元获得了原属基地福建公司的 20%中国电池股份。2002 年，外方股东又收购多达 1000 万美元的中国电池股份。至此，中国电池有限公司的绝大部分股份基本上都已转入外方股东手中，而它们对南孚的控股也已达到了 72%。本来摩根士丹利希望中国电池有限公司能够在海外上市，但是由于各种原因，中国电池迟迟未能上市。外方股东等不及了，它们以 1 亿美元的价格将中国电池的全部股份出售给美国吉列公司。外方股东的总投资约为 4200 万美元，一下子净赚了 5800 万美元！2003 年 8 月 11 日，美国吉列公司宣布，已经买下中国电池生产商南孚电池的多数股权——南孚成了它的子公司。

短短几年时间，南孚由中国电池生产业的巨头变成了其竞争对手的子公司，而且这个竞争对手曾是它的手下败将。吉列的金霸王电池进入中国市场十年，市场份额不到南孚的 1/10。现在，最大的竞争对手消失了，而且还得到了一家年利润 8000 万美元，拥有 300 多万个销售点的电池生产企业，更重要的是获得了大半个中国市场。

两年后，2005 年，宝洁收购了吉列。

资料来源：百度百科，http://baike.baidu.com/view/491776.htm.

（2）按上市公司收购所采用的形式不同来划分：①要约收购，又称公开要约收购或公开收购，是指收购者通过某种方式，公开向目标公司的股东发出要约，收购一定数量目标公司的股权，从而达到控制该公司的目的。要约收购是上市公司收购的一种传统方式，也可以说是最重要的一种方式，各国的上市公司收购立法均将其作为规范的基本内容。要约收购事先不须征得目标公司管理部门的同意，要约的对象是目标公司的全体股东，要约的内容包括收购期限、收购价格、收购数量及其他规定事项。这种收购方式主要发生在目标公司的股权较为分散、公司的控制权与股东分离的情况。要约收购在英国被称为 Takeover Bid，在美国则被称为 Tender Offer。②协议收购，是指收购者通过与目标公司管理部门或股东私下协商，达成协议，并按协议约定的收购条件、收购价格、收购期限及其他规定事项收购目标公司股份的行为。这种收购多发生在目标公司的股权较为集中的情况下，尤其是目标公司存在控股股东时，收购者往往与目标公司的控股股东协商，通过购买控股股东股权来获得对该公司的控制权。这必然导致协议收购在机会均等、信息公开、交易公正方面存在较大的局限性，许多国家的立法都限制甚至排除了协议收购的合法性。但是由于我国特殊的股权结构，证券市场上存在着大量的不能上市流通的国家股和法人股，所以协议收购有其存在的必然性、合理性和现实性。我国《证券法》第七十八条明确规定了上市公司收购可以采取协议收购的方式。

（3）按收购者预定收购目标公司股份的数量来划分：①部分收购，是指投资者向全体股东发出收购要约，收购占一家上市公司股份总数一定比例（少于 100%）的股份而获得该公司控制权的行为。目标公司股东可以根据这一比例来出售自己的股份。②全面收购，是指计划收购目标公司的全部股份或收购要约中不规定收购的股份数量，法律推定其为全面收购，收购者必须依要约条件购买全部受要约人承诺的股票。

应该说，部分收购的目的在于取得目标公司的相对控股权，而全面收购的目的则在于兼并目标公司，前者是控股式收购，后者是兼并式收购。值得一提的是，向所有目标公司的股东发出收购要约，并不等于全面收购，因为部分收购也必须采用这种形式。向所有股票所有人发出收购要约，体现或强调的是目标公司股东的平等待遇原则。如果受要约人承诺售出的股票数量超过了收购人计划购买的数量时，收购要约人还必须按比例从所有承诺人处购买。而全面收购则表明要约人欲收购目标公司所有股份的意图。另外，全面收购的结果也可能只获得目标公司的达到法定比例的部分股份，这与部分收购只计划收购目标公司的部分股份的情况是不同的。

我国《证券法》第81条规定，通过证券交易所的证券交易，投资者持有一个上市公司已发行股份的30%时，继续进行收购的，应当依法向该上市公司所有股东发出收购要约。但经国务院证券监督管理机构免除发出要约的除外。

（4）按目标公司经营者与收购者的合作态度来划分：①友好收购是指收购者事先与目标公司经营者有过密切接触，在有关事项上达成了共识，目标公司管理层同意其收购意见，并与收购者积极配合完成所有权的转移。②敌意收购是指目标公司的经营者拒绝与收购者合作，对收购持反对和抗拒态度的公司收购。通常收购人在不与对方管理层协商的情况下，在证券交易市场暗自吸纳对方股份，以突然袭击的方式发布要约，目标公司管理层就会对此持不合作的态度，因此敌意收购通常会使收购方大幅度地增加收购成本。在敌意收购中应注意的法律问题是，目标公司是否采取了不正当的阻挠行为，收购方又是否履行了法定的报告和公告义务，是否有违反强制收购的规定。③由于协议收购多发生在目标公司股权相对集中、股东掌握着公司终极控制权的情况下，所以大部分协议收购都会得到目标公司经营者的合作，故协议收购多为友好收购。而要约收购则多发生在目标公司股权分散、目标公司的股东与公司的控制权分离的情况下，此种收购的最大特点就是无须事先征得目标公司管理层的同意，因此要约收购一般是敌意收购。

（5）按对目标公司的支付方式不同为标准来划分：①现金收购是指收购者付给目标公司股东的对价为现金的公司收购。这是一种最简单的支付方式，目标公司股东可立即获得一笔现金从而回避市场利率风险，收购公司也可以此避免目标公司股东在本公司中拥有较多的投票权。但是现金收购的弊端也是非常明显的。对收购者来说，现金的支出将使公司现金紧缺，危及公司的财务安全；对资产出让者来说，现金收购将增加其税收负担，减少其财富总量。②换股收购是指收购者以自己公司的股份换取目标公司股东的股份而达到控制该公司目的的公司收购。股票支付方式对收购方来说，可以减少收购中的现金支出；对被收购方来说，可使资产转让的税收负担递延，而且可使资产转让者在收购公司中持有一定的权益。但是，股票支付也有不利之处。对资产转让者来说，收购公司的股票仅仅是一种虚拟资本，若股价下跌，其必将受损。对资产收购者来说，由于向转让者支付了大量的本公司股票，可能会使本公司原有股东丧失控制权，从而使得资产转让者反接管资产收购者。③混合支付方式收购是指收购者以现金、本公司股份或债券等其他证券混合作为支付给目标公司股东对价的公司收购。由于现金收购与换股收购各有利弊，于是就产生了将这两者结合起来的混合支付方式。④杠杆收购（Leveraged Buy-Out，LBO），是指公司或个体利用自己的资产作为债务抵押，收购另一家公司的策略。在交易过程中，收购方的现金开支降低到最小限度。换句话说，杠杆收购是一种获取或控制其他公司的方法。杠杆收购的突出特点是，收购方为了进行收购，大规模融资借贷去支付（大部分的）交易费用，通常为总购价的70%或全部。同时，收购方以目标公司资产及未来收益作为借贷抵押。借贷利息将通过被收购公司的未来现金流来支付。

相关链接 5-4

吉利全面收购沃尔沃

金融危机肆虐全球，欧美发达国家汽车市场大幅滑坡，知名跨国汽车品牌身陷囹圄，中国自主品牌纷纷开始了海外收购的步伐。其中，吉利收购沃尔沃，是最引人注目的。

浙江吉利控股集团自 1997 年进入轿车领域，集团总部设在杭州，在浙江临海、宁波、路桥和上海、兰州等地建有汽车整车和动力总成制造基地，在澳大利亚拥有 DSI 自动变速器研发中心和生产厂，已形成年产 60 万辆整车、60 万台发动机、60 万台变速器的生产能力。截至 2010 年底，吉利汽车累计社会保有量超过 180 万辆，吉利商标被认定为中国驰名商标。

沃尔沃（Volvo）是拉丁语，意思为"滚滚向前"。公司成立于 1927 年，总部设在瑞典的哥德堡，在全世界拥有超过 19000 名员工，在瑞典、比利时、中国和马来西亚设立了生产厂和组装线，在全世界超过 100 个国家和地区设立了销售和服务网络，拥有 2400 多家销售网点。目前，全世界约有 600 万沃尔沃车主，安全、环保和品质都是沃尔沃所恪守的品质核心价值。

2008 年底，吉利首次向福特提交竞购建议书。2009 年 10 月 28 日，福特宣布吉利成为沃尔沃的首选竞购方。吉利收购沃尔沃的标的价格为 18 亿美元，加上后续发展需要的流动资金，共需要 27 亿美元，中国大陆和其他地区融资比例约为 1：1。中国大陆资金中 50% 以上是吉利自有资金，其余是中国主权银行的并购资金。其他资金则来源于美国、欧洲和中国香港。

2010 年 3 月 28 日，浙江吉利控股集团和福特汽车公司签署了股权收购协议，吉利以 18 亿美元收购沃尔沃 100% 股权。除了股权收购，还涉及了沃尔沃、吉利和福特三方之间在知识产权、零部件供应和研发方面达成的重要条款。

一度被外界视为"穷小子"的吉利，上演了全球汽车业为之一惊的"蛇吞象"壮举。吉利成功收购沃尔沃成为中国汽车产业海外战略的关键性转折事件，颠覆了全球汽车业的传统秩序。吉利收购沃尔沃，是充实自己，实现互利共赢的一道良方，还是会导致"消化不良"的一剂苦药呢？

资料来源：时海涛. 现代商业，2011（4）.

（三）兼并和收购的区别

1. 两者的相同点

（1）基本动因相似，都是增强企业实力的外部扩张策略或途径。

（2）都以企业产权为交易对象，都是企业资本经营的基本方式。

2. 两者的不同点

（1）在兼并中，被合并企业作为法人实体不复存在；而在收购中，被收购企业可仍以法人实体存在，其产权可以是部分转让。

（2）兼并后，兼并企业成为被兼并企业新的所有者和债权债务的承担者，是资产、债权、债务的一同转换；而在收购中，收购企业是被收购企业的新股东，以收购出资的股本为限承担被收购企业的风险。

（3）兼并多发生在被兼并企业财务状况不佳、生产经营停滞或半停滞之时，兼并后一般需调整其生产经营、重新组合其资产；而收购一般发生在企业正常生产经营状态，产权流动比较平和。

从经济学角度而言，企业兼并和收购的经济意义是一致的，即都使市场力量、市场份额和市场竞争结构发生了变化，对经济发展也产生相同的效益，因为企业产权的经营管理权最终都控制在一个法人手中。正是在这个意义上，西方国家通过把兼并（Mergers）和收购（Acquisition）连在一起，统称 M&A。

二、跨国并购的优势

跨国并购越来越成为国际直接投资的首选，跨国并购的浪潮一浪高过一浪。这种情况和跨国并购本身的优势密不可分。具体说来，跨国并购有如下优势：

（一）迅速进入他国市场并扩大其市场份额

一国企业进入他国市场，通常采用两种方式：第一种是直接向他国出口产品。由于跨国运输的高昂运费和他国关税壁垒的阻碍，使得企业产品的价格变得非常高，从而在他国市场丧失了价格竞争力。第二种是在他国建厂，也就是所谓的"绿地投资"。但是这种方式耗费的时间比较长，从选择厂址、修建厂房、购买和安装生产设备、招聘并培训管理人员和其他员工，一直到安排企业的原材料供应和产品的销售，这些都要耗费相当的时间和精力。由于国际市场变化很快，当新厂建设完成时，原来建厂所依据的市场情况已经发生了很大的变化。但是，并购可以使一国企业以最快的速度进入他国市场并扩大市场份额。

（二）有效利用目标企业的各种现有资源

目标企业在东道国一般都有比较成熟和丰富的资源，具体说来包括以下内容：①成熟完善的销售网络；②既有的专利权、专有技术、商标权、商誉等无形资产；③稳定的原材料供应保障体系；④成型的管理制度和既有的人力资源；⑤成熟的客户关系网。这些资源的存在可以使并购方绕开初入他国市场的困难，迅速投入生产，完善和开拓销售渠道，扩大市场份额，减少竞争压力。这些都是其他跨国投资方式难以获得的。

相关链接 5-5

日本制造业对美国影视业的渗透

尽管世界各地都在拍摄影片，好莱坞却以其杰出的表现稳处于世界影视业的领先地位。为了进入该市场领域，索尼公司于 1989 年收购了哥伦比亚公司。随后，松下公司又以近 70 亿美元的现金购并了 MAC 公司。日本制造企业的这种近似疯狂的购并行为究竟是为了什么呢？为了说明这个问题，我们仅以松下公司购并MAC公司为例。

MAC公司是一家涉及影视业产品领域较为广泛的公司。其业务内范围包括：娱乐影片、音乐、图书出版、电视台等，而松下公司则是一家生产声像设备、电子元器件、通讯设备等的超级企业。从这种业务分布情况就可以看出，购并后的MAC公司不仅对松下公司原有经营业务是一个很好的补充，更重要的是，它向松下公司提供了一个国际市场。在这个市场中，娱乐产品跨越了文化障碍。此外，电影所具有的全球性感染力，使得成功的美国影片深受国外观众的欢迎。所有这些因素叠加起来，对松下公司产生的作用将不再是简单的市场形象问题了。它使松下公司成功地从声像市场领域延伸到影视业务领域，并通过这两种业务关联效应的发挥强化了其市场竞争能力。

在管理方面，松下公司表示自己将不参与原MAC公司的管理。这种管理模式的选择，较好地避免了松下公司在被购并方业务领域的相对劣势，为确保该公司经营的稳定性和保证购并效果的充分发挥奠定了必要的制度基础。

资料来源：强永昌.国际经营策略.上海：复旦大学出版社，2001.

（三）充分享有对外直接投资的融资便利

一国企业向他国投资常常需要融资。与"绿地投资"相比，并购可以比较容易地获得融资。具体说来，跨国并购完成后，并购方可以通过以下途径获得资金：①用目标企业的实有资产和未来收益作抵押，通过发行债券获得融资；②用目标企业的实有资产和未来收益作抵押，直接从金融机构获得贷款；③并购方通过与被并购方互相交换股票的方式控制目标企业，从而避免现金支付的压力。

（四）可以廉价购买资产或股权

跨国并购常常能够用比较低的价格获得他国企业的资产或股权。这主要有三种情况：第一种是目标企业低估了自己某项资产的价值，而并购方对该项资产却有真实的认识，这样，并购方就能以较低的价格获得他国企业的资产；第二种情况是并购方利用对方的困境，低价收购亏损或不景气的企业；第三种情况是利用目标企业股票暴跌的时候收购其股票。

（五）其他优势

跨国并购还可以有效降低进入新行业的壁垒，大幅度降低企业发展的风险和成本，充分利用经验曲线效应，获得科学技术上的竞争优势等。

相关链接 5-6

波音公司和麦道公司的合并案

波音公司是美国最大的飞机制造企业，在世界市场上已经取得了大概64%的份额，在全球的大型客机生产市场上取得了市场支配地位。麦道公司是美国和世界上最大的军用飞机制造企业，同时也生产大型民用客机。1996 年底，波音公司用 166 亿美元兼并了麦道公司。在干线客机市场上，合并后的波音不仅成为全球最大的制造商，而且是美国市场唯一的供应商，占美国国内市场的份额几乎达百分之百。在全世界的飞机制造业中，目前唯一可以与美国波音公司进行较量的是欧洲空中客车公司。空中客车在世界大型客机市场上大约占 1/3 的份额。美国波音公司和麦道公司的合并可以加强波音公司在世界市场的支配地位，同时也对欧洲空中客车在大型客机市场上的竞争地位产生严重的不利影响。因此，对于波音和麦道公司的合并，美国和欧共体委员会持有不同态度。

虽然合并后的公司占有美国市场百分之百的份额，但美国政府不仅没有阻止波音兼并麦道，而且利用政府采购等措施促成了这一兼并活动。其主要考虑的原因是：首先，民用干线飞机制造业是全球性寡占垄断行业，虽然波音公司在美国国内市场保持垄断，但在全球市场上受到来自欧洲空中客车公司的越来越强劲的挑战。面对空中客车公司的激烈竞争，波音与麦道的合并有利于维护美国的航空工业大国地位。其次，尽管美国只有波音公司一家干线民用飞机制造企业，但由于存在来自势均力敌的欧洲空中客车的竞争，波音公司不可能在开放的美国和世界市场上形成绝对垄断地位。如果波音滥用市场地位提高价格，就相当于把市场拱手让给空中客车。另外，鉴于麦道公司在美国军事工业中的重要地位以及它在国际民用客机市场失去了竞争力的现状，事实上除了波音公司外，其他任何飞机制造公司不可能也不愿意购买麦道公司。

相反，欧共体委员会认定波音公司和麦道公司的合并会增强波音公司在世界大型客机市场的支配地位，委员会认为波音和麦道的合并不利影响有三：一是合并后的波音公司不仅将其在民用客机市场上的份额从 64% 提高到 70%，而且可以将其在大型客机制造业的垄断地位扩大到小型客机市场；二是通过取得麦道公司，波音公司可以将其影响和势力扩大到所有与麦道公司有着交易关系的航空公司，甚至可以与他们订立长期的独家购买协议；三是随着波音公司与麦道公司的合并，波音公司可将麦道公司在国防研究和开发领域取得的新技术用于飞机制造业，从而可以提高该公司的竞争潜力。鉴于此，欧共体委员会从一开始就决心阻止这个合并。

为了使合并得到欧共体委员会的批准，波音公司按照委员会的愿望和要求作了一系列重大承诺，这些承诺均涉及世界大型客机市场的竞争结构，以抵消合并给市场竞争带来的不利影响。委员会对波音公司的承诺表示满意，最终批准了合并。

资料来源：法律常识网，http://china.findlaw.cn/falvchangshi/gongsishougou/kuaguobinggou/anli/17400.html.

三、企业并购中的风险

经过了数十年的兼并、收购实践，在风险预测方面，西方国家总结了大量的经验和教训。下面结合我国的国情和近年来的并购实践，具体地谈一下我国目前并购交易中可能出现的各类风险。

（1）合同风险。将要被兼并和收购的目标公司对于与其有关的合同可能管理不严，或由于卖方的主观原因而使买方无法全面了解目标公司与他人订立合同的具体情况，尤其是企业以信誉或资产为他人设定了担保而没有档案资料，甚至连目标公司自己都忘得一干二净，只有到了目标公司依法需要履行担保责任时才会暴露出来。因此，这些合同将直接影响到买方在并购中的风险，也就是说如果在签订并购合同时不将这部分风险考虑在内的话，在风险的可能成为现实后将毫无疑问地降低目标公司的资产价值。

（2）财务风险。财务报表是并购中进行评估和确定交易价格的重要依据，财务报表的真实性对于整个并购交易也显得至关重要。虚假的报表美化目标公司财务、经营状况，甚至把濒临倒闭的企业包装得完美无缺，使买方被彻底蒙蔽；另外，财务报表是对过去某一时间点或时间段的财务状况描述，由于并购实务中交割日与签约日之间会有一段相对较长的时间，故其制定后财务状况的不良变化，也会影响到买方的权益。

（3）诉讼风险。很多情况下，诉讼的结果无法预料或者说无法准确地预料，如果卖方没有全面披露正在进行或潜在的诉讼以及诉讼对象的具体情况，那么诉讼的结果很可能就会改变诸如应收账款等目标公司的资产数额。而且在某特殊情况下，如诉讼对象在判决的执行前进行破产清算，甚至会使目标公司作为资产的债权减少到不可思议的程度。

（4）客户风险。兼并的目的之一，就是为了利用目标公司原有客户、节省新建企业开发市场的投资，尤其是一些市场依赖比较大的产业，或者是买方对目标公司的客户这一资源比较关心的话，目标公司原客户的范围及其继续保留的可能性，则会影响到目标公司的预期盈利；从另一角度讲，缺乏融洽的客户关系，至少会在一定程度上加大目标公司交割后的启动投资。

（5）雇员风险。劳动力是生产力要素之一，只是在不同的行业作用大小有所不同。目标公司的富余职工负担是否重、在岗职工的熟练程度、接受新技术的能力以及并购后关键雇员是否会离开等都是影响预期生产成本的重要因素。

（6）保密风险。正因为并购交易的双方面临着巨大的风险，所以尽可能多地了解对方及目标公司的信息作为减少风险的一个主要手段是不可或缺的。但是因此又产生了一个新的风险，那就是一方提供的信息被对方滥用可能会使该方在交易中陷入被动，或者交易失败后买方（尤其是在同一行业内）掌握了几乎所有目标公司的信息，诸如配方流程营销网络等技术和商业秘密，就会对目标公司以及卖方产生致命的威胁。

（7）资产风险。公司并购的标的是资产，而资产所有权归属也就成为交易的核心。但是所有权问题看似简单，实际上隐藏着巨大的风险。比如，公司资产账与事实是否相符、库存可变现程度有多大、资产评估是否准确可靠、无形资产权属是否存在争议、交割前资产处置（分红、配股）等等都会使买方得到的资产大大少于合同约定的价值。

（8）法律风险。随着我国法制的进一步完善，包括并购法律在内的有关法律、法规都将逐步出台，加之已经存在规范市场主体的法律、法规，便构成了完整的并购法律体系。但就目前来看，有关法律的风险主要集中在目标公司内在的合法性（包括公司设立、变更、年检、注册资金是否充实等等）和并购程序的合法性（即内部决议是否有效、是否经过政府有关部门的批准等）。上述方面具备与否，直接影响着并购过程的有效性或者说是并购交易的成败。

（9）信誉风险。企业的商誉也是企业无形资产的一部分，很难通过账面价值来体现。然而目标公司在市场中涉及相对关金融机构的信誉程度、有无存在信誉危机的风险，则是反映目标公司获利能力的重要因素。建立良好的信誉不轻易改变企业在公众中的形象就更难。兼并一个信誉不佳的公司，其实无异于为自己加上一条沉重的锁链。

相关链接 5-7

警惕并购中外商的知识产权陷阱

在外资的知识产权策略面前，我们没有得到想要的资金和技术，却反而失去了唯一的资产——品牌。

外资在商标方面主要预设了以下陷阱：

（1）不平等条约策略：利用中方急于求成心理，在并购协议中不平等地约定合资企业必须使用外方商标，完全排挤中方商标的使用。

案例：乐百氏的一蹶不振，达能难脱干系。乐百氏这一品牌被不断弱化。比如脉动的产品推广，几乎不提乐百氏，背后的乐百氏有意无意中被淡化了。在脉动饮料的包装瓶上消费者甚至看不出脉动与乐百氏的关系，"乐百氏"的字样在包装瓶的一角，很不明显。

案例：1994 年 1 月 18 日，震动中国饮料业的百事可乐与天府可乐在重庆"联姻"，曾一度被作为国宴饮品，被民众视为民族饮料象征的天府可乐从此在市场上销声匿迹。为此香港的一家杂志还发表评论称百事在中国攻克了一块最难攻克的堡垒，中国软饮料业的半壁河山已被洋人占去。

（2）股权控制策略：外方表面同意，合资企业在经营期限内对双方商标都可使用。但在实际经营中，对方却利用控股地位将中方商标闲置，同时利用合资企业的资金为自己的商标大作宣传。

（3）自然淘汰策略：在并购协议中约定双方都商标都可使用，但同时限定主产品、新产品用外方的商标，老产品用中方原有的商标，然后外方通过产品升级换代逐步将原中方的名牌淘汰出市场，达到在商标权上完全控制中国国内市场的目的。

案例：20 世纪 90 年代初，"熊猫"是市场占有率最高的洗涤产品之一，1994年"熊猫"的"娘家"——北京日化二厂与美国宝洁（P&G）合资成立了北京熊猫宝洁洗涤用品有限公司。合资后作为控股方的宝洁公司，采取的策略是把"熊猫"的价格提高 50%，"破坏"了国产品牌的消费者定位。同时，力推旗下的高档洗衣粉品牌"汰渍"和"碧浪"。随着国家对外资投资限制松绑，外资企业本土化基本完成，北京日化二厂与宝洁公司提前终止合资合作，合资企业转为外商独资企业。凭借多年的合作，宝洁公司通过"碧浪"、"汰渍"两个品牌已经在中国站稳了脚跟。

而作为合作方的北京日化二厂却要为失落的"熊猫"品牌重新打拼市场份额。

（4）全面收购策略：外资通过全面收购国内被国人所熟悉的并有良好市场效应的品牌企业，达到迅速抢占中国市场的目的。

案例： 欧莱雅集团收购小护士，另一个我国企业陷入的商标陷阱：

2000年底，达能与光明签订协议，光明以象征性的1元的价格获得部分达能商标和外包装12年使用权，并相继接手上海达能和广州达能两家公司，包括达能目前在中国的所有酸奶业务。但在协议的附加条款中，规定光明只能在两个品种的酸奶中使用这个商标。后来，光明擅自违反协议在其他品种上也使用达能商标，但是达能却一直没有表示异议，这给了光明以继续违约的勇气。结果，在2006年4月，达能抓住光明"违反商标使用权协议"的把柄，以诉讼逼宫光明，达到了在股改时增持股份的目的，以每股4.06元的低价受让部分非流通股而将持股比例上升为20.1%，成为第三大股东。

资料来源：法律快车网 http://www.lawtime.cn/info/lunwen/ipqtzscqf/2007042761703.html.

四、跨国并购的发展趋势

20世纪90年代中期兴起，至今仍蓬勃发展的第五次全球并购浪潮，其重要特征就是跨国并购。在投资方式上，"绿地投资"越来越少，"绿地投资"与兼并收购相结合的方式不断上升。据统计，跨国并购从1993年的831亿美元到2006年的8800亿美元，增长近10倍。2007年上半年，全球并购总额达到5810亿美元，较2006年同期增长58%，全球新一轮并购浪潮再次呈现在各企业面前。

根据有关并购的数据显示，收购占到并购中90%以上的比重，"真正"的合并数量很少，所以在实际意义上，并购基本上意味着收购。

（一）从跨国并购规模来看，单项并购的规模不断扩大

20世纪90年代以来，发达国家企业的并购规模日益增大，并购金额连创新高。历年《世界投资报告》将金额达到10亿美元的交易列为大型跨国并购。20世纪90年代以来的跨国并购中，单个并购的规模呈扩大的趋势。1991年大型并购有7项，并购价值为204亿美元；1999年高达114项，并购价值为5220亿美元。随着世界经济一体化的不断加快，同一行业内的跨国公司的竞争更加激烈，因此横向并购将继续成为跨国并购的主流。如表5-1所示为大型跨国并购的案例。

（二）从并购的地区来看，北美和欧盟等发达国家是跨国并购的主流

20世纪90年代至2006年间，发达国家的跨国并购价值以每年20%的速度增长。在此期间，发达国家在世界跨国并购中所占的比重一直超过75%。在发达国家中，欧盟在跨国并购中所占的比重引人注目，一直稳定在50%~60%左右。在欧洲，企业往往用兼并来建立市场力量，并向全欧盟扩张。同样，外国企业也常用收购来进入欧盟市场以

表 5-1　大型跨国并购案例

时　间	并购公司	并购价值(亿美元)
1998	德国戴姆勒—奔驰公司、美国克莱斯勒公司	405
	英国石油公司、美国阿莫科公司	482
1999	英国沃达丰公司、美国空中通讯公司	603
2000	英国沃达丰公司、德国老牌电信和工业集团曼内斯曼	1230
2001	美国在线、时代华纳	1035
2003	美国银行、FleetBoston	470
2005	意大利联合信贷银行、德国裕宝银行	187
2007	新闻集团、道琼斯	50
	中国工商银行、南非标准银行	55
2008	莱斯银行、哈利法克斯	122
2010	中国平安、深发展公司	11.05
	吉利集团、沃尔沃	18

资料来源：新浪网，http://www.sina.com.cn；中国财经网，http://www.fec.com.cn 整理。

获得立足之地。例如，GE 在 20 世纪 90 年代完成了 133 项对欧洲公司的收购，其结果是 GE 在欧洲的雇员达到了 9 万人，欧洲业务的年销售额约为 244 亿美元。美国虽然近年来并购数量在发达国家中所占的比重有所下降，但仍然是重要的目标国家。2009 年，美国跨国并购的出售总值为 400.85 亿美元，2009 年美国企业收购外国企业支出了 237.6 亿美元。日本在发达国家较多的采用并购方式，而在发展中国家却使用新建投资进入较多。

发展中国家在跨国并购中比重不大，而且非常不平衡。亚洲和拉丁美洲在跨国并购中比较重要，但是在国外收购方面，发展中国家的企业仍不是主角。值得注意的一点是，在人民币升值背景下，有关机构公布的中国企业海外并购意愿大大增强。2009 年，当海外企业仍在国际金融危机阴影下苦苦挣扎时，资金相对充裕的中国企业已经迅速在全球范围展开一系列大规模收购活动，中国企业海外并购为冷清的全球并购市场增添一丝暖意。清科研究中心统计数据显示：2009 年，中国企业共完成 38 起海外并购交易，同比增长 26.7%；其中披露价格的 30 起并购事件总金额达到 160.99 亿美元，同比增长 90.1%。与此前不同的是，这次海外并购的触角不仅涵盖传统的能源资源领域和资产设备收购，中国企业出海意愿更是向各行各业蔓延开去，图 5-1 是 2008~2009 年中国企业海外并购趋势。

（三）从并购方式看，股票互换已成为并购特别是大型并购普遍采用的融资方式

通过股票互换实现跨国并购是金融服务贸易自由化的产物。20 世纪 80 年代曾流行一时的以大量发行垃圾债券特征，以追求短期内股东利益最大化为目标的杠杆收购给企业长期发展带来了严重的不良后果。这些不良后果在 20 世纪 90 年代完全暴露出来，不少企业由于难以承受沉重的债务负担而走向衰退，甚至破产倒闭。因而，在 20 世纪 90 年代，人们更乐于接受以股票互换作为并购的交易方式。换股方式对于并购方企业来

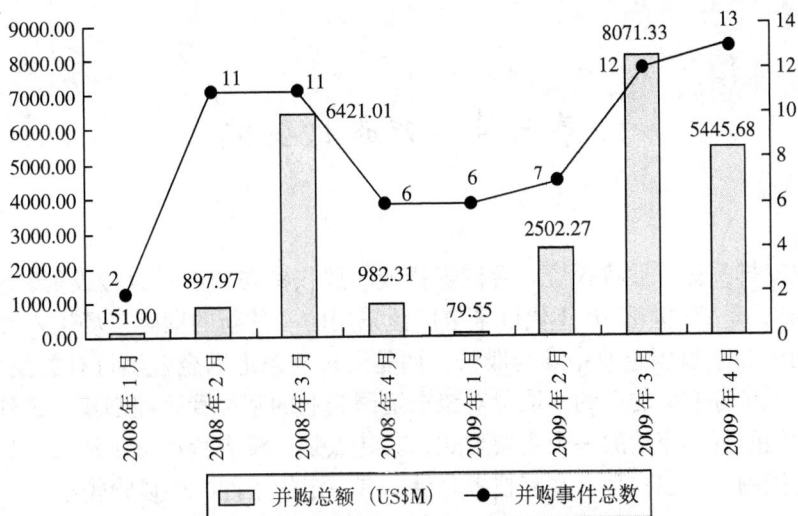

图 5-1 2008~2009 年中国企业海外并购趋势

资料来源：清科研究中心，2010 年 1 月.

说，既可以解决企业筹资难的问题，又可以避免由于债务过多、利息负担过重而对企业财务状况造成的不良影响。对于被并购企业来说，换股交易可以避免现金交易造成的纳税问题，又可以分享新企业继续成长的好处，还可以享受股市走强带来的股价上涨的收益。因而，换股并购自 90 年代以来成为企业并购的潮流，并且这一趋势会继续保持。

（四）从并购的行业构成看，第三产业比重增长

服务业跨国投资的发展，是在经济全球化趋势不断增强背景下发生的。20 世纪 90 年代后，服务业成为了跨国并购的主要部门，其中领先的是电信、金融与商业服务业。

（五）战略性并购占有绝对优势，恶意并购减少

与 20 世纪 80 年代出现的大量恶意收购行为不同，90 年代以来的跨国并购主要是企业出自长远发展的考虑，并购协议也是经过当事人双方谨慎选择、长时间接触、耐心协商之后达成的。因此，恶意收购案件明显减少。由于战略性并购是一种理性并购行为，虽然给产业、市场等各方面带来较强的震动，但是却是一种"双赢"的交易，不会像恶意收购那样，造成两败俱伤的结果。

（六）中介机构在跨国并购中发挥了重大作用

在 20 世纪 90 年代的企业并购中，中介机构功不可没。特别是投资银行的专业顾问和媒介作用起了重要支持和推动作用。根据汤姆森证券数据公司的资料显示，1999 年高盛、摩根士坦利和美林参与顾问的全球兼并与收购交易总值均超过一万亿美元。这些投资银行为了保持自己在业界的霸主地位，不遗余力，积极参与各大并购，从而成为当今跨国并购潮的一大推动力。

第三节 非股权安排

非股权安排又称非股权投资、合同安排或非股权参与式国际直接投资（Non-Equity Participation），是 20 世纪 70 年代以来被广泛采用的一种新的国际市场进入方式；它是指跨国公司未在东道国企业中参与股份，而是通过与东道国企业签订有关技术、管理、销售、工程承包等方面的合约，取得对该东道国企业的某种管理控制权。这种投资方式正成为当代国际资本流动的一个主要形式，其特点是：没有货币资本注入、是一种合约投资，但有控制权、层次高、富有技术含量、有一定的条件、但风险较小。

一、非股权安排的类型

（一）许可证合同（Technical Licensing）

许可证合同又称特许权合同或技术授权，是指跨国公司（授权方）与东道国企业（被授权方）签订合同，允许东道国使用跨国公司独有的注册商标（Trademark）、专利（Patent）以及技术诀窍（know-how）等。

1. 许可证合同的优点

许可证合同投资方式有如下优点：第一，因不涉及资金投入，可以使跨国公司承担较小的风险；第二，可以使跨国公司有效地规避东道国的进口管制和关税壁垒，将其产品打入东道国市场；第三，可以使跨国公司利用东道国企业产品在东道国的销售带来的广告效应，为以后进一步扩大在东道国市场的占有率打下基础。同时，许可证合同也存在一些劣势，如可能为跨国公司培养潜在的竞争者。在历史上，美国威斯汀豪斯电气公司（Westing House）曾与德国的西门子公司（Siemens）签订许可证合同，向后者提供专利、商标及技术诀窍。但是，合同期满后，西门子公司已从被授权者上升为威斯汀豪斯电气公司的主要竞争对手之一，使跨国公司不易控制东道国企业的经营活动，降低被授权产品的质量，使跨国公司的产品作反面的广告。

2. 许可证合同的限制性条款

授权方为了保护自身的利益，往往在许可证合同中加入一些限制性条款。这些条款主要有：①产量及品质的限制。对利用授权的商标、专利和技术诀窍生产的产品产量水平进行限制，并为了保证产品的质量，授权方拥有对被授权方企业生产过程的监督权。②产品销售地区的限制。授权方公司为了防止被授权方企业侵害自己在被授权方以外地区的利益，通常在许可证合同中规定被授权方企业不得越区从事生产和销售活动。③原材料、零部件采购的限制。在许可证合同中，授权方公司规定，被授权方企业生产被授权产品时，应从授权方公司或由其指定的供给商购置所需的原材料和零部件。

在选择许可证合同方式进入海外市场时，应当注意以下几个问题：①通过调查准确地把握该国或地区的人口构成、纯收入、基础设施、教育水平、消费者爱好和文化背景，目的是要分析特许证合同可能被对象国家或地区接受的程度；②要注意在采取许可证合同时收取费用问题，应当针对不同的合作对象采取不同的费用收取策略，如对发展中国家可以通过将初期费用转为投资的方式，为战略收益创造条件；③可能需要根据对象国家或地区的文化特点，调整传统的产品结构或经营方向等；④在选择许可证合同谈判代表时，具有姻缘、师缘、业缘、地缘关系的人们总是更容易沟通。而雇用一个当地谈判代表的代价总会低于直接进行许可证合同可能产生风险的代价。

（二）管理合约（Management Contract）

管理合约又称经营合同、风险合同或工作合同，是指跨国公司与东道国企业签订协议，向东道国企业派出专业管理人员，从事日常管理工作，由此取得一定管理与控制权的投资方式。

按具体情况，这种投资有两种形式：

（1）跨国公司对自己不曾拥有股权的东道国企业提供管理服务，借以在一定程度上控制该企业。例如，美国希尔顿国际公司（Hilton International），以管理合约的方式，专门为各国大宾馆提供总经理代为管理。

（2）对自己曾拥有股权的东道国企业在面临征用或国有化政策时，以管理合约的方式，保持对原投资于公司的部分控制权。例如，委内瑞拉曾征用瑞士雀巢公司（Nestle）在委内瑞拉设立的子公司。经谈判，雀巢公司与委内瑞拉政府签订了管理合约，同意将雀巢公司的原经理人员留在委内瑞拉继续担任管理职务。

相关链接 5-8

达能集团通过非股权安排控制合资企业

中外合资企业的外方母公司不仅重视在股权安排上对合资企业进行控制，而且还非常重视通过非股权安排的方式达到控制合资企业的目的。

达能集团，总部设立于法国巴黎，全球拥有近9万员工，是世界著名的食品和饮料集团之一。达能集团历史悠久，规模强大，位列世界500强，业务遍及全世界120多个国家，是全球排名第一的鲜乳制品生产商和全球排名第一的瓶装水生产商。

杭州娃哈哈集团有限公司创建于1987年，为中国最大全球第五的食品饮料生产企业，在资产规模、产量、销售收入、利润、利税等指标上已连续11年位居中国饮料行业首位，成为目前中国最大、效益最好、最具发展潜力的食品饮料企业。2010年，全国民企500强排名第8位。

设立合资公司，作为世界上人口最多的国家，中国理所当然地成为了达能集团关注的目标，多年来达能一直致力于中国市场的发展。自20世纪80年代末进入中国市场以来，达能集团开始在其发展策略中极为重要中国市场投资设厂，广泛开展其在中国的生产和业务。而杭州娃哈哈集团有限公司则是它进入中国市场的最好方法。

案例分析：通过娃哈哈·达能事件以及达能在中国的股权收购路径可以看出，达能的控制模式是通过合理合法的管理合同、协议进行巧妙的非股权安排。达能方面抓住中国法律环境的不完善以及中国企业对于合资协议理解与操作上的不成熟，凭借协议中对专利权等特殊资产的规定为日后影响和控制合资公司设下圈套。

中外合资企业对合同权限有规定，外方达能母公司的非股权安排方式控制合资企业的途径主要是通过管理合同的，表现在：外方母公司通过关键职位总经理的任命权、关键部门经理的任命权以及资金、核心技术、关键管理技能和营销网络等要素的投入，使合资企业的经营决策和日常运营严重依赖外方母公司。实际上，这些关键职位的任命权、预算和资源分配权等，很多都是股权的衍生物。在中外合资企业中最常见的情况是中方人员出任董事长，外方人员出任总经理。但合资公司是母公司主导型公司治理模式，董事长权力有限，很多情况下形同虚设。总经理则掌握着公司的实际控制权。由于达能外方公司往往拥有资金、技术、人才等方面的优势，对于这种非股权控制，即使在外方拥有少数或对等股权时，则使其获得实际上的控制权。在这种情况下，除非中方掌握着关键技术或重要市场，否则在对公司控制权的争夺中必然会处于劣势。

达能委任亚太区总裁范易谋出任合资公司副董事长，并在宗庆后辞去董事长职务后暂任董事长之职，就是这种非股权安排的具体体现。但与一般中外合资公司不同的是，在原合资公司中，公司的董事长与总经理由宗庆后一人兼任。除副董事长一职由范易谋出任外，其他主要管理层人员均由中方人员担任。但达能方通过合同、技术、资金等非股权安排控制合资公司的现象仍然存在，并将继续成为中外资双方矛盾的主要聚焦点。

资料来源：百度文库，http://wenku.baidu.com/view/72ef696327d34240c8447efa4.html.

（三）交钥匙工程承包合同（Turn-Key Contract）

交钥匙工程，一般分为两种类型：一种是建设完成即转交东道主，即跨国公司为外国企业或外国政府从事工程建设，在工程完工后，跨国企业负责试生产，在工程开工后的产品产量、质量等指标达到合同规定标准后，才将工程移交给工程的主人。在这种投资方式中，跨国公司不仅可获取一笔可观的工程承包费用，而且还可为以后公司产品进入工程项目所在国市场作免费广告。

传统的交钥匙工程承包合同规定，随着成套设备的建成和移交，并经过试验运转证明技术功能良好，该项目的合同义务就算结束。交钥匙工程承包合同的新形式是不仅要求承包方对项目的建设负责，而且应保证工厂在初期阶段能顺利运转。

另一种是BOOT（Build建设、Own拥有、Operation运营、Transfer移交）项目，即合同规定承建公司在建设完指定的项目后，拥有该项目若干年的经营权，并从经营该项目中获得收益。经营期满后，再把该项目无偿地移交给东道主。

对于发展中国家，采取交钥匙工程承包合同的好处是：跨国公司对整个项目负全部责任，有利于东道国吸收外资和引进国外先进的技术。缺点是代价太高，尤其是采取交钥匙工程承包合同的新形式比传统形式所付的费用要昂贵得多，而且跨国公司转移的有可能是即将淘汰的技术或环境污染严重的企业，会给东道国经济发展带来不利影响。

交钥匙工程通常涉及复杂的大型基础设施项目，如发电厂、铁路、炼油厂、运动场等，建设周期较长，而且可能承担建设资金的融资负担，因此，一般是实力较为雄厚的建设公司才能够承担。

（四）销售协议〔Sales Agreement〕

销售协议，指跨国公司与东道国销售企业达成协议，利用东道国销售企业的销售网络，扩大跨国公司产品在东道国销售的范围。

该协议一般采用以下三种形式：

（1）代理（Agent），指东道国企业为跨国公司产品寻找买方，成交后，跨国公司按合同向东道国企业支付佣金。

（2）寄售（Consignment），指东道国企业代售跨国公司产品，成交后，东道国企业在扣除应得佣金后，将货款交给跨国公司。

（3）分销（Distribution），指东道国销售企业从跨国公司低价购入产品，而后按跨国公司规定的价格在东道国销售。

1. 产品分成合同

这种合同基本上与自然资源部门的管理合同类似，跨国公司也是起承包商的作用。不同之处在于，这类合同中规定，东道国与跨国公司在一个预先商定的分配方案基础上分享企业的产品，外国公司购买的全部设备在一定期限后最终归东道国政府所有。

2. 经济合作

又称工业合作。这种形式主要是在跨国公司与前苏联、东欧国定期开展所谓"东西方工业合作"的基础上发展起来的。在 20 世纪 80 年代末以前，因为前苏联、东欧国家严格控制跨国公司建立全部股权拥有的子公司，使跨国公司在这些地区缺乏直接投资的机会，加之这些国家缺少硬通货，所以跨国公司主要采取工业合作形式打开市场，工业合作是一种长期合同，其合作方式多种多样，主要有提供成套项目或出租工厂、承包合同或转包、生产协作和专业化、联合销售和联合投标等。

3. 技术援助或技术咨询合约 （Technical Assistance or Technical Consulting Agreement）

技术援助或技术咨询合约，指跨国公司向东道国企业提供技术人员，为东道国企业提供所需的技术服务，并按合同规定，收取劳务费用。该合约既可以作为许可证合同或管理协议的一部分，也可以作为一个单独合同。与管理合约相区别，技术援助或技术咨询合同中的技术人员并未拥有对东道国企业的管理权；相反，跨国公司提供的技术人员必须在东道国企业的管理下进行工作。

技术援助或技术咨询合同的劳务费支付方式，也有固定支付和比率支付两种。其中，比率支付方式通常按投产后产品销售额的一定比例计算。

二、非股权安排的优势与不足

（一）非股权安排的优势

相对于直接投资进入，非股权安排的优势集中表现在具有规避政治风险和经营风险引发的成本上。企业对外直接投资不仅必须面对外部环境不确定性可能引发的政治风险，还必须为具体项目建设投入大量的资本，并面对由此派生的沉淀成本风险等。与直接投资不同，非股权安排所具有的较低介入程度和控制程度等特征不仅决定了有关政治风险发生的可能性较低，而且即便在政治风险发生后，对授权人的影响也是十分有限的。

首先，再出险的可能性方面，支持主权国政府控制风险的主要理由是"国家安全"，而非股权安排的低控制度和技术、品牌、商标等内容构成特点，使这种经营方式不仅不会对被授权方所在国的国家安全造成任何威胁，而且还有利于其民族产业的发展和独立经济地位的形成与强化。

其次，在风险损失方面，即便政治风险确已发生，对授权人造成的损失也不过就是有关许可费收入的损失，或某一特定业务金额的损失。这种风险损失无论从哪个方面来衡量都要比直接投资小得多。

最后，在经营风险方面，非股权安排既不涉及股权问题，也不涉及具体项目经营问题。市场风险也好，被授权方所在国政府对经营权实时控制也罢，所有风险损失将由被授权方承担，对授权方几乎不存在任何影响。

（二）非股权安排的不足

这种不足之处可以归纳为控制程度较低、收益有限和易培植潜在竞争对手三个方面。

（1）在非股权安排特别是许可合同方式下，授权方对有关项目的控制程度是非常有限的。从一般许可合同中可以看到，许可方总是想通过某种监督权条款、零部件供应、设备供给或产品经营权的安排等，努力保持他们在许可交易有效期间对这一交易某种程度的控制。但其效果毕竟是有限的，是远不及直接投资进入方式下投资者对具体项目的控制程度。更有甚者，由于这种较低的控制程度，许可方对被许可方利用许可技术、品牌或专利实施生产与经营时难以对有关环节进行有效的控制，而使自己的市场形象与信誉受到连带性损害。

（2）在收益上，非股权安排尽管给授权方带来了某些间接利益，但就直接受益而言，授权方从这种方式中可以获得的绝对收入量是非常有限的。以许可合同为例，许可标的的提成费通常在合同中预先约定，且很少有超过5%的，再加之许可协议有效期限的限制，这种收益无论如何也不及其他类别的经营方式。

（3）对潜在竞争对手的培养可能是非股权安排最大也是最致命的缺陷。由于这种进入方式下的合作伙伴大多是自己目标市场上的潜在竞争者，非股权安排所涉及的许可合同、技术协助、管理合同和合同制造等让渡的技术、管理、秘诀等将大大强化潜在竞争对手的实力，为自己在该市场的长远发展留下隐患。

由于非股权安排和股权投资各有优缺点，所以当跨国公司选择进入东道国的方式时，需要考虑到众多因素，表 5-2 总结了企业环境因素和内部因素对跨国公司进入国际市场决策的影响。

表 5-2　进入国际市场方式的选择

决策因素	间接出口	授权经营	直接出口	海外生产	服务合同
一、外部因素（目标国）					
低销售潜力	√	√			
高销售潜力			√	√	
分散型竞争	√		√		
寡头垄断型竞争				√	
市场基础结构差			√		
市场基础结构好				√	
低生产成本				√	
高生产成本	√		√		
限制进口政策		√		√	√
自由进口政策	√		√		
限制投资政策	√	√			√
自由投资政策				√	
地理位置近	√		√		
地理位置远		√		√	√
经济动荡				√	
经济稳定	√		√		
外汇管制	√	√			√
外汇自由兑换				√	
汇率下降				√	
汇率上升	√		√		
文化差异小			√	√	
文化差异大	√	√			√
低政治风险			√	√	
高政治风险	√	√			√

决策因素	间接出口	授权经营	直接出口	海外生产	服务合同
二、外部因素（本国宏观）					
市场容量大				√	
市场容量小	√		√		
分散型竞争	√		√		
寡头垄断型竞争				√	
低生产成本	√		√		
高生产成本			√	√	√
鼓励出口	√		√		
限制对外投资	√	√			√
三、内部因素（本国微观）					
高优势产品	√			√	
一般产品				√	
服务密集型产品			√	√	
一般服务型产品		√		√	√
技术密集型产品				√	
产品适应性差	√				
产品适应性强		√	√	√	
资源有限	√	√			
资源丰富			√	√	
低投入	√	√			√
高投入			√	√	

第四节 国际三资企业

一、国际合资经营企业

国际合资经营企业是国际直接投资中常见的一种方式，是指两国或两国以上的国家或地区的投资者，在选定的国家或地区投资，并按照该投资国和地区的有关法律组织建立起来，以营利为目的的企业。

国际合资经营企业由投资人共同经营、共同管理，并按照股权投资比例共担风险、共负盈亏。合资经营企业设董事会，是合资经营企业的最高权力机构，决定企业的一切重大问题。我国的中外合资企业就属于这种类型。

（一）国际合资经营企业的特点

国际合资经营企业的特点主要体现在：①资本由合资方共同投资，以认股比例为准绳来规定各方的权责利；②投资条件较为苛刻，双方需要共同投资，而且按统一币值来计算投资比例；③合资方共享收益，按资分配，共担风险；④合资企业有较为充分的经营权；⑤生产经营由合资方共同管理。

（二）国际合资经营企业的类型

根据不同的分类标准，对国际合资经营企业可以做出如下分类：

（1）按合资企业的功能即合资企业所生产产品的销往市场，可划分为：①内向型合资企业：其产品主要在国内销售，产品是急需或需要进口的。②外向型合资企业：产品外销，创外汇，属于国家鼓励的合资企业。③开发型合资企业：支援边远地区资源的开发。

（2）按合资企业的经营范围，划分为：①工业生产型合资企业。②农业生产型合资企业。③工程承包型企业。④服务型企业。

（3）按合资企业组织形式，可划分为：国际上通行的合资经营企业一般采取公司形式，其设立和经营一般都要受有关国家《公司法》的制约。我国于1993年12月制定了《中华人民共和国公司法》，并于1994年7月1日起执行。世界上多数国家的公司法规定，公司的主要类型包括股份有限公司和有限责任公司。此外，一些国家的公司法也承认其他类型的公司，如日本规定，除股份有限公司和有限责任公司之外，还有其他类型的公司，如无限责任公司和两合公司等。①有限责任公司：它是指由两个以上的股东组成的仅以投入企业中资本额承担债务的公司。②股份有限公司：它是指通过法定程序，向公众发行股票筹集资本，股东的责任仅限于出资额的一种公司企业组织。在西方国家，绝大多数跨国公司和合资经营企业普遍采用该形式。③两合公司：一般有两种形式，一种是无限责任和有限责任的两合公司，它是由无限责任股东和有限责任股东共同组成的公司，不通过发行股票筹集资本。无限责任股东用自己的全部财产对公司债务负责；有限责任股东仅以投放在公司的资本对公司债务负责。无限责任股东负责公司的管理工作；有限责任股东一般只负责监督。另一种是无限责任和有限责任的两合股份公司，其特点是可以通过出售股票募集资本。两合公司目前在资本主义国家还有一定数量存在，但已经不如有限责任公司和股份有限公司那样普遍。④无限责任公司：它是指由两个以上的股东组成的对公司债务承担无限责任的公司，即所有股东用自己的全部财产对公司债务承担责任，而不仅是用投入企业中的资本承担公司债务。

（三）国际合资经营企业在经营管理应注意的问题

1. 投资比例问题

对于国际合资经营企业而言，投资比例直接决定投资各方对企业的支配权和利润等问题。投资比例限额的大小，须视东道国经济发展的需要而定。对外国投资者在企业中的投资比例定得过高，东道国容易失去对合资企业的控制权。外商控制合资企业为自己牟利，从而使东道国方蒙受损失，这从我国在 20 世纪 90 年代的许多合资案例可以证明；但如果定得过低，则不利于吸引和利用外资。实践表明，对外国投资者的投资比例规定在 50%较为适宜。

相关链接 5-9

汽车行业出资比例的案例

神龙汽车有限公司，是由中国东风汽车公司与法国标致雪铁龙集团各出资 50%兴建的轿车生产经营企业，成立于 1992 年 5 月。

东风本田汽车有限公司是一家由东风汽车集团股份有限公司与日本本田技研工业株式会社各出资 50%共同组建的整车生产经营企业。公司成立于 2003 年 7 月 16 日，注册资本 2.5 亿美元。

广汽本田汽车有限公司（以下简称广汽本田）于 1998 年 7 月 1 日成立，合资方及股比分别为：广州汽车集团公司 50%；本田技研工业株式会社 40%；本田技研工业（中国）投资有限公司 10%，合资年限为 30 年。

资料来源：百度文库，http://wenku.baidu.com/view/7819c797dd88d0d233d46af3.html.

---

2. 投资期限的问题

确定投资期限，一般要考虑项目的资金利润问题、资金回收期限、技术更新等因素。实践表明：投资期限一般规定 10~20 年为宜，最多不能超过 30 年。

3. 投资方式的问题

投资方式是国际合资经营企业的物质基础，可以用现金、外汇、土地、厂房、机器设备和专利、商标等工业产权以及技术资料、技术协作和专用技术等折价出资。对于东道国来说，东道国投资，多以场地使用权、基础设施、劳务以及能源投资股本，适当的做法应该是东道国力争让外国投资以资金的形式投资，辅以引进国外投资国的先进设备技术、专利。

4. 劳动工资管理问题

东道国对雇用人员有限制，遵循两个原则：除了部分高级人员和专门技术人员由国外投资者推荐、董事会聘用以外，一般员工原则上在东道国招聘；根据东道国法令，各个合资方根据国内工资状况和调动员工的积极性原则，制定工资标准，建立一套劳动管理制度，由东道国劳动管理部门监督，不得随意解雇员工，以保护劳工的合法权益。

5. 产品销售管理问题

产品的销售市场有三个：东道国、投资国和其他国家和地区。一般来说，投资者更愿意产品在东道国国内销售，而东道国则更主张外销到投资国或其他国家和地区，以增加外汇收入。因此，比较合适的做法是：根据东道国的有关法令、条例，由投资双方共同制定一个合适的内销和外销比例。

6. 利润汇出管理问题

一般来讲，投资方在利润汇出方面的立法原则上都保证外资原本回收金，利润和其他合法收益自由兑换成外币汇回本国。但是东道国实际上都有较严格的规定，防止大量转移资金，给本国国际收支平衡和国民经济发展带来不利的影响。

7. 争端解决问题

国际上通用的争端解决方法：协商、调解、仲裁、诉讼。

（1）协商：争议双方抱着友好谅解的态度，在董事会上通过申述自己的意见，摆事实、讲道理，互相友好协商解决，重新友好合作。协商没有规定的手续，不需要花什么费用，由双方直接商谈解决争议，这是最好的办法。

（2）调解：在董事会上不能解决的话，可邀请第三方调解，或请法律顾问，从中调解。

（3）仲裁：仲裁就是公断，是由争议双方同意的仲裁机构进行裁决。仲裁机构所作出的裁决是终局裁决，对双方都具有约束力，双方都按裁决执行，不可向法院上诉要求变更。许多国家的法律规定，如果有关当事人订有书面仲裁协议，就可排除法院对争议案件的管辖权，任何一方均不得向法院起诉。

（4）诉讼：即向法院起诉。一般地说，国际经济有关各方所在国不同，对外国法律了解不多，因而进行司法诉讼诸多不便，而且程序复杂，费用高昂。诉讼还往往使双方矛盾加深，导致双方关系破裂，使企业难以继续维持下去。因此，用诉讼的办法来解决争端不是明智的，一般是采用协商、调解的方法解决争端。即使是协商、调解不能解决争端时，大都愿意采用仲裁的方式。

相关链接 5-10

合资风波——上海牙膏厂和联合利华"联姻"

1994 年是中国引进外资的高潮期，联合利华也是在这个时候提出与上海牙膏厂合资建厂的。在合资公司的 3000 万美元资本中，联合利华以 1800 万美元现金入股，取得控股权；上海牙膏厂以土地厂房和设备作价 1200 万美元入股，占 40% 的股份。联合利华的品牌是"洁诺"，上海牙膏厂是"中华"和"美加净"。

这两个品牌当时是上海牙膏厂的主力，之所以要进入合资公司完全是因为英方要求把这两个品牌进入合资公司作为合资的前提。上海牙膏厂当时的反应是慎重的，他们提出的策略是"不折价、不入股、不买断"的"三不"策略，最后双方在品牌上达成租赁合同，"中华"和"美加净"的品牌租赁费是其年销售额的 1.8%。同时上海牙膏厂还要求到期检查销量。

"但是一失去了控股权，也就失去了对品牌的控制力。"侯少雄这样对记者解释，在他看来，联合利华在合资公司的发展策略完全是一个不足为外人道的"圈套"。在合资的前 3 年，美加净牙膏的销售一直处于上升状态。但是同时，联合利华在合资公司成立后不久对"美加净"采取了一项措施：把美加净的价格从 4.5 元压到了 3 元一支。

"价格压到这种程度，合资公司可能会改动美加净的配方，换成比较低档的原料。其实不考虑配方因素，仅仅是价格的变化，也足以使原来美加净的用户出现游离，因为几年的销售，很多用户已经通过对美加净的使用而认可了联合利华这个公司，因此大多数从美加净中游离出来的顾客成了洁诺的用户，而这正是联合利华所需要的。"

在完成了这一过程后，联合利华在美加净这个品牌上就完全变成了利润的获得者。从 1997 年开始，联合利华停止在各种媒体上投放美加净的广告。侯少雄愤愤不平地称之为"吃祖宗饭，断子孙路"。因为同时，联合利华在洁诺的广告投入上却是不遗余力的。

和美加净几乎是同时合资的北京熊猫洗衣粉，与美加净也有同病相怜之痛。宝洁公司对"熊猫"进行收购以后，采取的策略是把它的价格提高 50%，而在熊猫洗衣粉上所有改变，只是熊猫洗衣粉的生产厂从北京厂改成了宝洁公司。结果是，当年与上海白猫有"北熊南猫"之称的熊猫洗衣粉经过 7 年合资以后，从年产量 6 万吨，占全国市场份额 10%~15%，到 2000 年收回复出时只有 4000 吨的年产量，境地比美加净更加不妙。

从联合利华对美加净的降价，到宝洁对熊猫的升价，跨国公司"暗算"中国品牌的手段确实高明。它们在不动声色中，就"破坏"了国产品牌的消费者定位：美加净是中高档品牌，联系人使它低档化了，部分消费者肯定流失；熊猫是大众化品牌，升价必然动摇它对固定消费者的长期承诺，消费者不可能都去追随。

同样在历次合资潮中被外方收购后冷冻起来的中国名牌还可以开出一长列，有的现在已经彻底被市场遗忘了。如果没有这次的收购复出，美加净、浪奇、熊猫也将会面临同样的命运。

而在这些并没有太多技术含量的产品上，品牌几乎是一个厂家的生命。上海牙膏厂因合资失去了两个主力品牌以后，手里只留下了原来比较低档的"白玉"和两个上海本地品牌"上海"和"留兰香"，企业当年就陷入了亏损状态。

资料来源：新浪财经，http：//finance.sina.com.cn/b171032.html.

（四）合资方式进入东道国的好处

相对于独资进入，合资进入的好处在于：

（1）有利于缓和和避免政治风险。就组织机构而言，合资进入或多或少地都掺杂一定比例的东道国/第三国资本。这种多种资本共存的局面，一方面，淡化了东道国居民对合资企业的外国资本印象；另一方面，对东道国政府的政策干预也具有一定的牵制作用。这是因为，当这种合资表现为与东道国企业之间的关系时，会给东道国政府以投鼠忌器的顾虑，当这种合资进入表现为多国资本时，也会对东道国政府过激的政策行为增加压力。

（2）有利于密切技术合作，提高经营效率。在共负盈亏、共担风险机制的作用下，投资各方的利益直接与企业经营效果相联系，而经营效果的好坏是以各方精诚合作与否为基础的。从经济人角度出发，各方为了各自的利益都会较为理智地投入有关技术、设备和管理技能。

（3）有利于提高市场进入效果。在合资经营中，东道国投资者最大的优势就是区位优势。这一优势既可能表现为对当地营销渠道的占有，也可能表现为与政策有关的税收支持等。不论区位优势表现为哪一种形式，它都有利于投资者迅速进入东道国市场的销售体系，降低经营成本和风险。

（五）合资进入常见的问题

在合资进入情况下，投资者也可能会面对一些较为复杂的问题。例如，技术保密和合资企业与各自母公司关系的协调问题。在合资进入时，任何一方提供的技术知识都不可能回避自己的合作伙伴，而这种技术知识的共享很难保证不出现泄密的问题。

另外，合资进入中各投资方都面临着与自己母公司关系的协调问题。这在各母公司目标一致的情况下，还好处理。但问题在于，现实生活中各自母公司的目标几乎不可能是完全一致，这就使得合资进入下的经营主体在经营决策和有关问题的技术处理上很难保持与母公司间的协调。

相关链接 5-11

乐喜—三星公司对美国市场的进入

乐喜—三星（Lucky-Goldstar）是韩国一家颇有成就的家用电器公司。在20世纪90年代初，它乘泽尼斯公司（Zenith）发生经营亏损之机，以1500万美元的价格购并了该公司5%的股权。泽尼斯公司是美国最大的电视机制造商，且在高清晰度电视技术方面处于领先地位。

这两家公司签订了相互提供专有技术协议。乐喜—三星公司相信，自己的众多优势，如产品种类多、拥有全球经销网、财力雄厚，与泽尼斯公司技术和商誉的结合，可以帮助泽尼斯公司重新恢复盈利能力。因为，泽尼斯公司可以在其位于密苏里州的工厂生产三星公司的大屏幕电视机，这可以节约三星公司将该类彩电从海外运至美国所需要的费用，进而增加其盈利能力。三星公司可以成为泽尼斯公司显像管的重要用户，并向其美国伙伴提供更多的录像机零部件。三星公司还可以在其本国工厂中以较低的成本生产小型泽尼斯牌电视机。

另外，泽尼斯公司也向韩国三星公司提供一些反向支持。

根据有关合作协议，泽尼斯公司已经授予三星公司在韩国生产泽尼斯发明的平面直角电视机显像管的特许权；向三星公司提供重要的营销知识和技术，帮助其打开美国的民用和工业用电子产品市场。目前，三星公司仅占有不到2%的美国彩电市场，其主要原因就在于它在美国消费阶层中不具有很高的商誉，而占有这一市场12%份额的泽尼斯公司却拥有这一资源。

从上述情形中可以看出，共享销售网络和生产能力的协同效应虽然会为双方节省数千万美元的费用，但三星公司很可能会成为主要的受惠方。因为，泽尼斯公司提供了一种三星公司在美国市场所缺少的东西——商誉。

资料来源：豆丁网，http://www.docin.com/p-401373900.html.

二、国际合作经营企业

国际合作经营企业指两国或两国以上的合营者在一国境内根据东道国有关的法律通过谈判签订契约，共同投资、共担风险所组成的合营企业，双方权、责、利均在契约中明确规定，是一种契约式的合作企业。

（一）合作经营企业的主要特点

国际合作经营企业的特点主要体现在以下几个方面：

1. 由合同规定合作各方的权、责、利

这种企业组织既可以是具有独立法人地位的企业，也可以是不具有独立法人地位的临时机构，但后者较为常见。经营方式灵活多样，由合作双方自由选定。有关投资方的权利与义务由各当事人协商决定，并通过协议或合同的方式加以明确。该协议与合同经东道国政府批准后，受法律保护。

2. 投资条件易为接受

一般的条件为：东道国提供场地、厂房、设施、土地使用权和劳动力。投资国企业提供外汇、设备和技术。一般以外方提供的资金、设备和技术的价值作为总投资额。

3. 收益分配方式灵活

根据双方商定的比例采取利润分成的分配方式。分成的比例可以是固定的，也可根据盈利状况采取滑动比例。

4. 财产归属灵活

（1）经营期限通常短于合资企业，不同项目的合作期限相差较大。比如旧汽车翻新项目；大型宾馆之类的投资巨大的项目。

（2）合作期满后，一般是其全部的资产无偿的、不带任何条件的归东道国一方所有。

（二）合作经营企业的类型

国际合作经营企业可以是"法人式"的企业，也可以是"非法人式"的企业。

1. 法人式合作经营企业

法人式合作经营企业是由两国或两国以上的合营者在东道国境内，根据该国有关法律通过签订合同建立的契约式合营企业。

这种合作经营企业具有独立的财产权，法律上有起诉权和被诉权，订立企业章程，建立独立的公司组织，并成立董事会为该企业的最高权力机构，任命总经理对企业进行经营管理（虽然它实行"董事会管理制"，但是它属于非股权式参与方式）。以该企业的全部财产为限对外承担债务责任，实行有限责任制。

2. 非法人式合作经营企业

非法人式合作经营企业是由两国以上合营者作为独立经济实体，通过契约组成的松散的、不具有法人地位的合作经营联合体。

这种合作经营企业没有独立的财产，而只有财产管理权和使用权。合营各方仍以各自的身份在法律上承担责任，合作经营企业的债权债务，由合作经营各方按照合同规定的比例承担责任。合作经营企业单位的组织管理形式，可以是联合管理制，即由各方派出代表组成联合管理机构进行管理。可以是委托管理制，即委托合作经营中的一方或聘请无关的第三方负责承担管理。合作经营企业对于承担债务，一般是以其全部出资为限，实行有限责任制。因为它不是法人，所以不能采用董事会管理制。

（三）国际合作经营企业应该注意的问题

1. 投资方式问题

国际上一般在契约中规定：外方合营者提供外汇、设备和技术。一般以外方提供的资金为主要的投资方式，另外，将设备和专有技术的价值作为投资资本。东道国提供场地、厂房、设施、土地使用权和劳动力。

2. 组织形式问题

合作经营企业具体选择哪种的组织形式须由双方议定，主要有以下几种形式：

（1）董事会管理制：具有独立法人资格合作经营企业；

（2）联合管理制：不具有法人形式；

（3）委托管理制：合作的第三方进行企业管理。

3. 利润分配问题

通过利润分配、产品分成、提取折旧费等方式取得收益。实际是规定企业在整个合作经营期间如何清偿外方合作者的全部投入项目的价值以及可能获得的利润。

4. 合作期限问题

（1）经营期间，可收回全部投资和获得高于一般国际贷款的利率的利润；

（2）国际上的规定：短的 3~5 年，长的 15~20 年，最多不超过 30 年。

5. 合同管理问题

合同是合作经营企业组织经营的基础。如有违反合同的事项，就要承担必要的法律责任。

三、国际独资经营企业

国际独资企业是指外国的投资者依据东道国的法律，在东道国境内设立的全部资本为外国投资者所有的企业。从东道国外资政策的角度出发，所有没有本国资本直接投资参与的企业都被认为是外商独资企业。

（一）国际独资经营企业的特点

国际独资经营企业的特点主要体现在以下几方面：

（1）所有权、经营管理权都由外国投资者独自享有，同时也由该投资者独自承担责任和风险。

（2）便于投资者保守技术诀窍与商业秘密。

（3）对与东道国而言，既利用了外资，自己不承担风险，而且还可以通过各种税收、土地使用费、公共基础设施管理费，从而增加了净收入。

（4）国际独资经营企业往往能引进比较先进的技术和管理经验，东道国通过"示范作用"，提高国内技术水平和管理水平。

（二）国际独资企业的类型

1. 国外分公司

国外分公司是指投资者为扩大生产规模或经营范围在东道国依法设立的，并在组织和资产上构成跨国公司不可分割的国外企业。

由于国外分公司不具有东道国当地企业的资格，本身也不是独立的经济实体，一般被东道国视为纯外籍公司。鉴于此，国外分公司的设立手续都比较简便，只要投资者向东道国主管部门提出申请，基本上都能批准，但在经营范围上会受到很多的限制。

2. 国外子公司

国外子公司是指跨国公司投入全部股份资本，依法在东道国设立的独立企业。

（三）国际独资企业的优势和劣势

具体地讲，设立国外独资企业可有下列经营优势：①企业的设立和经营均由投资者依东道国法律自行决策，不存在与其他投资者的冲突，有完全的经营决策权；②跨国公司可以根据全球经营战略的需要调整子公司的经营活动，具有整体经营的灵活性；③独享跨国公司内部的垄断优势，包括专利、工业产权、商标等技术，先进的管理经验，企业机密等，以获得内部市场的效益；④跨国公司在增加股本或再投资、汇出盈余、股息政策和公司内部融资等方面均不会有与其他投资者的管理摩擦，具有财务管理的灵活性；⑤跨国公司可以通过内部成本和利润的转移享有税收利益；⑥没有合作管理的摩擦与矛盾，便于实施经营战略。

而国际独资企业的经营劣势则表现在：①国际独资企业虽然具有东道国的国籍和当

地法人资格，也会受到某些东道国政策和法律的严格限制，在其经营范围和投资方向上受到更多的限制。②国际独资企业的经营风险大。投资国与东道国的社会文化背景可能存在着很大差异，又没有当地合作伙伴的共同管理，企业的相关事宜要独自办理的难度较大。③设立国际独资企业的审批条件严格，很多发展中国家都要求投资者投入高新技术并承担带动出口义务。④有些发展中国家明令禁止外国投资者设立独资企业，或要求逐渐转让股权。

四、合资变独资是大势所趋

外商独资企业增多，合资企业纷纷独资和谋求控股的现象不胜枚举，宝洁、西门子、联合利华等一批早已经进入中国市场的跨国巨头纷纷走上独资之路，与之相对应的是中方合资者黯然离场。

（一）选择合资的原因

（1）中国刚刚进行改革开放不久，国家曾明文规定，合资企业必须是中方控股，外资在合资企业的股份不得超过 49%。

（2）对中国的经济政策缺乏准确的把握，市场具有很大的不确定性，合资可以降低在中国的投资风险。

（3）选择的中方在国内市场有一定的影响和信誉，以及良好的销售渠道，更快融入中国市场。

（4）获得最便宜的土地、特殊的政策照顾及其海关关税的变通处理等优惠。

（二）合资企业纷纷"离异"的原因

（1）政策变化所致。中国对外资政策的不断开放，随着外资企业对中国市场的日益了解，外国投资者对于自己在中国独资经营也越来越有信心。

（2）中国投资环境变化的结果。中国的法律、法规不断健全，市场条件不断改善，外资的合资企业走向独资而不是撤资，说明他们对中国市场越来越有信心，也说明中国的外资政策、外资监管不断进步。

（3）来自合资双方在企业文化、管理的分歧。一般的外资进入中国后，喜欢全面掌控合资企业，对管理、人事、销售等"一把抓"，让自己派往国内的外资雇员做经理。但是在中国，这种做法往往行不通。为了回避冲突，取得更大的盈利，中方或者外方通过股权转让将企业变为独资已经是大势所趋。加入世界贸易组织后，外方对双方体制、观念等方面冲突的忍耐力急剧下降，由合资合作走向独资或控股就成为必然。

（4）避免重复投资和资源浪费。过多的子公司必然会导致重复投资和资源浪费，从而难以形成规模效益。如西门子中国公司总裁所言，单纯从运营成本的角度来看，如果一个独资公司就能做所有的业务，公司运营成本是最低的。独资的魅力正在于能够整合他们在中国市场分散的投资项目，实行统一管理以提高运营效率，充分实现其全球化战略。

（5）双方在经营目的的不同。中国的投资方关注的大多仅仅是中国国内市场的事情，对于跨国公司的全球战略不感兴趣。当跨国公司代表的全球利益与中方代表的地域利益发生冲突的时候，跨国公司势必要优先保证其全球利益的实现。

（6）独资有利于避免技术的外溢。技术的专有性需要跨国公司花费高额的成本支护技术不"外溢"。为了保护专用资产，巩固其垄断优势，跨国企业往往选择独资经营。1997 年以来，跨国公司对研发投资越来越重视，多个跨国公司在我国设立了研发中心和实验室。跨国公司在华从事研发活动，必须考虑技术保密问题和技术领先带来的收益问题，因此倾向于采用独资和控股的股权结构。2003 年的一次调查显示，以北京为例，其中采用最多的股权结构是外方控股的合资企业，占全部样本企业的 52.6%；其次是外商独资企业，占 23.7%；再次是中方控股的合资企业，占 13.2%；最后是双方等比例股权企业，占 10.5%。调研结果表明，从事研发活动的跨国公司投资企业，倾向于采用能够控制企业的股权结构。并且，越是技术处于领先地位的企业，越是倾向于采取独资的形式。

（三）外商从合资走向独资的方法

（1）增资扩股。在许多跨国公司中，当合资企业业务扩大、需要更多的投资时，中方拿不出足够的同比例的资金。此时外资会投入更多的资金补足，这样也就增加了它在资本金中所占的比例，从而赢得更多的股权。

（2）直接购买欲转让的股权。如在一个西门子已经是大股东的电信合资企业中，另外三家中方伙伴中的一方因为对市场有不同的预测想要退出。西门子很爽快地购买了这一部分股权。

（四）独资浪潮的后果

中国一些刚刚建立起来的民族品牌，与外企之间从合作伙伴变成竞争对手后，能否与这些跨国企业对抗还很难说。如在通信、电子等行业，跨国企业就常常利用其技术优势打压中国企业。除此之外，还有频繁的知识产权纠纷。中国本土企业能否在今后这种更激烈、更直接的竞争中生存和发展，将取决于：①资本力量；②技术创新能力；③市场营销能力等。

从国家层面上看，价格转移问题应引起我们的高度重视。跨国公司利用其全球网络，转移价格或者利润是跨国公司的普遍现象。独资后跨国公司转移价格将更为方便。对此，政府应该尽早采取适当措施加以防止。同时，独资后跨国公司更倾向于将利润汇出，今后利润汇出将成为影响外汇平衡的一个重要因素，中国政府应该早做准备。

跨国公司独资化对中国经济也有积极的作用：

（1）外企在完全可以掌控自己命运的情况下，有可能加大对中国的投资力度。

（2）外商不担心技术外溢，技术进入中国更容易，外方能够生产更高端、附加值更高的产品，使中国市场与世界市场相融合。

（3）激烈的对抗与竞争有利于中国企业的发展。

（4）从以前简单的合资，到一种新的协作关系，一种产业联盟。

相关链接 5-12

宝洁从合资走向独资

1837年，英格兰移民威廉·波克特和爱尔兰移民詹姆斯联合创立了宝洁公司，经过100多年的艰苦创业，宝洁已发展成为目前世界上最大的日用消费品公司之一。宝洁公司在世界80多个国家和地区设有工厂及分公司，经营300多个品牌的产品，畅销160多个国家和地区。2003年，宝洁公司全年销售额为434亿美元，在《财富》杂志评选出的全球500家最大工业/服务业企业中，排名第86位。

1988年以前，宝洁公司就认为中国是一个具有极大潜力的市场。经过广泛的考察，他们选择了拥有60多年历史的广州肥皂厂作为合资伙伴。

此后，宝洁公司陆续在广州、北京、上海、成都、天津等地设有十几家合资、独资企业。自1993年起，宝洁公司连续七年成为全国轻工行业向国家上缴税额最多的企业。宝洁公司赢得了中国消费者的信任和政府的好感，也获取了市场份额和利润。

事情并未结束。1998年，宝洁公司开始了独资化之路。1998年12月，广州轻工集团下属子公司广州浪奇实业股份公司将所持有的广州宝洁下属子公司广州宝洁洗涤用品有限公司的12%的股份和360万美元的债权，全部转让给宝洁和记黄埔有限公司。

2000年9月，北京日化二厂向外界正式宣布："已经与宝洁（中国）有限公司达成协议，提前终止'熊猫'商标的合同。"此前的6月，宝洁（中国）有限公司已提前终止与北京日化二厂的合资合作，将合资企业北京熊猫宝洁公司转化为外商独资企业。

2001年10月，广州浪奇发布公告，将公司持有的广州浪奇宝洁有限公司22%的股份分别转让，使公司持股降至18%。

2002年以后，中外合资广州宝洁有限公司逐步过渡为外方持股99%，中方象征性持股1%的公司。

资料来源：和讯读书，http://data.book.hexun.com/chapter-4935-6-21.shtml.

本章小结

（1）国际直接投资是指投资者为了在国外获得长期的投资效益并拥有对企业或公司的控制权和经营管理权而进行的在国外直接建立企业或公司的投资活动，其核心是投资者对国外投资企业的控制权。

（2）国际直接投资按照不同的划分标准，可以分为不同的类型。按母公司和子公司经营方向是否一致，可以分为横向型投资、纵向型投资、混合型投资。按照是否新建企业，可以分为绿地投资和跨国并购。按照投资者对外投资参与方式不同，可分为合资经营、合作经营和独资经营。

（3）非股权安排是 20 世纪 70 年代以来被广泛采用的一种新的国际市场进入方式。它是指跨国公司未在东道国企业中参与股份，而是通过与东道国企业签订有关技术、管理、销售、工程承包等方面的合约，取得对该东道国企业的某种管理控制权。包括：许可证合同、管理合同、交钥匙工程、销售协议、产品分成合同、经济合作、技术援助或技术咨询合约。

案例思考

2008 年 9 月 3 日，可口可乐收购汇源香港上市公司中国汇源果汁集团有限公司，可口可乐提出的收购价格为每股现金作价 12.2 港元，较汇源停牌前的收盘价 4.14 港元溢价 1.95 倍，涉及资金约 179.2 亿港元。

这个并购交易需要两个先决条件，第一要通过政府部门批准有关反垄断法的审查；第二需要得到起码 64.5% 的股东同意。第二个条件基本上没有问题，因为三大股东（朱新礼、达能、华平基金）已经做出不可撤销的承诺，愿意将其持有合同 65.8% 的股份卖出。所以只需要通过商务部关于反垄断法的审查。2009 年 3 月 18 日，商务部发布公告宣布，根据中国反垄断法禁止可口可乐收购汇源。

资料来源：新浪财经，http://finance.sina.com.cn/chanjing/b/20090319/18455999820.shtml.

◆ 谈谈你对这桩失败并购案的看法。

复习题

一、名词解释

国际直接投资　兼并　收购　横向型投资　纵向型投资　非股权安排　股权投资战略联盟　合资企业　独资企业

二、简答题

1. 简述绿地投资和跨国并购的优缺点。
2. 选择一家熟悉的跨国公司，研究其进入中国市场的投资方式，并分析原因。
3. 合资企业在经营管理方面应注意哪些问题？
4. 分析外资企业在中国从合资走向独资的原因及影响。

第六章　国际投资环境

本章课前实训

撰写投资环境分析报告。具体做法是：让学生经过课前准备，针对自己家乡的环境特色做一份投资环境分析报告。上课时抽出一部分学生对自己家乡的招商引资特色进行演讲，其他的学生扮演投资者，可就投资地的自然、政治、经济、法律和社会文化环境进行提问，双方进行讨论。最后由老师点评和打分。

本章知识要点

● 国际投资环境的内涵
● 投资环境的评估方法

案例导引

美国一位食品加工商在墨西哥一条河流的三角地带建造了一个菠萝罐头厂，由于菠萝种植园在该河的上游，公司打算用驳船把成熟的菠萝运到罐头厂加工。

然而，令人失望的是，在菠萝的收获季节里，河水太浅，无法行船。由于没有其他可行的运输方案，工厂被迫关闭。新设备以极低的价格卖给了墨西哥的一个社区，他们立即把罐头厂搬走，该公司付出了沉重的代价。

资料来源：MBA智库，http://doc.mbalib.com/view/150c304185366c8df48519e889fc2515.html.

第一节　国际投资环境概述

一、国际投资环境的定义

国际投资环境是指外国投资者在一国进行投资活动时的各种条件的综合体。国际投资与国内投资不同，投资者在东道国之外，风险很大，因此，国际投资环境的好坏、投资者对国际投资的了解程度与分析评估直接影响着投资效益的高低。

国际投资环境和国际直接投资活动是相互影响、相互作用的。良好的投资既可以吸引大量的外资流入，形成资本聚集效应，使拥有良好投资环境的东道国快速发展，进而又会使其投资环境不断改善。

相关链接 6-1

跨国公司海外研发首选中国

截止到 2007 年底，跨国公司在中国共设立研发机构 1160 家。该司有关负责人称，根据联合国贸发组织的调查，中国仍是全球跨国公司海外研发活动的首选地，62%的跨国公司将中国作为其 2005~2009 年设立海外研发机构的首选。

跨国公司来华设立研发机构始于 20 世纪 90 年代初。1994 年，北方电讯公司与北京邮电大学合作建立北邮——北电研究开发中心。在此之后，跨国公司在华设立研发机构势头日益迅猛。

资料来源：人民日报海外版，2008-02-29，第 1 版。

二、国际投资环境的特点

国际投资环境是复杂的，经常变换的，它直接影响投资的成效。国际投资环境具有以下特点：

（一）综合性

国际投资环境是由多种因素综合构成的整体，这是由国际投资的特点和现代经济社会的复杂性决定的，这一特点就是国际投资环境的综合性。国际投资环境因素依据不同的划分标准和粗细程度会有不同的结果，但无论怎样划分环境因素，都应该具有完备性，应包括影响国际投资活动的各种因素，否则，对投资环境的认识就是不全面的。投资环境的综合性要求人们在评价投资环境，或进行投资决策和改善投资环境时，应全面考虑各种环境因素，不能只注意一个或某几个因素。然而，在理论和实践中往往存在不合理情况。

（二）系统性

影响投资活动的各种因素是相互联系、相互作用的，他们共同构成国际投资环境系统。每个因素包含着若干个子因素，其中一个子因素的变化可能会引起其他因素的变化，从而导致整体投资环境的变化。例如，债务危机的爆发、经济不景气、人们失业率的上升等，可能会使原本安定的政局发生变化。

（三）动态性和稳定性相统一

随着时间的推移，一方面，国际投资环境的各种构成因素会不断地发生变化，从而使整个投资环境不断地变化；另一方面，投资项目会进入到项目周期的不同阶段，从而使得同样的环境因素对同一投资项目的影响力也会发生变化。这两种变化共同形成了国际投资环境的动态性特点。如果我们将一个投资项目的周期划分为：投资前期、建设期和经营期三个阶段，由于每个阶段的任务和运行规律不同，因此使得每个阶段所需要的主要外部因素也不同，也使得同样的环境因素对投资周期中不同阶段的影响力也不同，投资环境的优劣也会相对地发生变化。

这就要求人们在评价投资环境时，要有动态观念，不仅要考察和评价现在的投资环境，还要在认真分析预测未来投资环境因素变化的基础上，分析评价未来的投资环境。对东道国或地区来说，应该用动态观点和方法认真分析比较本国与其他国家的投资环境，努力消除或减少导致本国投资环境恶化的因素，培植和强化导致本国投资环境优化的因素，并根据经济和国际投资的发展趋势，结合本国已有的优势，逐步形成和扩大区位优势。与此同时，在科学分析和严格论证的基础上，还应大力对外宣传本国投资环境的美好前景和巨大发展潜力。

在投资环境的构成因素中，除自然条件和地理位置等不可变动外，其他因素如政治、经济、法律等都会随着时间的推移而发生不同程度的变化，这是投资环境动态性的表现。然而就特定时期而言，投资环境又具有稳定性。因为投资环境因素的变动是一个连续性的问题，如政治制度、政治体制、基础建设、经济发展水平、文化传统等都不可能短时间发生翻天覆地的变化。因此，投资环境的连续性和稳定性就是必然的了。

（四）空间层次性

影响国际投资活动的各种因素是存在于不同的空间层次上的，有国际因素、国家因素、国内地区因素和厂址因素。从这个角度看，国际投资环境包括国际环境、国家环境、国内地区环境和厂址环境四个子环境。在这四个层次的子环境中，构成因素和各因素的重要程度是不同的。例如，国家环境包括自然、经济、政治、法律、社会文化环境五大因素；但厂址环境一般不包括政治、法律因素；自然因素如地质、地理位置等最为重要；在地区环境中，自然、地区经济、技术、适合该地区的政策法规和地方政府办事效率等因素是最重要的。对投资者来说，考察和分析国际投资环境时，不能单单分析评价某个空间层次环境，而应该在空间层次上从高到低依次进行分析，从而对整个投资环境进行综合评价。然而，在有关国际投资环境的理论和实践中，却存在一种不合理倾向，即只逐一分析评价国际投资的国家环境。我们认为：国际投资的国家环境的确很重要，但其他三个层次的环境对投资活动的影响也很大，有时甚至具有决定性的作用。

从国际投资环境的空间层次中，引资者可以得到这样的启示：东道国在吸引外来直接投资时，虽然不能在很大程度上改变投资的国际环境，但随着国际环境的变化，应在国家环境和地区环境等方面相应地进行一些调整；在不断优化国家环境的同时，可根据各地区的特点和国家经济布局战略，有计划、有步骤、有重点地营造良好的地区环境。引资者和投资者一样，应追求由四个空间层次的环境因素综合决定的整个投资环境的优化。

三、国际投资环境的分类

国际投资环境的分类没有统一的划分标准。从不同的角度出发，可以对国际投资环境作不同的分类。

（1）按包含因素的多少，可以分为狭义的投资环境和广义的投资环境。狭义的投资环境是指投资的经济环境，包括一国经济发展水平、经济发展战略、经济体制、基础设施、市场的完善程度、产业结构、外汇管制和经济物价的稳定程度等。广义的投资环境除包含狭义的投资环境外，还包括政治、法律、社会文化等对投资可能发生影响的所有的外部因素。我们所说的投资环境通常是指广义的投资环境。

（2）按地域范围划分，可以分为宏观投资环境和微观投资环境。宏观投资环境是指整个国家范围内影响投资的各种因素的总和。微观投资环境是指一个地区范围内影响投资的各种因素的总和。微观投资环境是一国宏观投资环境的构成部分，因各个地区的经济状况、社会文化、基础设施、优惠政策等的不同而各异，但微观投资环境的改善会促进一国宏观投资环境的改善。

（3）按投资环境表现的形态（物质与非物质性）来看，可以分为硬环境和软环境。硬环境是指能够影响投资的外部物质条件，如能源供应、交通运输、邮电通讯、自然资源和社会生活服务设施等。软环境是指能够影响投资的各种非物质形态因素，如政策、法规、行政办事效率、政府管理水平以及宗教信仰等。

（4）按投资环境各因素的稳定程度来划分，可以分为自然因素、人为自然因素和人为因素三类。自然因素是相对稳定的因素，主要包括自然资源、人力资源和地理条件等。人为自然因素源是中期可变因素，主要包括实际增长率、经济结构和劳动生产率等。人为因素是短期可变因素，主要包括一国的开放程度、投资政策和政策连续性等。

第二节 国际投资环境的内容

影响国际投资环境的因素很多，一般情况下，我们可以从五个方面来分析，它们是：自然资源、经济状况、政治、法律和社会文化。

一、自然资源

（一）地理

地理因素包括地理位置、面积、地形条件、矿产资源、水资源、森林资源等。地理条件对一国投资者的投资活动会产生直接或间接的影响，比如，投资者以开发利用资源为目的就要考察东道国的各种资源情况，投资者准备投资精密仪器行业就要考察东道国的地形条件是否影响产品的精密程度等。

（二）人口

人口因素对直接投资的影响是非常重大的。人口是构成市场必不可少的条件之一，它既能决定某一产品的需求规模，又能决定需求的种类。例如，教育水平高的人口密集区对书籍、音乐和电影等各种产品的需求就与落后国家和地区有较大的差异。

（三）气候

气候主要研究气温、日照、降雨量、风暴以及台风等。气候因素从不同侧面对许多行业的投资都会产生影响。气候的差异和变化不仅关系到企业的生产、运输，而且还会影响到消费市场的潜力。

二、经济状况

经济状况在国际投资活动的众多因素中是最直接、最基本的因素，也是国际投资决策中首先考虑的因素。经济状况主要研究经济发展水平、市场的完善和开放程度、基础设施状况、经济和物价的稳定程度和经济政策等内容。

（一）经济发展水平

经济发展水平指该国一定时期内的经济技术开发能力、人民的生活质量以及经济活力，是决定该国对国际资本吸纳能力的基本因素。经济技术开发能力，用四个指标衡量：人均能源消费量、人均收入水平、非农业部门雇用劳动力的比例、非农业部门的产值占国内生产总值的比例。人民生活质量，国际上通常采用以下六个指标来考察：每千人医生数、人均摄取热量、幼儿成活率、中学入学率、每千人客车数以及每千人报刊发行数。经济活力是指一国一定时期内经济中总供给和总需求的增长速度及其潜力。从投资角度来看，经济活力主要涉及国民生产总值的增长率（经济增长率）、固定投资率（资本积累率）和储蓄率及其变化等。

一般来说，一国的经济发展水平较高，就意味着该国有较大的市场、较多的机会和较好的经营条件，对外国投资者就有较大的吸引力。对经济发展水平的衡量，是根据一国经济的发达程度，把不同的国家划分为发达国家和发展中国家。发展中国家又分为制成品出口国、原料出口国与石油出口国。经济发展水平不同的国家，其投资需求和市场结构方面有着较大的差异。就工业品市场而言，发达国家偏重于资本和技术密集型产品，而发展中国家侧重于劳动密集型产品。就消费品市场而言，发达国家在市场营销中强调产品款式、性能和特色，品质竞争多于价格竞争。而发展中国家则侧重于产品的功能和实用性，且销售活动因受到文化水平低和传媒少的限制，价格因素重于产品品质。经济发展水平的高低所引起的市场结构和投资需求的不同，必然引起各个国家对外资利用规模和结构的差异。

（二）市场的完善程度和开放程度

正常的生产和运行需要有一个完善和开放的市场环境。市场体系的完善，意味着各类主要市场如商品市场、金融市场、劳动力市场、技术市场、信息市场等已发育齐全，形成了一个有机联系的市场体系。同时，完善的市场体系也意味着该体系内的每个市场都是规范的。市场的开放程度，是指一国允许外国投资者不受限制地进入本国市场的程度。如果在对一国市场的利用方面不存在本国投资者和外国投资者的差别待遇，则可认为该国的市场有较高的开放度，否则，就被认为开放度不够。对外国投资者来说，一国市场的完善和开放程度是一个很关键的问题。完善和开放的市场是较好投资环境的重要内容，对外国投资者有较大的吸引力。反之，残缺和封闭的市场只会使外商望而却步。外国投资者在多数发展中国家遇到的市场问题，一方面是市场不够完善，另一方面是受到较多的限制，从而阻碍了外来投资的进入。

（三）基础设施状况

基础设施状况包括两个方面的内容：一是工业基础设施的结构和状况；二是城市生活和服务设施的结构和状况。基础设施的好坏是吸引国际直接投资的基本条件。它的内容主要包括：①能源，包括基础能源和水力、电力、热力等供应系统和供应状况；②交通运输，包括铁路、公路、水路和航空运输等方面的条件；③通信设施，包括邮政、广播、电视、电话、电传等方面的设施；④原材料供应系统；⑤金融和信息服务；⑥城市生活设施状况，如住房、娱乐、饮食等；⑦文教、卫生设施和其他服务设施。基础设施的建设是与国际投资密切相关的外部物质条件，外国投资者是不可能到一个能源供应短缺、交通不便、信息闭塞和生活条件艰苦的地区进行投资的。正因为如此，东道国政府都很重视基础设施的建设和完善。

（四）经济和物价的稳定程度

经济和物价是否稳定，主要看以下几个指标的情况：①经济增长速度是否持续稳定。若出现忽高忽低、大起大伏的情况，则被看成是经济不稳定。②通货膨胀率的高低。若通货膨胀率越高，货币贬值程度就越大。西方学者一般把年通货膨胀率是否超过两位数作为币值是否稳定的一个界限。③国家债务规模的大小。如果一个国家债务尤其是净债务规模过大，变成"债务经济"，那么这个国家的经济就是脆弱的，一旦国内或世界经济中出现一些重大的事件，就可能导致该国经济的大波动。由于经济和物价的稳定是保证企业生产经营活动正常进行的基本条件之一，所以外国投资者一般在进行国际投资时，都很重视这一因素。在经济和物价不稳定或经济状况较差的情况下，企业很难达到预期的经济效果和利润水平，因而也很少有投资者愿意在这种条件下进行投资。

（五）经济政策

一国的经济政策往往和国际经济有着密切的联系，因而对国际投资也有着较大的影响。①贸易和关税政策。国际投资必然伴随或表现为大量的国际商品流动，包括机器设备、原材料、中间产品和产成品的国际交换。一国采取何种贸易和关税政策，是自由贸易政策还是保护贸易政策，是高关税还是低关税，是较少的非关税壁垒还是较多的非关税壁垒，对国际投资都有着比较明显的影响。一般地说，那些实行自由贸易政策、关税低、非关税壁垒少的国家，会被认为具有较好的投资条件。②经济开发政策。这一政策包括工业化政策、产业开发政策和地区开发政策，等等。工业化政策的核心是促进和保护本国工业的发展。多数发展中国家在实行工业化政策时，一般都会遇到资本投入不足的困难，故希望通过引进外资来弥补这一不足。为了保护国内工业的发展，实行工业化政策的国家一般都限制成品的出口，在此情况下，原有的外国出口商品生产者往往采用在当地投资生产或者其他的合作方式进入该国市场。产业开发政策常常是为优先发展某些特定地区，或者边远落后地区，或者重点发展地区而制定的政策。一般说来，符合一国地区开发政策的国际投资，往往也能得到一定的优惠。③外汇与外资政策。外汇和外资政策直接影响到外国投资者的利益，关系到资本能否自由进出、利润和其他收益能否汇回的问题，所以一般也深为国际投资者所关注。

三、政治

较之国内投资国际投资要承受大得多的政治风险，而政治风险就源于东道国政治环境因素的变化。政治因素直接关系到国际投资本身的安全性。由于国际直接投资是一种长期的投资活动，所以投资者对投资地区的长期政治稳定状况和法律保障程度十分关注。政治方面主要包括以下几个因素：

（一）政治体制

政治体制通常指有关政体的制度，包括国家的管理形式、结构形式以及选举制度、公民行使政治权利的制度等。一个国家的政治体制总是同该国的根本性质和它的社会经济基础相适应的。体制的不同，具体表现在政治和行政管理体制、经济管理体制、政府部门的结构、行政效率等方面。一般说来，与资本输出国不同的政治体制可能会给外国投资者带来一定程度的风险，但也有可能对外资有一定的吸引力。

（二）政治的稳定性

政治的稳定性表现为政府的稳定性和政策的连续性。一般认为政府的稳定性指政府应不受任何内部与外部问题的困扰和动摇，如内部的分裂、反对党派的存在、民族问题、经济困难、潜在的政变因素、不规则的更迭等。政府应具有对付一切冲突的应变能力，如有上述问题的存在，则被认为存在着某种程度的不稳定。当然，上述问题的存在与否，以及能否得到恰当地解决，还取决于政府的宗旨、政策、政府官员的意志和才能等因素。政策的连续性不仅在于本届政府的政策要有稳定性和连续性，而且在于它不受政府正常选举的影响，不会因为政府的正常更迭而改变政策的连续性。在国际投资中，政策的连续性往往为投资者所特别关注。一国的政策连续性越大，说明该国的政治稳定性越高，对外国投资者越有吸引力。否则，就缺乏吸引力。

（三）政府的对外关系

政府的对外关系，包括与主要贸易伙伴的关系、与他国政府的正常关系等方面。一国政府的对外关系现状和发展前景，同样会影响到外国投资者对该国政治环境的评价。一般说来，一国对外关系良好，而且与越来越多的国家交往密切，关系友好，则外国投资者对该国的政治环境评价就会好些。反之，评价就会差些，从而影响外资的进入。

四、法律

在国际投资环境的诸因素中，法律因素起着调整投资关系、保障投资者的利益和安全、调节投资行为的作用。对东道国法律环境因素的考察，主要集中在三个方面：法律的健全性、法律的公正性和法律的稳定性。

（一）法律的健全性

法律制度的健全状况，主要指法律体系的完善和各项法规实施的情况。一般而言，各项具体的法规都是调整各类活动的基本准则，其中某些法规与外国投资者有着直接的关系。例如商法、公司法、反托拉斯法、劳工法、税法、外资法、海关法，等等。尤其是各国的外资法更是投资者特别关注的法律，它是影响外资进入的重要因素之一。法律的实践状况主要强调在法律实施过程中的公允性。在法律使用上的严格和公平会对外国投资者产生较大吸引力；相反，若有法不依、执法不公，将会影响外资进入的积极性。健全和完善的法律制度在国际投资环境中占有极其重要的地位。无论是政治环境，还是经济环境，或是社会环境，大都可以通过法律形式表现出来。世界各国无不以维护国家主权和经济利益为前提，制定本国利用外资的有关法律，但由于政治制度、经济制度以及社会文化等各方面的不同也存在较大的差异。

一般来讲，发达国家国力强，资金充裕，技术先进，国际竞争能力强，因而对外资采取比较开放的立法态度，限制性措施比较少，但鼓励性措施也比较少；发展中国家正好相反，由于国力弱，资金匮乏，技术落后，国际竞争能力弱，因而对外资的态度往往自相矛盾，一方面鼓励性措施较多，以弥补投资环境总体水平较低的缺陷；另一方面限制性措施也较多，其目的是大力引进外资的同时，还要保护本国民族工业和幼稚工业的发展。

西方发达国家通常只制定一部《公司法》，既适用于本国企业，也适用于本国境内的外国公司。在这些国家的《公司法》的最后一部分会制定外国居民在本国境内设立公司的各种法律程序和条件。而发展中国家的《公司法》一般只针对国内企业，另外有专门的《外资法》、《外资投资法》、《合营企业法》、《外资企业法》、《海外税法》等一系列法律来规范外国投资行为。

（二）法律的公正性

在投资的过程中，投资者难免和东道国的自然人、法人或者政府产生纠纷，在出现纠纷时需要提起仲裁或诉讼。法律在执行时能否公正、无歧视地以统一标准对待每个诉讼主体，是能否吸引投资者的重要因素之一。投资者一定会选择在一个能被公正对待的国家里从事投资活动，以很好地保障投资收益。

（三）法律的稳定性

法律的稳定性是指法律在一定时间内应保持相对的稳定，以保持法律的权威，适应社会生活的需要。投资者在东道国的投资活动是一种较长期的经济活动，因此法律必须在一定时期内具有一定的稳定性，从而使法律关系处于相对稳定的状态。如果法律朝令夕改，不仅使法律本身难以实现其作用，而且会使投资者无所适从。当然，法律的稳定性是相对的而非绝对的。随着社会生活的发展变化，法律必须适时地进行调整。

五、社会文化

由于地理和历史的原因，各国的社会文化背景是不同的，在有些国家里甚至还存在地区间的差别。这方面的差别使国外投资者在东道国投资时会遇到一些不便，这种不方便的程度对国际投资是有影响的。社会文化方面的因素主要有：

（一）语言和文化传统

投资活动是一种涉外经济行为，投资者进行国际投资活动时，必须与东道国的各类机构和个人进行交流。语言和文化传统的差异，往往是影响国际投资活动的直接因素。不同的文化传统所造成的不同社会观念、消费习惯、生活准则、思维方式等，会对国际投资活动产生不同程度的影响。一般说来，语言和文化传统方面的差异越小，投资者与东道国越容易沟通，从而越有利于国际投资活动的开展；反之，则会阻碍国外投资者进入某一国家进行投资。图 6-1 说明了与语言文字相关的各国的文化差异。

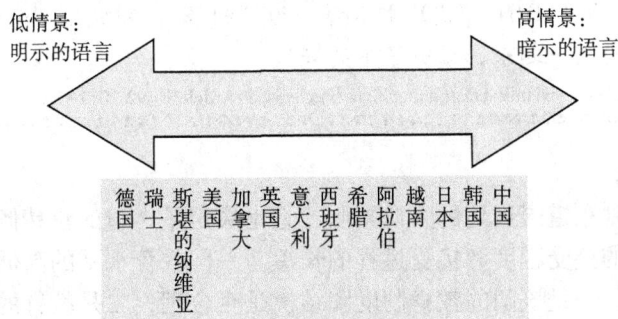

图 6-1　与语言相关的文化差异

相关链接 6-2

语言文字差异带来的不同商业效果

1. 从"蝌蚪啃蜡"到可口可乐

可口可乐英文名 Coca-Cola，也称 Coke，由美国可口可乐公司出品。史料记载，可口可乐于 20 世纪 20 年代被引入中国时，被译作"蝌蚪啃蜡"。就冲这样的名称，可口可乐当时的被接受状况可想而知，销路根本无法打开。为了打破在华窘况，出口商悬赏 350 英镑，征求新的中文译名。当时身在英国的中国教授蒋彝以"可口可乐"四个字拔得头筹，赢得了 350 英镑赏金。他哪里能想到，可口可乐后来在世界各地的市场皆处于领先地位，销量远远超越其主要竞争对手百事可乐，被列入吉尼斯世界纪录。

现在看来，可口可乐真是捡了个大便宜，只花了 350 英镑，兑换成现在的人民币也不过几千元，却换来在华语世界的脍炙人口，每时每刻都赚取着可观的财富。这件事后来让蒋彝肠子都悔青了，不止一次向朋友表示：可惜当时不懂市场，不了解商业经济，否则早已"先富起来"。

2. 从"金狮"到"金利来"

1968 年，"金利来"商标的创制者曾宪梓看到香港当地生产的领带质量低劣，全都摆在地摊上，便立志在香港生产出做工精良的领带来。曾宪梓在泰国时，跟着哥哥学做过几个月领带，掌握了一些制作技术。所以后来在香港，他凭着剪刀、尺子、缝纫机这些简单的工具，真的做出了质优款新的领带。

有了领带，还要给领带确定个商标，因为领带没有牌子，不能进入高档商品柜台。曾宪梓最初起的商标名称叫"金狮"，并兴致勃勃地将两条"金狮"领带送给他的一位亲戚。

可没想到他的亲戚拒绝了他的礼物，并且不高兴地说："金输、金输，金子全给输了！"原来，在香港，"狮"与"输"读音相近，香港人爱讨个吉利，对输字很忌讳。

当晚，曾宪梓彻夜未眠，绞尽脑汁改"金狮"的名字，最后终于想出个好办法，将"金狮"的英文名"Goldlion"由意译改为意译与音译相结合，即"GOLD"仍为意译"金"，而"LOIN"（狮）取音译，为"利来"，即成为"金利来"。

金利来，金与利一起来，谁听了不高兴！

资料来源：http://www.yixianlin.com/qiming/ShowArticle.asp? ArticleID=92 2011-12.

（二）教育状况

教育水平关系到东道国当地的人口素质，它也决定了人口的消费倾向、价值观、行为方式和对新产品的接受程度和接受过程的长短。一国教育水平的高低，一般可以从以下几个方面来考察：一是该国的教育制度和结构是否合理；二是教育的普及程度；三是教育与社会需要的结合；四是一般认字状况；五是基础教育、职业教育和专门教育的状况；六是国民对教育的基本态度。教育水平高，劳动力素质必然高，生产的效率和经济效益就高，投资的收益就好，对国外投资者就有吸引力。反之，则会影响国外投资者的进入。

（三）宗教信仰

宗教对人的生活方式、价值观念、购买动机、消费倾向等有重大影响。目前世界上有基督教、伊斯兰教和佛教三大宗教，若把小的宗教派别和分支都包括进来，至少有几十种。不同的宗教信仰对人们的价值观念、生活态度和消费方式等都会产生重要影响。例如，从传统上看，基督教主张努力工作、节俭、储蓄；佛教和印度教强调精神价值，贬低物质欲望；伊斯兰教禁止食猪肉、饮酒等，这些都会对国际投资活动产生直接或间接的影响。从投资接受国来看，宗教制度和一些清规戒律越复杂严格，往往越令国外投资者畏缩不前。从国际投资者来看，越能尊重东道国的宗教信仰和风俗习惯并适度地加以利用，则越能在该国开展投资活动并获得成功。

相关链接 6–3

宗教及其经济含义

1. Christinanity
传统上，基督教主张努力工作、节俭、储蓄，崇尚 "The Spirit of Capitalism"。

2. Islam
伊斯兰教禁止食用猪肉、饮酒，并抵制改革，反对妇女抛头露面，而且伊斯兰教相对而言有更多的制度和道德规范，如同法律。

3. Hinduism
印度教强调精神价值、贬低物质欲望及等级制度。

4. Buddhism
佛教不太强调所谓 "企业家精神"（Entrepreneurial Behavior）。

5. Confucianism
儒教强调忠诚、交易中的诚信（Honesty in Dealings）。

资料来源：百度百科，http://baike.baidu.com/view/388877.htm.

（四）社会心理

社会心理包括民众的一般价值观念、对物质分配的态度、对工商业的一般看法、对经营和风险的态度，尤其是对国外投资者经营活动的态度以及现存的上下级关系和部门间的关系、民族心理和民族意识等。这些因素对外来投资的影响往往是比较微妙的。一般说来，它们影响一国对外资的接纳程度、外资与当地资本合作以及与当地官方和非官方机构合作的状况、外资投资效益和经营成果的分配等。

上述影响国际投资环境的因素都是不容忽视的。国际投资环境各因素之间不是相互独立的，而是相互影响、相互渗透的，投资环境是一个影响投资者选择投资国的综合性因素。

由于历史和环境的原因，世界各国都有其独特的社会、文化背景，而且国与国之间的差别很大。这些差异必然影响各投资东道国政府、组织、群体和个人的行为习惯，决定了当地普遍的社会态度、思想观念、消费偏好，进而影响着投资者与当地政府、企业、消费者之间的关系。

投资者必须根据当地的具体情况，随时调整企业的经营战略、组织结构、管理方式和企业文化，以适应东道国的社会文化习惯，从而取得良好的投资收益。这也正是许多跨国公司采取本土化经营策略的根本原因。例如，瑞典宜家在所有市场保持产品设计统一的同时，也做出一些调整，比如，对在个别国家出售的睡床和抽屉的尺寸做出调整。并且，它在强调以商品目录为其首要促销工具的同时，也在美国等以大众媒体为导向的市场里增添电视广告的使用。由此可见，对不同国家和地区投资环境的分析是极为重要的，表 6-1 是对部分国家和地区社会文化环境的介绍。

表 6-1　部分国家和地区的社会文化环境

国家或地区	社会精神面貌	家庭结构	妇女地位	教育水平	宗教	语言
中国香港	集体意识、谦虚、礼貌、开放、企业家精神、中国传统	忠诚于家庭、威望和财富	贤妻良母，年轻妇女就业多	高度重视教育，小学义务，初中自费，高中以上竞争激烈，留学英美	佛教、印度教、基督教	英语、粤语、普通话
印度	调和、谦卑、克制、不重变革、僧侣等级、对宗教虔诚	大家庭、聚居、家长制	家庭地位比较传统，社会地位逐步提高，就业增长	强制性义务到14岁，1/3人口是文盲	印度教、伊斯兰教、佛教、锡克教、袄教、耆那教、犹太教	印地语、英语

续表

国家或地区	社会精神面貌	家庭结构	妇女地位	教育水平	宗教	语言
日本	一致性、尊重长者、和谐、社会意识、重社会舆论	60%包办婚姻，晚婚，小家庭，堕胎多，离婚少	负责家务、购货、子女，妇女很少任要职	大学竞争激烈，受教育率极高，高达99%	佛教、神道教，信仰形式化，风俗化，非精神化	日语、英语广泛使用
新加坡	东方传统与西方价值观融合，谦逊有礼、尊老爱幼、服从上司	东方传统，国际婚姻也很普遍	贤妻良母，一部分专项职业妇女	儿童初级教育免费，中学部分费用由私人承担，25%升入大学	佛教、儒教、伊斯兰教（占人口16%）、天主教（占人口10%）	英语、马来语（普遍）、汉语、泰米尔语
韩国	独立性强、个人主义、个人奋斗，受西方影响，但保持儒家的社会观念和国家精神	家庭责任感强，有包办婚姻的习俗，晚婚，对家庭忠诚	比较腼腆，不经商，不参与管理层，工作层次较低	九年义务教育，教育率90%以上，留学美国较多，推崇教育	基督教（占人口21%）、儒教和佛教（占人口16%）、萨满教	朝鲜语、英语
澳大利亚	欧洲移民文化，反对种族歧视	小家庭，夫妇都工作，家庭观念强	鼓励妇女参政，行政管理职务14%为妇女，公共服务人员34%为妇女	九年义务教育，1/4学生上私人学校	基督教占人口大多数	英语
英国	爱国热忱，对公司普遍忠诚，参与有名望的社会团体，尊重隐私权	小家庭，核心型	反性别歧视，与男子平等就业，妇女就业多	无文盲，讲究学位，政府资助大学预科	圣公会为国教，天主教占人口9%左右，新教	英语
法国	保持艺术传统，崇尚独立的个性、创造性，对地位敏感，尊重隐私权	小家庭，核心型	60%的妇女就业，集中在服务行业	教育优先，政府支持，名牌大学毕业生有地位	天主教占人口大多数，新教、伊斯兰教、犹太教	法语
德国	民族自尊心强，守秩序，有纪律，责任感，成就感	小家庭，父亲在家庭地位高	劳动力1/3是妇女，性别歧视不普遍，商界管理层女性不足20%	12年义务教育，重视成人教育，大学毕业生水平高，高度重视国民教育	天主教和基督教各占一半	德语、英语（年轻人）
意大利	悠久的文化，欢快的生活方式，赶时髦，时间观念不强，重闲暇	家庭纽带在生活和商界、政界很有作用	商界妇女较少，但老练、水平较高	九年义务教育	大多数天主教	意大利语
尼日利亚	热情、友好、爱国，不重视社会地位，重视办事态度	大家庭，早婚	地位低下，服侍丈夫和照顾孩子	普及小学，自助留学，成人教育率达37%	信仰自由，伊斯兰教、基督教、祖先崇拜	英语、豪萨语、约鲁尼语、伊博语
沙特阿拉伯	伊斯兰文化，好客、慷慨、诚实、友善、忠诚、谦虚	几代同堂，男子支配	与男子的生活不同，公共场合蒙面纱	从幼儿园到大学都由政府资助	伊斯兰教，伊斯兰教法典影响整个社会	阿拉伯语、英语
墨西哥	受美国文化影响，但传统的价值观仍支配社会	大家庭，男子地位高	地位较低，很少进入商界	九年义务教育	天主教为国教	西班牙语、英语、印第安语

续表

国家或地区	社会精神面貌	家庭结构	妇女地位	教育水平	宗教	语言
美国	多元化、多民族融合，个人英雄主义，直率、坦诚、不拘小节	小家庭，单身家庭增多	妇女就业普遍，在商界任职较多，反对性别歧视，女权主义	发达，识字率99%，大学多	大多数为新教，天主教占20%，犹太教占5%	英语
巴西	乐观，地区文化，民族自豪感，对美国文化也比较喜欢，多元文化	家庭纽带在商界很重要	商界妇女极少，妇女操持家庭、照顾孩子	青年商人受过国际教育，熟悉国际商业惯例和工业技术	大多数为天主教、新教	葡萄牙语
委内瑞拉	民族精神，不喜欢妥协，尊重专家，观念比较保守	家庭在社会生活中起重要作用	商界妇女不多，持传统观点，操持家务	从小学到大学免费教育	大多数为天主教	西班牙语、英语

相关链接 6-5

德国和日本的一些商业规矩

在德国和日本，商业规矩比美国更正式。暗色西服的保守穿着和正规礼貌的交往是他们的准则。人们几乎很少直呼其名，德国人喜欢表示尊敬的头衔（如"博士先生"），日本人喜欢用结尾语"San"，如"Tanaka-San"，作为一种礼貌的问候方式。

德国人喜欢得到名片，在日本相互交换名片是最基本的，日本人用名片作为自我介绍的一种方式。名片有助于将一个人摆到一个合适的位置，可以表明所在公司的声望及其在公司的职位。日本人可以端详你和你的名片好几分钟，而不进行任何交流。许多西方人发现这种利用时间的方式令人感到不安并怀疑会发生什么问题。

德国人将商务和家庭生活区分开来，他们很少在下午5：00以后做生意。相比之下，日本人的工作时间将持续到日落及更晚的时间，与同事或商业伙伴一起吃喝会持续到晚上10点或11点。由于这种文化期望，如果当管理者的丈夫每天6：00回家的话，他们的妻子就会很没面子，因为，这意味着其丈夫被他的同事所抛弃。在日本，人们希望在工作之后得到娱乐，在仪式化饮酒中，办公室里的正规就会被打破，因为，日本人认为这是在休息时间里真正认识你的一种方式。然而，第二天早上9点，一切都将恢复正规。

资料来源：道客巴巴网，http://www.doc88.com/p-180692058568.html.

第三节　国际投资环境的评估方法

国际直接投资环境的要素繁杂，因而整体评价是一项涉及面广泛、内容庞大的工作。对国际投资环境各构成要素进行的分析，只是从各个侧面反映了一国的投资环境，但难以总体上把握，因此还必须从总体的角度对一国的投资环境做出具体的评价和分析，以便于投资者制定特定的投资战略，选择投资国别和行业以及投资方式。

20世纪60年代以来，随着国际投资活动在全世界范围内广泛展开，国际上出现了很多评估投资环境的方法。本节主要介绍几种具有影响的投资环境评估方法：

一、冷热比较分析法

1968年美国学者伊西阿·利特法克（Isiah A. Litvak）和彼得·班廷（Peter M. Barting）根据他们对六十年代后半期美国、加拿大、南非等国的大量工商界人士进行的调查资料，在《国际商业安排的概念构架》论文中提出通过七种因素对各国投资环境进行综合、统一尺度的比较分析，从而产生了投资环境的冷热比较分析法（也称冷热国对比或冷热法）。该方法别出心裁地以热冷表示环境的优劣，其基本方法是：从投资者和投资国的立场出发，对各国的政治稳定性、市场机会、经济发展与成就、文化一元化、法令障碍、实质障碍、地理与文化差异七个方面进行综合比较分析。其中前四种的程度大就成为"热"环境，后三种的程度大则成为"冷"环境，据此对目标国逐一进行评估并将之由"热"至"冷"依次排列，热国表示投资环境优良，冷国表示投资环境欠佳。

这七大因素的内容及解释如下：

（1）政治稳定性：它是指东道国有一个由社会各阶层组成的为广大群众所拥护的政府。该政府能够鼓励和促进企业发展，创造出良好的适应企业长期经营的环境。当一国政治稳定性高时为"热"因素。

（2）市场机会：当对外国投资生产的产品或提供的劳务在东道国市场尚未满足需求时，表明东道国具有实际购买力，市场机会较大，为"热"因素。

（3）经济发展与成就：东道国实际国民经济增长率高，经济运行良好，经济成就大为"热"因素。

（4）文化一元化：东道国国内各阶层民众的相互关系、社会心理和社会习惯、价值观念、宗教等方面的差异程度越小，其文化一体化程度就越高，即为"热"因素。

（5）法令障碍：东道国法律体系的完善和简繁程度都可能影响外国企业的经营，若法律对外国企业经营的阻碍大则为"冷"因素。

（6）实质障碍：指东道国的自然条件，如地形、地理位置等，对外国企业的有效经营产生的阻碍。实质阻碍高为"冷"因素。

（7）地理与文化差距：指投资国与东道国之间的距离远近，文化、社会观念、民俗习惯和语言上的差别。如果地理文化差距大，为"冷"因素。

表6-2反映了利特法克和班廷从美国投资者的立场出发，对加拿大、英国等10国的投资环境所作出的直观的冷热比较。

冷热比较法是最早提出的一种较为系统的投资国环境评价的方法，其分析的方法和结论，为外国投资者制定投资战略，选择东道国别提供了重要的依据。

表 6-2　美国人心中 10 国投资环境的冷热比较表

国别		政治稳定性	市场机会	经济发展与成就	文化一元化	法令障碍	实质障碍	地理与文化差异
加拿大	热	大	大	大		小		小
					中		中	
	冷							
英国	热	大			小	小	小	小
			中	中				
	冷							
德国	热	大	大	大	大		小	
						中		中
	冷							
日本	热	大	大	大	大		中	
	冷					大		大
希腊	热					小		
			中	中	中			
	冷	小					大	大
西班牙	热							
			中	中	中	中		
	冷	小					大	大
巴西	热							
			中		中			
	冷	小		小		大	大	大
南非	热							
			中	中		中		
	冷	小			小		大	大
印度	热	中	中		中			
	冷			小		大	大	大
埃及	热							
					中			
	冷	小	小	小		大	大	大

二、等级尺度法

等级尺度法（Rating Scale）是目前国际上对国际投资市场的投资环境进行评价时采用最多的一种方法，它是由美国经济学家于 1969 年 9 月在《哈佛商业评价》（Harvard Business Review）上发表的《如何分析外国投资气候》（How to Analysis Foreign Investment

Climates）一文中提出的。这种方法是将东道国政府各种政策以及东道国基本经济情况影响投资环境的八项因素按照对投资者重要性的大小，确定不同的评分标准，再按各种因素对投资者的利害程度给予不同的分数，然后把各因素的等级得分加总作为对其投资环境的总体评价，总分越高表示其投资环境越好，总分越低则其投资环境越差（见表6–3）。

表 6–3　投资环境等级评分标准表

投资环境因素	投资环境因素的具体状况	评　分
1. 货币稳定性		4~20
	自由兑换货币	20
	官价和黑市价之差不超过 10%	18
	在 10%~40%	14
	在 40%~100%	8
	超过 100%	4
2. 近 5 年通货膨胀率		2~14
	低于 1%	14
	1%~3%	12
	3%~7%	10
	7%~10%	8
	10%~15%	6
	15%~35%	4
	超过 35%	2
3. 资本外调		0~12
	无限制	12
	有时限制	8
	对资本外调有限制	6
	对资本和利润收入有限制	4
	严格限制	2
	完全不准外调	0
4. 允许外商股权的比例		0~12
	允许占 100%，并表示欢迎	12
	允许占 100%，但并不表示欢迎	10
	允许占多数股权	8
	允许最多占 50%	6
	只允许占少数	4
	只允许占 30% 以下	2
	完全不允许外商控制股权	0
5. 对外商的歧视和管制程度		0~12
	对外国与本地企业一视同仁	12
	对外国企业略有限制但无控制	10
	对外国企业不限制但有若干控制	8
	对外国企业有限制并有控制	6
	对外国企业有些控制且有严格限制	4
	严格限制与控制	2
	严禁外商投资	0

续表

投资环境因素	投资环境因素的具体状况	评 分
6. 政治稳定性		0~12
	长期稳定	12
	稳定，不过依赖某一重要人物	10
	稳定，但要依赖邻国的政策	8
	内部有纠纷，但政府有控制局面的能力	6
	来自国内外的强大压力对政策有影响	4
	有政变或发生根本变化的可能	2
	不稳定，极有可能发生政变	0
7. 当地资本供应能力		0~10
	发达的资本市场，公开的证券交易	10
	有部分本地资本，投资证券市场	8
	有限的资本市场，缺乏资本	6
	有短期资本	4
	对资本有严格限制	2
	资本纷纷外逃	0
8. 给予关税保护的态度		2~8
	全力保护	8
	有相当保护	6
	有些保护	4
	非常少或无保护	2
总　　计		8~100

资料来源：［美］罗伯特·斯托伯. 如何分析外国投资气候. 哈佛商业评论，1969.

在分析的八项内容中，最主要的是货币稳定性和近 5 年的通货膨胀率这两项内容，占全部等级尺度评价总分的 34%，这是因为货币稳定是经济稳定发展的前提，严重和恶性通货膨胀会使投资者投资贬值，风险大增。其次是资本外调、政治稳定性、允许外商股权的比例以及对外商的歧视和管制程度四项，各占等级尺度评定总分数的 12%。这四项内容关系到资本能否自由出境、跨国企业和本地企业之间的竞争条件和能否控制企业的所有权和经营权。最后是给予关税保护的态度和当地资本供应能力，所占比重较轻。

运用等级评分法的优点在于能清楚地了解需要从哪些方面研究国际投资环境，同时这些因素的评分标准非常具体，评价所需的资料既易于取得，又易于比较。这种方法运用定性分析和对作用程度不同因素的逐项分析，最后又采用简单累加计分的方法，使定性分析既有了一定的数量化内容，同时又不需要高深的统计学技术，因而一般的投资者都可以采用。

三、投资障碍分析法

投资障碍分析法是指依据潜在的阻碍国际投资运行因素的多少与程度来评价投资环境优劣的一种方法。其基本出发点是：如果在没有考虑优惠的情况下，一国的投资环境是可以接受的话，那么再加上优惠的因素就更可以接受了。因此，判断一国的投资环境是否适合外国投资，只要考虑该国的投资阻碍因素就可以有一个基本的结论，这也符合企业竞争的一般原则。

这种方法要求投资者根据投资环境因素分析构架，分别列出阻碍对外直接投资的主要因素，并对潜在的东道国加以比较，阻碍因素比较少的国家，就是投资环境比较好的国家。阻碍投资的因素通常包括十个方面：

（1）政治障碍。如东道国的政治制度与母国不同、政局动荡、政治选择的变动、国内骚乱、内战、民族纠纷等。

（2）经济障碍。如国际收支赤字增大、外汇短缺、通货膨胀、货币币值不稳定及基础设施不良等。

（3）东道国资金融通困难。如资本数量有限、没有完善的资本市场、资金融通的小指较多。

（4）技术人员和熟练工人短缺。

（5）实施国有化政策与没收政策。

（6）对外国投资实行歧视政策。如禁止外资进入某些产业、对当地的股权比例要求过高、要求有当地人参与企业管理、要求雇用当地人员等限制外国人员活动的某些政策。

（7）对企业干预过多。如国有企业参与竞争、实行物价管制、规定使用本地原材料。

（8）实行较多的进口限制。如限制工业制成品进口、限制生产资料进口。

（9）实行外汇管制和限制利润汇回。如一般外汇管制、限制资本和利润汇回、限制提成费汇回。

（10）法律行政体制不完善。如投资法规不健全、没有完善的仲裁律师制度、行政效率低、贪污受贿行为严重。

投资障碍分析法是一种简单易行的、以定性分析为主的国际投资环境评估方法。该方法的优点在于能够迅速、便捷地对投资环境作出判断，并减少评估过程中的工作量和费用。但它仅根据个别关键因素就作出判断，有时会使公司对投资环境的评估失去准确性，从而丢失一些好的投资机会。

四、闵氏多因素评价法和关键因素评价法

闵氏评价法是香港中文大学闵建蜀教授 1987 年在罗氏等级评分法的基础上提出的一种投资环境评价方法，它包括闵氏多因素评价法和闵氏关键因素评价法。两种分析方法是密切联系而又有一定区别的。

（一）闵氏多因素评价法

闵氏多因素评价法把影响投资环境的因素分成十一大类，每一大类因素由一组子因素组成，具体内容见表 6-4。

根据闵氏多因素评价法，先对各类因素的子因素作出综合评价，再对各因素作出优、良、中、可、差的判断，然后按下列公式计算投资环境总分：

$$投资环境总分 = \sum_{i=1}^{n} w_i (5a_i + 4b_i + 3c_i + 4d_i + e_i)$$

表 6-4　闵氏多因素评价法影响因素与子因素的组成

影响因素	子因素
1. 政治环境	政治稳定性；国有化可能性；当地政府的外资政策
2. 经济环境	经济增长；物价水平
3. 财务环境	资本与利润外调；对外汇价；集资与借款的可能性
4. 市场环境	市场规模，分销网点，营销的辅助机构，地理位置
5. 基础设施	国际通讯设备；交通与运输；外部经济
6. 技术条件	科技水平；适应工资水平的劳动生产力；专业人才的供应
7. 辅助工业	辅助工业的发展水平；辅助工业的配套情况等
8. 法律制度	商法、劳工法、专利法等各项法律制度是否健全；法律是否得到很好的执行
9. 行政机构效率	机构的设置；办事程序；工作人员的素质等
10. 文化环境	当地社会是否接纳外资公司及对其信任与合作的程度；外资公司是否适应当地社会风俗等
11. 竞争环境	当地竞争对手的强弱；同类产品进口额在当地市场所占份额

式中，w_i 为第类因素的权重；a_i、b_i、c_i、d_i、e_i 为第 i 类因素被评为优、良、中、可、差的百分比。

投资环境总分的取值范围在 11~55 之间，越接近 55 分，说明投资环境越佳；反之，越接近 11 分，则说明投资环境越差。

闵氏多因素评价法是对一国投资环境做一般性的评估所采用的方法，但它较少从具体投资项目的投资动机出发考察投资环境，而闵建蜀教授的另一种方法——关键因素评价法在一定程度上解决了这一问题。

（二）闵氏关键因素评价法

闵氏关键因素评价法是从投资者具体投资项目的投资动机出发，根据表 6-5 中所列各项，从影响投资环境的众多因素中找出影响具体项目投资动机实现的关键因素，再按照多因素评价法的评分方法进行评分。

表 6-5　闵氏关键因素评价法

投资动机	影响投资的关键因素
1. 降低成本	①适应当地工资水平的劳动生产率；②土地费用；③原材料与原件价格；④运输成本
2. 发展当地市场	①市场规模；②营销辅助机构；③文化环境；④地理位置；⑤运输条件；⑥通信条件
3. 材料和元件供应	①资源；②当地货币汇率的变化；③当地的通货膨胀；④运输条件
4. 风险分散	①政治稳定性；②国有化可能性；③货币汇率；④通货膨胀率
5. 追随竞争者	①市场规模；②地理位置；③营销的辅助机构；④法律制度等
6. 获得当地生产和管理技术	①科技发展水平；②劳动生产率

假设一位国外投资者到国外投资的动机是为了发展外国市场，那么在关键因素评分表中，与该目标密切相关的关键因素主要有：①市场规模；②营销辅助机构；③文化环境；④地理位置；⑤运输条件；⑥通信条件。如果其权重分别为 0.4、0.2、0.1、0.1、0.1、

0.1，初步选择三个国家和地区作为可能的投资地点，它们的得分如表 6-6 所示。由此可看出，三个地方中 C 的投资环境最优。

表 6-6　关键因素评分表

地区 \ 因素	市场规模 (0.4)	营销辅助机构 (0.2)	文化环境 (0.1)	地理位置 (0.1)	运输条件 (0.1)	通信条件 (0.1)	评分
A	8	5	6	4	4	5	6.1
B	7	6	5	4	6	4	5.9
C	9	6	6	5	3	4	6.6

闵氏多因素评价法与闵氏关键因素评价法互为补充，运用闵氏评价法既可以得到对投资环境的总体性评估结论，又能得到具体投资项目的专门评估结论，从而实现了一般与特殊的有机结合，不失为一种行之有效的投资环境评价方法。

五、抽样评价法

投资环境抽样评估法是指对东道国的外商投资企业进行抽样调查，了解它们对东道国投资环境的一般看法。其方法是：首先选定或随机抽取不同类型的外资企业，列出投资环境评估要素，但它没有确定指标体系，而遵循的是因素分析，且评估通常采用回答调查表的形式。

投资环境抽样评估法的一般步骤如下：

（1）选择或随机抽取不同类型的外企。

（2）列出投资环境评估要素。

（3）邀请外商投资企业的高级管理人员对这些因素进行评估。

（4）进行汇总，得出结论。

东道国政府可以通过这种办法来了解本国投资环境对外国投资者的吸引力，以改进吸引外资的具体政策、法律和法规，改善本国的投资环境。投资者也常常采用这种方法考察东道国的投资环境，以做出投资与否的决策或制定灵活的投资策略。

投资环境抽样评估法的主要特点是简便易行，调查对象和项目可以根据投资需求来合理地选择，而且调查结果的汇总与综合评价也不难，可以使调查人较快地掌握第一手信息资料。它的主要缺陷是评估结果往往带有被调查者的主观倾向，有可能使其与现实投资环境之间存在一定差距，但这可以通过适当扩大样本数量来加以解决。此外，评估项目的因素往往不可能列举很多，因而可能不全面。

相关链接 6-6

80 年代中国国际投资环境

1986 年 7 月美国科世国际咨询公司与中国国际贸易研究所运用抽样调查法对

中国的国际投资环境进行了评估，当时选择了已在中国投资的各类外国企业共36家，见表6-7。

表 6-7 抽样评估汇总表（1986 年）

评估要素	评估标准			
	非常好	良好	一般	不佳
政策	8家	14家	14家	0家
法律	10家	11家	12家	3家
税收/制度措施	7家	17家	9家	3家
利息	8家	10家	16家	2家
劳资关系	11家	18家	7家	0家
劳动生产率	0家	13家	19家	4家
动力/水供应	0家	7家	20家	9家
运输/通信	0家	3家	9家	21家
劳动成本	13家	15家	5家	3家
市场发展/销售	7家	11家	12家	6家
人力资源	7家	11家	12家	6家
投资环境结论	17.9%	32.8%	34.1%	15.2%

这 36 家外国投资企业普遍认为当时（1986 年）中国的政策、法律环境较好，劳动力成本低，但劳动生产率不高，特别是动力供应和运输、通信条件比较差。最后的结论是中国的投资环境中等。

资料来源：豆丁网，http://www.docin.com/p-398348083.html.

六、加权等级评分法

加权等级评分法是由美国教授威廉 A.戴姆赞于 1972 年提出来的。首先对各环境因素的重要性进行排列，并给出相应的重要性权数。其次，根据各环境因素对投资产生不利影响或有利影响的程度进行等级评分，每个因素的评分范围都是从 0（完全不利的影响）到 100（完全有利的影响）。最后，把各环境因素的实际得分乘上相应的权数，并进行加总按总分排高低。按照总分的高低，可供选择的投资目标国被分为以下五类：①投资环境最好的国家；②投资环境较好的国家；③投资环境一般的国家；④投资环境较差的国家；⑤投资环境恶劣的国家。表 6-8 是采用加权等级评分法对甲、乙两国投资环境进行评估和比较的情况。

表 6-8 中甲国的加权等级总分为 5360 分，大于乙国的 4390 分，这表示甲国的投资环境优于乙国的投资环境。如果公司在甲、乙两国之间选择的话，甲国是比较理想的目标投资国。

表 6-8　投资环境加权等级分析法

按重要性排序的环境因素	甲国			乙国		
	（1）重要性权数	（2）等级评分 0~100	（3）加权等级评分 （1）×（2）	（1）重要性权数	（2）等级评分 0~100	（3）加权等级评分 （1）×（2）
1. 财产被没收的可能性	10	90	900	10	55	550
2. 动乱或战争造成损失的可能性	9	80	720	9	50	450
3. 收益收回	8	70	560	8	50	400
4. 政府的歧视性限制	8	70	560	8	60	480
5. 在当地以合理成本获得资本的可能性	7	50	350	7	90	630
6. 政治稳定性	7	80	560	7	50	350
7. 资本的返回	7	80	560	7	60	420
8. 货币稳定性	6	70	420	6	30	180
9. 价格稳定性	5	40	200	5	30	150
10. 税收水平	4	80	320	4	90	360
11. 劳资关系	3	70	210	3	80	240
12. 政府给予外来投资的优惠待遇	2	0	0	2	90	180
加权等级总分			5360			4390

七、成本分析法

成本分析法是西方投资者常用的评价方法，该方法将投资环境的因素均折合为数字作为成本的构成，然后得出是否适合于投资的决策。对此，英国经济学家拉格曼（A. M. Rugman）通过深入的研究，提出了"拉格曼公式"。拉格曼认为，将各种投资环境因素作为成本构成代入，可能出现三大类情况：

（1）若 C + M* < C* + A*，便选择出口，因为出口比对外直接投资有利；若 C + M* < C* + D*，便选择出口，因为出口比转让许可证有利。

（2）若 C* + A* < C + M*，便建立子公司，因为对外直接投资比出口有利；若 C* + A* < C* + M*，便建立子公司，因为对外直接投资比转让许可证有利。

（3）若 C* + D* < C* + A*，便转让许可证，因为转让许可证比对外直接投资有利；若 C* + D* < C + M*，便转让许可证，因为转让许可证比出口有利。

其中，C：本国国内生产正常成本；C*：东道国生产正常成本；M*：出口销售成本（包括运输、保险、关税等）；D*：各种风险成本（包括泄露、仿制等）；A*：国外经营的附加成本。

成本分析法不仅综合了各种投资环境因素所造成的成本，而且把它和参与国际市场的三种形式结合起来，是西方投资者经常采用的评价方法。

八、动态分析法

动态分析法是美国经济学家 S.T.施文蒂曼于 1985 年 8 月在我国杭州召开的"外资在发展中国家的作用"研讨会上提交的《多国公司与东道国环境》论文中介绍的，是根据美国道氏化学公司（Dow Chemical）对外投资的实践而总结的一套投资环境评价方法。

该方法认为，投资环境不仅因国别而异，而且即使在同一国家也会因不同的时期而发生变化。因此，在投资者评价投资环境时，不仅要看其过去和现在，而且还要评估今后可能发生的变化，以便确定这些变化在一定时期对投资活动的影响。

第四节　国际主要国家的投资环境

一、美国的投资环境

美利坚合众国（USA）是一个由 50 个州和华盛顿特区组成的宪政联邦共和制国家，美国本土东濒大西洋，西临太平洋，北靠加拿大，南接墨西哥，阿拉斯加州位于北美大陆西北方，夏威夷州则是太平洋中部的群岛，另有波多黎各、北马里亚纳等海外领地。

（一）发达的经济体

美国是世界上规模最大和最发达的经济体，人均 GDP 为 4.2 万美元。美国的市场体制、法律制度和税收体系给外国投资者充分的经营自由。此外，美国吸引外国经营和投资的环境主要指数连续排名最佳或接近最佳。世界经济论坛发布的《全球竞争力报告》显示，美国一直是世界上最具竞争力、最具创新和最开放的经济体之一。

世界银行和国际金融公司（IFC）最新公布的《2012 年营商报告》显示，美国整体营商环境在全球 183 个经济体中排名第 4 位，仅次于新加坡、中国香港和新西兰。

（二）巨大的消费市场

美国作为一个具有诱惑力的庞大市场，跨国公司在美投资将拉近它们与供应商和消费者的距离。美国的货物消费市场占据全球总量的 42%，人均可支配收入为 3.2 万美元。此外，美国还与 18 个合作伙伴签订了自由贸易协定，外国投资者可借由美国更便利地进入美国相关市场。

（三）全球研发中心

美国是全球创新的中心。根据巴特尔纪念研究所（Bettelle Memorial Institute）估算，2010 年美国研发支出为 3958 亿美元，高居全球第一。另据诺贝尔基金会统计，自 2000 年以来，美国在科学领域获得的诺贝尔奖数量超过了其他所有国家的总和，约 45% 的诺贝尔化学、医学、物理奖得主都在美国从事其获奖领域的研究工作。每年美国受到的专利申请数量超过全世界其余国家和地区申请数量的总和。

（四）全球技术领先

美国在技术研发和创新等方面处于全球领先地位，外国投资者在美国更容易获取较高的回报。美国市场对外国生产、创意、创新持开放态度。在《商业周刊》评选的全球最大100家信息科技（IT）公司中，有45家是美国公司。世界经济论坛全球竞争力指数显示，美国在创新、市场效率、高等教育、综合经商方面均名列第一。

（五）知识产权保护

外来企业来美国进行研发，将其创新成果商业化，美国将为其提供强大的知识产权保护和严格的执法制度。2010年，在美国专利商标局授予的36.5万项专利中，有67%的专利申请来自国外。

（六）教育优势

据《时代高等教育增刊》报道，全球排名前10位的大学中有6所在美国。美国共有4000余所大专院校，约5600万名美国人获得学士及以上学位。美国大学和研究机构还招收了50多万名留学生，约占全球留学生总数的1/4。很多社区学院为在本地投资的外国企业提供量身定制的培训。

（七）劳动生产率持续提高

在美国，投资者可以利用受过良好教育、生产效率高、适应能力强的劳动力资源。2000年以来，美国企业生产率以年均3.2%的速度增长。1992~2006年间，美国劳动生产率年均增速高于西方七国集团（G7）的其他成员。

（八）完善的基础设施

在全球最大的10个经济体中，美国拥有最大的公路、铁路网络以及最多的机场。全球航空货运量最大的10个机场中有5个在美国。美国还拥有世界上最繁忙的国际散货和集装箱装卸港口。

（九）移民国家的多元文化氛围

美国是一个多元文化共存的国家，众多外国人在此学习、生活、投资。作为一个移民国家，美国拥有容纳世界多元文化的习惯，承诺以公平和平等的方式对待外国投资者。

二、德国的投资环境

德意志联邦共和国地处中欧，与27个欧盟成员国中的8个国家毗邻。目前德国生活着8200万的人口，是欧盟国家中人口最多的。在国际投资者看来，德国是世界上最具吸引力的经济中心之一。无论从技术、劳动力条件还是从产品质量上来说，德国都处在世界最前列。在向德国这个欧洲最大的市场投资时，外国企业看中的正是这些优越的条件，同时看中的还有德国良好的经济环境。

（一）便利的交通运输条件

德国在这方面的优势十分明显。德国的交通四通八达，便于购买和销售，商品可以便利地到达西欧、东欧市场。其高速公路之发达闻名世界,联邦公路、地方公路与高速公路相映成网,通至每一个山村角落;海运和内河运输、铁路及空中交通也十分发达,与世界各地的交通运输都很便利。

(二)现代化的通讯条件

德国对内、对外拥有一个先进的信息传递网,各种语言、文字、数据、图像的远距离传递都很方便。电话普及率为98%,长途电话80%实现数据化。在通讯领域,德国国家投资巨大。但德国电信资费的价格略高。

(三)领先的经济实力

德国是欧洲最大的市场。它占据了欧洲国内生产总值的20%,且16%的欧盟国家人口都来自德国。德国是欧洲的经济引擎。投资者不仅能从德国良好的经济成效和巨大的国内市场中获得丰厚的回报,还可以由此顺利进入欧盟扩展后的大量成长型市场。

(四)劳动成本和税收负重

一直以来,德国是一个高工资标准的国家,社会福利相当健全,人民比较富裕。而这也带来了劳动力成本偏高、企业社会福利负担较重等弊端。近年来,德国政府已实施了根源性的税制改革,从而使德国成为更具吸引力的投资地点。德国税收制度允许不同城市有不同的税率。平均而言,合股企业的整体税负不到30%。某些德国城市有明显较低的税率,甚至可以低至8%。这使德国公司的税务制度在重要工业化国家中具有强劲的竞争力。联邦政府多项改革措施改进了税收的框架,大幅地削减了企业税收并间接使劳动成本降低,从而为更多的投资者打开了机遇之门。

(五)环保标准

从20世纪80年代开始,德国举国上下环保意识日益增强(政治上出现了"绿党"),国家和私人在环保方面付出了很大努力,有关支出也大大增加。正因为如此,德国在环保技术上和环保产品出口上是世界领先的:德国公司每年环保专利技术登记,居世界第一;世界环保产品市场德国占据20%,美国占16%,日本占13%。由于德国对环保重视,从长远看,有利于现代化的高技术生产部门的发展。然而从近期观点来看,由于环保开支过大,对国家和企业的财务和国际竞争力造成较重的负担,进而对吸引外国资本前来投资带来了不利影响。

(六)安全的投资框架

德国有一个稳定而透明的法律环境。德国司法的独立性、稳固的法典和有效的执法制度为投资商提供了一个安全完整的法律框架,使商家能够迅速行使各自的权利。并且在德国,知识产权受到高度保护。

在德国成立公司的手续快捷、高效,只需几个简单的步骤即可完成。成立公司的费用并不高,更重要的是费用在一开始就可以确定。德国私营有限责任公司是德国使用最广泛的法人形式,有着高度的灵活性和相对较少的义务。

(七)极具吸引力的激励机制

德国向所有的投资者提供具有吸引力的激励措施。在投资进程的各个环节中都有具体的补助支持项目。支持的范围从对直接投资的现金补偿到员工和研发的补贴。研发项目可以相应地享受各种形式的财政支持。低利率贷款和特殊伙伴关系计划等都进一步完善了德国对研发项目的支持政策。

三、英国的投资环境

英国是老牌的资本主义国家，是世界四大金融中心之一。英国私人对外直接投资累积额仅次于美国，居世界第二位。其良好的投资环境、完善的金融体系深受投资者喜爱，现在，越来越多的人喜欢在英国注册公司。

（一）英国的自然地理和人口

英国是大不列颠岛和爱尔兰岛东北部及附近许多岛屿组成的岛国。东濒北海，面对比利时、荷兰、德国、丹麦和挪威等国；西邻爱尔兰，横隔大西洋与美国、加拿大遥遥相对；北过大西洋可达冰岛；南穿英吉利海峡行驶 33 公里就到法国。英国现有人口主要由英格兰人（占人口总数的 80%以上）、威尔士人、苏格兰人和爱尔兰人组成。

（二）英国的经济

英国是古老的工业发达国家，英国经济中以金融服务性行业为主。伦敦更是以世界重要的银行、保险以及其他金融服务中心而著称，是英国的政治、经济、文化和交通中心，是英国最大的海港和首要工业城市，是世界十大都市之一，也是全世界四大金融中心之一。

（三）英国的税收政策和外汇管制

英国是欧洲经济大国中税率最低的国家，也是贸易最自由最民主的国家。1984 年制定的《国际商业公司法》明确了国际商业公司注册及管理的细则。在该法之下，注册公司均享免缴入息税的优惠，包括资产增值税及任何形式的应课税。英国对本国公司和外国公司实行相同的税收政策。外国投资者可能获得某些补助金或激励，但不可能享有税收减免。

此外，亦不设外汇管制。英国政府欢迎外国投资，外资企业与本国公司所受待遇相同。在组建私人企业时，对本国人和外国人的要求也相同。但是在英国注册的所有公司都必须至少有一位董事为英国居民。

（四）英国法规健全

合同在英国具有法律效力，因此在商业中一般不需要履约保证金或履约保证，对投资者一般也不要求技术转让。英国没有指导或限制外商投资的专门法律。任何经济行业都没有只允许本国国民参与的限制，也没有本国国民必须持有多数股或一定比例股的要求，外商或外资控股公司从法律意义上讲享有同等待遇，在英国可从事多种形式的经济活动。

（五）英国企业文化

注重实效；鼓励公平竞争；注重人才储备；具有创新精神与团队合作精神；正直诚实；注重实干，干脆利落，开门见山，直奔主题；严格的时间观念；处世观念比较平和，英国老板推崇绅士文化，讲究礼仪。

四、法国的投资环境

法国是欧盟第二大市场，面积 55 万平方公里，人口 6100 万人。欧盟统一大市场是法国对外国投资者最大的吸引力之一。欧盟一体化程度高，居民购买力强，已经实现商品、服务、资金和人员的自由流动，进入法国市场就等于进入了整个欧盟市场。欧元的顺利实施标志着欧洲经济一体化建设取得重大进展。

（一）基础设施完善

法国交通、通讯、能源等基础设施十分发达。全国已经形成密集的高速公路、铁路网络，并与周边国家的路网相连。此外，法国的航空运输和海运也非常发达。

（二）法国市场开放程度高

法国对外资的开放也经历了一个渐进的过程。20 世纪 80 年代后，法国政府采取了一系列举措，逐步放松对外资的限制，减少行政审批，加快吸引外资的步伐。1990 年法国政府明令规定：欧盟成员国公司投资项目免除行政审批，政府只在 15 天内根据投资登记表核查该公司是否属于欧盟国家，期限一到，政府未有反对意见，投资申请自动生效；已在法有投资的欧盟成员国公司，如有新投资项目，免除 15 天审查期，合法登记后即生效；非欧盟成员国投资项目需 1 个月的审查期限，期满后，政府如无结论，申请即被认为获得通过。1996 年，法国又进一步放宽了对外资的行政审批，外资项目基本实行登记制。

（三）科技发达，劳动生产率高

据经合组织统计，法国国内科学研究与试验发展 R&D 经费总支出占国内生产总值的比重为 2%以上，在欧盟成员国中仅次于德国。法国在许多高科技领域处于世界领先水平，如在核能、高速铁路、航空航天、精密仪器、医药、能源开发、农业和农产品加工、军工、电子技术、生物化工、环境保护等方面都具有世界领先的技术和成果。

另据经合组织统计，法国受过高等教育的人口比例高达 30%，高于德、英等国，法国劳动力素质高，劳动生产率在世界居领先水平。

（四）法律体系健全，投资者合法权益有保障

法国是"大陆法"体系的创始国，法国现行法律体系是大陆法最典型的体现。各种经济和商业活动都有相应的法律法规加以规范和约束。

（五）企业税赋沉重

税赋沉重已使法国的竞争力大打折扣。目前法国一般中小企业的公司税税率为36.6%，营业额超过 800 万欧元的企业的公司税率为 41.6%，未盈利或亏损企业只须交规定的基本税额即可。

（六）劳动力价格高，用工制度僵硬

法国劳动力价格较高，法定最低工资标准不断上涨，目前为 6.83 欧元/小时，月毛工资近 1000 欧元，加上雇主须支付的各种分摊金，企业在人员方面的开支很大。法国用工制度僵硬，雇人容易解雇难，雇主无权随意解雇员工。僵硬的用工制度和"铁饭

碗"的存在是外国企业在法投资的最大障碍之一。

五、日本的投资环境

(一) 自然环境

日本是东亚一个由本州、四国、九州、北海道四个大岛及 3900 多个小岛组成的群岛国家。日本人口 1.27 亿人，以单一的大和民族为主。其科学研发能力和教育居世界前列，国民拥有很高的生活质量，是全球最富裕、经济最发达的国家之一。日本为能源消费大国，但自产能源极为有限，绝大多数依赖进口。

(二) 政治环境

日本是君主立宪国，政治体制三权分立：立法权属于国会，行政权属于内阁，司法权则在各级法院。宪法规定，天皇为国家元首，代表日本，但行使国事行为需经国会承认。国家最高权力机构为国会，众议院 480 席，参议院 242 席。在众议院，民主党拥有稳定多数。在参议院，民主党也是第一大党，自民党为第二大党。日本外交政策的基本取向是以日美同盟为基轴，以亚洲为战略依托，重视发展大国关系，积极参与地区及全球事务，谋求政治大国地位。

(三) 经济环境

日本经济高度发达，国民拥有很高的生活水平。人均国内生产总值 39731 美元，居世界第 17 位。若以购买力平价计算，国内生产总值位居世界第 3 位。日本的服务业，特别是银行业、金融业、航运业、保险业以及商业服务业占 GDP 的比重最大，而且处于世界领导地位。首都东京不仅是全国第一大城市和经济中心，更是世界数一数二的金融、航运和服务中心。自第二次世界大战后，日本的制造业得到迅速发展，尤其电子产业和汽车制造业。

(四) 运营成本属世界最高水平

运营成本过高依然是外商在日投资的首要不利因素。以东京为例，租用营业场所所需要的保证金余额为欧美主要城市平均水平的 10 倍左右，设立企业的整体成本接近欧美城市的 4 倍。在日雇用人员工资、各项租金、通信费、能源费以及其他各种相关费用，也多居世界前列。据日本贸易振兴机构测算，在日本投资的成本约为法国的 11 倍、美国的 7 倍、德国的 5 倍、英国的 4 倍。特别值得指出的是日本劳动力并不充足，人力资源成本极高，在日发展劳动密集型产业绝非良策。

(五) 法律环境

日本对外资的管理法规主要是《外资法》，其规定了日本引进外资的认可制度，即外国投资有利于日本的国际收支或重点产业发展，或不会给日本国内经济带来不利影响，在此前提下跨国企业的利润、本金、专利权使用费等可以自由汇出。

(六) 投资政策限制

主要表现在行政手续复杂、优惠措施不足、限制性政策较多等方面。外商反映申请设立公司所需时间冗长、缴交资料过多。目前，除部分限制性行业（如农林水产业、矿业、国防产业等）外，外商在日设立一般公司，只需汇款投资后再向日本银行备案即可，已较前简化，但对化学品、医药用品、食品三个行业的审批仍较严格。

日本长期以来缺乏吸引外资的优惠政策，近年来虽开始认识到外资的意义，但政策举措仅限于部分放宽原有限制条件，优惠程度比周边国家和地区相去甚远，吸引力十分有限。日本贸易振兴机构调查显示，在吸引外资的各项因素中，优惠政策仅排在第 12 位。

（七）对外企人员来日资格严格限制

日本签证审查十分严格。对于外资企业，要求必须雇用 2 名以上日本全职雇员才向外方人员发放签证。对于外方派遣来日的技术人员，要求具有大学毕业以上学历并有10 年以上实际工作经验。外企内部调职来日者则要求转职前连续工作一年以上。这些条件比欧美、东亚各国都严格得多，常遭国内外经济界人士批评。

本章小结

（1）国际投资环境和国际直接投资活动是相互影响、相互作用的。良好的投资既可以吸引大量的外资流入，形成资本聚集效应，使拥有良好投资环境的东道国快速发展，进而又会使其投资环境不断改善。

（2）从系统的观点来看，投资环境是一个大系统，一般由以下五个要素构成：自然环境、经济环境、政治环境、法律环境和社会文化环境。对每一项因素进行细致的分析是确立国际投资环境评估方法和标准的基础环节。

（3）投资者在进行对外投资活动时，必然要对投资环境进行分析与评价，其主要评价方法有：冷热比较分析法、等级尺度法、闵氏多因素评价法和关键因素评价法、抽样评价法、成本分析法等。尽管方法多种多样，但其思路大致是相同的，即将总投资环境分解为若干具体指标，然后再综合评判。

案例思考

新加坡的投资环境

作为亚洲"四小龙"之一的新加坡，在短短的 30 多年间创造了举世瞩目的经济奇迹。除了天然深水港和优越的地理位置之外，新加坡自然资源极其匮乏，某种程度上并不具备发展经济的必要条件。然而从 20 世纪 60 年代中期经济腾飞开始，新加坡经济年增长率一直保持在 8% 左右。新加坡的经济发展很大程度上是靠外资的作用，1992 年，外来投资占社会总投资的比例达 81%，制造业方面的投资有89% 来自外资。其投资环境可概述如下：

（一）政治环境

新加坡的人口中 78% 为华人，因而它吸收了中国儒家的伦理思想：服从权威和勤劳工作。这种伦理思想构成是新加坡政府"家长式"的管理得以有效实施的牢固基石。新加坡实施的政府严格管制下的市场经济是世界上独一无二的经济体系。这种经济体系有效地把市场这一"看不见的手"与政府的宏观调控紧密地结合起来。

在过去几十年中，政府所取得的成就赢得了人民的信任和支持，政局非常稳定。

（二）经济环境

新加坡的经济一直保持着很高的增长率，尤其是 80 年代，新加坡的经济增长达到历史的最高峰，平均增长率在 8% 左右，1988 年达 11.1%。进入 20 世纪 90 年代，虽然经济增长速度有所减慢，且呈递减趋势，但仍然保持 5% 以上的年均增长率。另外，物价稳定，通货膨胀率维持在 1%~3%，汇率也基本保持不变，约为 1 美元兑 1.66 新元。

新加坡交易所（SGX）成立于 1999 年 12 月，是全亚洲首家实现全电子化及无场地交易的证券交易所。它致力于为企业和投资者提供健全、透明和高效的交易场所，帮助他们实现集资和投资的目标。这些年来，新加坡建立并营造了一个活跃高效的交易市场，以一流的证券交易所而著称于亚太地区。

在基础设施方面，新加坡有着优越的地理位置和天然的深水港。新加坡是世界上最繁忙的港口之一，自 1986 年起，进出新加坡港口的船只和吨位连续数年居世界第一位。在空运方面，新加坡是东南亚航空转运中心，有两个机场，其中樟宜机场在世界上排第 13 位。新加坡的通讯设施是世界上最先进的，100% 采用数据网络，1990 年即实现了通讯的综合化。新加坡处于欧亚及南太平洋海底电缆的汇合处，电传、文传、国际直拨电话连接世界各大城市，国内通讯也很发达。

（三）法律环境

新加坡法律环境以完备、严厉、透明和紧密联系实际为主要特征。新加坡在经济方面进行了全面立法，如知识产权保护法、专利权保护法以及国际商务往来等方面的法律。新加坡经常调整其经济法规，尤其是与外商投资有关的法律，目的是不断适应国内和国际形势，改善投资环境并保护投资者利益。

（四）有关政策管理方面的规定

国外的经济实体可以自由地在新加坡建立自己的企业，开展经济活动。在所有权方面对外商无特别要求，也不规定外来投资者必须购买本地生产的原材料或规定生产产品出口的百分比，外商可自由地获取必要的生产要素和进行融资活动，并自由地支配所生产产品的销售市场。新加坡对外汇交易和资本流动及技术转让也没有限制。另外，为优化产业机构，新加坡经济发展委员会与贸易发展局、金融管理局及国家科技局一起为新兴外来投资以及本地企业的经营提供了一些优惠政策，如对企业采用新技术和新技能等给予投资折让、风险资本、R&D 费用免税等。

资料来源：MBA 智库，http://doc.mbalib.com/view/150c304185366c8df48519e889fc2515.html.

◆（1）使用等级尺度评价法给新加坡投资环境计分。

◆（2）我国首都钢铁公司在海外投资很多，它适合到新加坡投资吗？为什么？

复习题

一、名词解释

国际投资环境　硬环境　软环境　冷热比较法　等级尺度法　闵氏评价法

二、简答题

1. 简述国际投资环境的主要特点。

2. 简述国际投资环境的重要性及其决定因素。

3. 结合中国改革开放的实践谈谈国际投资环境对引进外资的重要作用。

三、小组讨论

针对不同的产品，只有进行本土化改造，才能适应由经济政治环境、客户偏好、气候、文化和语言造成的国家差异。

请思考下列产品：游泳衣和汽车。请分析一家企业为了进入中国、德国和沙特阿拉伯的市场投资建厂，需要注意哪些，做哪些改变，并判断投资与否。

需要记住，中国是一个人均收入较低的新兴市场，沙特阿拉伯是一个文化比较保守的伊斯兰教新兴市场，而德国是一个先进的自由市场经济体。

第七章 国际风险投资

本章课前实训

模拟进行一次"挑战者"杯风险投资策划大赛。具体做法是：将学生分成若干组，第一组学生模拟主持人；第二组模拟评委，进行点评、提问和讨论；第三组扮演风险投资家，可就项目的可行性、创新性、投资规模等各方面进行提问；其余学生扮演创业团队，经过课前准备，在课堂上就自己撰写的风险投资项目策划书进行推介。教师进行最后的点评和打分。

本章知识要点

● 风险投资的定义、特点和分类
● 风险投资的发展历程
● 中国风险投资的发展情况
● 风险投资的业务程序和退出途径

案例导引

雅虎与风险投资

雅虎（Yahoo!）在当今网络界和风险投资业界已成为广为流传的故事。Yahoo!是由美籍华人杨致远和美国青年戴维所创立的搜索引擎公司。当时，Internet网上的万维网（WWW）技术开始流行，杨、戴二人也迷上了Internet，常通宵达旦在网上漫游。作为业余爱好，他们分别收集自己喜爱的网点，然后互相交换。随着收集量的增加，为了便于管理，他们运用自己掌握的软件技术开发了一个数据库系统，将这些搜集到的信息分类整理成"杨致远和戴维的WWW网指南"，放在万维网上让"网友"们共享，并起了一个有趣的名字"Yahoo!"。

对新的经济增长点极为敏感的风险投资者们很快嗅到了Internet网上的商业气息。1998年4月，美国资源的Sequoia风险投资基金给Yahoo!注入第一笔资金，雅虎公司正式成立。1995年8月，开始了新一轮融资活动。从1995年4月第一次投资到此时短短的 4 个月内,专家们对 Yahoo! 的估价已升至 400 万美元,Yahoo! 身价翻了 10 倍。

1996 年,Yahoo! 开始筹备上市工作,并于当年 4 月正式上市,股票上市报价 13 美元,一开盘就飙升到 24.5 美元,最高冲向 43 美元高位,当日收盘价 33 美元,几乎是上市价的 3 倍。Yahoo! 的市值达到 8.5 亿美元,是一年前 Sequoia 估价的 200 倍!杨致远也在短短两年之内由一介书生变成了亿万富翁。

Yahoo! 的成功始于杨致远、戴维等人的创意,也给社会带来巨大财富。风险投资的魅力则在于企业股票上市后的倍增效益。通过上市变现,使这个神话般的创造财富的创业过程画上了一个完整的句号。由此不难看出,现代风险投资的发展中风险资本与技术创新的结合,必须借助于发达的金融资本市场的依托作用,才能得以蓬勃发展。

资料来源:人民网,http://www.people.com.cn/GB/channel5/569/20000529/81212.html.

第一节　国际风险投资概述

本节主要讲当前国际风险投资发展的进程、采取的政策等方面的内容。通过多方面多层次探讨,使学生对风险投资有准确的理解,也为从事实际工作和理论研究提供有价值的参考依据。

一、风险投资的内涵

(一) 定义

风险投资(Venture Capital,VC),从投资行为的角度来讲,是把资本投向蕴藏着失败风险的高新技术及其产品的研究开发领域,旨在促使高新技术成果尽快商品化、产业化,以取得高资本收益的一种投资过程,其目标不是为了取得股利分红,更不是为了利息收入,而是通过对被投资企业的专业化培育和辅助管理,最后通过上市或股权转让的办法退出,来追求高风险下的资本增值。从运作方式来看,是指由专业化人才管理下的投资中介向特别具有潜能的高新技术企业投入风险资本的过程,也是协调风险投资家、技术专家、投资者的关系,共享利益,共担风险的一种投资方式。根据美国全美风险投资协会的定义,风险投资是由职业金融家投入到新兴的、迅速发展的、具有巨大竞争潜力的企业中的一种权益资本。

风险投资实质是高科技产业化中的一个资金有效使用的支持系统,包括风险投资公司、风险企业、风险资本和风险技术等,是一种科研、企业和金融有机结合的投资机制。正是因为这种主动的投资方式，使由风险资本支持而发展起来的公司的成长速度远高出普通同类公司。这些公司在创造工作机会、开发新产品和取得技术突破上明显优于其他公司。

（二）特点

风险投资是由资金、技术、管理、专业人才和市场机会等要素所共同组成的投资活动，因此它具有以下五个特点：

（1）高风险，高回报。从国外的情况看，大体上是成 3 败 7，靠 3 个成功项目的高回报弥补 7 个失败项目的损失，并且还可以给投资人带来高回报。一个成功的风险投资人，投资的项目一般 1/3 成功、1/3 持平，另外 1/3 失败。由于投资目的是追求超额回报，当被投资企业增值后，风险投资人会通过上市、收购兼并或其他股权转让方式撤出资本，实现增值。

（2）长期投资。从投入到产出为 3~7 年，投资方式一般为股权投资，通常占被投资企业 30%左右的股权，不要求控股权。投资项目一般经历四个阶段：创立、开拓、成长、成熟，每个阶段的投资大概要较前一阶段翻一番。

（3）风险投资是权益投资，投资者的着眼点是权益的增长而不是短期的利润。风险企业创始阶段的现金流基本为负，属于亏损，投资者着眼的是将来的收益，如美国著名的网上书店亚马逊，1998 年的营业额是 2.93 亿美元，亏损 6170 万美元，但其股票价值仍很高。

（4）风险投资属于专业投资。与一般的投资不同，风险投资是利用风险投资家的经验、学识、管理能力帮助创新者创业，协助企业进行经营管理，参与企业的重大决策活动。只把资金投在风险项目上不能称之为风险投资。

（5）投资对象一般是高科技、高成长潜力的企业。技术拥有者在将具有潜力的技术创新与产品构想经由具体的经营活动加以商品化的过程中，还需具备资本与管理两项资源条件，而这两者往往又是技术拥有者所欠缺的，尤其是因为高科技投资本质上具有高风险的特征，在常态融资市场上筹集资金将有很大困难。在技术未转化为效益之前，技术拥有者既无法从银行获得贷款，又很难去发行股票或债券，因此许多科技含量高的产品构想常常胎死腹中，而风险投资恰好解决了这一难题。

（三）风险投资与一般投资的区别

风险投资与一般投资的区别在于：一般投资把投资审查的重点放在财务分析与物质保证方面，而风险投资考虑的首要条件却是智力和科技力量的配备。一般投资由于风险制约，只在项目有偿还能力、发展势头良好，即明确能赢利的情况下方敢投资，而风险投资则相反，往往在项目创业初期、经营困难时期和需要扶持的情况下进行投资，然后在项目获得成功、发展顺利时卖出所持股份撤回投资。在投资支付方式上，一般投资通常是一次性投资、分期支付，而风险投资则根据项目的发展情况，分阶段追加投资，以满足项目创新的需要。风险投资的融资具有灵活性，这取决于其机制和来源的内在规定，并使高新技术产业化得以获得稳定可靠的资金保证。

（四）风险投资与银行贷款的区别

风险投资机制与银行贷款完全不同，其差别在于：

（1）银行贷款讲安全性，回避风险；而风险投资却偏好高风险项目，追逐高风险后隐藏的高收益，意在管理风险，驾驭风险。

（2）银行贷款以流动性为本；而风险投资却以不流动性为特点，在相对不流动中寻求增长。

（3）银行贷款关注企业的现状、企业目前的资金周转和偿还能力；而风险投资放眼未来的收益和高成长性。

（4）银行贷款考核的是实物指标；而风险投资考核的是被投资企业的管理队伍是否具有管理水平和创业精神，考核的是高科技的未来市场。

（5）银行贷款需要抵押、担保，它一般投向成长和成熟阶段的企业，而风险投资不要抵押，不要担保，它投资到新兴的、有高速成长性的企业和项目。

二、风险投资主体

风险投资人大体可以分为以下四类：

（一）风险资本家

风险资本家是向其他企业家投资的企业家，与其他风险投资人一样，他们通过投资来获得利润，但不同的是风险资本家所投出的资本全部归其自身所有，而不是受托管理的资本。

风险资本家与银行家不同，他们不仅是金融家，而且是企业家，他们既是投资者，又是经营者。风险资本家在向风险企业投资后，便加入企业的经营管理。也就是说，风险资本家为风险企业提供的不仅仅是资金，更重要的是专业特长和管理经验。

相关链接 7-1

英特尔公司

1959 年的夏天，当时担任仙童半导体公司研究和开发部项目主管的洛宜斯发明了集成电路技术。而在几个月前，得克萨斯仪器公司的杰克·基尔比也独立地发明了这一技术。因此，基尔比和洛宜斯被认为是集成线路的共同发明人。在半导体的发展进程中，集成电路的重要性仅次于晶体管。因此，1968 年 7 月当洛宜斯和摩尔、葛洛夫离开仙童公司时，洛宜斯已经是硅谷的传奇人物了。在风险投资家洛克的帮助下，洛宜斯和摩尔组建了另一个半导体公司，新公司取名为英特尔，这是由"集成电子"两个英文字组成的，象征公司将在集成电路市场上飞黄腾达。在英特尔公司，洛克作为主要投资者投入 3250 万美元。洛宜斯和摩尔每人投资 25 万美元（经过多年不懈的努力，他们在仙童公司最初的投资增加到千百倍）。到 1982年，摩尔拥有英特尔公司 9.6% 的股份，当时的市场价值也超过了 1 亿美元，而洛

宜斯则拥有 3.6% 的股份。应该没有人比他们得到的更多，因为他们一直站在构建新行业的最前沿。英特尔公司的创新活动不仅带动了半导体行业的变革，而且带动了社会本身的发展。

资料来源：MBA 智库网，http://doc.mbalib.com/view/011aa973c5266c4e1350737d4b1e264e.html.

（二）风险投资公司

风险投资公司的种类有很多种，但是大部分公司通过风险投资基金来进行投资，这些基金一般以有限合伙制为组织形式。

（三）产业附属投资公司

这类投资公司往往是一些非金融性实业公司下属的独立风险投资机构，他们代表母公司的利益进行投资。这类投资人通常主要将资金投向一些特定的行业。和传统风险投资一样，产业附属投资公司也要对被投资企业递交的投资建议书进行评估，深入企业作尽职调查，并期待得到较高的回报。

（四）天使投资人

这类投资人通常投资于非常年轻的公司以帮助这些公司迅速启动。在风险投资领域，"天使投资人"这个词指的是企业家的第一批投资人，这些投资人在公司产品和业务成型之前就把资金投入进来。

三、风险投资的类型

新的风险投资方式在不断出现，对风险投资的细分也就有了多种标准。

（一）按照接受风险投资的企业发展的不同阶段划分

1. 种子资本（Seed Capital）

种子资本，就是指在技术成果产业化前期就进行投入的资本。由于种子资本进入较早（实际上是各种投资中最早的），所以风险相对更大，但潜在收益也相对增加。从科技成果产业化的角度来看，种子资本的作用是非常重大的。正是由于种子基金的出现，才使许多科技成果能够迅速实现产业化，才能有更大的发展，这就是"种子"的寓意。

如果企业既不可能从传统的银行部门获取信贷（原因在于缺乏可资抵押的财产），也很难从商业性的风险投资公司获得风险资本，除了求助于专门的金融渠道（如政府的扶持性贷款）以外，这些企业将更多的目光投向提供"种子资本"的风险投资基金。种子资本主要是为那些处于产品开发阶段的企业提供小笔融资。由于这类企业可能在很长一段时期内（一年以上）都难以提供具有商业前景的产品，所以投资风险极大。对"种子资本"具有强烈需求的往往是一些高科技公司，如生物技术公司。它们在产品明确成型和得到市场认可前的数年里，便需要定期注入资金，以支持其研究和开发（R&D）。尽管这类投资的回报可能很高，但绝大多数商业风险投资公司都避而远之，原因有三：对投资项目的评估需要相当的专业化知识；由于产品市场前景的不确定性，导致这类投资风险太大；风险投资公司进一步获得投资人的资本承诺困难较大。

相关链接 7-2

Avidia 系统公司

1997 年，麦克琳和其他天使投资人为 Avidia 提供了 250 万美元种子资金，以供公司启动。不久，该公司被一家大型公司兼并，于是在 10 个月时间内，麦克琳便取得了 10 倍的投资回报。她还根据麻省理工学院媒体实验室的一项技术，投资成立因特网防火墙 Firelly 公司，之后该公司被微软公司所购并，麦克琳获利之丰不难想象。

资料来源：MBA 智库网，http: //doc.mbalib.com/view/21e389c7cca7cf115252af1b09b8b4c7.html.

---

2. 导入资本（Start-up Funds）

有了较明确的市场前景后，由于资金短缺，企业便可寻求导入资本，以支持企业的产品中试和市场试销。但是由于技术风险和市场风险的存在，企业要想激发风险投资家的投资热情，除了本身达到一定的规模外，对导入资本的需求也应该达到相应的额度。这是因为从交易成本（包括法律咨询成本、会计成本等）角度考虑，投资较大的公司比投资较小的公司更具有投资的规模效应。而且，小公司抵御市场风险的能力也相对较弱，即便经过几年的显著增长，也未必能达到股票市场上市的标准。这意味着风险投资家可能不得不为此承担一笔长期的、不流动性的资产，并由此受到投资人要求得到回报的压力。

3. 发展资本（Development Capital）

这种形式的投资在欧洲已成为风险投资业的主要部分。以英国为例，目前"发展资本"已占到风险投资总额的 30%。这类资本的一个重要作用就在于协助那些私人企业突破杠杆比率和再投资利润的限制，巩固这些企业在行业中的地位，为它们进一步在公开资本市场获得权益融资打下基础。尽管该阶段的风险投资的回报并不太高，但对于风险投资家而言，却具有很大的吸引力，原因就在于所投资的风险企业已经进入成熟期，包括市场风险、技术风险和管理风险在内的各种风险已经大大降低，企业能够提供一个相对稳定和可预见性的现金流，而且，企业管理层也具备良好的业绩记录，可以减少风险投资家对风险企业的介入所带来的成本。

相关链接 7-3

IBM 公司——与优秀的风险企业共同发展

受到苹果电脑公司巨大成功的激励，IBM 公司决定模仿那些风险企业所采取的方式来开发产品。在佛罗里达的波克镇（Boca Raton），IBM 公司成立了它自己的个人电脑企业。此外，IBM 还采取了和优秀的风险企业结盟的政策，并从企业外购买产品。在放弃了传统的公司内部开发所有产品的传统理念后，IBM公司个人电脑的部件有80%来源于外购。

IBM公司的供应商多数都是风险资金资助的公司（风险企业）。尽管IBM公司本身就是世界上最大的和最具创新精神的半导体公司，但IBM电脑的大脑——微处理器却是购自英特尔公司。事实上，IBM公司也开始向英特尔公司投资，到1983年，它已拥有了英特尔公司20%的股份。

与计算机行业其他部门所发生的情况不同，风险企业和IBM公司一起合作建立了个人计算机市场。在个人计算机行业的发展初期，需求时常会大于供给，IBM公司就像一个文雅的蓝色巨人，内在整版的广告，"欢迎IBM！"迎接它的到来。随着IBM公司进入微机市场，确立了微型计算机在行业内的合法地位（因为IBM家喻户晓，几乎已成为电脑的同义词）。事实上，当以IBM命名的微型计算机出现后，个人电脑的概念立即就被所有的人接受了。这时，涌向IBM公司的订单铺天盖地，有时甚至出现排队的现象，这正应了一句俗话："上涨的潮水可以浮起所有的船。"

IBM公司非常了解软件对个人电脑的成功所起的关键作用，他们开始采购作业系统。经过多次筛选，他们选择了一家小型风险公司——微软公司所生产的MS-DOS操作系统，微软公司的创始人就是以后大名鼎鼎的比尔·盖茨。当比尔·盖茨为微型计算机开发出BASIC-8程序语言时，他还是一名哈佛大学的二年级学生，他从学校中途退学开办了微软公司。当他开发出第一个产品——BA-MS-DOS操作系统时，微软就加入了IBM的阵营，其前途变得一片光明。由于得到了IBM公司的认可，MS-DOS操作系统很快就成为除苹果电脑以外所有微机的选择。

另一家对IBM公司的成功做出重大贡献的风险企业是米奇·肯普（Mitch Kapor）的莲花发展公司（Lotus）。1983年1月，莲花公司针对IBM PC16位元的特性，推出了功能改良许多的视算表软件——Lotus 123。它的功能要比有名的Visicalc强大得多。几乎整整10年时间，没有其他视算表软件可以凌驾其上。直到20世纪90年代初期，Lotus才被微软公司的Excel赶上。资助莲花公司的风险投资家是本·罗森（Ben Rosen），他同时也是康柏公司的投资者。本·罗森毕业于加州理工学院，曾当过电子工程师，后来又去华尔街闯天下。80年代中期，他是最有名的个人计算机行业分析家。

1982年，个人电脑的销售额已达到54亿美元，到这时为止，有数以百计的公司想要进入或已经进入这个市场。1982年5月，DEC公司推出了它那倒运的个人电脑，与此同时，另外四家公司也在介绍他们的个人电脑。在所有的IBM兼容机的制造商中，最成功的就是本·罗森投资设立的康柏电脑公司。康柏是由凯尼恩（Rod Cannion）和几位德州仪器公司的工程师一起创立的公司。他们希望设计出比IBM外形更精巧、图形功能更强的个人电脑。由于IBM电脑有时需排队等待交货，价位也略高一等，康柏电脑很快一窜而起成为替代货源，并逐渐获得用户的偏爱。因此，当康柏公司登上《财富》500强排行榜时，它已经打破了苹果公司的最快上榜纪录。本·罗森经常为他的风险公司所生产的产品进行宣传。此时的本·罗森，不仅是风险投资业的明星，也是个人电脑行业的明星。

随着个人电脑行业的快速成长，风险企业家开始开发从半导体到零售商店之间的各个环节，许多风险企业家都取得了令人瞩目的成就。下面列举了这些成功的风险企业以及它们在 1990 年时的销售额：希捷（Seagate Technology）公司（磁盘驱动器，24 亿美元）；艾斯特公司（添加板和电脑，5.34 亿美元）；坦登（Tandon）公司（驱动器和计算机，4.22 亿美元）；埃德公司（软件，1.69 亿美元）；诺威（Novell）公司（连接器，4.23 亿美元）；希普瑞斯（Cypress）半导体公司（微处理器和存储芯片，1.99 亿美元）；芯片和技术公司（半导体芯片，2.93 亿美元）；商地（Businessland）公司（零售商店，14 亿美元）。

正当一些专家担心风险投资家在硬件公司上投了太多的资金的时候，考纳（Conner Peripherals）公司设立了。它的一个投资者就是康柏公司。考纳公司的 3.5 英寸袖珍硬盘驱动器不久就成为了笔记本电脑的标准。1989 年，考纳公司的销售额达到 7.05 亿美元，它仅用了 3 年时间就登上了 500 强企业排行榜，打破了康柏公司的纪录。

当然，并不是所有的公司都获得了成功，大批风险企业仅是昙花一现。例如在微机行业，除了苹果公司以外，所有和 IBM PC 不能兼容的计算机都以失败而告终。

资料来源：百度文库，http://wenku.baidu.com/view/799b9ee1524de518964b7d40.html.

4. 风险并购资本（Venture M&A Capital）

一般适用于较为成熟的、规模较大的和具有巨大市场潜力的企业。与一般杠杆并购的区别就在于，风险并购的资金不是来源于银行贷款或发行垃圾债券，而是来源于风险投资基金，即收购方通过融入风险资本，来购并目标公司的产权。以管理层购并（MBO/MBI）为例，由于风险资本的介入，购并所产生的营运协力效果（指购并后反映在营运现金流量上的效果）也就更加明显。目前，MBO 和 MBI 所涉及的风险资本数额越来越大，在英国，已占到风险投资总量的 2/3，但交易数量却少得多，原因就在于 MBO/MBI 的交易规模比其他类型的风险投资要大得多。

（二）按照投资的目的和手段的不同

1. 麦则恩投资（Mezzanine Financing）

又叫半楼层投资，是一种中期风险投资。投资目标一般是已经进入发展扩张阶段的企业，它们需要资金来增加人员，扩展生产，而且此时可能还没有盈利。这种风险投资的风险界于传统银行贷款与纯风险投资之间。

麦则恩投资源于私人资本市场（Private Equity Market）的发展，是传统风险投资的演进和扩展。20 世纪 80 年代以来，麦则恩投资越发受到投资者的重视和喜爱。

麦则恩投资可依据投资对象的财务状况和特殊要求进行灵活自如的剪裁与调整。它能很好地平衡资金供求双方的利益关系。对筹资者而言，麦则恩投资比传统资本投资的筹资成本低，其主要的耗费在于资本稀释，但稀释程度通常不到传统资本投资稀释程度的一半。另外，与上市融资相比，其交易费用较低，上市融资的交易费用通常超过所筹资金的 10%，而麦则恩融资则没有如此昂贵。此外，麦则恩融资是一种债务融资，要支付的是租息而非红利，从而可达到抵税的作用。

相关链接 7-4

"杰非"和风险投资

"杰非"公司是美国一家经营油品服务的大型全国性公司，尽管市场地位在同行业中已高居首位，该公司仍制订了雄心勃勃的扩张计划。然而，天有不测风云，正当该公司利用某银行贷款大规模增建油品服务中心的时候，该银行倒闭破产，这样，不仅其贷款无法继续到位，而且作为破产银行的债务人，杰非公司无法从其他银行及时贷到急需的款项。眼看许多以前吸纳的贷款期限已到，如果正在增建的服务中心不能及时完工投入使用，杰非公司将面临巨大的财务困境。在建项目的完工和新建项目的开工都需要大笔资金，而资金从何而来呢？

在这种背景下，一家麦则恩投资公司——"波利有限合伙公司"出现了。这是由多家养老基金和保险公司出资组建的风险投资公司，专门对成长型的企业进行麦则恩投资。该公司洞察到杰非公司良好的成长和获利前景，决定对杰非投资。经过多轮谈判磋商，双方达成了一项价值一千万美元的麦则恩投资协议。波利公司以票面价值的 97% 购入杰非公司签发的带有杰非公司 10% 认购权的从属债券。债券面值总额一千万美元，七年后到期。债券利息 12%，按季支付。债券本金从第四年开始，每半年偿还 125 万美元，八次偿清。该从属债券本金及利息的支付要后位于杰非公司签发的优先债券，但优先于其后发行的其他从属债券。杰非公司以 0.5 美元的价格签发给波利公司 549.218 份权益认购权，这些认购权将以每股 6 美元的价格购入杰非公司未来完全稀释的预期股份。如果杰非公司的股价未达到双方商定的预期价格，波利有权将认购权返给杰非公司，而杰非公司要保证波利 30% 的年回报率。如果杰非公司不能按期付款，波利公司有权提名大多数的杰非董事会成员，从而控制杰非公司。

通过这笔麦则恩融资，杰非公司走上了一条良性发展的、迅速成长的道路，波利公司也取了预期的收益。

资料来源：百度百科，http://baike.baidu.com/view/3672857.htm.

2. 租赁投资

也叫风险租赁，指向成长初期的高风险企业租出设备或其他资产来进行投资，通常投资者可得到被投资风险企业的购股权。简单地说就是一种以风险企业为对象的融资形式，是风险投资和租赁业融合发展的产物。

3. 战略投资

即风险投资家利用风险资本对企业进行投资，以达到其战略目的，包括兼并、收购等形式。

4. 创意投资

它是美国现在普遍采用的新的投资方法，即对一个具有好的创意的商业计划进行投资。它不注重技术创新，而强调应用创新。

四、风险投资资金的来源

（1）个人投资者：一是以普通合伙人的身份，加入到一个风险基金中，或者购买基金；二是自发地为企业融资，这类资本也称为天使资本。在风险投资初期，个人投资是风险资本的主要来源。

（2）政府：①直接投资：以股权投资和政府贷款为主；②政府采购：解决市场问题；③财政补贴：财政预算扶持；④政府担保：鼓励银行投资风险投资企业。实力较强的企业可以独立设立风险投资公司，将其作为自己的附属机构；实力较弱的，可采取几家企业联合出资组建风险投资公司的方式。政府介入风险投资的目的主要出于发展战略的考虑，为自身寻找新的增长点，甚至实现第二次创业。

（3）商业银行：商业银行可以成立独立基金，或向其他风险基金注资，以分享利润。还可以利用银行良好的软硬件设施，积极参与基金托管、销售和交易以及基金发起、基金管理等业务。

（4）大型企业：大型企业的风险投资一般出于发展战略目标的考虑，适于内部创业。

（5）境外投资者：这可以弥补国内机构和个人投资能力不足的缺陷，引进先进的基金管理人才和管理方法，提升风险投资基金之间的竞争等级。

（6）机构投资者：包括养老金、捐赠基金、投资银行、保险公司等。机构投资者实力雄厚，而且有长期投资的意愿。

第二节　风险投资的发展历程

风险投资是在市场经济条件下支持科技成果转化的一种重要手段，它直接关系到国家经济建设水平和国民经济长期增长潜力。在这个大的战略前提下，发展风险投资事业就显得非常有必要。2011 年全球风投融资规模为 490 亿美元，与上年基本持平，但和 2008 年 510 亿美元的水平相比还有一段距离。

一、国际风险投资的发展概况

风险投资的起源可以追溯到 19 世纪末期，当时美国一些私人银行通过对钢铁、石油和铁路等新兴行业进行投资，从而获得了高回报。1946 年，美国哈佛大学教授乔治·多威特和一批新英格兰地区的企业家成立了第一家具有现代意义的风险投资公司——美国研究与发展公司（American Research Development Company，ARD），可视为现代风险投资事业的始祖。但是由于当时条件的限制，风险投资在 20 世纪 50 年代以前发展比较缓慢，真正兴起是从 20 世纪 70 年代后半期开始的。70 年代后，随着高新技术产业的发展，风险投资也活跃起来，不仅在发达国家发展迅速，在新兴工业化国家（地区）和一些发展中国家也陆续形成，有力地促进了高新技术产业的发展，并已形成了国际风险投资市场。

（一）美国

美国是风险投资出现最早、发展最成熟的国家。1973 年随着大量小型合伙制风险投资公司的出现，全美风险投资协会宣告成立，为美国风险投资业的蓬勃发展注入了新的活力。风险投资推动了美国科研成果转化和高新技术产业化，造就了惠普（HP）、苹果（APPLE）等一大批著名的高科技跨国公司，成为美国高新技术产业化的重要"孵化器"。在卡特时期，美国商业投资年均增长率为 7.3%，里根时期为 3.3%，布什时期为1.8%，而在克林顿时期，高达 10.2%。值得注意的是，风险投资起源于美国并能得到不断发展，都是长期得到重视的结果。

美国风险投资之所以发展很快是因为：高新技术企业的发展产生许多好项目可供转化；风险资本日趋成熟，积累了丰富的经验，形成了一套风险制约机制和均衡投资分散风险的原则；培育了一批既懂技术又懂经济、金融和管理的经营风险资本的人才，形成了良好的资金环境，如发达的产权市场，充足的资金及投资撤股机制；完善的市场环境；健全的法制，信息和会计等服务的支撑；政府的财政、金融、税收等鼓励与刺激政策；成功企业的示范作用和人们的风险意识的增长。

美国的风险投资基金有很多的来源渠道，包括退休基金、大公司手中的现金和个人的投资等。虽然有不同的投资方，但风险基金大多采用有限责任制（Limited Partnership），而不是股份制。风险投资基金有专业的职业管理人，将基金交给经验丰富和拥有不俗业绩的职业管理人来管理。这些职业管理人对相关行业有相当丰富的经验，基金的投资决策全部都由他们来制定，投资方完全不参与日常管理和投资决策，而依靠规范的管理模式与奖励机制。管理基金一般有相当于总基金 20%的管理经费，来支付管理人的工资和日常开支，其余部分就全部用来投资。基金一般有一定的年限，基金投资所得的回报，由投资人和职业管理人分享。职业管理人一般享有 20%左右的分红。

创建于 1946 年的美国研究与开发公司 ARD 最成功的例子是向数字设备公司（Digital Equipment Company，DEC）进行的风险投资。ARD 曾以 7 万美元投资 DEC 公司，10 余年后售出股权，获得近 5 亿美元的回报。风险投资对高科技产业的重要作用日益显露，为此美国国会和政府采取了一系列措施，修改了《国内税法》（IRC），通过了《1958 年小企业投资法》（SBIA of 1958）、《1980 年小企业投资促进法》（SBIIA of 1980）、《股票选择权促进法》（ISOL），并把长期资本收益税的最高税率从 49%降到了 28%，1981 年又将长期资本收益税的最高税率从 28%降至 20%。美国政府的一系列举措标志着对风险投资的认识趋向成熟，使风险投资业获得了长期持续的发展。美国完善的NASDAQ 创业板市场，为风险投资提供了良好的撤出渠道。进入 90 年代后，风险投资又开始了新一轮的快速增长，新增风险投资在 1995 年达到 74 亿美元，1996 年又增至100 亿美元，美国风险投资累计额也由 1978 年的 35 亿美元增加到 1995 年末的将近 400亿美元，平均每年递增 14.5%。1999 年接受风险投资的公司有 4006 个，比上年增长41%，大部分风险投资被投到了与互联网有关的企业。2000 年纽约股市的急剧降温，使投资热点从互联网企业转向网络基础设施企业。2001 年第三季度针对互联网企业的风险投资较前一季度减少了 12%，共筹集了 131 亿美元的风险资金，而网络基础设施企业在第三季度里筹集了创纪录的 32 亿美元的风险资金，较前一季度上升了 30%。目前，美国的风险投资占全球风险投资的 70%，风险投资机构已接近 2000 家，投资规模高达近千亿美元，每年约有 10000 个高科技项目得到风险资本的支持。

（二）其他国家的风险投资

风险投资在美国兴起之后，很快在世界范围内产生了巨大影响。

（1）1945 年，英国诞生了全欧洲第一家风险投资公司——工商金融公司。但英国风险投资业起步虽早，发展却很缓慢，直至 20 世纪 80 年代英国政府采取了一系列鼓励风险投资业发展的政策和措施后，风险投资业在英国才得以迅速发展。英国的风险投资业自 20 世纪 70 年代末 80 年代初才真正兴起，并为业为英国创造了就业机会。以风险投资为背景的公司雇用的员工数每年以 24%的速度递增，现在已超过 200 万人。在英国，风险投资业比银行业更有效，因为它不仅提供资本，而且提供管理经验、战略建议和市场信息等。

（2）法国的风险投资始于 20 世纪 70 年代，最初是一批技术创新投资公司和地区股份协会，1979 年建立了风险投资公共基金。法国政府从 20 世纪 80 年代以来，一方面不断增加国家财政对风险投资的支持，另一方面采取各种措施鼓励企业开展风险投资。法国风险投资的类型比较注重于企业的改造和开发。法国目前有 200 家风险投资公司，但真正面向高新技术的只有七八家，绝大部分是针对传统技术产业。

（3）日本风险投资效仿美国，在六七十年代开始发展。日本作为亚洲经济的"领头羊"，其风险投资业也开展得如火如荼。到 1996 年，日本的风险投资机构就有 100 多家，投资额高达 150 亿日元以上。但与美国不同的是，日本的风险投资机构中有相当一部分是由政府成立的，这些投资机构也大多不从事股权投资，而是向高技术产业或中小企业提供无息贷款或贷款担保。

（4）新加坡风险投资由于政府的主导作用，有许多资源可以承担科技产业的一部分风险，从而使政府在发展创新科技上的规划较为有力。但是新加坡缺少的是创业风气，因此政府正在朝这个方向努力，推动各种创新活动。

（5）韩国从 1986 年开始发展风险投资，政府部门制定了《新科技融资法》对风险投资公司的产品流程革新的研究项目、科研成果的商品化、新技术转让和应用推广等进行规范，使其投资范围十分明确。创业投资公司的资金来源大多是政府贷款和有限合伙人的投资。但受到中小企业上市难度较高、店头市场交易不活跃这些因素的限制，创业投资的回报率较低。

二、我国风险投资的发展

（一）我国风险投资的发展历程

我国的风险投资业是在 20 世纪 80 年代才姗姗起步。1985 年 1 月 11 日，我国第一家专营新技术风险投资的全国性金融企业——中国新技术企业投资公司在北京成立。同时，通过火炬计划的实施，我国又创立了 96 家创业中心、近 30 家大学科技园和海外留学人员科技园，它们都为我国的风险投资事业做出了巨大贡献。1986 年，政协"一号提案"为我国的高科技产业和风险投资发展指明了道路，为我国的风险投资业掀开了新的一页。

近年来，从全球范围来看，风险投资发展较快，而 IT 企业，又是风险投资的热点之一。和 Intel、IBM、微软相比，中国的 IT 企业多数只能说是处于创业阶段。如何把握机遇，选择恰当的融资时机，如何与风险投资公司采取双赢模式，走向成功，是每个创业企业在成长中所需要面对的。对此，应明确两点，其一，企业风险是不能回避的，任何企业或项目都有风险。从这个意义上讲，可以将创业企业称之为风险企业。但从狭义上看，风险企业指的是接受风险投资的企业。其二，风险企业面临的主要风险有：技术风险、市场风险、管理风险、财务风险、政策风险、自然风险等等。当前应充分研究世界各国的有用经验避免其走过的弯路，使我国风险投资业得到健康发展。

根据道琼斯风险资源（Dow Jones Venture Source）的数据，2011 年中国企业共获得了 60 亿美元的风险资本股权融资，同比增长了 8%，而在欧洲的数值为 61 亿美元。这对于欧洲的初创企业来说是一个很大的落差，因为直到 2009 年，欧洲初创企业获得的风险投资还比中国同类企业多 86%，而在 2010 年则只超出中国 20%。

在依国别进行的排名中，中国位列第二，这是我国在 2005 年被纳入统计之后首次超过英国。2011 年英国公司吸引到的风险投资同比下降了 32%，降至 17 亿美元。美国仍然遥遥领先，2011 年的风投融资同比增长 10%，达到了 326 亿美元。

在交易数量方面，美国以 3209 笔的交易量领先，中国的交易量为 332 笔，排第二位，排名第三的英国交易量为 274 笔。

医疗保健是中国吸引风投最热的领域，其 2011 年的融资规模比上年飙升 73%，达到 3.17 亿美元。信息技术公司同样表现不俗，同去年相比，融资数额增加了 35%。

相关链接 7-5

2012 年中国风投总额下降　印度风投轮数增长

安永会计事务所（Ernst & Young）数据显示，2012 年中国风险投资额同比下降 40%，但是规模稳定；而印度风险投资额虽下降，但轮数连续三年增长至 17%，晚期投资占主导。

根据安永公司本周发布的《2013 年全球风险投资分析和趋势预测》报告，去年全球风险投资额为 415 亿美元，下降 20%；轮数也减少 8%，至 4970 次；每轮的平均规模减少至 840 万美元；而风险投资基金总数由 2011 年的 323 家减少到 280 家，缩水 13%，风险基金总值减少 31%，至 290 亿美元。

安永公司亚太市场负责人 Ringo Choi 评论道："对全球的风险投资来说，2012 年是艰难的一年。然而，我们希望风投业能够转危为安，稳定的经济环境有利于增强投资者的信心。"

1. 中国风险投资总额下降 交易规模稳定

2012 年，中国风险投资总额为 37 亿美元，同比下降 40%；首次公开募股（IPO）公司数量同比下降 50%。虽然首次公开募股公司数量从 2010 年就一直下降，但是中国仍引领全球总额增长，以高收益和短投资期吸引着投资者。2012 下半年迫于股票市场压力，中国创业板停止了 IPO 登记。经济政策稳定后，IPO 数量很有可能开始增长，因为已经有超过 800 家公司打算在股票市场 IPO 登记开放之后进行首次公开募股。此外，由于对盈利公司的实质性投资，投资额的中值为 1000 万美元，远远高于世界其他地区。

2. 印度风险投资轮数增长 晚期投资占主导

2012 年，印度风险投资轮数持续增长 17%，达到 205 次，这是印度第三年连续增长。这归功于印度持续的经济繁荣，并且随着印度高等教育的发展，工程和医学学院的数量在增长，印度创业系统也更加完善。不过投资总额由 2011 年的 17 亿美元下降到了 14 亿美元。晚期投资是印度风投的主要特点。生产阶段收益由 2010 年的 81% 上升到 2011 年的 83%，然后上升到 2012 年的 87%。这是因为印度公司更专注于应用开发和高效交付模式而不是创新。此外，印度风投规模较小，投资中值由 2011 年的 55 亿美元下降到 36 亿美元。

安永公司认为，印度风投的增加以及投资印度国内公司金额的增加，使得印度风投在一定程度上与全球股票市场隔离开来，对印度风投前景持相对积极的态度。

资料来源：陈玉洁. 环球时报—环球网，2013 年 4 月 25 日.

（二）我国风险资本的来源

我国目前风险资本的来源比较单一，主要是由政府提供的资金所构成。政府资金在我国风险资本市场中占到了大部分，因而导致了我国现有风险资本的规模较小，影响了风险投资活动的扩展。因此，拓宽我国风险资本的来源渠道，改变结构单一的风险资本构成格局，已经成为燃眉之急。

（1）政府资助：我国政府可采取多种渠道为风险投资提供资金：①可以从财政收入和发行的国债中，拿出一定比例的资金进入风险投资领域；②建立起像"国家科技创新基金"一样的各类专项基金，用以扶植各类科技研发项目；③政府管理的社会保障养老基金是风险投资的重要来源。

（2）企业投入：①为了提高闲置资金的使用效率，获得可观的收益，企业有参与风险投资的愿望；②风险投资可以成为企业寻求新的业务增长点的手段；③战略型的风险投资是中小企业成长的重要来源；④使目标企业为本企业的发展服务。他们希望以这种方式扩大自身的业务领域，增加市场份额，提升产品的技术含量，加速企业的发展。

（3）金融支持：①银行资本：银行可以将旧有的科技项目贷款机制，转化为以新设立的风险投资基金对科技项目进行风险投资的机制，从而提高对科技项目的扶植效率。考虑到资金的安全性，银行的风险投资基金可以委托风险投资专业机构来管理。②证券公司资本：证券公司在资本运营、市场分析、资源方面有着优势，但目前政策仍不允许其从事风险投资。③保险资金：保险资金和养老基金作为国外风险投资的主要来源，目前受有关法律的限制仍旧不能进入风险投资领域。

（4）民间资本：随着经济的发展，我国居民个人财富不断增加，不断增加的财富在寻求投资机会，风险投资无疑是其中很好的投资方式。

（5）引进外资：国外风险资本进入中国的动机在于中国国内市场的巨大潜力和中国经济的高速持续增长给投资者带来的良好投资预期，以及中国国内市场所蕴含的丰富的技术资源。另外，国外风险资本渴望进入中国还源于一些风险投资发达的国家国内市场相对饱和，风险资本有向国外转移的要求以及经济全球化所带来的必然趋势。

第三节　风险投资的程序

一、风险投资进入企业的四个阶段

一项高新技术的产业化，通常划分为四个阶段：技术酝酿与发明阶段、技术创新阶段、技术扩散阶段和工业化大生产阶段。每一阶段的完成和向后一阶段的过渡，都需要资金的配合，而每个阶段所需资金的性质和规模都是不同的。

（一）风险投资的投入：种子期（种子阶段，Seed Stage）

种子期是指技术的酝酿与发明阶段，这一时期的资金需要量很少。从创意的酝酿，到实验室样品，再到粗糙样品，一般由科技创业家自己解决，有许多发明是工程师、发明家在进行其他实验时的"灵机一动"，但这个"灵机一动"，在原有的投资渠道下无法变为样品，并进一步形成产品，于是发明人就会寻找新的投资渠道。这个时期的风险投资称作种子资本（Seed Capital），其来源主要有：个人积蓄、家庭财产、朋友借款、申请自然科学基金，如果还不够，则会寻找专门的风险投资家和风险投资机构。要得到风险投资家的投资，仅凭一个"念头"是远远不够的，最好能有一个样品。然而，仅仅说明这种产品的技术如何先进、如何可靠、如何有创意也是不够的，还必须对这种产品的市场销售情况和利润情况进行详细的调查、科学的预测，并形之成文，将它交给风险投资家。一个新兴企业的成功不能仅凭聪明的工程师、睿智的发明家而必须依靠懂得管理企业，并对市场营销、企业理财有相当的了解的人才。经过考察，风险投资家同意出资，就会合建一个小型股份公司。风险投资家和发明家各占一定股份，合作生产，直至形成正式的产品。这种企业面临三大风险：一是高新技术的技术风险，二是高新技术产品的市场风险，三是高新技术企业的管理风险。风险投资家占种子期的投资占其全部风险投资额的比例是很少的，一般不超过10%，但却承担着很大的风险。这些风险来自一是不确定性因素多且不易测评，二是离收获季节时间长，因此也就需要有更高的回报。

（二）风险投资的投入：导入期（创建阶段，Start-up Stage）

创建阶段是技术创新和产品试销阶段。这一阶段，已完成企业规划与市场分析，产品原型在测试中，需进一步解决技术问题，排除技术风险；企业管理机构已组成；产品进入市场试销，听取市场意见，但产品试销仍未有收益；开始构思产品原型。这一阶段的资金称作创业资金，所需资金投入显著增加。由于在这一阶段虽已完成了产品原型和企业经营计划，但产品仍未批量上市，管理机制尚不健全。因此，风险投资公司主要考察风险企业经营计划的可行性，以及产品功能与市场竞争力。如果风险投资公司觉得投资对象具有相当的存活率，同时在经营管理与市场开发上也可提供有效帮助，则会进行投资。这一阶段的风险主要是技术风险、市场风险和管理风险。

（三）风险投资的投入：成长期（Expansion Stage）

成长期是指技术发展和生产扩大阶段。这一阶段的资本需求相对前两阶段又有增加，一方面是为扩大生产，另一方面是开拓市场、增加营销投入，使企业达到基本规模。这一阶段的资金称作成长资本（Expansion Capital），其主要来源于原有风险投资家的增资和新的风险投资的进入。另外，产品销售也能回笼相当的资金，银行等稳健资金也会择机而入。这也是风险投资的主要阶段，这一阶段的风险已主要不是技术风险，因为技术风险在前两个阶段应当已基本解决，但市场风险和管理风险加大。由于技术已经成熟，竞争者开始仿效，会夺走一部分市场。企业领导多是技术背景出身，对市场营销不甚熟悉，易在技术先进和市场需要之间取舍不当。企业规模的扩大，还会对原有组织结构提出挑战。如何既保持技术先进又尽享市场成果，这都是市场风险和管理风险来源之所在。为此，风险投资机构应积极评估风险，并派员参加董事会，参与重大事件的决策，提供管理咨询，选聘更换管理人员等并以这些手段排除、分散风险。这一阶段的风险相比前两个阶段而言已大大减少，但利润率也在降低，风险投资家在帮助增加企业价值的同时，也应着手准备退出。

（四）风险投资的投入：成熟期（Mature Stage）

成熟期是指技术成熟和产品进入大工业生产的阶段，这一阶段的资金称作成熟资本（Mature Capital）。该阶段资金需要量很大，但风险投资已很少再增加投资了。一方面是因为企业产品的销售本身已能使相当的现金流入；另一方面是因为这一阶段技术成熟、市场稳定，企业已有足够的资信能力去吸引银行贷款、发行债券或发行股票。更重要的是，随着各种风险的大幅降低，利润率也已不再诱人，对风险投资不再具有足够的吸引力。成熟阶段是风险投资的收获季节，也是风险投资的退出阶段。风险投资家可以拿出丰厚的收益回报给投资者了。风险投资在这一阶段退出，不仅因为这一阶段对风险投资不再具有吸引力，而且也因为这一阶段对其他投资者，如银行、一般股东具有吸引力，从而风险投资可以以较好的价格退出，将企业的接力棒交给其他投资者。风险投资的退出方式有多种可以选择，但必须退出，不可犹豫。

由此看来，风险投资的投入有四个阶段：种子期的小投入、导入期的大投入、成长期的大投入及成熟期的部分投入，它们分别对应着产品成长的四个过程。而实际上，这四个阶段之间并无那么明显的界限。企业成长的四个过程是产品生命周期理论的观点，而较常用的区分四个过程的方法是根据销售增长率的变化。

二、风险投资的业务流程

风险企业要成功获取风险资本，首先要了解风险投资公司的基本运作程序。一个典型的风险投资公司会收到许多项目建议书。如美国"新企业协进公司"（New Enterprise Associates Inc.）每年接到二三千份项目建议书。经过初审筛选出二三百家后，再经过严格审查，最终挑出二三十个项目进行投资，可谓百里挑一。这些项目最终平均每 10 个就有 5 个会以失败告终，3 个不赔不赚，只有 2 个能够成功。成功的项目为风险资本家赚取年均不低于 35% 的回报（按复利计算）。换句话说，这家风险投资公司每接到一个项目，平均只有 1% 的可能性能得到认可，最终成功机会只有 0.2%。

风险投资家寻找能使他们获得高额回报（35% 以上的年收益率）的公司或机会。有时，要在尽可能短的时间内实现这一目标，通常是 3~7 年。成功的风险投资家有许多宝贵的经验，包括选择投资对象，落实投资，对该公司进行监督，带领公司成长，驾驭公司顺利通过难关，促使公司快速发展。

虽然每一个风险投资公司都有自己的业务流程，但总的来讲包括以下步骤：

（一）初审

风险投资家所从事的工作包括：筹资、管理资金、寻找最佳投资对象、谈判并投资、对投资进行管理以实现其目标，并力争使其投资者满意。

风险投资不同于一般投资，它是智力与资金的结合，风险投资的投资对象主要是高新技术产业，它承担着投资项目的技术开发和市场开拓的风险。因而，它以严格的项目选择、评审和参与该项目的管理来尽可能地减少风险，并以投资组合的经济效益保证资金的收回。以前风险投资家用 60% 左右的时间去寻找投资机会，如今这一比例已降低到40%，其他大部分时间用来管理和监控已投资的资金。风险投资家在拿到经营计划和摘要后，往往只用很短的时间走马观花地浏览一遍，就决定在这件事情上花时间是否值得，可见必须有吸引他的东西才能使之花时间仔细研究，因此第一感觉特别重要。

选择什么样的项目或公司是风险投资家最关心的一件事，同时也是衡量投资家眼光和素质的重要指标。对于一些在金融业务中通常起重要作用的因素，例如自有资金的多少，资信状况的好坏等等问题，风险投资家考虑得很少，其分析的一般次序是人、市场、技术、管理。

1. 创业者的素质

风险投资家应从各个角度去考察该创业者队伍是否在他所从事的领域内具有敏锐的观察力，是否掌握市场前景并懂得如何去开发市场，是否懂得利用各种渠道去融通资金，是否有将自己的技术设想变为现实的能力，是否有较强的综合实力等。这种考察不是绝对的，往往是与风险投资家的素质水平有相应的关系。

2. 市场

任何一项技术或产品如果没有广阔的市场做基础，其潜在的增值能力是有限的，就不能达到风险投资家追求的目标。足够大的市场总额（一般超过 1 亿元）才会使公司有较好的上市前景，从而获得风险投资商的兴趣。风险投资家根据自己的经验和对市场的认识，判断投资产品的市场前景、市场占有率的大小和产品竞争能力的大小。

3. 产品技术和经营模式

公司要在竞争中超过别人，就要有技术专利优势，或者独到的经营模式，这往往是成功的关键。风险投资家应判断产品技术设想是否具有超前意识，是否可以实现，是否需要大量的研究才能变成产品，产品是否具有本质性的技术，产品生产是否依赖其他厂家，是否有诀窍或专利保护，是否易于失去先进性等。

4. 公司管理

公司管理是一项很重要的指标，一流的管理加二流的技术产品比二流的管理加一流的产品更具有优势。人的因素在飞速变化的现代市场经济中更为举足轻重。管理团队不仅要经验丰富，还要善于合作，并且一个好的领头人不可或缺。

（二）风险投资家之间的磋商

在大的风险投资公司，相关的人员会定期聚在一起，对通过初审的项目建议书进行讨论，决定是否需要进行面谈，或者回绝。

（三）面谈

如果风险投资家对企业家提出的项目感兴趣，他会与企业家接触，直接了解其背景、管理队伍和企业，风险投资家会针对所有涉及方面提出问题要求企业进行解答，这是整个过程中最重要的一次会面。如果进行得不好，交易便告失败。如果面谈成功，风险投资家会希望进一步了解更多的有关企业和市场的情况，或许他还会动员可能对这一项目感兴趣的其他风险投资家。

（四）责任审查

如果初次面谈较为成功，风险投资家接下来便开始对企业家的经营情况进行考察以及尽可能多地对项目进行了解。他们通过审查程序对意向企业的技术、市场潜力和规模以及管理队伍进行详细的评估，这一程序包括与潜在的客户接触、向技术专家咨询、与管理队伍举行几轮会谈、参观公司、与关键人员面谈、对仪器设备和供销渠道进行估价，还可能包括与企业债权人、客户、相关人员以前的雇主进行交谈。这些人会帮助风险投资家做出关于企业家个人风险的结论。

风险投资对项目的评估是理性与灵感的结合。其理性分析与一般的商业分析大同小异，如市场分析、成本核算的方法以及经营计划的内容等与一般企业基本相同。所不同的是灵感在风险投资中占有一定比重，如对技术的把握和对人的评价。

（五）风险投资条件谈判

审查阶段完成之后，如果风险投资家对所申请的项目前景看好，那么便可开始进行关于投资形式和估价的谈判。一般谈判要持续数周至半年时间。在谈判过程中要解决以下四个问题：一是出资额与股份分配，包括申请方技术开发设想与作为研究成果的股份估算；二是创建企业人员组成和双方各自担任的职务；三是投资者监督权利的利用与界定；四是投资者退出权利的行使。在谈判中，会有双方的律师、会计师、投资顾问等参加。

（六）签订合同

风险资本家力图使他们的投资回报与所承担的风险相适应。根据切实可行的计划，风险资本家对未来 3~5 年的投资价值进行分析，首先计算其现金流或收入预测，而后根据对技术、管理层、技能、经验、经营计划、知识产权及工作进展的评估，决定风险大小，选取适当的折现率，计算出其所认为的风险企业的净现值。基于各自对企业价值的评估，投资双方通过谈判达成最终成交价值。影响最终成交价值的因素包括：

（1）风险资金的市场规模。风险资本市场上的资金越多，对风险企业的需求越迫切，会导致风险企业价值向上攀升。在这种情况下，风险企业家能以较小的代价换取风险投资家的资本。

（2）退出战略。市场对上市、并购的反应直接影响风险企业的价值。研究表明，上市与并购均为可能的撤出方式，比单纯的以并购撤出的方式更有利于提高风险企业的价值。

（3）风险大小通过减少在技术、市场战略和财务上的风险与不确定性，可以提高风险企业的价值。

（4）资本市场时机。一般情况下，股市走势看好时，风险企业的价值也看好。

通过讨价还价后，双方进入签订协议的阶段，签订代表企业家和风险投资家双方愿望和义务的合同。关于合同内容的备忘录，美国东海岸、西海岸以及其他国家不尽相同。在美国西海岸，内容清单便是一个较为完整的文件，而在东海岸还要进行更为正规的合同签订程序。一旦最后协议签订完成，企业家便可以得到资金，以继续实现其经营计划中拟定的目标。在多数协议中，还包括退出计划，即简单概括出风险投资家如何撤出其资金，以及当遇到预算、重大事件和其他目标没有实现的情况将如何处理。

（七）投资生效后的监管

投资生效后，风险投资家便拥有了风险企业的股份，并在其董事会中占有席位。多数风险投资家在董事会中扮演着咨询者的角色。他们通常同时介入好几个企业，所以没有时间扮演其他角色。作为咨询者，他们主要就改善经营状况以获取更多利润提出建议，帮助企业物色新的管理人员（经理），定期与企业家接触以跟踪了解经营的进展情况，定期审查会计师事务所提交的财务分析报告。由于风险投资家对其所投资的业务领域了如指掌，所以其建议会很有参考价值。为了加强对企业的控制，在合同中通常加有可以更换管理人员和接受合并、并购的条款。

（八）其他投资事宜

还有些风险投资公司有时也以可转换优先股的形式入股，有权在适当时期将其在公司的所有权扩大，且在公司清算时，有优先清算的权利。为了减少风险，风险投资家们经常联手投资某一项目，这样每个风险资本家在同一企业的股权额在 20%~30%，一方面减少了风险，另一方面也为风险企业带来了更多的管理和咨询资源，而且为风险企业提供了多个评估结果，减少了评估误差。

如果风险企业陷入困境，风险投资家可能被迫着手干预或完全接管。他可能不得不聘请其他的能人取代原来的管理班子，或者亲自管理风险企业。

三、风险投资的退出

风险投资最终将退出风险企业。风险投资虽然投入的是权益资本，但他们的目的不是获得企业所有权，而是盈利，是得到丰厚利润和显赫功绩后从风险企业退出。

风险投资从风险企业退出有以下三种方式：

（一）首次公开发行（Initial Public Offering，IPO）

公开上市是风险投资退出的最佳渠道，通过 IPO，投资可得到相当好的回报。

相关链接 7-6

Sohu 引入风险投资的案例分析

大家对搜狐可能再熟悉不过了，因为它是互联网上最有影响的中文网上搜索站点之一。在国内综合门户网站的排名中，搜狐也名列前茅。搜狐之所以能够迅速发展壮大，与搜狐的母公司爱特信公司（Internet Technologies China）引入大量海外风险投资是密切相关的。可以说，没有风险投资，就没有今日的搜狐。

爱特信公司的创办者张朝阳博士在麻省理工学院（MIT）学习、工作的几年深受硅谷创业文化的熏陶，他很希望能获得硅谷风险投资家的"天使"基金来创办自己的公司。1996 年，张朝阳利用回国作美国互联网络商务信息公司（ISI）首席代表的机会了解国内市场状况。他发现 1996 年中后期，美国的互联网发展得非常快，而中国几乎是一片空白，只有国联在线、高能所、瀛海威等几家刚起步的小公司。当时，中国网络建设面临许多问题，其中最突出的问题是中文信息严重匮乏，国内真正能提供中文信息内容服务的 ISP（Internet 服务提供商）寥寥无几，90% 以上的 ISP 只能提供简单的 Internet 接入服务。

张朝阳看好国内市场的发展前景，并决心在国内创业。他首先遇到的问题是没有资金。他向美国著名风险投资专家爱德华·罗伯特求援，两人共同分析了中国市场，并写了一个简单的商业计划提交给催生 Intel 的风险投资人——尼葛洛·庞蒂，不久即争取到数百万美元的起步投资，由此成立了 ITC 公司。

公司运营一年后，已走过了谨小慎微运作的初创阶段，于 1997 年取得 Intel 公司的技术支持，推出了"SOHU"网上搜索工具，并独家承揽"169"北京信息港 1998 年整体内容设计和发展的任务，发展速度很快，甚至比一般的美国风险投资公司的成长速度还要快。ITC 又与世界最负盛名的几家风险投资公司接洽，他们踊跃投资，顺利达成了第二期风险融资意向。从 1999 年开始，ITC 积极筹划申请到纳斯达克上市。

搜狐的例子向我们展示了开展国际融资的一种新途径——引入海外风险投资，它最为重要的意义在于开辟了一条将海外风险投资运用于国内的新途径。在我国高科技产业资金投入不足的情况下，探寻一条适宜的融资途径，建立一套完善的投资体制是我们寻求的目标。在这一方面，搜狐给我们带来了深深的启迪。

资料来源：经济频道，http://www.cmr.com.cn/websitedm/channel/economy/economycasus/CaseShow.asp?cid=502&chid=0003000100010002.

（二）被其他企业兼并收购或股本回购

被其他公司或投资者收购：公司发展到一定程度，要想再继续发展就需追加大额的投资，而风险企业家和风险投资家不愿或不能再往里投资。这时，风险企业家或风险投资家想退出这个企业，就可以把风险企业卖给其他企业。不过谈判会多费点心思，由于急于脱手，可能会被对手利用而压低价款。这时就不妨多找几家，保证低价，同时在关键条款上适时让步。

股本回购/管理层收购：风险企业发展到相当阶段，资金规模、产品销路、资信状况都已很好，这时风险企业家就希望能由自己控制企业，而不是听命于风险投资家，风险投资家也见好就收。于是双方可就股份卖给风险企业家，只是卖价款可能会比 IPO 少些，但费用也少，时间短，易于操作。公司管理层可以以个人资信作担保，或以即将收购的公司的资产作担保，向银行或其他机构借入资金，将股份买回，风险投资家则成功退出。

（三）破产清算

当公司经营状况不好且难以扭转时，解散或破产并进行清算可能是最好的减少损失的办法。一个风险投资者投资于糟糕的项目并不可怕，可怕的是知道糟糕后仍执迷不悟，自欺欺人，那样只会越陷越深。

显然，能使风险企业首次公开上市发行是风险投资家的奋斗目标。破产清算则意味着风险投资可能一部分或全部损失。

以何种方式退出，在一定程度上是风险投资成功与否的标志。在作出投资决策之前，风险投资家就制定了具体的退出策略。没有很好的退出方案，他们是不会把资金投入企业的。他们要从其投资中盈利，即他们必须在一定的时间内从所投公司退出。成功的退出意味着盈利的实现，而且这是盈利的唯一渠道。

退出决策就是利润的分配决策，即投资盈利应在什么时候、以什么方式在风险投资公司与风险企业之间分配。这里最重要的是时间和方式，最佳的时间和方式可以使风险投资收益达到最大化。

本章小结

（1）风险投资是把资本投向蕴藏着失败风险的高新技术及其产品的研究开发领域，旨在促使高新技术成果尽快商品化、产业化，以取得高资本收益的一种投资过程，其目标不是为了取得股利分红，更不是为了利息收入，而是通过对被投资企业的专业化培育和辅助管理，最后以上市或股权转让的办法退出，来追求高风险下的资本增值。

（2）风险投资人大体可以分为四类：风险资本家、风险投资公司、产业附属投资公司和天使投资人。

（3）风险投资的投入有四个阶段：种子期的小投入、导入期的大投入、成长期的大投入及成熟期的部分投入。

（4）风险投资最终的目的是得到丰厚利润和显赫功绩后从风险企业退出。风险投资从风险企业退出有以下三种方式：首次公开发行、被其他企业兼并收购或股本回购、破产清算。

案例思考

詹尼泰克公司

詹尼泰克公司的首席执行官和共同创始人罗伯斯·斯文森（Robert Swanson）曾是克林伯肯（Kleiner Perkins）公司的一个合伙人。他决定离开克林伯肯公司去创建自己的公司，因为他的兴趣在生物技术行业。1976年初，斯文森来到位于旧金山的加州大学，亲自向DNA重组专利共同发明人哈勃·鲍伊尔教授请教。他们一见如故，立即上同意共同开发DNA重组技术的商业价值。鲍伊尔把他们的风险企业命名为詹尼森克，这是一个集成名字，意思就是：遗传工程技术（Genetic Engineering Technology）。斯文森依靠他以前的积蓄，和鲍伊尔一起拟订了一个商业计划。在这份计划中，他们预期能在超乎人们想象的短时间里开发出商业产品。为此，他们打算和加州大学的科学家密切合作，一起研制出一种新药。

几个月后，斯文森又回到了克林伯肯公司，这一次他带来了一份詹尼泰克公司的计划书。第一次见面后，他就用公司25%的股份换取了一笔10万美元的资金。正是在这笔风险资金的帮助下，斯文森和鲍伊尔开办了他们的公司。随着业务的展开，克林伯肯公司又在9个月以后为他们提供了第二笔资金。这笔资金有85万美元，又换取了詹尼泰克公司25%的股份。又过了7个月，詹尼泰克公司发布了它的第一个成功消息——他们依靠遗传工程技术成功研制了一种人体荷尔蒙。按照斯文森的说法，他们成功地把10年的研制期缩短为7个月。这时，风险投资家已是急切地要提供资金了。但这一次，95万美元的风险资金只能换取8.6%的股份了。在

16 个月的时间里，詹尼泰克公司的价值从 40 万美元上升到 1100 万美元。

在早期成功的基础上，詹尼泰克公司的成长可谓一帆风顺。1980 年，公司上市，这时，幼年的生物技术产业已经一改往日"光说不练"的形象，吸引了众多投资者的目光。詹尼泰克公司的公开上市（IPO）是一个惊人的成功，它以公司 12% 的股份募集到 33600 万美元的资金。投资者对公司的估价是 3 亿美元，即使是在一个股价全面上涨的行业中，詹尼泰克公司的成绩也是非常出色的。

詹尼泰克公司在筹资方面有很多的方法，除了风险资金和 IPO 的方式外，他们还可以通过研究开发的伙伴、资金充足的战略伙伴以及在欧洲发行可转换债券的方式来筹集资金。1986 年，詹尼泰克年销售额达 4 亿美元，利润达到 4000 万美元。它把自己 60% 的股份卖给瑞士的药业巨人瑞克（Roche Holdings）公司，作价 21 亿美元。詹尼泰克公司的募资历史已经成为其他公司效仿的典范。

自归属瑞克公司以后，詹尼泰克公司不仅是风险投资的投资对象，也成为了风险的提供者。它把公司 7 亿储备资金的一部分给了新建的风险企业。詹尼泰克公司的目的是要把它的技术和一种新的方法结合起来去开发合成化学药品。

风险企业运用尖端技术在高新技术领域大显身手，从某种意义上讲，是理所当然的。不过，就生物技术领域来看，风险企业的活跃程度尤为突出。这大概因为，生物技术是一个值得风险企业大力开发的新领域，同时，它又是一个新的行业。这使那些富有冒险精神的企业家认为，只要"优秀的科学家"和"风险资金"结合起来，要成为第二个 Sony、第二个 IBM 也不是不可以实现的梦想。詹尼泰克公司的成功就证明了这一点。富有冒险精神的斯文森和富有创造力的科学家鲍伊尔的结合，给予投资者极大的信心。当詹尼泰克公司的股票在纽约的证券交易所上市时，仅仅 20 分钟时间，股票价格就从 35 美元上涨到 89 美元。最初投资 500 美元的鲍伊尔一下子就成了身价 3000 万美元的千万富翁。

资料来源：生物谷网，http://www.bioon.com/industry/invest/2467.shtml.

◆ 结合风险投资案例分析风险投资的作用和意义。

复习题

一、名词解释

风险投资 天使投资人 产业附属投资公司 种子资本 风险并购资本 首次公开发行

二、简答题

1. 简述风险投资的基本特征。
2. 风险投资的退出途径。
3. 论述风险企业如何获得风险投资。
4. 论述我国风险投资的发展历程。

第八章 国际投资风险管理

本章课前实训

组织一场"外资是否影响了中国的产业安全"的辩论大赛。具体做法是：将学生分为若干组，第一组模拟主持人，制定规则，掌握赛场气氛；第二组扮演评委，进行点评、提问和讨论；其余每组4人，经过课前准备以后，进行"外资是否影响了中国的产业安全"的辩论淘汰赛。最后教师根据淘汰赛名次、各组最佳辩手的表现、团队表现以及主持人、评委的表现进行总结和打分。

本章知识要点

● 国际投资风险的内涵
● 国家风险的内涵及国家风险管理
● 外汇风险的内涵及外汇风险管理
● 经营风险的内涵及经营风险管理

案例导引

中国海外投资遇挫　中钢澳洲铁矿零利润

有知情人士介绍，中钢集团在澳洲的恰那铁矿现在一直还在开采，但对中钢集团来说，已经大不如前，"恰那铁矿依然可以增加中钢集团的销售额，但对利润的贡献可以说几乎为零"。

恰那铁矿虽然是中钢集团与力拓合资的，但前者获得的是包销权，风险很大，"钢铁行业已经是这样一个局面，特别是年度长协矿机制瓦解后，这个项目已经没太大的优势了。"接触过中钢集团项目的行业资深人士称。

在不久前召开的国际矿业大会上，中钢矿业开发公司副总经理罗勇军坦言，中国企业目前在海外的铁矿石资源量达到380多亿吨，但由于建设中的各种困难，真正能变成供应量的很少。

恰那铁矿项目是中国在澳大利亚采矿业的首个重大投资。根据协议，中钢集团出资 40%，负责每年向中国包销 1000 万吨铁矿石。

中钢失意"中西部矿业"

相较恰那铁矿有产出无收益的局面，作为独立的系统，中钢集团收购的中西部矿业公司，境遇更惨。

熟悉中钢集团海外项目的行业资深人士表示，中西部矿业公司项目的港口物流一直受制于人，"他们没有拿到港口的投资权，原来准备扩建和修建的港口又被其他国家拿去了，未来也不会好到哪儿去。"该人士说："力拓现在的运能都感觉到非常紧张，根本不可能让它使用这些港口。"

此外，当时原以为是赤铁矿、红矿居多，但后来才发现赤铁矿埋藏非常浅，绝大部分是磁铁矿。"磁铁矿开采出来后，还要经过磁选，成本这块也就上去了"。

在行业人士看来，中钢集团的海外投资项目，现在看几乎算是全军覆灭，"当时花了十几亿美元收购中西部矿业公司，但截至今天，所有这些投资全部打了水漂，不可能有什么收益"。

一个铁矿石项目从勘探开始做的话，保守估算，要用十年的时间才能进入正常生产。而市场一旦走下坡路，矿山可能面临投产一吨亏一吨的局面。

中西部矿业公司此前是一家在澳大利亚证券交易所上市的公司，中钢集团 2008 年底实现对其 100%控股。

"当时中钢想把摊子尽快做大，操作的步伐太快，他们也没对铁矿石后期的局面做特别充分的分析，扩张太快到后来一发不可收拾。"上述资深人士说。

资料来源：第一财经，http://www.guancha.cn/Business/2012_12_07_113091.shtml.

第一节　国际投资风险概述

一、国际投资风险的概念

国际投资风险是由于国际上的不确定因素使投资报酬率达不到预期目标而导致国际投资利益损失的可能性。投资风险是相对于投资收益来说的，任何一项国际投资活动，其收益都与风险并存，从而形成投资的不确定性。跨国公司通过国内和国际的筹资活动取得资金后，进行投资的类型有三种：一是投资生产项目，二是投资证券市场，三是投资商贸活动。然而，跨国公司所投资的项目并不都能产生预期收益，从而引起跨国公司盈利能力和偿债能力降低的不确定性。这些不确定性就构成了跨国公司的国际投资风险。

根据不同的标准，国际投资风险可划分为不同的类型。根据其重要性，将国际投资风险划分为以下三类：国家风险、外汇风险、经营风险。

二、国际投资风险的特征

（一）客观性

客观性是指无论人们愿意接受与否，都无法消除风险，而只能通过一定的技术经济手段进行风险控制。例如，自然界的地震、台风、洪水，在社会经济领域中的战争、冲突、意外事故等，都不以人的意志为转移，它们是独立于人的意识之外的客观存在。无论是自然界的物质运动，还是社会发展规律，都是由事物的内部因素决定的，是由超过人们主观意志所存在的客观规律所决定的。人们只能在一定的时间和空间内改变风险存在和发生的条件，降低风险发生的频率和损失程度，而不能彻底消除风险。

（二）偶然性

虽然风险是客观存在的，但就某一具体风险而言，它的发生是偶然的，是一种随机现象。风险事故的随机性主要表现为：风险事故是否发生不确定，何时发生不确定，以怎样的形式发生不确定，发生的后果不确定。

（三）相对性

承担风险的主体不同，时空条件不同，则风险的含义也不同。例如，汇率风险对于国际投资者来说可能是较大的风险，而对于国内投资者来说则算不上风险。同幅度的汇率变化，由于人们主观意识上存在差异，使各类投资主体面临的风险也不相同。另外，随着时空条件的变化，风险的形式和内容也会发生变化。例如，拉丁美洲国家的外国投资者，过去主要面临的是商业风险，而现在主要面临的是债务拒付、债务重议的风险。

（四）可测性和可控性

可测性是指可以根据过去的统计资料来判断某种风险发生的频率与风险造成的经济损失的程度。风险的可测性为风险的控制提供了依据，人们可以根据对风险的认识和估计，采取不同的手段对风险进行控制。

（五）风险与收益的共生性

一般说来，风险越大，收益也越高。人们可以根据对风险的认识和把握，选择适当的手段，争取在风险最小的情况下实现效益最大。对高效益的追求是现代风险投资迅速发展的内在动力。

三、国际投资风险的影响因素

国际投资风险是各种主客观因素综合作用的结果。影响国际投资活动的因素众多，因而其所面临的风险也更大。一般来讲，国际投资风险的影响因素主要有以下几个方面：

（一）投资对象的选择

对外直接投资的对象是投资项目。投资项目是一个系统，既要求内部各要素之间相互协同运作，产生最优组合，又要与外界进行物质、信息和能量的交流。不同的投资项目，有其不同的运行规则和方式，对外界环境的要求也不尽相同。为了实现吸引外资和保护民族利益的双重目标，东道国政府关于外资项目的审批制度、投资方式、注册资本、筹资方式、内外销比例、外汇、劳动工资及争议的解决等均会作出详尽的规定。这些都会对外资项目目标的实现产生影响。

对外间接投资的对象主要是证券。一般来讲，股票投资的风险较大，其收益或损失都可能较大；债券投资的风险较小，其收益或损失都可能较小。在债券投资中，政府债券投资的风险最小。外国投资者应根据其投资目标、资产负债结构及东道国不同证券的风险程度等，科学地选择证券投资对象。

（二）国际政治经济格局

国际投资作为跨国经济活动无疑要受国际政治经济格局的影响。第二次世界大战之后，国际政治经济格局相对稳定，因而国际投资得到了较大的发展。20 世纪 80 年代以来，世界范围内贸易保护主义盛行，对外直接投资成为各国绕开贸易壁垒、扩大出口创汇的重要工具，因而国际直接投资得到了极大的发展。一般来说，在国际政治经济格局相对稳定的条件下，国际直接投资的风险较小。但是，自从 20 世纪 70 年代初国际金融体系崩溃以来，各国汇率波动不定，导致国际证券投资的风险增加。同时，也直接或间接增加了国际直接投资的风险。

（三）东道国投资环境

外国投资者的投资活动是在东道国的主权范围内进行的，因而，东道国的投资环境自然是国际投资风险的重要影响因素。世界各国的具体条件差异巨大，无论是自然地理条件、政治经济体制、宗教文化、社会传统、风俗习惯和法律制度，还是交通、通信、能源、教育、科技发展水平等，都成为影响国际投资风险的重要因素。因此，东道国投资环境研究是外国投资者可行性研究的重要组成部分。同时，在同一东道国内部，各地区的投资环境也具有一定的差异性。

（四）外国投资者的经营管理水平

外国投资者的对外投资活动是一种自主的经济活动。在既定的投资环境条件下，其投资目标能否实现，在很大程度上取决于其自身的经营管理水平。当然，与其他影响因素相比，这种影响因素的可控性要大得多。

（五）投资期限

投资期限也是影响国际投资风险的重要因素。在投资运行期间，影响投资活动的各种因素会发生不断的变化，这种变化构成了投资收益的不确定性。一般来说，国际投资的期限越长，其风险也相应越大；国际投资的期限越短，其风险也相应越小。

第二节　国家风险管理

一、国家风险的概念

国家风险是指东道国政治、经济、社会上发生变化（如爆发战争、内乱，或政府实行征用、没收企业的国有化政策，或变更外汇管理政策，或因经济政策失败、国际收支恶化而拒绝偿还外债）给外国投资者带来的收益全损或部分损失的可能性。比如拉美债务危机、东欧剧变、海湾战争、南斯拉夫内战都给在这些国家投资的外国投资者造成巨大损失。

国家风险包括主权风险和政治风险。

主权风险是指政府干预或禁止债务偿还而给外国债权人带来损失的可能性，如政府禁止偿还外国银行贷款或关闭外汇窗口。受主权风险影响的多为向国外发放贷款的跨国银行和政府部门。

政治风险是指由于未能预期到的东道国政治、经济状况的变动，政策、法律的变更所导致的投资环境变化，而给国际投资活动带来经济损失的可能性。政治风险一般不易被预测到，一旦出现，往往会给投资者造成巨大的损失。跨国公司受政治风险的影响较大。政治风险包括国有化风险、政府干预和制裁、政局变动风险、政策变动风险、东道国法律对抗的风险和资金转移风险。

（一）国有化风险

国有化风险是指东道国对外国资本实行国有化、征用或没收政策而给外国投资者造成经济损失的可能性。

国有化（Nationalization）是指东道国政府接管某个行业中的所有私有企业；没收（Confiscation）是指在没有任何补偿的条件下，东道国政府占有外国企业的全部资产。关于征用（Expropriation），各国《外国投资法》中的解释不尽相同。一般是指东道国政府基于国家主权的需要对外国资本予以没收或接管。按照有关国际法的规定，东道国对外国资产实行征用时，应使用硬通货向被征用的外国企业进行足额补偿。少数国家（如美国）将东道国政府废弃、拒绝履约和违反投资契约也列为征用。在实际中，外国资本被征用后可能得到全额补偿，也可能只是部分补偿。征用事件在任何国家都可能发生，但由于国情不同，发展中国家发生的对外国公司征用事件比发达国家多。

20 世纪 60 年代与 70 年代，征用事件发生较多。发生在发展中国家的征用事件，如利比亚于 1969 年接管了美国一跨国公司在其境内的油田，智利于 1971 年接管了所有外国人在本国拥有的铜矿，伊朗于 1979 年将大部分外国企业国有化。发生在发达国家的征用事件，如瑞典于 1980 年将一大批外资企业国有化，法国于 1981 年将一家外资造船厂国有化。

（二）政府干预和制裁

政府干预和制裁一般比国有化、没收和征用带来的损失要小。政府干预分为无区别性政府干预和区别性政府干预两种形式。前者干预的程度较为温和，无针对性，对外商独资企业、国内外合资企业、国内外合作企业和国内企业等实行同样的干预，主要内容有：制定有利于本国税收的转移价格政策；要求企业的管理人员由本国居民担任；要求出口企业在本国市场低价出售其产品；要求企业使用一定比例的当地原材料、零部件；暂时停止本国货币的可兑换性等。区别性干预的程度较为严厉，并有针对性，仅对外商投资企业进行干预，主要内容有：只允许外国投资者以合资的形式进行投资，且外商所占的股权比例较小；要求外商投资企业支付一些额外费用，如特别税、辅助费用和其他无形费用等；制定某些歧视外国投资企业的法律，如特别污染法、劳工法等；鼓励本国国民抵制外资企业所生产的产品；鼓励外资企业的工人罢工等。

相关链接 8-1

中海油拟 185 亿美元收购优尼科　遭遇美国政府审查

2005 年中国海洋石油公司拟收购美国的第九大石油公司优尼科，中海油报价 185 亿美元现金收购优尼科的全部流通股，收购的经济条件明显优于雪佛龙公司等其他竞争对手。但是，该投资项目在美国政界却引起了轩然大波，美国许多国会议员故意将此事政治化，与美国的国家安全、经济安全尽量挂钩。同年 6 月 30 日，美国众议院以 333：92 票的压倒优势，要求美国政府制止这一收购计划，并以 398：15 的更大优势，督促美国政府对收购要约进行"严格审查"。考虑到美方的态度不利于中方收购，中海油最终撤回了对优尼科的收购要约。

资料来源：新世纪周刊，2005-7-1.

与政府干预相比，制裁给外国投资者造成的损失更大。制裁是指东道国政府对外商投资企业设置各种障碍，施加各种压力，从而导致外商投资企业亏损或破产的经济行为。为了实现政治和民族方面的目的，或为国内企业提供更多的业务和赢利机会，东道国政府往往对外资企业实行一定程度的制裁，其主要内容有：限制外商投资企业将其资本、利润汇出；要求外商投资企业将被冻结的资金再投资给东道国；向外商投资企业收取特别费用，导致其亏损；收回政府对外商投资企业所提供的特权和优惠等。

（三）政局变动风险

政局变动风险是指东道国国内因政权更迭、社会各阶层利益冲突、民族矛盾纠纷、宗教派别冲突等原因，在东道国境内引起局势动荡，造成动乱，甚至发生战争，从而严重影响国际投资者经济利益的情况。

相关链接 8-2

中国企业的利比亚账单

2011 年 3 月 22 日，商务部发言人姚坚在例行新闻发布会上曾表示，利比亚的动荡给中资企业造成了相当大的影响。据商务部统计，中国在利比亚在建大型项目共计 50 个，涉及合同总金额达 188 亿美元。

据国资委统计，中国企业在利比亚的投资主要集中在基建领域。然而对此前进入利比亚的基建承包商来说，"干得越多，损失越大"。也就是说，在建项目未完成合同的金额越大，经济损失越小。一般而言，项目合同资金的支付方式为按工程进度付款，再加上 15% 左右的预付款。承包商大多可以获得 15% 的预付款，有的企业预付款更多，而业主支付进度款，一般需要 60~90 天的审核期。

以宏福建工为例，其撤离利比亚时完成工程总量的 36%，利比亚方面已支付了 15% 的预付款和 15% 的进度款，总额约 10 亿元，目前还有 6.6 亿元应收账款未收回。

所谓工程预付款是指在工程开工前，业主按当年预计完成工程量造价总额的一定比例预先支付承包方的工程材料款，其主要用于购买工程所需的材料和设备。虽然企业可以获得部分预付款，但预付款一般逐月按工程进度从工程进度付款中扣还，加上进度付款一般会延后 3 个月甚至半年，一旦工程因不可控因素停止，施工进度快的承包商损失也越大。

在利比亚承包基建项目的中国企业中，宏福建工、北京建工和中国建筑三家公司的施工进度最快，都已超过 30%。其中，中国建筑目前在施工程均为政府国民住宅项目，工程规模为 2 万套，累计合同额约合 176 亿元人民币，工期 40 个月，项目已完成全部工程量的近 50%。中国铁建是在利比亚投资规模最大的中国企业之一，投资总金额达 42.37 亿美元。在撤离前，中国铁建的工程进度已超过 15%，完成金额达 6.84 亿美元。

据了解，中国企业在利比亚的合同大部分已开工：在总计 188 亿美元的合同金额中，有 110 亿美元合同金额是在 2008 年及 2008 年以前签订的，2009 年和 2010 年签订的金额约为 77 亿美元。

目前，中资企业在利比亚的损失，主要集中在三个方面：一是固定资产、原材料等的损失；二是未收回的应收账款损失；三是人员撤离产生的费用。

资料来源：21 世纪经济报道，2011-3-26.

（四）政策变动风险

政策变动风险是指东道国在土地、税收、市场、产业规划等方面的政策变更而可能给外国投资者造成的经济损失。以土地政策为例，土地政策中涉及的土地的购买、拥有使用权时间的长短、土地税的内容等，均会影响投资者的收益。东道国市场的开放程度及在投资区域和行业等方面实行的限制或鼓励政策也会影响投资者的利益。

（五）东道国法律对抗的风险

东道国法律对抗的风险是指外国投资者在东道国投资的企业发生法律纠纷时，得不到应有的法律保护。这种情况的产生，是由于在东道国的法律中没有关于对外国投资者保护的规定，或者东道国的法律与国际投资法相抵触，且东道国与投资国之间没有签订政府间保护投资的双边协议。

（六）资金移动风险

资金移动风险是指在跨国经济往来中所获得的经济收益，由于受东道国政府的外汇管制政策或歧视性行为无法汇回投资国而可能给外国投资者造成的经济损失。如外国投资者在进行投资活动中所得的经营收入，包括正常营业收入、出售专利和商标收入、股权转让收入等，一般应转移回投资国，但这与东道国引进外资的目的有一定的矛盾。这样，有的东道国对跨国企业的收入在政策上规定一个在东道国再投资的比例。这个比例的变化则被看做对外投资的一种风险。

二、国家风险的识别与评估

国家风险由于与国家主权行为密切相关，因此投资者需对东道国内部的各种状况进行调查、分析以得出对其国家风险的总体评价，为国际投资活动提供决策依据。目前，国家风险识别和评估主要有以下几种方法：

（一）国际投资风险指数评估法

国际投资风险指数是由国际上一些专门研究国际政治、经济、金融形势的机构提供的关于某个国家或地区风险状况的数量标准。投资者在进行国际投资之前可以先以这些定期发布的国际风险指数作为评估东道国国家风险的参考。目前国际上较有影响的国际投资风险指数有以下几种：

1. 富兰德指数（FL）

富兰德指数是 20 世纪 60 年代末期，美国的 F.T.汉厄教授设计的一种考察国家风险程度的评价指数。该指数由美国商业环境风险情报所每年定期提供。该指数是由定性、定量和环境评级体系构成的综合指标。其中定量评级体系侧重评估一国的外债偿付能力，包括对外汇收入、外债数量、外汇储备状态及政府融资能力四个方面的评分；定性评级体系主要考察该国的经济管理能力、外债结构、外汇管制状态、政府贪污渎职程度以及政府应对外债困难的措施五个方面；环境级价体系包括三个指数系列：政府风险指数、商业环境指数及社会政治环境指数。前两者是通过邀请各方面专家进行咨询讨论而形成的，后者是由汉厄教授编制的。三个评级体系在富兰德指数中所占比重分别为50%、25%和25%。富兰德指数以百分制表示，指数越大表明该国的投资风险越小。与指数相配合，美国商业环境情报所还定期发布富兰德报告，公布各国的基本统计数字和分析人员的评价。富兰德指数及报告基本包括了对主要债务国和贸易国的风险环境的分析，因此它成为国际投资者进行国家风险分析的重要依据之一。

2. 国家风险国际指南综合指数（CPFER）

这是由美国纽约国际报告集团编制的风险分析指数，每月发布一次。该指标是由政治、金融和经济三个指数组成的综合指数。政治指数包括领导权、法律、社会秩序及官僚化程度等 13 个指标，在综合指标中占 50% 的权数；金融指数包括停止偿付、融资条件、外汇管制损害程度及政府毁约等 5 个指标，在综合指标中占 25% 的权数；经济指数包括物价上涨、偿付外资比率及国家清偿能力等 6 个指标，在综合指标中占 25% 的权数。

CPFER 最后以百分制表示，指数越大，表明该国的投资风险越小。该指标可以考察各个国家在不同时期的风险状况及变化规律，使外国投资者对东道国投资风险做纵向和横向比较都很方便。

3.《欧洲货币》国家风险等级表

《欧洲货币》国家风险等级表是由国际金融界权威杂志《欧洲货币》在每年 9~10 月号上公布的，是侧重于反映一国在国际金融市场上的形象与地位的指数。其所包括的内容有：在外国债券市场、国际债券市场、浮息债券市场、国际信贷市场及票据市场上筹措资本的能力，占 20%；进行贸易融资的能力，占 10%，主要指福费廷交易能力，即通过无追索的大型贴现而融资；偿付债券和贷款本息的记录，占 15%；债务重新安排的顺利程度，占 25%；二级市场上的交易能力及转让条件，占 30%。

4.《机构投资家》国家风险等级表

是由著名国际金融界刊物《机构投资家》每两年在其 9 月号刊出的各国国家风险等级表。此表是该杂志向活跃在国际金融界的 75~100 个大型国际商业银行进行咨询调查的综合结果。每个被征询的银行要对所有国家的信誉地位，即风险状况进行评分，分数以 0~100 分表示。分数越大，表示风险越小。该表重点考虑具有健全的国际风险分析体系的大银行以及"风险暴露"最大的银行的意见，因而直接反映银行界对各国风险程度的评价。

5. 日本公司债研究所国家等级表

这是由日本公司债研究所每年定期公布的国家风险分析结果，为投资者了解各国风险状况服务。该表也采用评分制，以 0~100 分表示，分数越高，表明国家风险越低。国家等级表按 14 个项目对一个国家逐项评分，这些项目是：内乱、暴乱及革命的危险性；政权的稳定性；政策的持续性；产业结构的成熟性；经济活动的干扰；财政政策的有效性；金融政策的有效性；经济发展的潜力；战争的危险性；国际信誉地位；国际收支结构；对外资的政策；汇率政策等。根据综合评分确定该国风险等级序列，风险等级按 A、B、C、D、E 五个风险程度从低向高排列。

以上介绍的五种国际投资风险指数体系，其发布机构均具有一定的权威性，其中许多是定期发布的，已为世界大多数国家的投资者普遍接受和认可，在为国际投资者提供投资风险信息资料方面发挥了重要作用。同时，由于这些指标体系的影响力，有意吸引外资的各国都以此为标准，努力营造较好的投资环境，尽量避免被列入这些指标体系的高风险国家之列。

（二）国别评估报告法

国别评估报告法是投资者对特定国家的国家风险进行综合评估的一种方法，往往用于大型海外建设项目的投资和贷款之前的综合评估。由于投资主体、投资方式和投资动机不同，各个投资者编制的报告可能会有差异，但各国别评估报告的基本内容是一致的。美国摩根信托公司编写的国别评估报告通常包括以下几个方面的内容：

1. 政府能力评估

主要是对东道国政府的经济宏观调控能力进行评估，具体包括：政府官员的决策能力、政策设计能力以及对国际经济环境的变动如油价的涨跌、经济波动、通货膨胀等迅速应对的能力。

2. 经济状况评估

主要是对东道国生产要素状况及国家经济发展目标战略的评估，具体包括：自然资源的状况、开发的可能性、人力资源的状况、国内资金的状况（如储蓄率）、投资情况、国家过去及未来的长期发展战略、国家经济的开放程度等。

3. 对外支付能力评估

主要包括国际收支状况，外债规模、结构、期限及偿还状况，外汇储备状况及从国际金融市场筹措资金的能力。

4. 政局稳定性评估

主要指对东道国及全球政治状态进行评估。如国内政府领导层更迭能否顺利进行，各项政策的连续性以及区域内和全球范围内政局的稳定性等。

（三）评分定级评估法

评分定级法是采用一组固定的评分标准将东道国各个风险因素进行量化，从而确定风险程度的方法。由于这种方法可以对不同国家的风险进行比较，因而在国际上得到广泛的应用。一般地说，评分定级法的整个评分定级过程分以下四个阶段：

第一阶段：确定风险考察因素。如负债比率、战争次数、人均 GDP 等。

第二阶段：确定风险评分标准。分数越高，风险越大，例如负债比率 10%以下为 1~2 分，10%~15%为 3 分，15%~25%为 4 分，25%~50%为 5 分，50%~80%为 6 分等。

第三阶段：将所有项目的分数汇总，确定该国的风险等级。

第四阶段：进行国家间的风险比较，得分越高的国家风险越大。

表 8-1 是评分定级法中的一种国家风险等级序列。

表 8-1　国家风险等级序列表（总分 100 分）

风险等级	分　值	意　义
AAA	0~0.5	基本无风险
AA	0.5~1.5	可忽视的风险
A	1.5~3	风险很小
BBB	3~7	低于平均风险
BB	7~15	正常风险
B	15~30	值得重视的风险

续表

风险等级	分值	意义
C	30~55	高风险
D	55~100	不可接受的风险

（四）预先警报系统评估法

也称早期预警系统，是 1975 年原联邦德国经济研究所制定的一系列重要的国家经济指标，这种指标系统根据积累的历史资料在国家风险出现之前预先警报，提醒投资者注意。这个系统主要由以下指标组成：偿债比率、本金偿还比率、负债比率、负债对出口比率、负债对外汇储备比率、流动比率、偿息额对国民生产总值比率、经常项目收支逆差对出口额比率、物价上涨率、货币供给增长率、财政赤字对 GDP 比率、国际货币基金借款对本国在该组织份额的比率、年固定资产形成额对国内生产总值的比率、国际银对该国贷款的加息率等，其中较为常用的有：

1. 偿债比率

该比率表示一国偿付外债的能力。一般认为，当该比率在 10% 以下，表明该国具有较强的偿还能力，当该比率高于 25% 时，则意味着可能面临债务危机，存在着不能归还到期债务的可能。这一指标的计算公式是：

$$偿债比率 = \frac{外债当年还本付息额}{当年出口商品与劳务额} \times 100\%$$

2. 负债比率

该比率表示一国外债规模与经济实力之间的关系。一般认为该比率低于 15% 较好；高于 30% 时，则容易发生债务危机。这一指标的计算公式是：

$$负债比率 = \frac{本国全部公积外债余额}{当年国民生产总值} \times 100\%$$

3. 负债对出口比率

该比率用以衡量一国短期内偿还全部外债的能力。一般认为，该比率的危险界限为 100% 左右且越低越好。这一指标的计算公式是：

$$债务对出口比率 = \frac{本国全部公司债务余额}{当年出口商品与劳务额} \times 100\%$$

这个比率的分子也包括短期债务，即期限在 1 年以内的债务。在发展中国家短期债务占债务总额的比率日益升高的情况下，这一比率有着重要的意义。

4. 流动比率

该比率表明一国的外汇支付能力。一般认为相当于 5 个月进口额的外汇储备比较充足，低于 1 个月进口额的外汇储备则是危险的。这一指标的计算公式是：

$$流动比率 = \frac{外汇储备余额}{平均月进口的外汇支出额} \times 100\%$$

（五）清单评估法

这是由加拿大银行家纳吉提出的国家风险评估方法。该方法将影响国际投资的主要因素扩展为内容广泛的清单。纳吉把国际投资风险分为四类：政治风险、政策风险、国际收支风险和经济风险。每类因素可分为若干风险子因素，如政治因素又包括战争风险、革命风险、政权更迭风险、内乱风险等。每个子因素分别用1~10打分，风险越大，得分越低。最后用加权平均法汇总，按顺序排列为风险评估表。西方许多跨国公司经常采用此法评估国际投资风险。

（六）实地调查评估法

实地调查评估法是指投资国政府或对外投资者组织有关人员到东道国进行实地考察，进而对其投资风险程度进行评估的一种方法。调查人员通过全面的实地考察，及与东道国政府官员、当地企业家和消费者直接会谈，可获得大量的第一手资料，对评估东道国的国家风险十分有益。该方法具有极大的实用性，几乎被所有的对外投资者所采用。

（七）德尔菲评估法

德尔菲评估法，亦称专家评估法，是指对外投资者通过听取所聘请专家意见的方式，进行东道国投资风险评估的一种方法。这里的专家一般为经济学家、企业家、政治家或对东道国有深刻了解的有关专家。该方法是美国著名咨询机构兰德公司于20世纪50年代初发明的，具有以下特点：一是参与者之间相互匿名，评估时要对参与者的各种反应进行统计处理，并反复进行意见测验；二是提意见的专家来自不同的专业，各专家之间没有密切联系，不考虑个人的权威、资历、口才、劝说、压力等因素。

德尔菲评估法实施的步骤如下：

（1）确定可以明确回答的问题。问题条目可由风险识别的组织者或参与者单方面决定，也可由双方共同商定。

（2）将问题以通信方式寄给参与者，或在会议上发给与会者，但要保证参与者不能面对面。

（3）问询可分两轮或多轮进行，每一轮反复都带有对每一条目的统计反馈，它包括中位值或一些离散度的测量数值，必要时要提供全部回答的概率分布。

（4）随着每次反复所获得信息量的减少，由组织者决定在某一轮停止反复。

德尔菲评估法强调集中众人智慧，可使预测更为准确，这是一种十分有效的评估方法，其结论是对外投资者做投资决策时的重要依据。但值得注意的是，专家的意见只能作为参考，对外投资者才是国家风险的最终承担者。

（八）综合评估法

综合评估法是指对外投资者将上述多种方法结合起来，对东道国的政治风险进行评估。上述各种方法各有其优缺点，投资者可以将它们有机结合起来，以便得出更加科学、全面的结论。

三、国家风险的管理

国家风险的覆盖面广，具有不可抗拒性，无法通过合同条款免除，对外国投资者造成的损失较大，即使投资者对其做了较准确的识别和分析，也不能阻止其发生，因此在完成对国家风险的评估之后，还应对投资活动做出适当的保护措施，以控制和降低国家风险的危害程度。对国家风险的管理可以分为投资前的国家风险管理、投资后的国家风险管理、资产被征用后的谈判对策这三个方面。

（一）投资前的国家风险管理

1. 对东道国的国家风险进行实证分析

外国投资者通过国家风险评估方法选定东道国后，应该对特定东道国的国家风险进行深入细致的实证分析。一般来说，经济越发达的国家，吸引外资和对外投资的规模也越大，对外资的优惠措施和限制措施也较少，因而外资企业被国有化的风险也越小。在一些经济发展程度不高的国家，引进外资的规模一般大于对外投资的规模，对外资的优惠措施和限制措施较多。这些国家为了在吸引外资的同时保护本国民族工业的发展，对事关国计民生的大型外资企业实行国有化的可能性较大，因而国有化的国家风险较大。另外，要结合东道国的政治体制、文化背景、社会秩序、宗教、外交等因素，对东道国的国家风险进行深入研究、分析。

2. 购买投资保险

为保护本国投资者的利益，许多国家设立了专门机构为海外投资公司提供保险服务，以抵御货币不能兑换、征用、战争等政治、经济事件带来的风险。在这方面，美国有海外私人投资公司、进出口银行和外国信用保险协会；加拿大有出口发展公司；英、法、德、日等国也都有类似的机构。它们为本国海外投资者提供的保险、金融服务有：①海外投资保险。它指为预防本国投资者遭受没收、征用、战争、资本及利息无法兑换的国家风险而提供的保险。②出口信用保险。它承保一般海上保险所不保的国外进口商信誉不佳的信用风险及政治风险。③直接投资融资。融资机构为本国海外投资者寻找资金来源（包括保险机构自有资金和其他渠道的资金），并为他们寻找有价值的项目。当本国贷款者的本息收益受到威胁时，保险机构代为海外投资者支付。

外国投资者购买投资保险并每年交纳相当于保单保额 1%~2% 的保险费。此类保险必须为东道国政府同意，因为一旦发生损失，保险公司支付赔款后，即要向东道国方面索偿。购买海外投资保险可以给投资者带来许多好处：如果海外投资遭受了国家风险损失，可以即时、足额地得到补偿；即使不发生损失，投资者也把风险转嫁出去，其唯一的代价是支付一笔保险费，但这也有利于精确计算未来成本收益，为正确决策提供条件。

3. 与东道国进行谈判

投资者在投资前可以设法与东道国政府进行谈判，并达成特许协议，获得某种法律保障，以尽量减少国家风险发生的可能。这类协议要明确以下内容：

（1）子公司可以自由地将股息、红利、专利权费、管理费用和贷款本金利息汇回母公司。

（2）转移价格的定价方法，以免日后双方在此问题上产生争议。

（3）公司交纳所得税和财产税参照的法律和法规。

（4）发生争议时，采用的仲裁法和仲裁地点。

4. 放弃海外投资项目

外国投资者向东道国许诺，在将来某一确定时间内把公司的所有权、控制权、经营权转移给当地人，这样，也可降低其公司被征用的风险。权力移交可以一次性完成，也可采用逐年退股的形式在若干年内完成。多数情况下，这种让渡不是外国投资者自愿所为，而是应东道国的要求。比如 1969 年卡纳赫森条约（the Cartagena Agreement）要求南美安第斯国家的外国企业所有者在一定时期以后将其所有权降低到 50% 以下。但是近来情况有所变化，为吸引外资，安第斯免除了当地股权逐步增加的限制。

（二）投资后的国家风险管理

1. 制定灵活的生产经营策略

外国投资者为防止被征用或国有化，可以在生产和经营上制定一些灵活的策略，目的在于加大东道国征用和国有化的成本，从而起到防患于未然的作用。具体可有以下几种策略：

（1）控制原材料及零部件的供应。跨国公司可以从全球的角度来考虑其发展战略，在设立公司时将生产的原材料及配件放在不同的国家，以保持海外项目对本公司其他子公司的依赖。这样虽然进口原材料、零部件运输和通讯成本高，供货时间长，但它保证了投入品的来源和质量免受东道国政府的控制，可以加大东道国政府的征用成本，因为即使征用也无法获得生产必需的原材料和零配件，无法维持企业的正常运转，从而可以避免国家风险。例如美国克莱斯勒汽车公司在秘鲁的汽车组装厂就是因此避免了国有化风险，该公司控制了关键零部件的供应，只有 50% 的汽车零部件在秘鲁制造，其余部分必须从该公司设在别国的子公司获得，致使秘鲁政府不得不放弃征用。

（2）控制专利、专有技术和生产诀窍。拥有先进技术是跨国公司对外投资的重要垄断优势，专利、专有技术和生产诀窍是技术优势的主要表现形式。控制专利、专有技术和生产诀窍能避免被征用和国有化的风险。例如，食物和软饮料生产商对配方保密；汽车公司在母国生产发动机等重要零部件，一旦他们的海外经营受到控制，就会拒绝向东道国提供这些零部件；跨国公司掌握从不同油源提炼石油制品的方法，以减少他们的海外油井被征用的损失；跨国公司把研究与开发过程放在母国，可防止东道国掌握新技术等。

（3）控制销售市场。控制销售市场特别是通过控制产品的出口市场，使东道国政府在对本国外资企业国有化之后失去销售市场，从而降低其被国有化的风险。例如，秘鲁在征用了从事铁矿开发的马可纳公司后发现自己反而失去了产品出口进入国际市场的渠道，结果不得不与马可纳公司重新谈判。

另外还可以通过控制商标权等方法达到回避国家风险的目的，在某些特定的行业还可以控制运输。如长期以来，西方发达国家大型的石油跨国公司不仅控制了世界石油市场，而且控制着石油输出的管道、码头和油船等，而石油输出国组织（OPEC）虽然对石油公司设在本国的子公司实行了国有化，但由于市场、石油运输被控制而付出了巨大的代价，并给予了跨国公司巨额的经济补偿。

当投资者能够控制原材料、技术或市场时，还可以在出现被征用和国有化风险的情况下，采用高进低出的转移定价方式将子公司的利润迅速转移到国外。

2. 采用灵活的财务策略

这种策略是通过在融资、资本结构、股权比例等方面采用灵活措施，从而避免、降低国家风险。

（1）融资策略。指可以从东道国可以利用的融资渠道、其他国政府及国际金融机构融资，而并不只是使用母公司的资金，或采取大量负债经营和少量股权的方式融资，这样融资成本可能会高一些。如果只在东道国金融市场融资还可能会受到东道国金融政策的影响，但却可以有效地防范国家风险。因为一旦发生国家风险，跨国公司可将大部分风险转嫁给当地或其他资金提供者。国银行的借款不承担无限责任，因而可以减少损失，把风险转嫁给当地政府和银行。如果借入的资金以东道国货币计价，外汇风险也会降低。但是当地融资策略会受到种种主客观条件的限制。因为国家风险较大的往往是发展中国家，其资本市场一般不完善，而且国内资金较为匮乏，当地政府不愿借给外国投资者；另外，通过在当地发行股票融资也很困难，因为当地政府会限制其居民持有外国公司的股票。

（2）股权比例策略。外国投资者可在遵守东道国《外资法》关于股权结构规定的前提下，逐步出售部分或全部股权给当地投资者，分阶段逐步地撤出对外投资的所有权。例如可口可乐公司在国外直接投资的项目中，经常在投资项目成功、企业正常运行后将自己的股权转让给其他人，而撤出投资使自己与这些企业的联系从资产纽带变为特许授权经营的关系，即不再需要控制生产和经营，而只控制技术和商标。

另外，发展当地股权投资者，培养和发展个人和集团参与投资或控制跨国公司在当地投资的企业，即兴办合资企业，是一个更为主动的策略。由于当地合伙者涉及广泛的领域，如顾客、供应商、子公司的当地雇员、当地银行及其他机构，在发生征用的情况下，会牵涉个人和集团众多投资者的既得利益而遭到反对或抵制。另外，与来自不同国家的多个投资者合资经营，即使其中没有东道国也可有效抵御风险，因为东道国一般不会同时得罪多个国家。

然而合资方式也有种种弊病：①与一国政府部门的合资项目即使营运状况很好，当政治气候发生变化、政府被反对党推翻时，企业也会遭受灭顶之灾，政局变动已多次证明了政府更迭带给企业的风险是巨大的；②与当地私人公司合资时，如果征用意味着给予当地合资方更多的所有权和控制权，那么政府征用非但不会遭到当地人反对，反而会得到来自合资公司内部的支持。近年来的实证研究也证明，合资风险比独资要大。通过对 1960~1976 年期间美国海外分公司的调查发现，与东道国政府的合资项目被征用的风险比美国独资企业大 10 倍，与当地私人公司合资的风险也比独资大 8 倍。

3. 采取短期利润最大化策略

这是跨国投资者在需要用自身的力量进行全部或部分投资时防范国家风险所常用的方法。它的第一层含义是，跨国公司常常试图在尽可能短的时间内，从当地经营中提取最大数量的现金。这些方法包括递延投资维持费用、将投资削减至仅够维持生产所需的最低水平、缩减营销开支、生产低质量商品、制定高价和取消培训计划等，从而使短期的现金产出达到最大。这些短期行为显然不利于长期生产经营的发展。这一策略是一种消极的反应，它几乎表明该公司在当地的投资经营将不会长久，由此也会加大被征用的可能。因此，跨国公司必须选择适当的时间长度来增加现金流入量，并考虑采取影响政府关系和行动的适当措施，以减少风险。短期利润最大化策略的第二层含义是，在东道国政府采取敌对行动的情况下，用进攻性战术从受到威胁的附属公司提取尽可能多的资金，使跨国公司与该国的未来交易失败。运用这种策略时，需注意公司行为所产生的国际影响。为避免公司的此类行为在其他国家遭到怀疑，跨国公司可选择一种消极的间接投资形式来替代，以引起东道国政府的重视。所以，这一消极的策略成功与否，取决于该东道国政府是否有利用外国投资发展本国经济的意愿。

4. 利用某些策略提高跨国企业的应变能力

这是一种很有潜力的防范国家风险的措施，它的基本思路是间接控制策略。这一策略就是提高适应潜在征用的能力，运用特许转让和管理协定等方法增加企业的盈利。这一策略的代表是 20 世纪 70 年代以来跨国公司在国际投资中所普遍采用的参与股权经营投资的方法，它一方面减少直接参与国际生产经营可能产生的风险，另一方面又通过一系列投资管理安排，间接控制或拥有企业的资产及生产经营活动。这种策略在未来会更加普遍，因为随着管理能力和生产能力的不断提高，各国只需要向外国企业购买本国仍然短缺的生产和管理技术即可。

（三）资产被征用后的谈判对策

在东道国政府采取征用行动之后，外国投资者可以采取合理谈判、施加压力、法律解决和放弃管理权四个阶段的对策以最大限度地减少征用所造成的损失。

一般而言，在征用已经发生的情况下，虽然进一步谈判的意义已不是很大，但仍要积极地与东道国政府进行谈判。这一阶段的目标是保持与东道国政府的接触，努力劝说其取消征用。企业可为之作出一定的承诺，政府也会对这一行动的利弊得失进行估价。因此，征用仅是一种讨价还价的手法，以取得企业的特许。

在合理谈判没有结果时，企业应直接运用各种战术手段，对东道国政府施加经济压力，如停止关键部件的供应，停止出口市场、技术和管理技能的提供。对此，东道国政府也会事先做好估价和准备。所以，企业除依靠自身力量外，还可通过争取东道国反对党的支持，寻找友好邻邦与母国进行调解、干预等方法来施加压力。当然，运用这些外部力量时需谨慎小心，否则会产生适得其反的结果。

在前两个阶段之中或之后，企业应开始寻找法律途径解决争端。诉诸法律的基本原则是首先向东道国法院起诉，然后再向母国或国际仲裁机构起诉。东道国法院通常是相对独立的，其判决在东道国具有很大的法律效力，而且比其他选择途径更为廉价，时间更快。但是，在法律解决不适当或有利于东道国政府时，企业应改为直接向母国法院起诉。寻求母国法院的法律援助一般存在两大障碍：主权豁免和主权行为的限制。因此，向国际仲裁院起诉是另一种可选择途径。目前，受理国际投资纠纷的仲裁机构主要有设在华盛顿的解决国际投资争端中心、设在巴黎的国际商会仲裁院和设在瑞典斯德哥尔摩的商会仲裁院等。

　　如果前三个阶段成功的可能性很小，企业就可考虑最后放弃投资所有权及管理权，并以此来换取其他利益。在放弃资产管理权和所有权后，尽管跨国公司在法律上不再拥有其在该国的资产，但仍可保留一定的经营权和管理权，仍可开展许多相关的业务，从而有可能继续获得某种利润。一般来说，企业可与东道国达成管理合同，通过这种管理合同至少可继续开展以下业务：安排处理出口，提供配套技术和管理技能，向国外出售原材料和零部件等。

第三节　外汇风险管理

　　外汇风险（Foreign Exchange Risk），也称汇率风险，是指一个经济实体或个人在国际经济交易中，以外币计价的资产（债券、权益）与负债（债务、义务）因未预期到的汇率变动而引起的价值不确定性（价值上涨或下跌的可能性）。国际投资中的汇率风险是指由于货币汇率的变动而给国际投资者的预期投资收益带来的价值不确定性，即获益（Gain）或受损（Loss）的不确定性。

　　这里需要指出两点：一是并不是所有以外币计价的资产与负债都要承受外汇风险，仅限于"受险部分"（Exposure），亦即以外币计价的资产与负债不相匹配的部分，如外币资产大于或小于外币负债，或者外币资产与外币负债在金额上相等但在期限上不一致的部分；二是本币、外币和时间三项要素构成了产生外汇风险的基础条件，缺一不可。20世纪70年代以来，国际货币体系崩溃，汇率波动频繁，因而对外投资者所面临的汇率风险较大。国际投资活动的外汇风险主要有交易汇率风险、折算汇率风险和经济汇率风险三类。

一、交易汇率风险管理

　　交易汇率风险是指汇率的变动对跨国公司国外子公司的债权和债务价值影响的不确定性。这种债权和债务在汇率变动之前就已形成，在汇率变动后到期。交易汇率风险产生于下列三种交易：一是因购买或销售而形成的以外币计算的应收款或应付款；二是借入或贷出以外币表示的款项；三是获得以外币计算的资产或形成以外币计算的负债。

　　交易风险产生于一个企业在以外币计价的国际交易活动之中。伴随着这些交易活动产生未来外币现金的流入与流出，只要在达成交易与现金结算的时间间隔内出现任何汇率变动，都会导致以本币支付的现金流出流入数量的变化。所以，防范交易风险必须采取可以全部或部分抵消这一变化的外币交易技术。具体地说，包括三个内容：一是风险识别和预测；二是决定是否对已暴露的风险进行保值；三是在决定保值的情况下，选择合适的保值技术。

相关链接 8-3

风险敞口难测，中兴、华为陷汇兑损失魔咒

中兴通讯 2012 年上半年的汇兑损失达到 1.8 亿元，而其去年同期收益为 2.8 亿元。经此遭遇的不仅是在业界做外汇套保颇具口碑的中兴，而且中国华为 2012 年上半年的汇兑损失也高达 7 亿元，经营无线通讯行业的海能达在 2012 年二季度也产生了较大的汇兑损失。

在上述企业陷入汇兑损失魔咒的背后，则是欧元对美元和人民币那种微妙的平衡被彻底打破。一个多月来，外汇市场风云突变，欧元一直"跌跌不休"，欧元对人民币中间价 10 年来首次跌破 7.7，欧元对美元逼近 1.21 的关口。

2012 年 7 月 13 日，中兴预告其上半年业绩净利润为 1.54 亿~3.08 亿元，比上年同期下降 60%~80%，汇兑损失及投资收益较同期下降等是主因。

尽管中兴通讯并未公布汇兑损失数据，但根据 2012 年 7 月 13 日其与投资者交流会议的内容显示，中兴 2012 年上半年亏损 1.8 亿元，其中一季度的汇兑收益为正，但是第二季度亏损超过 4 亿元。不过，这样的结果较 2011 年下半年已有改进。中兴年报显示 2011 年上半年汇兑收益 2.8 亿元，但 2011 年下半年大幅亏损 11 亿元，全年损失 8 亿多元，同比飙长 466.5%。

中兴 2012 年 3 月公告称，因 2011 年衍生品投资额度授权即将到期，为降低外汇风险，公司再次向董事会申请 20 亿美元的金融衍生品投资额度，其中保值型投资额度在 15 亿美元，固定收益型衍生品投资额度为 5 亿美元。不过，从上述数据看，汇率风险还是超出其预期。

"基于汇率波动的风险敞口太多了，不知道接下来会发生什么。"一位接近中兴投资小组的人士说，虽然可以用衍生品做套保，但其效果不会特别明显。其所指的风险敞口是企业的外汇收入存款以及应收账款在即期兑换时产生的汇差损失。

兴业证券通信分析师李明杰说，在中兴的外汇资产中，3/4 是欧元与美元，1/4 是小货币，其货币资产的管理存在一定风险敞口。

据悉，"固定收益型和保值型"是中兴主要的两种衍生品投资类型。前者涉及外汇远期合约和外币应付款押汇合约，后者涉及外汇远期、结构性远期，并辅之以外汇掉期和外汇期权。据悉，中兴目前存在大量以外币计价的原材料和设备进口业务，为管理进口付汇业务的汇率波动风险，其可通过固定收益型衍生品投资降低汇兑损失。另外，随着中兴外汇收入的不断增长，收入与支出币种的不匹配致使以美元和欧元为主的外汇风险敞口不断扩大。为规避汇率波动的不利影响，中兴需要进行保值型衍生品投资，以减少外汇风险敞口。

为规避汇率风险，中兴成立了由财务总监负责的投资工作小组，负责公司衍生品的投资。投资工作小组配备投资决策、业务操作等专业人员。"中兴反馈对冲外汇风险业务'很难做'，因为敞口太多，一些应收账款无法预计当期有多大敞口，虽

然努力了，但效果也不是很好。"上述接近中兴投资小组的人士说。另据其透露，中兴通讯目前的做法主要是把欧元、一些应收账款提前转结，在现金管理方面控制好敞口。

不过，中兴并非个案。据华为公司 2011 年年报显示，人民币对欧元升值，成为其利润下滑的主要因素，该公司去年汇兑损失 48.76 亿元。据悉，华为出口结算主要用欧元，由于项目周期一般为 2 年左右，以欧元计价项目的金额早已确定，所以欧元兑人民币贬值，导致最终从客户手中拿回欧元，其利润兑换成人民币时缩水。

据了解，华为 2012 年上半年亦出现高达 7 亿元的汇兑损失，海能达二季度也产生较大的汇兑损失。2012 年 7 月 12 日，海能达发布业绩预告称上半年净利为亏损 800 万~1200 万元，欧元贬值加剧导致汇兑损失增加是主因之一。

资料来源：经济观察网，http://www.eeo.com.cn/2012/0728/230880.shtml. 2012-7-28.

（一）影响汇率变动的因素

准确、及时地对汇率变动风险进行识别和预测，是交易汇率风险管理的第一步。影响汇率变动的因素有国际收支、相对通货膨胀率、相对利率、国际储备、宏观经济政策等。

（1）国际收支。国际收支是指一国在一定时期内全部对外经济往来中所发生的收入和支出。当一国国际收支出现顺差时，表现在外汇市场上外汇的供给大于需求，对本国货币的需求上升，因而本国货币汇率上升，外国货币汇率下降。反之，当一国国际收支出现逆差时，表现在外汇市场上外汇的供给小于需求，则本国货币汇率下降，外国货币汇率上升。

（2）相对通货膨胀率。货币对外价值的基础是其对内价值。如货币的对内价值降低，则对外价值的表现形式——汇率也将随之下降。自从纸币在全世界范围内取代金属铸币流通后，通货膨胀率几乎在各国都有不同程度的发生。因此，考察通货膨胀率对汇率的影响时，要考察相对通货膨胀率。一般来说，相对通货膨胀率持续较高的国家，由于其货币的对内价值下降得较快，则其汇率也将随之下降。

（3）相对利率。利率作为使用资金的代价或放弃使用资金的收益，也会影响汇率水平。当利率相对较高时，使用本国货币资金成本上升，外汇市场对本国货币的供应相对减少；同时，相对较高的利率能吸引外资流入，使外汇市场上外国货币的供应相对增加，对本国货币的需求上升。这样，相对较高的利率推动着本国货币汇率的上扬。

（4）国际储备。较多的国际储备表明政府干预外汇市场、稳定货币汇率的能力较强。因此储备增加能加强外汇市场投资者对本国货币的信心，因而有助于本国货币汇率的上扬；反之，储备减少，则会诱导本国货币汇率的下调。

（5）宏观经济政策。一国政府为协调宏观经济而采取松紧不一的货币政策和财政政策，这将会对该国货币汇率产生影响。实行扩张性货币政策，导致货币供应量增加，利率下调，大量资本外流，外汇市场对本国货币的需求下降，导致本国货币汇率下降。实行扩张性财政政策将直接导致需求膨胀，进口增加，外汇市场对外国货币的需求增加，导致本国货币汇率下降。

（二）交易汇率风险的管理

在识别和预测交易汇率风险的基础上，国际投资者还要采取措施来对这种风险进行管理。常用的管理措施是对货币进行保值。一般来说，跨国公司采取的任何可以完全或部分消除外汇风险的技术都称为保值措施。外汇市场上各种形式的风险管理工具为跨国公司的交易风险管理提供了现成的技术。可供选择的保值措施主要包括以下几点：

1. 利用远期外汇期货市场套期保值

跨国企业在国际购销业务活动中，从签约到清算债权债务，通常要间隔 30~90 天，大型设备的支付期将会更长。企业可以利用远期外汇市场套期保值，针对每一笔以外币计价的应收和应付账款，根据收（付）的时间和金额，卖出（买入）相同币种、相同交割、相同金额的一笔远期外汇，从而将汇率变动造成的损失以套期交易成本的方式固定下来。

例如，中国某出口商出口一批商品，将在 6 个月之后收入 10 万美元的货款，当时即期汇率为 1 美元=6.23 元人民币，该公司担心 6 个月之后美元贬值，为了达到保值的目的，该公司在期货市场上卖出相同金额的美元，即签订期货合约在 6 个月之后按协议的汇率 1 美元=6.19 元人民币卖出 10 万美元。如果 6 个月之后，美元贬值，汇率为 1 美元=6.15 元人民币，那么该公司在现汇市场上卖出 10 万美元的出口货款后，只得到 61.5 万元人民币，与 6 个月前相比，蒙受了汇率风险，也即少收了 0.4 万元人民币。但是，该公司采取了外汇期货合同进行保值，在收到货款时，可以按照对冲原则，按当时的汇率 1 美元=6.15 元人民币，用 61.5 万元人民币购买 10 万美元的期货合约，以此冲掉原来的卖出合约，获汇率差价 0.4 万元人民币的利益。在不考虑保证金和手续费的前提下，该公司以期货市场 0.4 万元人民币的盈利，抵补了现货市场 0.4 万元人民币的损失，从而达到规避汇率风险的目的。

2. 利用货币市场套期保值

外国投资者在货币市场上，针对每一笔以外币计价的应收和应付账款，根据收（付）的时间和金额，通过借贷款创造出相同币种、相同期限、相同金额的应付和应收账款。

例如，某美国企业从法国进口一批价值为 1000 万欧元的商品，3 个月后以欧元付款。美元兑欧元的即期汇率为 1 美元=1.35 欧元，若美元的年利率为 1.2%，欧元年利率为 1.6%，因为美国企业要在 3 个月后得到 1000 万欧元付给法国出口商，为避免由欧元汇率上升给美国企业造成的损失，美国企业需要在欧盟货币市场上存入 9960159.36 欧元［10000000/（1＋1.6%/4）］，即需在美国市场上借入 7377895.82 美元［9960159.36/1.35］，才可以兑换到 9960159.36 欧元存入欧盟货币市场。3 个月后，该企业可从欧盟市场上取出 1000 万欧元支付给法国出口商，同时在美国货币市场上偿还贷款本息共计 7400029.51 美元［7377895.82×（1＋1.2%/4）］。这样利用货币市场套期保值，美国企业可以将支付成本固定下来，从而避免了由于汇率变动所带来的风险。

3. 提前或延期收付外汇保值

提前或延期收付外汇是指根据汇率变动的情况，对未来一定时期内必须支付或收回的外汇款项提前或推迟结算，以转移汇率风险。在提前支付货款的情况下，就一般情况而言，具有债务的公司可以得到一笔一定金额的折扣。从这一意义上说，提前付汇相当于投资，而提前收款则类似于借款。延期收付与提前收付是反方向的行为，但所起的作用是一样的。具体来说，在预测外汇汇率将要上升、外汇将要升值时，拥有外汇债权的主体延期收汇，拥有外汇债务的主体提前付汇；相反，在预测外汇汇率将要下跌、外汇将要贬值时，拥有外汇债权的主体要提前收汇，拥有外汇债务的主体要延期付汇。

例如，一家美国公司有一笔以欧元计价的应付账款，如果预期欧元汇率趋升，美国公司就需设法提前付汇。否则，当欧元汇率上升后，美国公司就必须以比欧元升值前更多的美元兑换欧元进行支付。相反，如果预期欧元汇率趋跌，美国公司则需设法推迟付汇。这样，当欧元汇率下跌后，美国公司可以比欧元贬值前较少的美元兑换欧元进行支付。又如，一家中国公司有一笔以日元计价的应收账款，如果预期日元汇率趋升，中国公司就应尽量推迟收汇，以获得日元兑换更多人民币的好处。相反，如果预期日元汇率趋跌，则应尽可能提前付汇，以避免遭受因日元贬值而不能兑换回如数人民币的损失。

提前或延期收付外汇一般多用于跨国公司内部，即母公司与子公司、子公司与子公司之间，因为采取提前或延期收付外汇的方式来规避汇率风险等于将汇率风险转嫁给交易对方，必然会受到对方的抵制，很难达到目的。

在使用提前或延期收付外汇的方法时应该慎重考虑其成本和代价，提前付汇和延期收汇实际上等于向对方提供了一笔与提前付汇期和延期收汇期时间一样长短的贷款，这样就不得不考虑资金占用的机会成本。所以，应该在反复权衡之后，谨慎选择这种方法。值得注意的是，提前或延期收付外汇的方法能否有效地避免交易风险，关键在于对汇率的预测是否准确。

4. 平行贷款保值

指两个不同母国的跨国企业之间，分别向对方的子公司提供当地货币贷款。双方贷款按约定的期限用当地货币偿还，并按预先达成的贷款利率分别向对方支付利息。由于借入和归还的是同一种货币，这种贷款无需通过外汇市场进行货币兑换，因而避免了汇率风险。

例如，一家法国跨国公司 A 在美国设有子公司，而另一家美国跨国公司 B 在法国设有子公司。法国 A 公司在美国的子公司需要美元，美国 B 公司在法国的子公司需要欧元。在此情况下，借助于平行贷款，法国 A 公司将欧元贷给美国 B 公司设在法国的子公司，美国 B 公司将美元贷给法国 A 公司设在美国的子公司。如图 8-1 所示。

5. 选择计价货币保值

在对汇率进行预测的基础上，合理选择软、硬币。所谓硬币，是指汇率坚挺且有升值趋势的货币；所谓软币，是指汇率疲软且有贬值趋势的货币。一般地说，在国际经济活动中，当对方国家货币是软币时，从对方国家进口商品应尽量争取使用对方货币结算，向对方国家出口商品应尽量争取使用本国货币或硬币结算。当对方国家货币是硬币

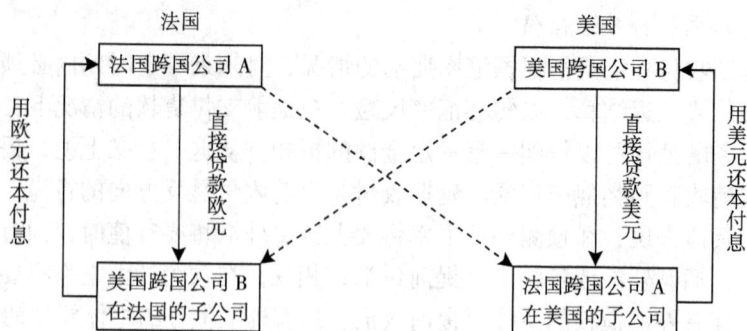

图 8-1　平行贷款业务示意图

时，从对方国家进口商品应争取使用本国货币或软币结算，向对方国家出口商品应尽量使用对方货币结算。

二、折算汇率风险管理

折算风险是指由于汇率变动使分公司和母公司的资产价值在进行会计结算时可能发生的损失或收益。在国际投资活动中，跨国公司在每一个会计年度期末，需要将各分支公司的财务报表合并成汇总报表。在将分支公司以东道国货币计账的会计科目折算成母国货币的过程中，由于汇率变动而可能给跨国企业带来损失。折算风险带来的收益和损失，只是一种会计概念，并不表示该跨国公司实际的或已经发生的收益和损失。折算风险反映在会计报表的资产、负债和权益等各个科目中。

折算风险取决于三个因素：跨国公司海外子公司所从事的对外经营活动的程度、子公司的地理位置和所采用的会计方法。一般跨国公司海外子公司的经营占整个公司的比例越大，则特定的财务报表项目遭受折算风险的比例也越大，因为每一个子公司的财务报表项目都是以其所在东道国的货币测定的。子公司的地理位置也会影响折算风险的程度。

例如，美国某跨国公司在英国一家子公司的账面资产为 100 万英镑，按当时汇率 1 英镑 =1.6 美元，反映在美国母公司汇总会计报表中，该子公司资产价值为 160 万美元。一年后，英镑贬值，汇率由原先的 1 英镑 =1.6 美元变成 1 英镑 =1.4 美元，此时美国母公司会计账簿上该英国子公司的资产价值降为 140 万美元，发生了 20 万美元的折算风险损失。

在实际业务中，折算汇率风险管理的方法通常有三种：调整现金流量、进行远期外汇交易和风险对冲。减少折算汇率风险的基本保值策略是增加坚挺货币（可能升值）资产，减少坚挺货币负债，或者减少疲软货币（可能贬值）资产，增加疲软货币负债。例如当货币将要贬值时，可执行如下保值策略：降低现金水平，紧缩信贷条件以减少应收账款，增加当地货币借款，推迟支付应付账款，出售疲软货币远期合同等。

资金调整包括改变母公司或子公司预期现金流量的数量或币种，以减少企业当地货币的折算风险。在预期当地货币贬值时，直接的资金调整方法有出口用坚挺货币定价，进口用当地货币定价，投资坚挺货币证券，用当地货币贷款替代坚挺货币借款等。间接的方法则包括调整子公司间货物销售的转移价格，加速股利、服务费、使用费等的支付，调整子公司间账款的提前与推迟支付、收取等。对于货币升值采取的资金调整程序正好与贬值情况相反。

此外，风险对冲（包括配对与搭配法）是跨国公司另一种折算汇率风险的管理技术，主要用于有一种以上外币资金账目或需用同种货币冲销原先账目的情况，一般要求跨国公司进行多种货币风险的对冲。通常，货币风险对冲有三种方法：一是用一种货币的空头抵消同种货币的多头；二是对两种有高的正相关性的货币，用一种货币的空头抵消另一种货币的多头；三是对两种负相关的货币，以它们的空头或多头进行相互抵消。

对折算汇率风险的保值也存在若干局限性。第一，跨国公司年初预期的盈利在年末得不到充分保证，实际盈利高出预期利润量会出现换算损失，并可能超过采取远期合同策略产生的收益。第二，对折算风险本身采取的保值措施，也可能会增加跨国公司的交易风险。例如，一子公司货币在报告期内升值，并产生折算收益。假如跨国公司母公司期初制定的保值策略产生交易风险损失，则将部分抵消这一折算收益。那么跨国公司不会对这种抵消作用感到满意，因为这种抵消是用作为纸上收益的折算收益来抵消实际现金损失，其结果是减少了母公司的现金流量。

三、经济汇率风险管理

经济汇率风险是指未能预测的汇率变化导致跨国公司国外子公司的现金流量的净现值变化的可能性。只有未能预期的汇率变化会产生经济汇率风险，而可预测的汇率变化则不产生经济汇率风险。经济汇率风险是一种长远风险，影响企业的未来收益。经济汇率风险的大小取决于跨国公司国外子公司的销售量、销售价格和生产成本对汇率波动的敏感程度，同时还取决于现金流量年限长度的选择。经济汇率风险是一种与未来现金流量有关的风险状况，其时限超过交易汇率风险和折算汇率风险。这种风险的经济性质意味着不可能用一般的保值技术简单地处理，必须由跨国公司资金部、采购部和生产部等部门联合行动，采取适当的长期战略决策，共同保护公司不受汇率变动的不利影响。

经济风险防范的目的是为了减少由于汇率的意外变动而给企业的业务现金流造成的损失。防范经济风险的最佳管理模式是通过调整销售收入和投入品的币种组合，使得未来销售收入的变化与投入品成本的变化可以相互抵消。防范经济汇率风险的对策有以下几点：

（一）分散化经营策略

分散化经营是指跨国公司通过将其产品原材料来源、生产、销售等分散于全球范围经营，规避公司因汇率发生不利变动造成的经济风险，同时能够及时调整公司的经营策略以应对汇率变化，实现预期利润或收益的经营方式。例如，对于原材料的需求，不能只依靠1个或2个国家或市场，而要建立多个原材料供应渠道，从世界不同地方，以不同的货币购买。这样，当汇率突然发生变动时，即使会使设立于某个国家的子公司的原材料价格上涨，也不会导致其他国家子公司因成本提高而引起公司产品价格全面上涨，而且不同国家子公司的成本变化可能会相互抵消。对于产品的销售也是如此，汇率的变动可能使跨国公司在某个外国市场的产品竞争力下降，也可能使跨国公司在另外一些外国市场的产品竞争力提高，从而导致产品销售量在不同的市场有所增减从而可能相互抵消。同时，跨国公司可以根据对汇率的预测，及时调整原材料供应渠道和产品销售策略，进行有利的资产组合，降低成本，增加销售额，获得更多的利润。

（二）多元化融资策略

跨国公司可以通过多元化融资策略，大大降低资金的成本，减少汇率变动可能造成的损失。多元化融资策略主要表现在融资渠道多元化和融资方式多样化两个方面。融资渠道多元化，即争取多种资金来源，既可以利用商业银行的贷款，也可以利用国际性或区域性金融机构的贷款，还可以通过发行证券进行融资。融资方式多样化，即利用不同的融资手段获取所需的资金，不仅可以借助于银行贷款解决资金问题，还可以通过发行证券筹集资金；不仅可以筹集固定利率资金，还可以筹集浮动利率资金；不仅可以在投资国或东道国发行债券，还可以在国际金融市场上发行债券。通过多元化融资策略，跨国公司可以在汇率变动中寻找降低资金成本的有利机会，而且能够根据各国利率和汇率的变动情况，变换融资渠道，改变融资方式，筹集成本较低的资金，并将其投放到收益较高的市场，使得跨国公司的货币资金产生最优组合，从而降低经济汇率风险。

（三）营销管理策略

营销管理策略，即当某个子公司所在国货币贬值时，跨国公司的母公司指令该子公司通过扩大销售额或提高产品定价来增加销售收入，以部分抵销由于子公司所在国货币贬值而使母公司业务现金流减少的损失。

在东道国市场上，如果在货币贬值前存在强有力的进口产品与之竞争，则子公司所在国货币贬值对进口产品不利，子公司可以根据东道国市场对产品需求弹性的大小，决定其是提高产品价格还是扩大销售额来增加子公司的销售收入。如果没有强有力的进口产品与之竞争，则最佳策略是维持产品价格不变，使损失降至最低。

在国际市场上，如果子公司所在国货币贬值，会使子公司产品在国际市场上的价格相对下降，使子公司在定价策略上有了较大的灵活性和在出口市场上有了较强的竞争力。例如，出口市场上的某种产品的需求富有弹性，则子公司应尽量维持原有定价，通过扩大出口市场的占有额来增加销售收入。相反，如果这种产品在出口市场上缺乏弹性，则子公司可以通过提高以子公司所在国货币计价的产品定价，直到与子公司所在国的货币贬值幅度相等，从而以子公司所在国货币计价的销售收入的增长可以弥补母公司业务现金流的减少。

（四）生产管理策略

生产管理策略，即当子公司所在国货币贬值时，母公司应安排子公司用国内的投入品替代成本上涨的进口投入品，从而维持其生产成本的原有水平。当子公司所在国货币升值时，子公司产品在国际市场上的价格相对上升，引起销售额的下降，导致销售收入的减少。在这种情况下，母公司应该安排子公司增加具有高附加值的新产品的生产，促进产品的升级换代及提高制造差别产品的能力，维持子公司产品在国际市场上的份额，从而抵消因货币升值而使出口收入下降带来的损失；或者可以通过增加进口投入品的比例或者转向生产成本更低的国家或地区进行投资，以降低生产成本，获得较高收入。

在现实中，企业应从自身条件出发，选择适合自身风险管理特定需要的策略，并将它与外汇风险管理的内部金融管理技术与外部金融管理工具有机结合起来，真正实现既定的外汇风险管理目标。

第四节　经营风险管理

一、经营风险概述

经营风险是指企业在进行跨国经营时，由于市场和生产技术等条件的变化而给企业带来损失的可能性。经营风险一般由下列风险组成：

（一）价格风险

价格风险是指由于国际市场上行情变动引起的价格波动，而使企业蒙受损失的可能性。因为引起价格变动的因素很多，所以价格风险是经常性和普遍性的。

相关链接 8-4

必和必拓 CEO 麦安哲：矿业老大的紧缩计划

世界最大的矿产资源公司必和必拓决定选用更显温和的麦安哲（Andrew Mackenzie）来领导它的未来几年，以适应眼前正在萎缩的全球经济。

由麦安哲代替原 CEO 高瑞斯是必和必拓董事会在三个月前作出的决定。这一任命在 2013 年 5 月 10 日生效，这一天，曾经被《巴伦周刊》评选为 2011 年度全球最佳 CEO 的高瑞斯正式离任。这位以激进投资和并购著称的掌舵人，把六年打拼积累下来的令人羡慕的矿产储备，留给了麦安哲。

2007 年年初，作为全球经济陷入危机前的狂欢，中国和其他新兴经济体的强大投资需求带动了对钢铁、铜、铝等一系列矿产品的价格上涨。高瑞斯领导必和必拓开始在扩张道路上加大马力，他四处出击，对已有资源投资扩产，对欠缺资源兼并收购。2008 年年底，中国的四万亿投资计划以及投资者充裕的资金支持将高瑞斯的扩张隐患暂时掩盖。直到 18 个月前经济衰退才开始显露其真实面目，矿业投资高歌猛进的时期落幕了。

在此期间，先是必和必拓董事长雅克·纳赛尔宣布削减集团的 800 亿美元投资计划。2013 年 5 月 14 日，新上任的麦安哲在美银美林 2013 全球金属、矿业及钢铁会议上，进一步宣布将必和必拓 2014 财年的资本和勘探支出降至 180 亿美元。而 2013 财年的该项支出为 220 亿美元。

在 2011 年，必和必拓最高时曾同时拥有近 20 个投资项目，总投资超过 200 亿美元，此外还包括一些潜在的对钾肥等资源的收购计划。但到了 2012 年上半年，必和必拓净利润下降了 35%。高瑞斯先后在 2011 年和 2013 年年初投资近 200 亿美元收购美国的两个页岩气项目，但随后因天然气价格下跌而损失了近 30 亿美元。2012 年下半年，必和必拓的净利润再次大幅下滑 58%。高瑞斯也因此放弃了年终奖。

在过去 18 个月间，这个世界的经济局势变了。诸多矿产品供需关系被打破，价格持续低迷。这让麦安哲与必和必拓都认识到，在市场波动平稳下来之后，以美元计价的大宗商品的价格会有一个持续走低的过程。

资料来源：和瑞财经，http://finance.horise.com/news/20130517/01243734.shtml. 2013-5-17.

（二）营销风险

营销风险是指由于产品销售发生困难而给企业带来的风险。营销风险产生的主要原因有：市场预测失误，预测量与实际量差距过大；生产的产品品种、式样、质量不适应消费者的需要；产品价格不合理或竞争对手低价倾销；广告宣传不好，影响购销双方的信息沟通；销售渠道不适应或不畅通，从而影响产品销售。

相关链接 8-5

新飘柔：9.9＝没市场

2003 年底，高端个人护理产品、宝洁公司当家"花旦"飘柔突然跳水，以 9.9 元 200ml 的价格，直接逼向了众多中端品牌。此举一出，营销界一片哗然。有人认为宝洁此举采用"侧翼防御"的手段，打击了拉芳等二线品牌，维护了宝洁在中高端市场的地位。也有人认为宝洁此举会导致其高端形象失守。

2004 年，市场终于给出了一个比较可信的答案，宝洁的降价营销战役，使其产品在中高端两线销售都不甚理想。年关将近，为了能够在 2005 年挽回形象，宝洁一举拿下了 2005 年 CCTV 标王。作为以"低成本大覆盖"广告为特征的日化企业，宝洁突然以高价位的广告集中时段来塑造形象，此举凸显出其面对市场的决心与无奈，同时也从另一个侧面证实了 9.9 元营销策略未能达到预期的市场目的。

资料来源：南方都市报，2010-1-26.

（三）财务风险

财务风险是指整个企业经营中遇到入不敷出、现金周转不灵、债台高筑而不能按期偿还的风险。

（四）人事风险

人事风险是指企业在员工招聘、经理任命过程中存在的风险。它产生的原因有：任人唯亲，排挤贤良；提拔过头，难以胜任；环境变化，原有工作人员不能胜任。

（五）技术风险

技术风险是指开发新技术的高昂费用、新技术与企业原有技术的相容性以及新技术的实用性等可能给企业带来的风险。

二、经营风险的识别

准确的风险识别是有效地进行风险管理的前提。经营风险识别的主要内容有：第一，有哪些风险应当考虑；第二，引起这些风险的主要因素是什么，以及这些风险造成的后果程度如何。风险识别的方法主要有三种，即德尔菲法、头脑风暴法和幕景识别法。

（一）德尔菲法

这是美国著名咨询机构兰德公司于 20 世纪 50 年代初发明的。它具有以下特点：一是参与者之间相互匿名，评估时要对各种反应进行统计处理，并反复进行意见测验；二是提意见的专家要来自不同的专业，各专家之间没有密切联系，不考虑个人的权威、资历、口才、劝说、压力等因素。

（二）头脑风暴法

头脑风暴法也称集体思考法，是指以专家的创造性思维来索取未来信息的一种直观预测和识别方法。此方法是由美国人奥斯本于 1939 年首创的，首先用于广告设计，随后逐渐推广运用到其他领域。这个方法可以在一个小组内进行，也可先由多名个人完成，然后将他们的意见汇集起来。将头脑风暴法用于国际投资风险识别时，一般要提出这样一些关键性问题：进行国际投资活动会遇到哪些风险？这些风险的危害程度如何？等等。组织者为避免重复，提高效率，应当首先将已取得的分析结果作会议说明，使与会者不必在重复性问题上再花时间，从而促使他们打开思路去寻找新的风险形态及其危害。

头脑风暴法在实施中要遵循如下规则：

（1）禁止对他人所发表的意见提出任何非难，避免言词上的武断或上纲上线。

（2）尽可能要求提出新思路，新思路数量越多，出现有价值设想的概率就越大。

（3）要重视那些不寻常的、有远见的、貌似不太切合实际的思想，思路要越宽越好。

（4）将大家的思路或思想进行组合和分类。

头脑风暴专家小组一般应由技术人员组成，包括风险分析或预测专家，国际投资领域中的技术或财务专家，了解或把握国际投资运动规律的高级专家，以及具有高级逻辑思维能力的专家。组织者对头脑风暴法的结果要进行详细分析，既不能轻视，也不可盲目接受。

(三) 幕景识别法

由于影响国际投资经营风险的因素很多，实践中需要有一种能够识别关键因素及其影响的方法。幕景识别法就是为了适应这种需要而产生出来的以识别风险关键因素及影响程度为特征的方法。一个幕景就是一项国际投资活动未来某种状态的描绘或者按年代概况的描绘。这种描绘可以在计算机上进行计算和显示，也可用图表、曲线等进行描述。

幕景识别法的重点是：当某种因素发生变化时，整个情况会是怎样的，会有什么风险，对投资者的资产价值会带来何种程度的损失。

幕景分析的结果是以易懂的方式表示出来的，一种方式是对未来某种状态的描述；另一种方式是描述一个发展过程，即未来若干年某种情况的变化链。

幕景分析要经过一个筛选、监测和评判的过程。即先要用某种程序将具有潜在风险的对象进行分类选择，并对某种风险情况及其后果进行观测、记录和分析，最后要根据症状或其后果与其可能的起因的关系进行评价和判断，找出可能的风险因素并进行仔细的检查。

但是，幕景识别法也有局限性。因为所有的幕景分析都是围绕分析者目前的考虑、价值观和信息水平进行的，很可能产生偏差。因此，在进行风险识别时，需与其他方法结合使用。

三、经营风险的管理

经营风险是永远存在的，对于跨国投资者来说，通过各种有效的经济技术手段，将经营风险减小或分散是至关重要的。一般来说，经营风险的管理策略主要有风险规避、风险抑制、风险自留、风险转移等。

(一) 风险规避

风险规避是指事先预料风险产生的可能性程度，判断导致其产生的条件和因素，以及对其进行控制的可能性，然后在国际投资活动中尽可能地避免它，或设法以其他因素抵消它造成的损失，必要时须改变投资的流向的方法。

风险规避是控制风险最彻底的方法，采取有效的风险规避措施可以完全消除某一特定风险，而其他控制风险的手段仅在于通过减少风险概率和损失程度，来削弱风险的潜在影响力。但是，由于风险规避涉及放弃某种投资机会，从而相应地失去与该投资相联系的利益，因而风险规避手段的实际运用要受到一定的限制。常见的风险规避手段有四种：

（1）改变生产流程或产品。例如，开发某种新产品，但若花费的成本很高而成功的把握较小，就可以通过放弃新产品的研制而购买该产品的技术专利来规避风险。

（2）改变生产经营地点。例如，将企业由一国转移到另一国，或由一国内的某一地区转移到另一地区，以避免地理位置缺陷带来的风险。

（3）放弃对风险较大项目的投资。

（4）闭关自守。坚持生产经营自成体系，不受任何国家政治、经济因素的干扰。

(二) 风险抑制

风险抑制是指采取各种措施，降低风险实现的概率以及经济损失程度的方法。风险抑制不同于风险规避。风险抑制是国际投资者在分析风险的基础上，力图维持原有决策，减少风险所造成的损失而采取的积极措施；而风险规避虽然可以消除风险，但企业最终要终止拟定的投资活动，放弃可能获得的潜在高收益。

风险抑制的措施很多，如在进行投资决策时，做好灵敏度分析；开发新产品系列前，做好充分的市场调查和预测；通过设备预防检修制度，减少设备事故所造成的生产中断；搞好安全教育，执行操作规程和提供各种安全设施以减少安全事故。

(三) 风险自留

风险自留是指投资者对一些无法避免和转移的风险采取现实的态度，在不影响投资根本利益的前提下，将风险自行承担下来的方法。风险自留是一种积极的风险控制手段，它使投资者为承担风险损失而事先做好各种准备工作，修正自己的行为方式，努力将风险损失降低到最小程度。

在国际经济活动中，所有的国家和企业事实上都承受着不同程度的风险，对其有意识地加以控制，可以增强自身安全性。投资者自身承受风险的能力取决于它的经济实力。经济实力雄厚的大企业，可以承担几十万美元甚至上百万美元的意外损失，但是经济实力薄弱的小企业则只能承担相对较小的风险损失。一般来说，企业通过自我保险的方式来实现风险自留，具体做法是定期提取一笔资金作为风险专项资金，以供意外风险一旦发生时作为风险补偿使用。

(四) 风险转移

风险转移是指风险的承担者通过若干经济和技术手段将风险转移给他人承担。风险转移可分为保险转移和非保险转移两种。保险转移是指投资者向保险公司投保，以缴纳保险费为代价，将风险转移给保险公司承担。在承保风险发生后，其损失由保险公司按合同进行补偿。非保险转移则指投资者不是向保险公司投保而是利用其他途径将风险转移给别人，如签合同、订保证书等。例如，某承包者如果担心承包工程中基建项目所需的劳动力和原材料成本可能提高，他可以通过招标分包商承包基建项目，以转移这部分的风险。又如，在风险较大的国家投资时，投资者应要求当地信誉较高的银行、公司或政府为之担保，一旦发生损失后，可以从担保者那里获得一定的补偿。

本章小结

(1) 国际投资风险是由于国际上的不确定因素使投资报酬率达不到预期目标而导致国际投资利益损失的可能性。国际投资风险根据其重要性可以划分为国家风险、外汇风险、经营风险三类。

(2) 国家风险是指东道国政治、经济、社会上发生变化（如爆发战争、内乱，或政府实行征用、没收企业的国有化政策，或变更外汇管理政策，或因经济政策失败、国际收支恶化而拒绝偿还外债）给外国投资者带来的收益全损或部分损失的可能性。国家风险包括主权风险和政治风险。主权风险是指政府干预或禁止债务偿还而给外国债权人带来损失的可能性。政治风险是指由于未能预期到的东道国政治、经济状况的变动，政策、法律的变更所导致的投资环境变化，而给国际投资活动带来经济损失的可能性。政治风险包括国有化风险、政府干预和制裁、政局变动风险、政策变动风险、东道国法律对抗的风险和资金转移风险。国家风险识别和评估的方法包括国际投资风险指数评估法、国别评估报告法、评分定级评估法、预先警报系统评估法、清单评估法、实地调查评估法、德尔菲评估法和综合评估法。国家风险的管理可以分为投资前的国家风险管理、投资后的国家风险管理和资产被征用后的谈判对策。

（3）外汇风险，也称汇率风险，是指一个经济实体或个人在国际经济交易中，以外币计价的资产（债券、权益）与负债（债务、义务）因未预期到的汇率变动而引起的价值不确定性（价值上涨或下跌的可能性）。国际投资活动的外汇风险主要有交易汇率风险、折算汇率风险和经济汇率风险三类。交易汇率风险是指汇率的变动对跨国公司国外子公司的债权和债务价值影响的不确定性。折算风险是指由于汇率变动使分公司和母公司的资产价值在进行会计结算时可能发生的损失或收益。经济汇率风险是指未能预测的汇率变化导致跨国公司国外子公司的现金流量的净现值变化的可能性。影响汇率变动的五个因素分别是国际收支、相对通货膨胀率、相对利率、国际储备、宏观经济政策。对于不同类型的外汇风险要采取不同的风险管理方法，如交易汇率风险可以利用远期外汇期货市场套期保值、利用货币市场套期保值、提前或延期收付外汇保值、平行贷款保值、选择计价货币保值这几种方法来管理。折算汇率风险管理的方法通常有三种：调整现金流量、进行远期外汇交易和风险对冲。经济汇率风险可以通过分散化经营策略、多元化融资策略、营销管理策略以及生产管理策略进行管理。

（4）经营风险是指企业在进行跨国经营时，由于市场和生产技术等条件的变化而给企业带来损失的可能性。经营风险一般由价格风险、营销风险、财务风险、人事风险、技术风险组成。经营风险识别的方法主要有三种，即德尔菲法、头脑风暴法和幕景识别法。经营风险的管理策略主要有风险规避、风险抑制、风险自留和风险转移等。

案例思考

平安—富通案

"富通"是一家以经营银行及保险业务为主的国际金融服务提供商，在欧洲排名第20位，鼎盛时期拥有900多亿欧元的总资产和486亿欧元的市值。自2007年4月起因次级债务问题连续下跌到崩溃边缘。而这个时候，中国平安正欲寻求机会与国际保险业接轨，同年11月就以18.1亿欧元购入了荷兰/比利时富通集团9501万股的股份（占富通集团总股本的4.18%），成为富通集团单一的第一大股东。随后又将股权增持至4.99%并在次年同比例参与富通增发，累计投入资金高达238亿欧元。随后，富通集团在强行并购荷兰银行和金融危机蔓延的双重打击下轰然倒塌。2008年10月，荷兰政府斥资168亿欧元收购包括原荷兰银行在内的原富通全部在荷业务。同月 5 日，比利时政府又与巴黎银行达成一项股权互换协议，使得富通在比利时和卢森堡的业务被完全剥离。这种情况下，平安被迫宣布 157 亿欧元的亏损计提，放弃了成立合资资产管理公司的初衷。

资料来源：网易财经，http://money.163.com/09/0311/14/44NEO4F002524U1.html.

◆ 试分析平安—富通案中平安遭遇到了什么风险？这一案例给中国企业的海外投资活动带来了哪些启示？

复习题

一、名词解释

国际投资风险　国家风险　国有化风险　资金移动风险　外汇风险　交易汇率风险　折算汇率风险　经济汇率风险　经营风险

二、简答题

1. 简述国际投资风险的概念、特征、影响因素。

2. 简述国家风险的评估方法及管理方法。

3. 简述影响汇率变动的主要因素。

4. 简述外汇风险的种类及管理方法。

5. 简述经营风险的组成部分及管理方法。

第九章 国际投资法律管理

本章课前实训

让学生做一份"关于中国吸引外资法律研究报告"。具体做法是：通过课前准备，让一组学生在课堂上口述自己的研究报告，其余学生提问、讨论。最后由教师总结打分。

本章知识要点

● 国际投资法概述
● 资本输入国保护、鼓励、管制外国投资的法律制度
● 资本输出国的海外投资法制度
● 有关国际投资的双边公约、多边公约

> ### 案例导引
>
> #### 跨国公司偷税、漏税及避税案
>
> 美国某公司（A公司）于1990年根据中国法律，在中国境内设立一家公司（B公司），投资总额600万元人民币，注册资本500万元人民币。公司将部分自有资金虚报为借入资金。公司成立后，从1991年至1995年连年盈利。1995年，A公司又在中国香港投资设立了另一家公司（C公司），从此B公司出现了连年亏损。同时B公司在进口产品时还采取了将高关税的进口产品在发票上改换成低关税的进口产品并且以公司自用为名，报关时多报所需进口设备的数量，进口后又以数量过多为名在国内市场上高价转让等手段。
>
> 资料来源：http://starliving.blog.163.com/blog/static/124971220064291048590/.

第一节　国际投资法概述

一、国际投资法的概念与范围

国际投资法是调整国际间私人直接投资关系的国内法规范与国际法规范的总和，是国际经济法的一个重要分支。其核心内容是对国际间的私人直接投资进行鼓励、保护和管理。

国际投资法具有以下基本特征：

（一）国际投资法调整国际私人投资关系

国际投资有官方投资和私人投资之分。官方投资是指政府之间或国际组织与国家之间的资金融通。如外国政府、国际金融机构的投资、贷款、援助等。私人投资是指一国的自然人、法人及其他民间组织、企业团体的海外投资。国际投资法的调整对象仅限于国际私人投资，不包括官方投资。

（二）国际投资法调整国际私人直接投资关系

广义而言，国际投资法应既包括调整国际直接投资关系的规范，也包括调整国际间接投资关系的规范。但是第二次世界大战以后，直接投资成为国际投资的主要方式，关于国际投资的国内立法和国际条约都主要针对直接投资而设立，因而我国著名的法学家姚梅镇教授就将国际投资法定义为调整国际直接投资关系的规范，国际间接投资不在调整之列。私人间接投资关系属于一般民商法、公司法、票据法、证券法等法律的调整范畴，国际组织与政府间或政府与政府间的资金融通关系一般由国际经济组织法或有关政府间的贷款协定等调整。

（三）国际投资法调整的国际私人直接投资关系既包括国内法关系，也包括国际法关系

国际私人直接投资涉及的关系错综复杂，主要有以下几种：①不同国家的法人与自然人之间的投资合作关系；②外国私人投资者与东道国之间的投资合作关系和投资管理关系；③私人投资者与本国间的投资保险关系；④两国或多国政府间基于相互保护私人直接投资而达成的双边或多边投资条约关系。因此，国际投资法既包括国内法规范，也包括国际法规范，两者相互补充，相辅相成。

二、国际投资法的渊源

国际投资法有国内法和国际法两方面渊源。

（一）国内法渊源

一国的国内立法是国际投资法的重要渊源，主要指资本输入国和资本输出国有关国际私人直接投资的各种国内立法。

1. 资本输入国的外国投资法

是指外国投资法是资本输入国调整外国私人直接投资关系的法律规范的总称。其内容包括外国投资的范围、形式、外国投资者的权利与义务及其法律地位，是对外国投资实行鼓励、保护、监督、限制等的法律规范。世界各国外资立法的形式不尽相同，有的制定了统一的外国投资法典，有的颁布专门的单行法规，有的没有专门的外资立法，仅适用一般的国内法。

2. 资本输出国的海外投资法

资本输出国为了维护本国的经济利益，通常制定关于对外投资的法律，其中以对海外投资的保护为主要内容，如资本输出国的海外投资保险法。另外还涉及对海外投资的鼓励性规定（如税收、融资鼓励等）和管制性规定（如外汇管制、技术输出的限制、投资对象国的限制等）。

（二）国际法渊源

调整国家间有关国际投资的权利义务关系的国际条约有两种：双边条约和多边条约。

1. 双边条约

是指资本输入国与资本输出国之间订立的旨在促进与保护相互投资的双边投资条约，它对外国投资者的待遇标准、投资项目和内容、政治风险和保证以及代位权问题等内容作了规定，弥补了国内立法的不足，并保证了国内立法的效力，是目前各国间保护外国私人直接投资行之有效的普遍手段。

2. 多边条约

是指多国间有关国际私人直接投资的各种国际公约，有区域性多边条约和世界性多边公约之分。区域性多边条约是指区域性国家组织旨在协调成员国的外国投资法律而签订的多边条约，如安第斯条约组织制定的《安第斯共同市场外国投资规则》。关于国际投资的世界性多边公约主要有：《解决国家与他国国民间投资争议公约》、《多边投资担保机构公约》、世界贸易组织体制下的《与贸易有关的投资措施协议》与《服务贸易总协定》。这些公约对所有缔约方都具有拘束力。

3. 其他法律渊源

包括联合国大会的规范性决议、国际惯例等。20世纪60年代以来，联合国大会先后通过了《关于自然资源之永久主权宣言》、《建立新的国际经济秩序宣言》、《建立新的国际经济秩序的行动纲领》、《各国经济权利和义务宪章》等一系列与国际投资有关的重要决议。这些文件不仅确立了新的国际经济秩序的基本原则，而且特别规定了国家对本国自然资源的永久主权、国家有权管制境内的外国投资、实行国有化等，这些都是调整国际投资关系的重要国际准则。此外，关于国际投资的国际惯例，如"用尽当地救济"原则、"国籍继续"原则等亦属国际投资法的渊源。

相关链接 9-1

各国外资立法形式

目前，世界上各国（地区）关于外资立法的体制不一致，外资法的名称也不尽相同，主要有三种立法体制和形式：第一种是制定比较系统的统一的外国投资法律或投资法典，作为调整外国投资的基本法律，并辅之以其他相关的可适用于外国投资的法律，如阿根廷等国就是这样做的；第二种是没有统一的外资法，而是制定一个或几个关于外国投资的专门法律法规，由此构成关于外国投资的基本法律体系，并辅之以其他相关法律，我国的做法基于这种类型；第三种是没有制定关于外国投资的基本法律或专门法律，而是借助一般的国内法律法规调整外国投资关系与活动，外国投资者与本国投资者享受同等待遇，美国等发达市场经济国家基本上采取的是这种做法。

资料来源：商务部编写组. 国际投资. 中国商务出版社，2007.

第二节 资本输入国保护外国投资的法律制度

资本输入国作为吸收外国投资的东道国，为了使外国投资者的投资安全，利益免收损害，往往由立法机构颁布有关外国投资的各类法律、法规以及各种条例、实施细则，对外资提供切实的法律保护，为创设良好的投资环境打下基础。下面就资本输入国保护外国投资的法律制度分层次作一下简单介绍。

一、宪法的保护

宪法是一国的根本大法，有些国家在宪法中明确规定了保护外国投资的条款，以显示其政府保护外资的诚意和决心。例如，印度宪法修正案中明确规定，除非法律授权，不得剥夺任何人的财产；肯尼亚宪法规定，征收必须为了公共利益，并应合理估计对原业主造成的困难，补偿必须"及时"、"充分"并能在合理期限内自由汇出；美国宪法第5条和第14条修正案规定，非经法定程序，联邦政府不能剥夺任何人的生命、自由或财产。禁止各州对任何人的生命、自由或财产采取不符合法定程序的行动。不准剥夺任何人在法律面前受到同等保护的权利。

我国宪法也有类似的规定，首先，把对外开放这一基本国策在现行宪法中肯定下来；其次，允许外国的企业和其他经济组织进行各种形式的经济合作，包括举办中外合资经营企业、中外合作经营企业、外资企业等，它们的合法权利和利益受中国法律的保护。

宪法条款对于保护外国投资，通常只作原则性、指导性的规定，至于具体保护外国投资的法律措施，一般由各国有关外国投资的单行法规根据宪法规定的原则作出具体的规定。

相关链接 9-2

各国对外商投资的产业政策

世界各国法律都有关于外商投资领域的规定，一般是将本国的所有行业和部门分为四类，即明确规定出禁止、限制、允许和鼓励外国投资的部门。一般来讲，发达国家对外商投资领域的限制较少，只是对国防、军事、通信、传媒、矿产、能源等部门有一些不同程度的限制；发展中国家对外商投资领域的限制正在经历一个逐步放宽的过程，近年来各国对外资进入的限制已经大幅度减少，特别是服务业的准入程度正在提高。

资料来源：商务部编写组. 国际投资. 中国商务出版社，2007.

二、外国投资法的保护

外国投资法是指资本输入国调整外国投资者在该国进行直接投资而产生的私人直接投资关系的法律规范的总称。这是资本输入国根据本国的宪法规定或本国的对外政策，以专门立法的形式对外国投资给予的法律保护。与宪法保护比较而言，外国投资法的保护更加详细具体，更具操作性。主要内容有以下几个方面：

（一）关于外国投资者待遇的规定

东道国赋予外国投资者什么样的待遇，这是投资者非常关注的问题。有些国家在国内立法中对这一问题作了明确规定。对于外国投资者待遇的问题，国际上尚无统一的标准。不过，从世界范围来看，国民待遇和最惠国待遇是最常用的两种标准。

国民待遇标准，即外国投资者在投资领域与东道国国民享有同样的权利，承担同样的义务。大多数发达国家采用这一标准，例如，美国1975年参议院在审议《外国投资法》法案时就指出，美国对一切外国投资者应给予国民待遇，允许外国投资者在美国有进行企业活动的自由，并给予与国内投资者同等的待遇，除国际上一般公认的合理例外，外资可自由出入。

发展中国家一般只在有限的范围内实行国民待遇，或者在国内立法中不规定国民待遇标准，而在双边条约中采用最惠国待遇。所谓最惠国待遇标准，是指外国投资者在东道国享受的待遇以东道国已经给予或将来给予任何第三国国民享受的待遇为标准。如我国与瑞典两国签订的投资保护协定中规定："缔约双方应始终保证公平合理地对待缔约另一方投资者的投资"；"缔约任何一方的投资者在缔约另一方境内的投资享受的待遇，不应低于第三国投资者所享受的待遇"。

（二）关于国有化、征收及其补偿的规定

相关链接 9-3

对台资企业的征收补偿应遵循的基本原则

对台资企业的征收补偿处理得当与否，直接关系到海峡两岸正常的经济、人员往来和交流。笔者认为对台资企业征收及其补偿的处理，应放在处理两岸关系的大框架内，坚持以下三项原则。

（一）坚持一个中国原则

一个中国原则不仅是制定涉台法律、法规、政策等规范性文件的指导方针，也是处理各种具体涉台法律事务的首要原则。

（二）适用国家法律，平等保护两岸当事人正当权益的原则

台湾是中国领土不可分割的一部分，台湾同胞不是华侨、归侨，涉台法律事务应当坚持平等保护两岸当事人正当权益的原则。

（三）促进两岸交流交往的原则

处理涉台法律事务，应当有利于促进两岸间各项交往交流活动的开展，适时制定或确认有利于两岸交流的措施，并保证其相对稳定、有效和一致，以期发挥更大的能动作用。另外，鉴于涉台法律事务的特殊性，相关法律问题错综复杂，其处理与两岸关系形势密切相关，这就要求我们要善于把握原则的坚定性和策略的灵活性，从有利于稳定和发展两岸关系的大局出发，因势利导，趋利避害，以国家的对台方针、政策和法律基本原则为指导，结合具体情况，务实慎重处理某些具体的涉台征收补偿问题。

资料来源：福建省法学会，节选自《对台商投资征收及其补偿的几点思考》。

国有化、征收及其补偿标准是国际投资法的重大问题之一。资本输入国的外国投资法大多对这方面的问题作了具体规定，以保护外国投资者的财产利益。有的国家明确规定对外国投资不实行国有化或征收，如越南法律规定对外国投资不实行国有化，并宣布将过去越南政府已收归国有的原越南外资企业退还给原投资者或改为合资经营；有的国家对国有化或征收的条件作了严格限制，如印度尼西亚法律规定除非国家利益确实需要并且合乎法律规定，政府不得全面地取消外资企业的所有权，不得采取国有化和限制该企业经营管理权的措施。

关于补偿，一般各国在外资法中规定在双方协商基础上，给予投资者适当补偿，并且以可自由兑换的货币不迟延地支付。有的国家还在外资法中具体规定了补偿的计算方式，以及分期补偿的期限。例如，苏丹《鼓励投资法》规定，在实行国有化后的六个月必须完成估价，并且必须以和投资原有资本相同的货币或双方同意的其他货币，在五年之内逐年分期予以补偿。

　　我国有关外商投资的法律中也有这类问题的规定，例如"国家对外资企业不实行国有化和征收；在特殊情况下，根据社会公共利益的需要，对外资企业可以依照法律程序实行征收，并给予相应的补偿。"这表明我国承认并保护外国投资者对其资本的所有权，对国有化或征收实行严格限制，使投资者放心大胆地在我国进行投资和经营。

（三）关于投资原本和利润汇出的规定

　　外国投资原有资本和利润能否兑换并自由汇出，这是外国投资者非常关心的问题。因为海外投资的目的在于谋取海外利润，外国投资者在东道国投资所得合法利润、其他合法收益及其回收的本金，如不能兑换成国际通用货币或其本国货币，自由汇回本国，则投资者虽有收益，却无实惠，海外投资就会失去意义。所以许多国家的外资法对此作了直接的保护规定。从各国的立法来看，主要有以下两种类型：

　　1. 允许外资原本及利润自由汇出

　　一些国家在外资立法中对投资原本及利润的汇出未作任何限制，只要符合法律规定的程序，即可自由汇出。如韩国 1984 年 7 月修改后的法律规定：外国人取得的股份或者因处分投资额而取得的价款及取得的红利，能自由汇出；引进技术的价款，在批准的范围内，也准许自由汇出。泰国法律规定：外国投资者投入的资本，包括股本和利润、专利使用费以及借入的股本、利息等的对外汇款，如向中央银行提出，原则上保证汇款。此外，大多数发达国家由于不实行外汇管制，因此对投资原本和利润的汇出不附加任何限制性条件，只履行一定的手续，即可自由汇兑。

　　2. 在附加一定限制的条件下，允许外资原本及利润汇出

　　资本输入国，主要是发展中国家，基于国家利益、货币政策的需要，特别是基于国际收支平衡的理由，在承认自由汇出的原则下，对投资者原本及利润的汇出，又常加以一定的合理限制，实行外汇管制。也就是说，外国投资者原本及利润只能在外汇管制的范围内自由汇出。各国立法上的限制一般有以下几种：

　　（1）受国内法规定的年限限制。如哥斯达黎加法律规定，资本一经登记投入，从登记之日起的 4 年后才准汇出。

　　（2）受国内法规定的汇出限额的限制。如秘鲁法律规定，外国投资者 1 年汇往本国的利润和红利的金额，限于其向外国投资技术委员会注册资本的 20%。

　　（3）必须经东道国政府机构批准。如尼日利亚法律规定，外国资本如欲转移境外或外国投资者如要汇出所分得的红利等，须报财政经济开发部批准后方可汇出。

　　（4）汇出必须在履行法定义务之后。该法定义务主要指的是纳税。如巴西法律规定，当 3 年的平均汇出金额超过注册资本和再投资金额的 20%时，汇出利润要缴纳附加税，税率为汇出金额的 40%~60%。

　　我国法律同样在外国投资者原本及利润的汇出问题上提供了保护性规定："外国合营者在履行法律和协议、合同规定的义务后分得的净利润，在合营企业期满或者中止时所分得的资金以及其他资金，可按合营企业合同规定的货币，按外汇管理条例汇往国外"；"依法终止的外商投资企业，按照国家有关规定进行清算、纳税后，属于外方投资者所有的人民币，可以向外汇指定银行购汇汇出或者携带出境"。

资本输入国在外国投资法中规定具体、详细的法律条款对外国投资者的利益进行保护，不仅为外国投资者预测投资环境时增添了信心，同时也明确了资本输入国与外国投资者之间的法律关系。这对东道国顺利地吸收外资，促进投资成功以及东道国的经济发展均有重大意义。因此，资本输入国国内法对外资的保护制度至关重要，它是国际投资保护制度的一个重要组成部分，为国际资本的自由流动提供了重要保证。

第三节　资本输入国鼓励外国投资的法律制度

作为资本输入国，所有发展中国家和部分发达国家都在国内立法中规定了各种各样的优惠措施，以吸引更多的外国资本流入本国。发展中国家由于经济薄弱，在政治环境、经济环境、法律环境等各方面都无法与发达国家的优势相匹敌，因此，发展中国家更加依赖优惠措施以期改善投资环境，对外资的优惠待遇也较多。

一、外资优惠待遇的种类

资本输入国向外国投资者提供优惠待遇主要有税收、产品进出口、财政等方面的优惠。其中最常见的是税收优惠。

（一）所得税减免

所得税减免是国际投资中被广泛采用的一种优惠措施，它是指资本输入国对于外国投资者的投资收入在一定期限内减征或免征所得税，从而给投资者真正的实惠。

（二）关税减免

因为大多数发展中国家的进口税率较高，为了减少外国投资者在资本输入国新建或扩建企业的费用以使投资项目顺利进行，各国都在进口关税方面给予外国投资者不同程度的减免优惠，但这种优惠一般仅限于两类进口产品：一是外国投资者作为投资而进口的机械、设备、原材料，即外国投资者为设立企业而投入的实物资本；二是外商投资企业生产所需要的原材料和设备。

（三）折旧优惠

折旧优惠是针对外国实物投资而采取的一种优惠，具体做法可分为两种，即加速折旧和超额折旧。

加速折旧是允许外国实物投资者在根据正常损耗和其他经济因素所计算的真正经济折旧之前，减少企业的固定资产价值，缩短企业资产原定的折旧年限，加速折旧费计入成本，从而减少企业的应纳税所得额，使企业在开始获利的年份可以不纳税，从而使外国投资者可以增加每年的净收入和纯利润。这种优惠很受投资者欢迎。一些国家在外资法中规定了上述优惠，如菲律宾法律规定，当固定资产预计可用 10 年时，其折旧率可为一般折旧率的 2 倍；超过 10 年以上时，则在 5 年以上和预计试用期之间的期限内偿还。超额折旧是允许投资者超过资产原值计算折旧，如此可多扣除应纳税所得额，因而减少纳税额。因超额折旧而少征的税款，相当于免税。这样，外国投资者能得到真正的实惠，资本输入国也可避免将税收奉送给资本输出国。不少发展中国家有允许外国实物投资加速折旧或超额折旧的规定，但这种折旧优惠对企业而言存在一定的风险，实践中应当谨慎使用。

（四）再投资优惠

外国投资者在资本输入国进行直接投资所获的利润不汇回本国，而是在资本输入国再投资，设立新企业或扩大原企业，这是东道国非常欢迎并且鼓励的行为。因此许多发展中国家在外资法中规定，对用于再投资的利润给予税收优惠。如中国法律规定，外国投资者将所获利润投资于一般企业（非出口型和先进技术型企业），投资经营期不少于 5 年的，退回在投资部分已纳所得税款的 40%；外国投资者将其从企业分得的利润在中国境内再投资，举办、扩建产品出口型或者先进技术型企业，经营期不少于 5 年的，经申请税务机关核准，全部退还其再投资部分已缴纳的企业所得税税款。

（五）信贷融资优惠

信贷融资优惠，一般是对外国投资企业提供长期低息贷款、无担保贷款、发放利息津贴贷款等。这主要是发达国家采用的投资优惠措施。

（六）其他优惠措施

除前述优惠措施外，各国立法中还有其他形式的鼓励措施，例如：①财政补贴或资金援助。有些国家对特定的外国投资给予财政补助。②简化审批手续，为外资入境提供方便。不少资本输入国在管理程序上注意精简审批机构，减少中间环节，简化审批手续，缩短审批期限。有的国家采取"一条龙机构"，一步到位的审批程序。③在土地使用上提供优惠。如澳大利亚在不损害国家利益的情况下，予以自动认可。中国法律规定，对产品出口企业和先进技术企业的场地使用费，除大城市市区繁华地段外，按优惠标准征收。

二、优惠待遇的实施范围

资本输入国鼓励外国投资的法律规定主要体现在税收优惠上。而税收优惠措施的采用，既要达到吸引外国投资者的目的，又要符合资本输入国经济发展的目标，并尽可能减少不必要的税收损失。因此许多发展中国家一般按照本国的产业政策、技术政策、地区发展政策等，有重点、有选择地给予外国投资不同的税收优惠，从而有效地引导外商投资的方向。

（一）对优先发展行业和先驱企业的优惠

一些国家根据本国经济发展的优先顺序，规定了某些优先发展行业和先驱企业，并对这些行业或企业的外国投资项目给予特殊优惠。如新加坡政府根据《扩大经济奖励法》和《资本援助计划》的规定，十分欢迎外国投资者投资于先驱企业，对先驱企业给予特别优惠，如在一定期间免纳企业所得税、红利税，提高折旧率等。印度尼西亚规定，如投资于政府认为特别优先的领域，可延长免税期。印尼投资局还公布了外国投资领域的《优先顺序表》，每年公布一次，并定期调整。

（二）按产业政策给予的优惠

国家的各个产业部门在国民经济中的地位、作用是不同的，所以，许多国家对不同的产业部门，在税收上区别对待，明确显示其倾斜性。各国往往鼓励生产性投资，对于设立生产性企业的外国投资者给予较多的优惠，而对非生产性投资的优惠较少。至于具体对哪些产业部门给予优惠，则视各国具体情况而异。有的国家对采矿业给予优惠，如智利、印度尼西亚、墨西哥等。有的国家对农业给予优惠，如巴西、加纳、印度、马来西亚、伊朗等。另有一些国家，如巴西、摩洛哥、马来西亚、象牙海岸、墨西哥等，则对旅游业给予优惠。

（三）按地区发展政策给予的优惠

很多国家为了加速某些特定地区尤其是落后地区的经济发展，对在这些地区的投资项目给予较多的优惠。例如尼日利亚法律规定，对设立于"发展中地区"的投资企业，给予免纳法人税 7 年的优惠。土耳其按经济发展的不同程序，将全国划分为已开发地区、一般地区、第二优先开发地区和第一优先开发地区，每个地区的税收优惠程度也不同。

（四）对出口型企业给予的优惠

发展中国家为了改善国际收支状况，争取出口创汇，一般对出口型企业给予特别优惠。如新加坡规定，出口销售额占总销售额 20% 以上，年出口额达 10 万原新币以上的产品出口企业，出口收入的 90%，可免纳税率为 40% 的所得税。

（五）按就业政策给予的优惠

有些国家对能够为本国国民提供较多就业机会的外国投资企业给予优惠。例如马来西亚法律规定，经常聘用马来西亚人达 500 人以上的先驱企业，免税期满后，可以延长免纳 5 年的税款。

（六）按投资额给予的优惠

规模较大的现代化企业对发展中国家的经济发展有着重要的推动作用。为了鼓励外国投资者投入巨额资金兴办大型企业，不少国家对大额投资规定了更多的优惠，如扎伊尔规定，凡投资总额超过 5 亿扎伊尔货币，且对扎伊尔的经济发展产生积极意义的投资项目，给予免纳直接税、间接税和财政税等其他各种税的优惠，期限为 10 年。

三、给予投资优惠的方式

不同国家对外国投资给予优惠的方式有所区别，归纳一下主要有三种：

（一）自动给予

自动给予是指资本输入国在外国投资法中明确规定的给予优惠的投资项目，只要符合法定条件，就自动享受某种优惠。这种方式在实践中便于执行，对外国投资者很有利，但从另一方面来说，如果符合条件者众多，则会给东道国造成税收减少和财政负担加重的不良后果。

（二）逐项给予

逐项给予是指虽然在法律上规定了给予优惠的一般标准，但仍需要经过逐项给予的程序。这种方式能使资本输入国控制给予投资优惠的数量和费用，但它可能使外国投资者无法预先知悉其申请所应遵循的有关规则，而且申请程序中还会遇到因执行人员的素质所引起的工作效率以及工作质量问题。

（三）协议给予

协议给予是资本输入国与外国投资者在投资合同中具体规定适用于该投资项目的优惠措施。这种方式随意性较大，其优惠内容较难确定。

相关链接 9-4

发展中国家对外资的优惠政策

发展中国家实行的优惠政策主要集中在以下几个方面：

（1）对国家优先鼓励发展的行业和部门给予优惠。

（2）对国家支持发展的地区（一般为边远和落后地区）给予优惠。

（3）对国家规定的特定地区（实行特殊管理政策的各类经济特区）给予优惠。

（4）对出口型企业给予优惠。

（5）对利润再投资给予优惠。

（6）对提供就业机会多的给予优惠。

资料来源：商务部编写组. 国际投资. 中国商务出版社, 2007.

第四节 资本输入国管制外国投资的法律制度

资本输入国除了保护、鼓励外国投资外，为了维护本国的经济秩序和利益，都通过法律规定，对外国投资进行必要的管制。综观各国立法，资本输入国管制外国投资的国内立法主要有以下几方面的内容：

一、外国投资的资本构成

外资法中的外国资本，一般是指从国外输入的任何形式的资本，既包括现金、设备、机器、土地、厂房、交通运输工具等有形资产，也包括专利权、商标、技术资料、专有技术、劳务等无形资产。例如罗马尼亚关于经营合资公司的法令规定，各方可以以货币形式、商品形式（公司投资和当前经营所需的商品）、工业产权形式进行投资，并在公司合同和章程中加以规定。我国法律规定，外国投资者可以用现金出资，也可用建筑物、机器设备、工业产权、专有技术等作价出资。

各国在出资方式的规定上大同小异，而有些国家对外国投资者提供的资本有限制性条件。我国法律对外商出资也有限制性规定，如中外合资经营企业的外国合营者如以机器设备或其他物料出资的，必须符合下列条件：①应当是合营企业生产所必需的；②作价不得高于同类机器设备或其他物料的当时国际市场价格。

外国合营者如以工业产权或专有技术出资的，必须符合下列条件之一：①能显著改进现有产品的性能、质量，提高生产效率的；②能显著节约原材料、燃料、动力的。外国合营者作为出资的机器设备或其他物料、工业产权或专有技术，应当报审批机构批准。投资者对其用于出资的资产须享有合法的权利，不能侵犯任何第三者的权利。此外，对于出资的期限也有要求，根据《中外合资经营企业合营各方出资的若干规定》，合营合同规定一次缴清出资的，合营各方应自营业执照签发之日起 6 个月内缴清；合营合同中规定分期缴付出资的，合营各方第一期出资不得低于各自认缴出资额的 15%，并且应当在营业执照签发之日起 3 个月内缴清。

二、投资范围

任何一个国家，无论其开放程度如何，都保留一些不对外国投资开放的领域。一般来说，发达国家的外资法对外国投资限制较少，但对有关国防、军事、通讯、宣传部门以及经济关键行业等，也禁止或限制外国资本进入。即使像美国这样开放的国家，除国防、军事等部门绝对禁止外国投资外，其他如通讯事业、国内航空、沿海及内河运输、自然资源开发，水力发电事业、原子能开发等部门，或禁止外国人参加，或限制持股比例，或基于互惠条件予以特许，至于其他部门，外资进入一般不加限制。发展中国家，主要是鼓励外国资本向有利于国民经济发展的部门，如新兴产业部门，以及改善国际收支、扩大出口的部门投资；禁止在国防、军事工业、通讯事业以及支配国家经济命脉的部门投资；限制在本国已有一定发展基础，需要重点保护的行业投资。

三、出资比例

外国投资的出资比例，关系到企业的经营管理权和投资者的权益，各国的立法对此规定不一。发达国家一般采取开放政策，对外资比例方面的要求不严，外国投资者可以按任何比例、以任何形式进行投资。然而在一些不对外资开放的领域内，除了完全禁止外国投资外，大多是要求外国投资低于一定的比例，以此来保持本国资本对这些行业的控制。

四、外国投资的审查和批准

无论具体情况如何，各国对外国投资的进入都实行了管理和管制，集中体现为外资审批制度。其中发达国家大多数适用登记制，即将外国投资视同为本国投资，仅要求其向主管登记的部门注册申报，而不实行实质审查。此外，也有少数国家如日本、法国、加拿大等实行专门机关审批制度。发展中国家都建立了专门的外资审批机构，对该机构的组织以及适用的审批程序一般也有具体规定。除专门机构负责审批外，与项目有关的其他部门，如外汇部门、银行部门、项目的行业主管部门等也行使一定的审批职能。同时，有些发展中国家还建立了半官方的投资促进机构或建议机构，它们的意见往往影响着审批机构的最后决定。

对外国投资的审批内容，一般包括程序审查和实质审查。关于程序审查，各国立法一般规定，审批机构接受投资申请后，对投资计划、方案、项目、投资者的资信、协议、合同、章程、可行性研究报告、工业产权证明文件及其他必需文件，以及申请是否符合法定程序进行审查，并在法定期限内决定是否批准。实质审查指审查投资的经济效益与东道国经济发展目标和国家利益的关系。审查标准可分为积极标准和消极标准。积极标准指可予批准的条件，消极标准指不予批准的条件。

相关链接 9-5

外商投资的审批标准

对外商投资的审批标准，可以分为积极标准和消极标准两种。积极标准是指审批机构鉴定外资积极作用的标准，如所产生的就业机会、对扩大出口和国际收支的影响、引进技术的先进性、对当地市场的影响、对经济落后地区发展的贡献、对当地雇员的培训情况、对进口替代的贡献、对当地中间品和零部件的采购程度、对当地价格水平和产品质量的影响等。外国投资若满足一项或几项积极标准，就可以获得批准。消极标准是指不予批准外国投资的条件，包括违反当地法律、有损东道国主权、不符合利用外资的产业导向政策、可能造成环境污染等。

资料来源：商务部编写组. 国际投资. 中国商务出版社，2007.

五、对外国投资的监管

各国在对外国投资审批之后，仍要进行一定的监督管理，主要体现在以下几方面：

（1）一些国家的外资法律规定，外国投资项目在被批准之后，应在一定期间内开始建设或经营。

（2）一些国家的外资法律规定，外国投资企业筹建过程中必须定期向外资管理机构提交报告。报告的内容包括：资本（实物投资）的进口生产或服务设施的建设、人员的雇用和培训以及开业日期等。

（3）在一些发展中国家，外国投资企业的经营受到经常性的监督。

（4）很多国家的外资法律授权政府官员检查外国投资的工厂和设施，或检查外国投资企业的账簿和文件，以便证实其设立的条件是否与有关法律相符。

（5）许多国家的外资法还规定了对已获得批准但不遵守有关法律规定或不履行批准条件的外国投资企业的罚则。此类罚则包括罚金以至于中止或取消原先给予的便利条件。

相关链接 9-6

发展中国家对外资的股权限制

发展中国家对外资股权限制的方式有三种：一是在其他外资立法中明确规定；二是在国家相关政策中予以规定；三是在政府审批外资项目时具体加以限制。

通常，对于国家鼓励发展而又缺乏技术的领域、面向出口的领域、能发挥国家劳动力资源优势的领域以及政府确定优先开发的地区和偏远地区，发展中国家政府允许外国投资者占有较大股权比例甚至允许外商独资，以便通过利用外资促进本国经济更快、更均衡地发展。

资料来源：商务部编写组. 国际投资. 中国商务出版社，2007.

六、当地物资的利用

许多发展中国家，为了充分利用本国资源和发展民族工业，采用不同的法律手段促使外国投资企业尽可能利用东道国当地的原材料、零部件等物资。有些国家在外资法或外国投资协议中规定了利用当地物资的要求或标准；有些国家通过进口管理确保当地物资的优先利用；还有一些国家把利用当地物资的要求与投资优惠结合起来。

七、劳动雇佣限制

因为劳动雇佣涉及东道国的劳动就业和技术培训等问题，大多数国家的外资法对此加以一定的限制。

一些国家在外国投资法中规定了优先雇用本国国民的原则。一些国家规定，只有在本国国民不能胜任某些职务的情况下，才能雇用外国人。有些国家规定了本国雇员占企业雇员总数的最低比例或本国雇员工资额占企业工资总额的最低比例，或两者皆规定。此外，还有一些发展中国家的外资法明确要求外国投资者承担培训本国国民的义务。

相关链接 9-7

雇用外籍员工的条件

对于雇用专业技术人员和管理人员，一般要求符合以下几个条件：

（1）只有当地国民胜任不了的管理职务和专业服务岗位，才能聘请和雇用外国人。

（2）可以雇用外国人员，但也留出一定的比例给予当地人员。

（3）人员雇用应逐步当地化，逐步增加当地人员的比例，让越来越多的当地人员走上中高层管理和专业技术岗位。

资料来源：商务部编写组. 国际投资. 中国商务出版社，2007.

八、投资期限与当地化

（一）投资期限

投资期限是指外国投资者向东道国投入资本并且进行经营的时间限制。不少发展中国家为了在一定期限内把外商投资企业转变为国内企业以维护和加强本国民族经济，在外国投资法中规定了外国投资的期限。

（二）当地化

"当地化"是指资本输入国通过外资立法或合同约定要求外国投资者每年将一定比例的投资额转让给东道国企业，逐步减少投资比例，最终达到由本国投资者控股的目的。"当地化"的实现可采用两种方式：①在外资法律中规定每年减少外国投资的比例，从而使内资比例相应逐渐增加，以实现外国投资企业当地化的目的。②通过协议逐步减少外资股权。东道国政府与外国投资企业通过谈判，在协议中规定，在一定年限内，外国投资企业的股份逐渐减少，由本国股份逐渐取代直至转变成本国拥有多数或全部股份的企业。这种方式较多为资金雄厚的产油国采纳。

第五节 资本输出国的海外投资法制

一、海外投资保证制度概述

（一）含义及特征

海外投资保证制度（Overseas Investment Guarantyee Program），又称海外投资保险制度，是资本输出国为了保护本国国民的投资安全，依照本国国内法的规定，对本国海外投资者实行一种以事后弥补政治风险损失为目的的保险制度，是国际投资保护的重要法制之一。

私人海外投资会遇到各种政治风险，这些风险成为海外投资的重大障碍，为了消除海外投资者的后顾之忧，鼓励其对外投资，许多发达国家相继建立了海外投资保证制度，承诺当投资者在东道国遇到政治风险而遭受经济损失时，由政府的投资保险机构给予赔偿。这种制度因而成为保护海外投资行之有效的普遍制度。

各国法律对海外投资保证制度的规定不尽相同，但其主要特征不外乎以下几点：

（1）海外投资保证制度从表面上看，类似于一般的民间保险制度，但它是由国家特设的保证机构执行的，以国家为经济后盾，具有明显的公的性质，属于"国家保证"或"政府保证"的范畴。

（2）该制度的实施仅限于海外私人直接投资，即投资者可以直接参与经营管理和支配的海外企业的投资，不包括间接投资。

（3）保险对象仅限于政治风险，不包括一般商业风险（如货币贬值，或因经营不善、估计错误等所致的商业损失等）。

（4）该制度适用的目的主要是防患于未然，尽可能避免风险发生。

其重点在于保护，而不在于事后补偿。因此，资本输出国往往将国内法上的投资保险制度与国际法上的投资保证协定结合起来。例如美国规定，双边投资保证协定是国内法上实行投资保证的法定前提，即美国只对与美国订有投资保证协定的国家进行的投资，才承担保险责任。这种结合的意义在于政府在承担保险责任之前，已获得了东道国基于双边条约的保证，从而使政治风险大大减少。

相关链接 9-8

投资促进

（一）投资促进的基本活动

依据国际金融公司（IFC）和多边投资担保机构（MIGA）的观点，投资促进一般包括如下活动：

广告、直接邮寄、投资研讨会、投资团组、参加行业展销和展览会、散发材料、一对一直接营销、为潜在投资者准备访问日程、在潜在投资者和本地合作伙伴之间牵线搭桥、从各个政府部门获得许可和批件、准备项目建议、进行可行性研究以及在项目开始运营之后向投资者提供服务等。

（二）投资促进的内容

投资促进的内容主要有四个方面：形象塑造，在投资领域改善一国形象，使之成为一个有利的投资场所；投资引进，开展直接引进投资的诸多活动；投资服务，向投资者提供投资前、投资后的服务；投资反馈，根据投资者的反映，向政府提供政策建议，改善投资环境，间接促进投资。

这四个方面也代表着投资促进的四种方法。有时人们也将投资促进称为招商引资，这个是对投资促进的通俗叫法。投资促进既包括引进外资的促进，也包括对外投资的促进。

（三）投资促进机构的主要活动

投资促进机构开展的主要活动包括：形象塑造，开展广告、公关等不针对具体的投资者而对提高国家或地区形象有益的整体宣传活动；投资引进，负责目标投资者识别、邮寄资料、电话联系、举办研讨会，针对目标投资者的个性化服务等有针对性的营销活动；投资服务，负责信息提供、协助审批、选址、协助公共设施服务等投资前后的服务性活动；投资反馈，在政府部门中，投资促进机构是一个与外国投资者接触较为频繁的机构，能够更多地了解投资者的需要和顾虑。因此，投资促进机构可以通过开展调研活动向政府提出改进法规和制度等方面的政策建议，从而积极地影响国家的投资政策和立法，改善投资环境，间接促进投资。

资料来源：商务部编写组. 国际投资. 中国商务出版社，2007.

（二）产生和发展

海外投资保证制度由美国首创，之后为发达国家广泛采用。1948 年美国在实施复兴欧洲经济的马歇尔计划中实行投资保证方案，以促进私人企业向欧洲国家投资。此后美国对外援助法多次修改，范围不断扩大，外援机构几经更替，援助地区也从欧洲发达国家向发展中国家和地区逐步推移。1969 年美国设立 "海外私人投资公司"，承担对外投资活动的大部分业务，成为主管美国海外投资保险的专门机构。自 20 世纪 60 年代以来，由于国际投资大量涌入发展中国家，以及国际投资市场新的发展需要，各发达国家先后仿效美国建立了海外投资保险制度。日本于 1956 年，联邦德国于 1959 年，法国于 1960 年，丹麦和澳大利亚于 1966 年，荷兰和加拿大于 1969 年，瑞士于 1970 年，比利时于 1971 年，英国于 1972 年相继建立了这种投资保险制度。发展到今天，世界上主要的公营出口信贷和海外投资保险机构组成了 "信贷和投资保险机构国际联盟"（简称 "伯尔尼联盟"）。"伯尔尼联盟" 的成员机构为进入发展中国家的海外投资提供了巨额保险，其中日本、美国、德国机构的承保总额占了绝大多数比例。

二、海外投资保证机构

海外投资保险由于风险性高，一般私营保险公司不愿承保，因而各国的海外投资保险业务都是政府部门经营的。有的虽以公司名义经营，但这些公司所经营的投资保险业务是在政府密切监控之下，或者本身就是国营公司，受政府直接控制。

（一）美国的 "海外私人投资公司"（Overseas Private Investment Corporation，OPIC）

美国于 1969 年设立海外私人投资公司，1971 年正式开业，承担原来国际开发署的投资保险业务。该公司具有法人资格，可以自己的名义起诉或被诉，在法律上或仲裁程序中代表自己。

海外私人投资公司现在大约有 160 名雇员,公司的管理机构为董事会,由 15 名董事组成,其中 8 名董事来自私营部门,7 名来自美国政府。来自私营部门的董事具有广泛的代表性,包括了小型企业、合伙、劳工以及各种产业部门的代表。他们由美国总统任命,由国会确认。其中 4 名来自政府方面的董事分别拥有国务院、财务部、商务部和劳工部的次长头衔。国际开发合作总署署长兼任董事长、美国贸易代表兼任副董事长,公司总经理兼任董事。每逢财政年度末,公司应向国会提交经营状况的书面汇报。由于一直遵循"谨慎的商业和风险管理原则标准"进行经营,公司开始营业后年年赢利。公司的积累在 1991 财政年度已超过 16 亿美元,这成为其履行保证和保险义务的坚实基础,更何况还有美国国库的坚强后盾。根据国会授权,美国总统按法定程序由国库拨付专款作为公司的经营资金。总统还可随时补充拨款,使公司手头经常保持足够的保险储备金。另外,公司本身可以随时出售一定限额的债券给财政部,以取得现款清偿保险赔偿费。

(二)德国的"信托股份公司"(Treuarbeit A.G.)和"黑姆斯信贷担保股份公司"(Hermes Kreditversicherungs A.G.)

德国的投资保险业务由两家公司展开,牵头公司是信托股份公司,因而常由它出面代表德国的海外投资担保机构。除了保留给"联邦债务管理署"的权力之外,这两家公司受联邦政府的委托和授权代表联邦政府发表一切有关投资担保的声明,进行为达成这一目标的一切活动。

值得注意的是,这两家公司只负责执行投资担保业务,而有关担保申请的决定,由联邦经济部长会同由财政部长、外交部长和经济合作部长所组成的部际委员会作出,该委员会的经济专家可以作为顾问。两家公司在德国境内设有 11 家办事处,以方便投资者办理有关对外投资政治风险的投保。

(三)日本的通商产业省出口保险部

日本是由政府部门直接经营海外投资保险业务的,其承办机构是通商产业省出口保险部。它是一个政府机构,但在财政上具有独立性,其宗旨是担保国际贸易或其他对外交易中其他普通保险者所不能承保的风险,以促进国际经济交往。海外投资保险是它所承担的保险业务之一。

三、承保险别

海外投资保险制度中政府承担的范围仅限于政治风险,具体险别有以下几种:

(一)征用险

征用险是指因东道国政府当局的国有化、没收、征用或蚕食式征收等行为给投资者直接造成损失的风险。投保人的投资财产因此而遭受的损失,应由海外投资保险机构负责赔偿。

各国的投资保险机构在承担征用险的保险责任之前,要求投保人必须履行一定的义务：①当东道国政府对投资采取或可能采取征用行动时，投资者有义务立即向保险机构书面报告详细事实情况。②保险机构在赔偿前有权要求投资者采取一切合法的必要行动，及时、合理地使用司法或行政手段防止或抗议东道国的征用行为。③投资者始终有义务协助本国的保险机构向东道国行使索赔权。

美国将此类风险称为"乙类承包项目"，其法律条款中的"征用行为"范围较广，包括征用、没收、国有化以及外国政府废弃、拒绝履行及违反契约等情况。德国《海外投资担保通则》规定，征用险指政府或其他机关的国有化、没收、征收或具有等同没收或征收效果的措施或非法不作为。日本《输出保险法》规定，凡日本在外国投资的资产为东道国政府所夺取者，均属征用险。"资产"是指以各类形态出现的原本、利润、股份、红利及不动产的权利和各种请求权。"夺取"是指东道国政府对日本投资者的上述资产实行征收、国有化或没收、夺其所有权。

（二）战争险

战争险是指在保险期间内投保人在东道国的投资财产由于当地发生战争、革命、内乱、暴动等遭受损失的风险。

美国海外私人投资公司承包经营收益损失及资产损失。投保人可单独购买其中的一种或同时购买两种。在承保资产损害的情况下，公司补偿战乱对投资者财产的损害，这种财产仅限于有形财产，而证券、档案文件、债券、现金的损失，不在保险之列。若承保经营收益损失，公司将补偿因战乱造成的财产损害所导致的预期收益损失。对于以下四种情况，公司不予赔偿：①在战乱中损失的金银珠宝、现款、珍贵艺术品；②损失少于5000美元者；③在暴行中因投资方有关人员不采取应有的防护保全措施而遭受损失者；④主要由于投资人一方的不轨行为（包括行贿、腐化等）激起或挑起暴力行为，因而遭受损失者。

德国对战争险的担保也涉及一个损失程度的问题。一般而言，对于企业资产的损失要达到全部损失或实质性的损失，即达到使企业只能在亏损的情况下才能经营的程度。《海外投资担保通则》第5条对于战争险所包括的事件作了概括：第一，外国企业、分支机构的全部资产已被摧毁；第二，这些资产被摧毁到只有在亏损的情况之下才能经营，由此使得产权投资或捐赠资本必须被认为是全部损失，或者产生于类产权贷款或收益的债务求偿不得以任何形式全部或部分收回。

日本承包因战乱造成的海外投资者的资产损失，包括以下情形：①企业不能继续经营；②陷于破产或类似破产；③银行对日本企业停止交易或类似事件；④停止营业6个月以上。这实质上是限于全损或实质性损失的情况。

（三）禁兑险

禁兑险也称外汇险，是指投资者无法将投资原本、利润及其他正当合法收益自由兑换成外汇汇回本国的风险。

美国海外私人投资公司区分积极的禁兑和消极的禁兑。积极的禁兑是指东道国颁布禁止投资者将当地货币兑换成美元的法规等；消极的禁兑则指当投资者面临货币不能兑换的情况时，东道国有关当局未采取任何措施。在实践中，公司判断当地货币是否无法兑换成美元有一些标准。如果投资者有任何实用、合法的途径兑换货币，公司将不付赔，即使其兑换率比原有途径不利。而且如果投资者可将当地货币兑换成第三国货币，再由第三国货币兑换成美元，公司也不予赔偿。此外，公司认为，在下列情形下，尽管有禁兑的事实，却也不构成禁兑险：①在签订保险合同时，东道国法令业已存在禁兑规定，而投保人又已知情或理应知情；②由于投资者腐败、贿赂等违法行为，导致东道国作出合理反应而采取的禁兑措施。

德国《海外投资担保通则》规定，汇兑转移险是指不能汇兑或不能将旨在转移的金额存入有偿债能力的银行以转移至德国。尽管遵守了有关该金额汇兑或转移的一切法规和条件，但来源于产生于产权投资转换的可支付的债务求偿，偿还类产权投资贷款的可支付的债务求偿或产生于收益的可支付的债务求偿的金额，在其业已存入有偿债能力的银行，旨在转移给投资者之后的两个月之内不能实行汇兑或转移。

日本《资出保险法》规定，海外投资者遇到下列情况之一，其原本及利润在两个月以上不能兑换并转移的，均属禁兑险：①东道国政府实行外汇管制或禁止外汇。②因东道国发生战乱，无法进行外汇交易。③东道国政府对日本投资者各项应得的金额实行管制（如冻结）。④东道国取消对各项应得金额汇回日本的许可。⑤东道国政府对各项所得金额予以没收。

四、承保条件

一项海外投资要获得本国的承保，须满足投资者、投资及东道国等方面的条件。

（一）合格投资者

各国的投资保险制度均要求被保险人应是合格的投资者。确定合格投资者的标准，各国规定不尽相同，但主要是依据国籍来确定的。美国海外投资保险制度中，合格投资者是指：①美国公民，即具有美国国籍的自然人。②根据美国联邦、州或其他地方法律设立的主要由美国所拥有的公司、合伙、其他社团。所谓"主要"是指拥有全部或至少51%者。③具有外国国籍的公司、合伙或其他社团，其资产95%以上为美国公民、公司、合伙或社团所有者。

根据德国法律规定，合格投资者必须具备两个条件：①在德国有住所的德国人；②在德国有住所，依德国法律设立的、具有或不具有法人资格的，其股东或成员具有有限责任或无限责任的营利或非营利性的商业公司、其他各种公司和社团。

日本海外投资保险制度中的合格投资者限于向海外投资，具有日本国籍的自然人或在日本注册登记，并有住所的公司或其他社团。

（二）合格投资

美国法律规定，合格投资必须符合下列条件：①限于新投资项目，包括对现有企业的扩大、现代化及其发展的投资；②只限于经美国总统同意实行保险、再保险、保证的在不发达国家和地区的投资，并经公司认可的项目；③必须是经东道国政府批准的项目；④只限于在同美国订有投资保证协定的国家和地区的投资项目。

在德国，合格投资是指德国投资者在海外的"值得鼓励"的新投资。值得鼓励的投资一般有两层含义：①被担保的投资必须能加强德国与发展中国家的关系；②被担保的投资必须主要是对外从事商品和其他行业物品的生产精炼或零售、运输服务的企业，但这并不意味着拒绝担保其他行业的投资。

日本要求，合格投资必须是有利于日本对外经济关系的新投资（包括原有投资的扩大），并且必须取得投资东道国的同意。

（三）合格投资形式

投资形式包括有形财产和无形财产进行的投资，即现金、实物和各种权益。

美国规定，合格投资的形式包括：①现金投资，美元或用美元购入并可兑换为美元的外币。②现物投资，包括商品、设备和原料等。③基于契约安排的权益投资，如劳务、专利权、利润、收益、专利使用费、制造方法、技术等。

德国的合格投资形式有三种：①产权投资，即担保投资者在海外企业中的股份。②捐赠资本，即投资者用现金或实物形式，向德国企业在海外的、本身不是法律实体的分支机构或工厂的投资。③类产权贷款，即与产权投资有关的，并且从目的和数量上来看，均具有产权投资性质的贷款。④再投资。

日本规定合格投资形式可以是下列之一：①投向外国法人或社团的股份、股本（指合伙组织）等，以参加事业经营为目的的者为限。②对合营公司（外国法人）的本地股东向该合营公司出资用资金的长期贷款，其清偿期在 5 年以上者，但以该股东同该合营公司具有同一国籍者为限。③对日方投资者能实际支配经营的外国法人的长期贷款。④为进行"海外直接事业"，直接以日本人名义取得的不动产采矿权或其他权利。⑤基于长期契约，对以开发输入资源为目的的外国法人（非日方经营支配的）为期 5 年以上的长期贷款。

（四）合格东道国

合格东道国是指符合一定条件，海外投资保险机构同意承保有关海外投资的东道国。

美国法律规定，合格东道国应符合下列条件：①限于友好的发展中国家；②东道国国民人均收入低于 3881 美元（按 1983 年美元计值），人均国民收入在 896 美元（按 1983 年美元计值）以下的东道国给予优先考虑；③尊重人权和国际上公认的工人权利；④与美国签订有双边投资协定。

德国十分重视利用双边投资保护协定，其海外投资者多向与德国签订了上述协定的发展中国家投资，但德国的投资保险机构并不以东道国与德国签有上述协定作为承保有关海外投资的法定前提。德国所担保投资的合格东道国应该是与德国订有有关被担保投资待遇的国家，或者其法律秩序或其他方式（例如，适用于特别投资的保证）可以给予外国投资充分保护的国家。

日本实行单边投资保险制，不要求以同东道国签订双边投资保护协定为前提。但从安全角度出发，也要求东道国的政治、经济等状况较为安全，外资保护政策比较完备，同时也积极利用双边投资保护协定作为调整投资环境的重要手段，以确保国内投资保险的效力。

五、投保程序

根据美国的法律规定，投保申请人在索取"海外私人投资公司登记表"时，应申报以下情况：①投资人的身份；②投资人的公民资格；③拟将投资投入何国家或何地区；④有关投资项目的简要说明；⑤声明本项投资尚未正式实行，也尚未不可撤回地投放；⑥投资拟采取何种形式（如股份、贷款等）；⑦希望投保何种风险项目；⑧每种风险项目大约投保多少金额（投资人事后可以更改原先申报的投资项目和投保金额）。投资项目一经登记完毕，海外私人投资公司即将正式的投保申请表寄给投资人，投资表格填写完毕，即申请公司备案待审。投保申请人还有责任事先得到东道国政府的批准书，同意将该项投资向海外私人投资公司投保。

德国规定，合格的投保者可以向投资保险机构提交申请书，申请书须经部际委员会审查，审查合格者可与投资保险机构订立保险合同。保险合同签订后，保险期限正式开始。投保者须缴纳手续费。投保额在一千万马克以下者，手续费率为 0.1%；投保额在一千万马克以上者，为 0.05%；但无论如何，手续费不得超过两万马克。

日本规定，海外投资者在海外投资计划确定后，应提供海外投资保险申请书，外币证券取得许可书、东道国外资引进许可证、海外投资计划详细说明书等必要书证，然后向通商产业省申请海外投资保险。通商产业省主管部门接到申请书后，应审查：海外投资内容和形态及项目是否合格，是否有利于发展日本国际经济交往，是否有利于改善国际收支，取得外国法人股份的时间、价额、种类等是否合适等。经审查确认合格，即将保险证券，随同第一年度保险费缴纳通知书发给保险申请人，保险合同自支付保险费之日起生效。

六、保险期限

美国海外私人投资公司承保政治风险的保险期限根据投资种类、性质及承保险别的不同而定，一般股份投资保险的法定最高期限不得超过 20 年。

德国规定，保险期限第一次最长可以为 15 年，在合理的情况下，也可以定为 20年。无论保险期限的长短，在保险期限届满之时，可以再延长 5 年。

日本规定，保险期限为 5~10 年。在投资项目建设期较长的情况下，保险期限可超过 15 年。

七、保险费率

美国法律规定，保险费率依承保行业、险别及范围而不同。一般保险费年率：中、小企业，外汇险为 0.3%，征用险为 0.4%~0.8%，战争险为 0.6%。三者同时付保，合计年率为 1.3%~1.7%。至于特别的保险费年率，则可低于或高于上述比率。如有吸引力的大型项目综合保险，其保险费年率可高达 3%。

德国根据保险期限的长短不同而适用不同的保险费率。保险期限为 5 年者，年保险费率为 0.75%；保险期限为 10 年者，为 1%；保险期限为 15 年者为 1.25%；保险期限为 20 年以上者，为 1.5%。在投资者收到承保通知（即保险期限开始），却未进行所承保的投资的情况下，年保险费率可大幅度降低。

日本"一揽子"保险的年保险费率在 0.55%~1%，根据东道国政治风险的大小及投资规划的不同而异。

八、保险金额

保险金额指保险事故发生时，保险人应向被保险人实际支付的补偿金额。

美国海外私人投资公司对每个投资项目最大保险金额可达原始投资的 270%，其中 90%属于原始投资本身，180%属于原始投资所产生的利润和收益。

德国对于利润的最高承保额不得超过对于投资最高承保额的 50%，而且每一投资承保合同年度不得超过对于投资最高承保额的 10%。因此，在第 6 个承保年度，对于利润的最高承保额就可能用尽。

日本允许利润的保险金额在每一合同年度为投资原本的 10%，在整个保险期间，其总额可达原本的 100%。

相关链接 9-9

英国贸易投资总署

英国贸易投资总署是英国贸易工业部下属的政府机构，其前身是始建于 1977 年的英国投资局，目前是英国促进外来投资的唯一的全国性机构。在投资促进方面，其主要负责协调英国国内地区层次上的各种投资促进机构的活动，业务范围涉及英格兰、威尔士、苏格兰和北爱尔兰四地，为外国投资者提供选址、财政支持、产品部门、劳动力提供、雇工技能和成本、税率等信息服务。英国贸易投资总署对外代表英国政府，给希望到英国投资或是要在英国扩大投资规模的企业提供各个方面的建议和帮助，帮助外国投资者进入英国。由于英国贸易投资总署本身就是政府机构，因此在协调对各地的投资方面具有很大的权威性。在组织管理结构上，其由署长（兼任决策委员会主席）、3 位主管和 5 位来自其他部委的独立委员负责制定投资促进战略和绩效评估；署长办公室则负责重大运营事宜的决策，并向上级部门——英国贸易工业部汇报工作；而由 4 位部门主管组成的高级管理人员团队则负责机构的正常运营管理。此外，为解决政府营销人才缺乏的问题，英国贸易投资总署与私营部门也展开合作，经常从私营部门借调优秀人才来充实团队，比如，仅在 2004~2005 年 1 年间，其就从私营部门借调了约 70 人。

资料来源：王习农. 国际投资促进体系组织模式研究 [J]. 经济与管理，2011（11）.

第六节 有关国际投资的双边条约

一、双边投资条约的类型与作用

（一）双边投资条约的类型

双边投资条约可分为传统型与现代型两大类，传统型双边投资条约的内容主要在友好通商航海条约中体现；现代型双边投资条约是指两国之间订立的专门用于国际投资保护的双边条约，又分为美国式的双边投资保证协定及德国式的促进与保护投资协定。

1. 友好通商航海条约

友好通商航海条约（Friendship Commerce Navigation Treaty）是缔约国之间就商业活动和航行自由事宜而签订的双边条约，并非保护投资的专门性条约。友好通商航海条约在国际投资保护的内容发展方面可以分为两个阶段：①第二次世界大战之前，以美国为代表的西方国家与其他国家签订友好通商航海条约，以调整两国间友好通商关系，其中虽有关于外国商人及其资产和有关投资保护的条款，但其重点是保护商人，而不是工业投资者。即此时这类条约的内容不是以保护私人投资为重点。②第二次世界大战以后，随着国际投资的迅速发展，为适应海外私人投资保护的需要，友好通商航海条约在整个内容结构上发生了较大变化，保护国际投资的内容更为明确化。

友好通商航海条约中涉及投资的内容大致有以下几个方面：①外国投资者的入境、旅行与居留；②个人基本自由权；③关于投资者的待遇标准；④关于外国投资者财产权的保护和尊重；⑤管理与经营企业的权利；⑥对外国投资者的税收待遇；⑦外汇管制与资金转移；⑧关于争议的处理与管辖权。

由于友好通商航海条约并不是专门的关于国际投资保护的双边条约，因而对于投资保护而言难免存在缺陷；此类条约涉及范围太广，内容十分繁杂，不易推行，亦不符合国际经济条约专门化、具体化发展的趋势；其带有"结盟"性质的政治意味使不少发展中国家戒心深重；而其中有关保护外资的条文相对笼统且"门槛"过高，又无程序上的保障，使实体性规定难以得到严格执行。因此，美国等国家后来开始转变态度，不再推行友好通商航海条约这一模式，而是订立专门保护国际投资的双边投资保证协定，从而结束了友好通商航海条约的时代。

2. 投资保证协定

投资保证协定（Investment Guarantee Agreement）因系美国首创并推行，故称为美国式的投资保证协定，这种协定通常采用换文的方式。第二次世界大战之后随着美国对外投资的不断扩大，特别是为了配合马歇尔计划的实施，美国开始实行其海外投资保险制度，并以国家间订有双边投资保证协定为实施其海外投资保险制度的前提。因此，从20世纪50年代开始，美国除了签订综合性的友好通商航海条约以外，还签订了专门的投资保证协定，对美国商人在海外的投资实行双重保护。后来发展为以双边投资保证协定为主。这种协定因为和美国海外投资保险、保证结合在一起，也叫"投资保险和保证协定"。

投资保证协定的核心在于让对方缔约国正式确认美国国内的承保机构在有关的政治风险事故发生并依约向投保的海外投资者理赔之后，享有海外投资者向东道国政府索赔的代位权和其他相关权利及地位。协定还规定了双方政府因索赔问题发生纠纷时的处理程序。条约如此规定的目的，在于使美国国内的海外投资保险合同的法律效力，通过双边协定延伸到美国境外，取得对方缔约国的正式认可，从而使双方承担了具有国际法约束力的履约理赔义务。于是，美国国内保险机构行使的代位求偿权就此"国际化"和"公法化"了。

相关链接 9-10

东道国寻求救济的法律问题

美国某公司与苏丹政府签订了关于修建主干公路的合同，后因历史事件的发生，两国中断外交关系，参加修建主干公路的美国某公司人员撤离苏丹，修建工程中途停工。不久，美国某公司向苏丹政府提交了可要求支付各种修路款项的发票清单约500万美元，苏丹政府偿还了28万美元左右，余数迟迟不予支付，也未说明原因。于是，美国某公司向当地的投资承保机构提出按投资保证合同规定，给予征用风险事故的赔偿。但投资承保机构认为索赔理由不足，拒绝赔偿。美国某公司遂又转向苏丹政府索赔，苏丹政府提出反诉，指责该公司未经东道国许可，擅自停工撤员，破坏原订修路合同，理应向苏丹政府支付损害赔偿费。于是，苏丹司法部正式驳回该公司的索赔要求。案件纠纷又转回美国国内，某公司再次向承保人提出索赔。

分析：

1. 承保机构为什么拒绝投保人的第一次索赔申请

答：承保机构拒赔的理由存在着两种可能性：A. 东道国的行为不能构成征用事故，只是一般的违约行为。投资者撤离工程项目在先，苏丹政府拒付工程款在后，因而不足以推断苏丹政府蓄意征用，也不排除双方当事人继续依约完成工程，再作结算的可能性；B. 投保人未能采取一切必要行动向东道国寻求当地救济，寻求合理和有效的补救手段，包括诉诸东道国司法及通过行政渠道，防止或抗议东道国的征用行为等。

2. 在东道国寻求救济应注意哪些法律问题

答：东道国当地救济，是指在东道国的司法机构或行政机构依照东道国的程序法和实体法解决投资争议，具体而言，包括司法救济和行政救济。东道国当地救济作为国际投资争端解决的一种规则是对外交保护权和国家责任的限制，把东道国的属地管辖权置于优先地位。在具体适用这一规则时应注意"用尽"当地救济。"用尽"当地救济包括：第一，程序用尽。必须使用完当地所有可适用的司法和行政救济程序，包括上诉程序，直至最高法院或最高主管机关作出最终决定。第二，手段用尽。必须充分地和正确地使用国内法中所有可适用的诉讼程序上的手段。凡未符合所在国诉讼法程序所要求的必要条件者（包括传讯证人、提供必要文件证明等），都属于未用尽当地救济。

资料来源：豆丁网——国际投资法案例。

除了美国之外，加拿大也采用这种类型的双边协定。投资保证协定重在程序性的规定，如规定代位求偿权、投资争议解决的程序等问题，而内容较简单。投资保证协定主要为一国的海外投资保险服务，是缔约国一方为保护其在缔约对方国投资的投资者而与对方签订的条约，其保护的对象只是单方面的投资，而不是相互的投资。迄今为止，美国已经与140多个国家签署了此类协定。我国于1980年和1984年分别以换文形式与美国和加拿大两国签署了投资保证协定。

3. 促进与保护投资协定

促进与保护投资协定（Agreement for Promotion and Protection）是欧洲一些发达国家与发展中国家签订的双边投资条约，其中以前联邦德国最为典型，故称为德国式的双边投资协定。从20世纪50年代末开始，前联邦德国、瑞士等欧洲国家认识到单纯依靠友好通商航海条约难以有效地保护其海外投资，于是创立了促进与保护投资协定这一新的双边投资条约模式。这种协定提取了传统友好通商航海条约中有关外国投资的内容，加以具体化，并融合以美国式投资保证协定中有关投资保险、代位求偿及争端解决的规定，兼采两者之长，能为资本输出国的海外投资提供切实有效的保护，因而一问世便得到各发达国家的竞相仿效和大力推行。除了欧洲国家大量签订此类协定之外，发展中国家之间也签订促进与保护投资协定，我国与外国签订的双边投资条约也是以这种协定为主。值得注意的是，美国自1977年以后也开始采用促进与保护投资协定来保护国际投资，并于1982年制订了第一份用于谈判的样板条约，此后不断进行修订。迄今为止，这类协定已经得到各国的广泛采用。

促进与保护投资协定具有以下特点：①签约程序正式。这类协定的结构较为严谨，通常由序言、正文和结尾三部分构成，其签订一般需要通过正式立法程序，以政府的名义签订，由最高权力机关批准。②内容具体全面。这类协定既含有促进与保护投资的实体性规定，如关于外资待遇的标准、政治风险的保证等，又包含有关于代位求偿、解决投资争议的程序性规定。内容具体详尽，实体性规定与程序性规定融为一体、相辅相成。③适用范围广泛。这类协定保护的是缔约双方相互的投资，是双向的保护。它属于专门性投资协定，同友好通商航海条约相比，技术性较强，政治性较弱，不致因国家之间的不"友好"而影响经济上的互相合作。

（二）双边投资条约的作用

双边投资条约是调整两国间私人投资关系最有效的手段，对于保护、促进国际投资以及推动国际经济技术合作的发展，具有不容忽视的作用。

（1）双边投资条约是缔约双方之间特殊的国际法，对双方当事人均有平等的约束力。如果其中一方不遵守条约，就会产生国家责任。因此，条约是落实和保证国内法保护措施的有效手段，它既避免了东道国法律的变更而给投资保护带来的不安全性，又使资本输出国国内的投资保护制度有了国际法的依托。

（2）双边投资条约由于仅仅涉及缔约双方的利益，因而易于在互利的基础上谋求协调一致。条约调整的关系限于当事国之间，致使缔约双方均较有诚意，有利于达到利益平衡。由于协定系缔约双方协商而成，形式较为灵活，富有弹性，利于双方取得谅解和一致。双方意志协调的结果，较之国内外资法和国内保证措施，更为具体贴切，切实可行。在目前国际投资领域缺乏统一的调整国际投资的实体性规范的多边公约的形势下，双边投资条约的作用更为突出。

（3）双边投资条约可以加强或保证国内法的效力。许多发达的资本输出国都实行海外投资保证制度，无论是否以双边投资条约为国内保险制度的法定前提，这些国家都将双边条约作为加强国内投资保证制度的重要手段，视其为保护在发展中国家的海外投资的重要工具。而资本输入国则将签订双边条约作为它们吸引外资战略的一部分，因为签订条约可以增进外国投资者的安全感，有利于维护外国投资者的利益，从而促进外资流入本国。

（4）双边投资条约为国际投资创设了一个良好的法律环境。在充分顾及缔约各方特殊利益的基础上签订的双边投资条约，特别是促进与保护投资协定，是实体性规定与程序性规定的有机结合，为国际投资活动中所涉及的各种主要问题提供了法律规范框架，避免或减少了法律障碍，有助于创设一个良好的投资环境。

（三）双边投资协定的局限性

当缔约国是实力不对等的发达国家和发展中国家时，发达国家往往依据自己较强的经济实力和发展中国家引进外资的急切需求，迫使后者在协定中接受某些不平等条款。由于是商签双边投资协定，这时发展中国家就不能像商签多边投资协定时那样，组成发展中国家利益集团与发达国家相抗衡以维护自己的正当合法权益。

二、双边投资条约的内容

双边投资条约的具体规定因国别差异而有所不同，但其基本内容则大同小异，一般包括以下几个方面：

（一）受保护的投资者和投资

条约首先要明确保护的对象，即哪些投资者和投资应受到条约的保护。

1. 受保护的投资者

双边投资条约通常规定，受保护的投资者包括自然人、法人或不具有法人资格的其他经济实体。对于自然人的确定，一般以国籍作为依据，例如中法关于促进与保护投资协定第3条中明确规定，投资者包括具有缔约任何一方国籍的自然人。而对于法人或其他实体的确定则有不同的标准：

（1）注册登记地标准。一些国家将在本国注册成立的实体视为本国投资者，予以保护。如中英协定第1条中规定，按英国法律设立或组建的公司、商号或社团都受到条约保护。还有不少国家采取双重标准，要求法人或其他组织既要依本国法律设立，又要在本国有住所。如中国与奥地利的双边协定中规定，依照缔约一方的法律合法设立的、其住所在缔约一方领土内的法人，以及具有或不具有法人资格的组织或社团均属于条约保护的投资者。

（2）资本控制与联系标准。有些国家根据资本控制标准，把由本国国民或法人控制的外国公司看作是本国投资者，可以享受条约保护。例如中国与瑞士的双边协定规定，投资者包括由缔约任何一方的国民；或依照缔约任何一方法律设立并且住所地在其领土内的法人或经济实体；直接或间接控制的所有经济实体或法人。联系标准主要在美国新的样本条约中出现。它规定，确定一个实体是否有权享有条约利益，取决于该实体是否与条约缔约一方有重要联系。对于由第三国国民所控制的实体，缔约一方有权拒绝给予对方注册公司以条约的保护。

2. 受保护的投资

基于对资本输入国国家主权的尊重，只有被缔约一方东道国所接受的投资才能受到条约的保护。条约规定的投资定义既广泛又详细，通常包括：

（1）动产、不动产和任何其他财产权利，如抵押权、留置权或质权等。

（2）公司的股份、股票和债券或该公司财产中的权益，以及其他形式的参股。

（3）对金钱的请求权或通过合同具有经济价值的行为请求权。

（4）著作权、工业产权、工艺流程、专有技术和商誉。

（5）根据法律授予的特许权，包括勘探、提炼、开发自然资源的特许权。

投资收益是指投资在一定时期内所产生的利润、利息或其他合法收入。投资的收益和可能的再投资的收益，与投资享受同样的保护。

（二）关于外国投资者的待遇标准

双边投资条约均要对投资者的待遇作出规定，常见的待遇标准有公平和公正待遇、国民待遇和最惠国待遇。

1. 公平和公正待遇

美国的样本条约规定，投资在任何时候须给予公平和公正待遇（Fair and Equitable Treatment），须享有充分的保护和安全，决不得给予低于国际法要求的待遇。中国与外国签订的双边投资条约一般也含有公平和公正待遇条款。例如中国与荷兰的双边协定第3条第1款规定："缔约一方应给予缔约另一方投资者在其领土内的投资和与投资有关的活动公平与公正的待遇。"

公平和公正待遇没有明确的定义，关于其概念和范围在国际学理论与实践中一直是一个争议不休的话题。争议的焦点在于该待遇是否包含了所谓的国际最低标准。发达国家的学者一般认为公平和公正待遇包括无差别待遇（东道国不应对一般外国人或特定国家的国民采取差别对待的行为）、国际最低标准和东道国保护外国财产的义务。但是发展中国家否认国际最低标准属于公平和公正待遇的一部分。实际上，公平和公正待遇是国民待遇与最惠国待遇之外的总的原则性标准，它的核心是无差别待遇。只要东道国给予外国人以与其本国国民或其他外国人同等的待遇，这种待遇就是公平和公正的。

2. 国民待遇

在双边投资条约中，国民待遇是指外国投资者在东道国的投资财产、投资经营活动等方面的权益，应与东道国投资者享有同等待遇。但是这种同等待遇不是绝对的，而是受到一定范围的限制。它强调的是外国人与本国人法律地位上的平等，并非每个具体权利上的完全的、绝对的平等。事实上任何一个国家都会对外国投资在投资领域、股权比例等方面给予一定的限制，这是合理的区别对待，不能视为歧视待遇。同样，一些发展中国家为了鼓励外国投资，赋予外国投资各种优惠待遇，也不构成对国民待遇原则的违背。

3. 最惠国待遇

双边投资条约中的最惠国待遇，是指外国投资者在东道国关于投资财产及投资经营活动等方面的权益，与第三国在东道国的投资者享有同等的待遇。最惠国待遇强调的是外国投资者与第三国投资者之间的平等待遇。

双边投资条约中规定待遇标准的方式一般有以下几种：

（1）同时规定公平和公正待遇与最惠国待遇。例如中国和瑞士的双边协定第4条规定："缔约一方在其领土内应保证对缔约另一方投资者的投资给予公平和公正的待遇。""缔约一方在其领土内应保证对缔约另一方投资者的投资给予最惠国待遇。"

（2）同时规定国民待遇和最惠国待遇。例如，中日协定第3条规定："缔约任何一方在其境内给予缔约另一方国民和公司就投资财产、收益及与投资有关的业务活动的待遇，不应低于给予第三国国民和公司的待遇。""缔约任何一方在其境内给予缔约另一方国民和公司就投资财产、收益及与投资有关的业务活动的待遇，不应低于给予该缔约一方国民和公司的待遇。"

（3）只规定最惠国待遇。例如中国和意大利的双边协定第3条规定："缔约一方的国民或公司在缔约另一方领土内的投资以及与投资有关的活动所享受的待遇，不应低于任何第三国国民或公司的投资以及与投资有关的活动所享受的待遇。"

（三）关于货币的兑换与转移

双边投资条约一般规定，投资者的投资原本、利润和其他合法收益可以自由兑换成外汇，自由转移或汇回本国。例如中英协定第6条第1款规定："缔约各方保证缔约另一方的国民或公司有权将其投资和收益以及按照与投资有关的贷款协议的任何支付款项自由转移至其居住国。"关于自由汇兑和转移的范围，各种协定的规定不尽相同，有些规定得简单，有些规定得详细。一般包括：①全部或部分投资清算所得款项；②投资产生的利润或其他日常收入；③作为投资的贷款及利息的偿付款；④投资者从著作权、工业产权、专有技术和商誉中应得的使用费。无论如何，货币兑换与转移的保证不是绝对的，在特殊情况下，如果一国遭遇国际收支困难，可以对货币的自由转移进行限制。但在限制过程中不能实行差别待遇，即限制应对所有国家的投资进行，而不能单独适用于缔约国一方。

（四）关于国有化与征收

为了保护投资者对投资财产的所有权，各国在签定双边投资条约时均对国有化与征收问题作了具体规定，这也是条约对政治风险保证的重心所在。关于国有化与征收的规定一般包含以下几点：

1. 关于国有化与征收的条件

缔约双方通常允许任何一方可以对其领土内的外国投资企业或资产实施国有化或征收，但必须符合一定的条件：①国有化或征收必须是出于国家公共利益的需要；②国有化或征收是非歧视性的；③国有化或征收应对外国投资者予以补偿；④国有化或征收是按照适当的法律程序进行的。

2. 关于国有化与征收的方式

征收一般包括直接征收和间接征收。至于哪些国家行为属于国有化或征收的范畴，国际上没有统一的标准。大多数双边投资条约也没有作具体规定，只有一般性的表述，如"征收、国有化或与征收、国有化效果相同的措施"，"征收、国有化、剥夺措施或其他类似措施"等。这种一般性的表述简单、灵活，为具体的解释留下了一定的空间。

3. 关于国有化与征收的补偿标准

对于国有化或征收的补偿标准，条约规定不一。有些条约采纳了发达国家一向提倡的"充分、及时、有效"的标准（即赫尔规则），有些条约则吸收了发展中国家坚持的"适当、合理"的补偿标准。我国为了吸引外资，充分保护外国投资者投资的安全与利益，在双边投资条约中对补偿标准作了灵活规定。有的协定规定了"适当、合理"补偿的标准，如中国与科威特双边协定第 8 条规定，对于被征收的外国投资应给予合理补偿。大多数协定采纳的标准已接近"充分、及时、有效"的补偿标准，如我国与意大利、英国、奥地利等国的双边协定均规定，补偿应相当于被征收的投资在公布征收前一刻的价值，补偿的支付不应不适当地迟延，并应是可兑现和自由转移的。

（五）代位权

代位权（Subrogation）在国际投资中是指投资者本国的保险机构在对投资者因东道国的政治风险遭受的损失进行赔偿之后，将取得投资者在该东道国的一切权益和追偿权。由于不少国家都建立了海外投资保险制度，因而在双边投资条约中普遍对代位权作了规定。美国式双边投资条约对代位权规定得较为详细，而德国型双边投资条约则规定得比较简单。代位权主要涉及的问题是：

1. 代位权的范围和条件

条约通常规定承保人在一定条件下代位取得投保者（投资者）的一切权利和义务。如果东道国法律禁止或废止承保者在其境内取得被保险投资者的任何财产权益，则承保者不得代位受偿。同时承保者应受投资者尚存法律义务的约束。

2. 代位权的限度

代位权的行使不能超过必要的限度，即代位权的权益限度不得超过原投资者所享有的权益。

3. 代位权的限制

代位权的行使必须受东道国法律的制约。如果东道国法律禁止承保者取得某些财产，则须服从东道国法律的规定，并作出相应的安排。

（六）争议的解决

双边投资条约一般涉及两类争议的解决：一是东道国政府与投资者之间争议的解决；二是缔约国双方之间关于条约的解释、适用发生争议的解决。由于两类争议的当事人、性质各不相同，条约通常分别作出规定。

1. 东道国与投资者之间的争议解决

东道国与投资者之间可能因为违约、征收或国有化等产生争议。这类争议的解决方式通常有以下几种：①由争议双方通过友好协商解决；②在东道国当地寻求救济；③提交国际仲裁庭仲裁。

2. 缔约国双方之间的争议解决

缔约国双方如果对协议的解释和适用发生争议，一般采用两种解决方法：①谈判协商解决；②提交仲裁。

第七节　国际投资的多边国际公约

一、《多边投资担保机构公约》

（一）产生背景

为了促进国际投资的发展，早在 1948 年，世界银行就提出了有关多边投资保险计划的设想。在随后的二十多年间，除世界银行外，一些国际组织、民间团体和个人也提出了建立多边投资保险机制的种种设想，其中较重要的有 1961 年世界银行与国际商会共同完成的《多边投资保险——工作人员报告书》、1965 年经合组织公布的《关于建立国际投资保证公司的报告书》、1966 年世界银行提出的《国际投资保险机构协定草案》等。但这些方案都未能解决一些关键性的问题，包括发展中国家的出资、代位求偿权、多边投资保险机构与东道国之间争议的解决、机构中投票权的分配等，因而难以得到众多发展中国家的支持。另外，发达国家由于国内大多建立了官办投资保险机构，担心一个多边投资保险机构会与它们的官办投资保险机构发生竞争，因而热情也不高。上述原因导致这些多边投资保险计划——失败了。

进入 20 世纪 80 年代，国际经济形势发生了新的变化。由于在 70 年代大量利用国际商业贷款，许多发展中国家面临严重的债务危机，无力还债，导致国际债务纠纷频发。与此同时，外国私人直接投资在发展中国家急剧下降。主要原因是在发展中国家投资的风险较大，尤其是非商业风险。投资者对发展中国家非商业风险的忧虑，成为外国资本流入发展中国家的主要障碍。虽然一些主要的资本输出国建有海外投资保证制度，但其投资担保机构只是各国执行对外经济政策的工具，有其固有的缺陷。因此，在这种背景下，国际社会迫切需要建立一个多边投资保险机制向国际投资者提供非商业投资风险的担保，以促进更多外国直接投资流向发展中国家。

1981 年，新任世界银行行长克劳森倡议恢复停顿已久的创建多边投资保险机构的工作。经过几年努力，终于在 1985 年 10 月召开的世界银行汉城年会上通过了《多边投资担保机构公约》(Convention Establishing the Multilateral Investment Guarantee Agency)，公约在汉城开放签字，并于 1988 年 4 月 12 日正式生效，因而又称为《汉城公约》。我国于 1988 年 4 月 30 日签署了该公约，是创始会员国之一。依照《汉城公约》规定，"多边投资担保机构"(Multilateral Investment Guarantee Agency，MIGA) 成立，并于 1989 年 6 月开始正式营业。

（二）MIGA 的法律地位与组织机构

根据《汉城公约》的规定，MIGA 在各成员国国内法和国际法上均具有完全的法人地位，特别是有权签订合同，取得并处分不动产和动产以及进行法律诉讼。此外，MIGA 享有通常国际组织所能享有的特权与豁免。

MIGA 的组织机构模仿世界银行和国际金融公司，由理事会、董事会及总裁和职员三部分组成。

理事会由各会员国自行委派理事及副理事各 1 名组成。理事会是 MIGA 的最高权力机关，也是其决策机关。理事会可委托董事会行使其任何权力，但关于接受新会员、暂停会员资格、决定资本的增减、提高有关债务的比例、划分发展中国家会员国、划分会员国的类别、确定董事的报酬、停止业务和机构清单、清算后把财产分配给会员国、修改公约及其附件和附表等权力除外。理事会至少每年举行一次会议，也可由理事会或董事会在任何其他时间召集。

董事会至少由 12 名董事组成，负责 MIGA 的一般业务，并且应采取《汉城公约》所要求或允许的任何行动，以履行这一职责。董事会主席由世界银行总裁兼任，除在双方票数相等时得投一决定票外，无投票权。董事的人数由理事会决定，董事也由理事会选举产生。

机构的总裁在董事会的监督下，处理 MIGA 的日常事务并负责职员的组织、任命和辞退。总裁经董事会主席提名，由董事会任命，并由理事会决定其薪金和服务合同中的条款。总裁和职员在履行其职责时应完全对 MIGA 负责，而不对其他机构负责。

（三）MIGA 股权及投票权的分配

为了保证 MIGA 能为各国普遍接受，《汉城公约》在许多重大问题上，尤其在投票权的安排方面体现了平衡发达国家与发展中国家利益的努力。《汉城公约》在1985年的附表A中将会员国分为两大类：第一类发达国家21个，第二类发展中国家127个。根据各国经济实力，为会员国确定认缴股份数。MIGA法定资本为10亿美元特别提款权，分为10万股。在表中所有国家完成缔约手续并认缴股金，从而正式成为会员国以后，发达国家和发展中国家在MIGA各占60%和40%的股份，按照一股一票原则，发达国家所得的股份票要多于发展中国家。同时，《汉城公约》规定每一会员国享有177票的会员票，由于发展中国家数量远远多于发达国家，所得会员票就多于发达国家，这样发达国家和发展中国家在MIGA中所持的投票权总数可基本实现均衡。

（四）MIGA的担保业务

MIGA的宗旨是鼓励外国投资流向发展中国家，实现这一宗旨的手段之一就是为外国投资在发展中国家遇到的非商业风险进行担保。MIGA的投资担保业务涉及以下几方面的具体规定：

1. 承保范围

MIGA承保下列几种非商业风险：

（1）货币汇兑险：指由于东道国政府的责任而采取的任何措施，限制将其货币转换成可自由使用的货币或担保权人可接受的另一货币并汇出东道国境外，包括东道国政府未能在合理的时间内对该被保险人提出的此类汇兑申请做出行动。任何措施包括限制或禁止转移的一切新措施，无论是直接的还是间接的，是法律上规定的还是事实上存在的。此外还包括歧视性汇率险，即按低于东道国现行汇率进行兑换。

（2）征收或类似措施险：指东道国政府所采取的立法行为或者行政的作为或不作为，实际上剥夺了投资者对其投资和收益的所有权或控制权。但政府为管理其境内的经济活动而通常采取的普遍适用的非歧视性措施不在此列。MIGA所担保的征收险，不仅包括直接征收，而且包括间接征收。如果东道国采取的一系列行政措施，其累积效果相当于征收，即使这些措施的单一行为属于政府正常管理行为的范畴，依然构成所谓"类似措施"，属于间接征收的范畴，但确定间接征收的条件是，投资者必须证明东道国所采取的措施使相关企业严重亏损或使企业经营成为不可能。

（3）违约险：指东道国不履行或违反与投保人签订的合同，并且被保险人无法求助于司法或仲裁机关对其提出的有关诉讼作出裁决，或该司法或仲裁机关未能在担保合同根据机构的细则所规定的合理期限内作出裁决，或虽有这样的裁决但未能执行。MIGA承保的违约险主要是针对程序方面的，即东道国政府不仅违反其与投资者签订的合同，而且拒绝司法。MIGA将违约险作为一个独立的险别列入承保范围，是国际投资保险业务的一个创新，目的在于加强东道国和投资者之间合同安排的可信赖性，保证投资者的有效经营和合同权利的实施。

（4）战争和内乱险：指发生在东道国领土内的任何军事行动或内乱。军事行动既包括不同国家间的战争行为，也包括一国国内相互竞争的政府武装力量之间的战争行动，还包括经宣战或未经宣战的战争。内乱通常指直接针对政府的、以推翻政府或将其驱逐出某个特定地区为目的的有组织的暴力行动，包括革命、暴乱、叛乱和军事政变等，具有政治或意识形态的目的。但不包括罢工、学潮和针对投资者个人的恐怖主义行为。战争和内乱发生在东道国境外，但其结果是摧毁或损坏了东道国投资项目下的财产，干扰了投资项目的经营，同样在可保之列。

（5）其他非商业风险：经投资者和东道国联合申请并经 MIGA 董事会特别多数票通过，MIGA 可以承保上述四种以外的其他特定的非商业风险。但在任何情况下均不包括货币的贬值或降低定值。

根据《汉城公约》第 11 条（c）的规定，因以下两种原因而造成的损失不在担保之列：①被保险人认可或负有责任的东道国政府的任何行为或懈怠；②担保合同缔结之前发生的东道国政府的任何行为、懈怠或其他任何事件。

2. 合格投资

（1）合格东道国：只有向发展中国家会员国的跨国投资才有资格向 MIGA 申请投保。

（2）投资类型：MIGA 承保的合格投资既包括股权投资，也包括非股权直接投资，包括股权持有人在有关企业中所发放或担保的中长期贷款。同时，董事会经特别多数票通过，可将合格投资扩大到其他任何中长期形式的投资。但是，可以投保的各类贷款仅限定于与 MIGA 承保的特定投资有关的贷款。

（3）投资时间：MIGA 承保的投资限于新投资，即必须是在投保申请注册之后才开始执行的投资，包括现有投资的更新、扩大或发展以及利润的再投资。

（4）投资条件：MIGA 承保的投资应符合以下几个条件：①必须具备经济合理性；②能够给东道国带来良好的经济、社会效益；③符合东道国的法律和条例（以东道国事先批准 MIGA 对该项投资的担保为准）；④与东道国宣布的发展目标和发展重点相一致；⑤在东道国可以得到公平待遇和法律保护。

3. 合格投资者

根据《汉城公约》规定，在下列条件下，任何自然人和法人都有资格取得机构的担保：①该自然人是东道国以外一会员国国民；②该法人在一会员国注册并在该会员国设有主要业务点，或其多数资本为一会员国或几个会员国或这些会员国国民所有，在上述任何情况下，该会员国必须不是东道国；③该法人无论是否私营，均按商业规范经营。

此外，根据投资者和东道国的联合申请，董事会经特别多数票通过，可将合格投资者扩大到东道国的自然人，或在东道国注册的法人，或其多数资本为东道国国民所有的法人。但是所投资资产应来自东道国境外。

4. 代位权

MIGA 一经向投保人支付或同意支付赔偿，即代位取得投保人对东道国或其他债务人所拥有的有关承保投资的各种权利或索赔权。各会员国都应当承认 MIGA 的此项权利。东道国对于 MIGA 作为代位人所获得的东道国货币，在其使用和兑换方面给予 MIGA 的待遇应和原保险人取得这种资金时可得到的待遇一样。

相关链接 9-11

MIGA 的第一次索赔案例

1995 年，美国一家跨国公司与印尼官方签订了一份合资建设电厂的合同，并向 MIGA 投保了"征收和类似措施险"。该项目于 1996 年开工建设，不久印尼便发生了暴乱，苏哈托政府濒临倒台。在国际货币基金组织的要求下，印尼政府以在其境内的电站电价过高，建设成本太大，须重新予以审查为由，于 1997 年中止了境内 27 家电厂的建设和经营。在中止令中没有任何有关给予业主补偿和如何解决纠纷的规定和安排。

投保人的项目被中止后，希望和印尼政府协商解决纠纷，以继续维持其在印尼的投资利益。当时印尼政局混乱，投保人屡次要求磋商都没有回应，最后只得向 MIGA 提出索赔。MIGA 接到索赔请求后，立即以调解人的身份与印尼当局磋商，并正式向投保人作了赔付，共 1500 万美元。2003 年 6 月，MIGA 收到了印尼政府针对该机构受理的第一起索赔进行的最后一笔偿付款。

资料来源：国际经济法实例点评——21 世纪法学教学参考书。

二、《解决国家与他国国民间投资争议公约》

(一) 产生背景

长期以来，如何解决投资者与东道国之间的投资争议，一直是困扰发达国家与发展中国家的难题。按照一般法律原理，此类争议应该按照东道国法律在东道国寻求解决，但外国投资者及资本输出国出于各种疑虑，更愿意选择国际仲裁。因此，对此类争议的合理解决方法应既不损害东道国的根本利益特别是国家主权，又能保证外国投资者的投资得到公平合理的待遇。为了解决这一难题，促进外国投资者在发展中国家投资，1962 年，世界银行开始研究通过仲裁机制解决投资争议的方案。经过各国尤其是南北国家数年艰苦的谈判和反复修改，终于在 1965 年 3 月 18 日，由世界银行执行董事会正式通过了《解决国家与他国国民间投资争议公约》(Convention on the Settlement of Investment Disputes between States and Nationals of Other States)，由于该公约在华盛顿开放签署，故又称为《华盛顿公约》。1966 年 10 月 14 日，荷兰作为第 20 个国家完成了批准手续，满足了该公约对缔约国数目的最低要求，公约正式生效。随之成立了"解决投资争议国际中心"(International Center for Settlement of Investment Disputes，以下简称 ICSID 或中心) 作为负责组织处理国家与他国国民之间投资争议的常设专门机构，并开始运作。我国政府于 1990 年 2 月 9 日签署了该公约，并于 1993 年 1 月 7 日递交了批准文件。1993 年 2 月 6 日，《华盛顿公约》正式对我国生效。

(二) ICSID 的特点和组织机构

ICSID 的基本特点是：

（1）ICSID 的宗旨是专为外国投资者与东道国政府之间的投资争议提供国际解决途径，即在东道国国内司法程序之外，另设国际调解与国际仲裁程序。但 ICSID 本身并不直接承担调解和仲裁工作，而只是为解决争议提供各种设施和方便，为针对各项具体争议而分别组成的调解委员会或国际仲裁庭提供必要的条件，便于他们开展调解或仲裁工作。

（2）ICSID 与世界银行有密切的联系，但它是一个独立的国际机构，具有完全的国际法律人格，具备缔约、取得和处置财产以及进行法律诉讼的能力。

（3）ICSID 在完成其任务时，在各缔约国领土内享有公约规定的豁免与特权，如中心及其财产享有豁免一切法律诉讼的权利；享受税收豁免，即中心的财产、收入及公约范围内的业务活动和交易，免除一切税负和关税。

（4）ICSID 设有行政理事会和秘书处两个机构。行政理事会由缔约国各派代表一人组成，世界银行总裁兼任行政理事会的当然主席。行政理事会是 ICSID 的权力机关，职责是制定行政和财务规章，制定调解和仲裁程序的规则等。秘书处设秘书长、副秘书长及若干工作人员。秘书长是 ICSID 的法律代表和主要官员，负责日常行政事务，包括任命工作人员。

（三）ICSID 的管辖权

依照《华盛顿公约》的规定，提交中心管辖的投资争议必须符合三项主要条件：

1. 主体资格的条件

争议当事人一方是缔约国或其下属机构或代理机构（政府方），另一方是另一缔约国的国民（投资方）。

对于作为政府方的缔约国必须是在其与投资方约定提交仲裁时，或在程序提起时已正式加入公约。不过，如果可以预料有关国家不久将会加入公约，则该提交条款自动生效。

对于缔约国的下属机构或代理机构作为当事人一方，应符合以下条件：①该机构业已由其本国向 ICSID 指定；②该机构对 ICSID 调解或仲裁的同意已经获得其本国的批准，除非该国通知 ICSID 无需这种批准。

在投资方面，合格主体包括自然人和法人。自然人指在争议双方同意将争议交付调解或仲裁之日和请求予以登记之日，具有作为争议一方的国家以外的某一缔约国国籍的任何自然人。具有争议一方国家国籍的自然人没有资格成为 ICSID 主持下程序的当事人，这种不合格性质是绝对的，即使在该国家同意的情况下也不能改变。法人包括两类，一类是在争议双方同意将争议交付调解或仲裁之日，具有作为争议一方国家以外的某一缔约国国籍的任何法人；另一类是在上述日期虽具有作为争议一方的缔约国国籍，但因受外国控制，经双方同意视为"另一缔约国国民"的任何法人。如外国投资者在东道国开办的独资企业，一旦与东道国政府发生投资争议，经双方同意，即可将争议提交 ICSID 管辖。

2. 客体的条件

根据《华盛顿公约》的规定，受中心管辖的争议必须是直接由投资引起的法律争议。

公约并未对"法律争议"下定义。一般认为，只有关于法律上权利义务的存在与否及其范围，或关于违反法律上义务的赔偿的性质及其范围的争议等权利冲突问题，才属中心管辖。单纯的利益冲突问题、关于事实问题的争议则不属于法律争议，不在中心管辖范围之内。

3. 主观要件

中心行使管辖权必须有争议双方当事人的同意。争议双方出具将某一项投资争议提交中心调解或仲裁的书面同意文件，是中心有权登记受理、行使管辖权的法定前提。中心的管辖权有两个特点：一是不可撤销性，争议一经双方同意提交中心仲裁，即对双方产生拘束力，任何一方均不得单方面撤销其同意；二是排他性，如双方当事人同意将争议交付中心仲裁，就视为同意排除外交保护权和其他补救方法。但缔约国有权保留用尽当地行政或司法补救方法，作为其同意将争议提交中心管辖的一个条件。可见中心的管辖是自愿的，也是强有力的。公约规定，同意必须用书面形式表示，但公约对同意的时限未作规定，或事先在投资契约或协议中订入仲裁条款，或在争议发生后经双方协商提交仲裁，并交付中心解决均可。此外，在资本输入国的外资立法中规定将投资争议交付中心解决，投资者书面表示接受这一规定也可。

（四）ICSID 的调解与仲裁

1. 调解

调解由双方当事人任命的调解委员会进行。委员会有责任提出建议，但建议对当事人没有法律约束力，在调解下达成的协议也无约束力。

相关链接 9-12

争议解决的法律手段

法律手段主要有仲裁解决和司法解决两种。仲裁解决是目前比较普遍的行之有效的解决国际投资争议的手段。仲裁制度贯彻当事人自治原则，通过争议双方的协商一致，选定仲裁地点和仲裁人，组成仲裁庭进行仲裁。仲裁可以在双方当事人中的任何一方所在国进行，也可以在第三国进行。仲裁裁决具有终局效力，对双方当事人均有约束力，双方都要遵守并执行。如果投资协议或合同中没有规定仲裁解决，当事人任何一方可向所在国法院起诉，要求诉讼解决。诉讼解决也是一种解决投资争议的重要手段。

资料来源：商务部编写组. 国际投资. 中国商务出版社, 2007.

---

2. 仲裁程序

（1）仲裁申请。拟将争议提交中心解决的任何一方当事人，应向中心秘书长提出书面仲裁申请，内容包括：争议的事实、双方当事人的身份、双方同意依照中心的调解和仲裁规则仲裁等。秘书长应将申请书的副本送交被申请人，并根据申请材料来决定是否予以登记。秘书长应立即将登记或拒绝登记的情况通知双方当事人。

（2）仲裁庭的组成。仲裁庭可以由双方同意的独任仲裁员或三名仲裁员组成。在后一种情况下，由当事双方各任命一名仲裁员，第三名仲裁员由双方协议任命，并担任仲裁庭庭长。所任命的仲裁员应当具备公约规定的仲裁员应当具备的品德和资格。如果双方不能在公约规定的期限内组成仲裁庭，则由行政理事会主席任命仲裁庭的组成人员。

（3）仲裁审理。仲裁程序应当依照公约规定进行。除当时双方另有协议外，应当依照双方同意提交仲裁之日有效的仲裁规则进行仲裁。如果发生公约或中心的仲裁规则或双方同意的任何规则均未作规定的程序问题，则该问题应由仲裁庭决定。

仲裁庭在解决争议的过程中，应当适用双方协议的法律规范。如无此种协议，仲裁庭应适用作为争议一方的缔约国的法律（包括它的冲突规范）以及可适用的国际法规范。在双方同意时，仲裁庭可依公平和善意原则对争议作出决定。但仲裁庭不得借口法律无明文规定或含义不清而暂不作出裁决。

（4）仲裁裁决。仲裁裁决应以仲裁庭全体成员的多数票作出，并应采用书面形式，由赞成此裁决的成员签署。裁决应当处理提交仲裁庭的每一个问题，并说明所根据的理由。任何仲裁员可以在裁决上附具其个人的意见，无论此项意见是否为多数人的意见。未经双方当事人同意，裁决不得对外公布。秘书长应迅速将核正无误的裁决副本送交当事双方。

当事人可以基于以下理由，向秘书长提出撤销裁决的书面申请：①仲裁庭的组成不当；②仲裁庭显然超越其权力；③仲裁庭的成员有受贿行为；④有严重的背离基本的程序规则的情况；⑤裁决未陈述其所依据的理由。

秘书长收到申请后，应予以登记，并立即请行政理事会主席从仲裁人小组中任命三人组成专门委员会，其成员遵循回避原则。专门委员会有权依公约规定的理由撤销裁决或裁决中的任何部分。

中心的仲裁裁决具有终局效力，当事人双方必须执行，不得提出任何上诉或采取任何除公约规定之外的补救方法。同时，中心的仲裁裁决相当于缔约国法院的最终判决，各缔约国法院不得对它进行任何形式上的审查，包括程序上的审查；也不得以违背当地的社会公共秩序为由而拒绝承认与执行。

相关链接 9-13

巴塞罗那电车案

巴塞罗那电车、电灯和电力有限公司（以下简称巴塞罗那公司）是一家控股公司，1911年成立于加拿大多伦多，其总部、账户及股份登记注册均设在该市。

该公司为在西班牙的加泰罗西亚建立和发展一套电力生产和输送系统，分别在加拿大和西班牙建立了许多附属公司。第一次世界大战结束以后，除第二次世界大战期间的一段时间外，巴塞罗那公司的大部分股份一直为比利时国民所拥有。1948~1952年，西班牙塔拉戈纳省的雷乌斯地方法院判决并宣布巴塞罗那公司因债务问题破产。其资产被全部没收后，一家新的公司随即控制了巴塞罗那公司在西班牙境内的企业。

1962 年 6 月 19 日，比利时政府根据相关条约规定，向国际法院提出了一项新的诉讼请求。请求法院判决并宣布其请求书中所述西班牙国家机关的有关行为违反了国际法，且西班牙国家有义务赔偿作为巴塞罗那公司股东的比利时国民（包括自然人和法人）因此而遭受的损失。在此之后，西班牙政府也提出了四项初步反对意见。

1964 年 7 月 24 日，国际法院就西班牙政府提出的初步反对意见做出判决，仅将第三、四项初步反对意见并入本案实质问题审理。1970 年 2 月 5 日，法院判决表明，本案实质问题的核心在于确定比利时是否有权对作为加拿大法人的巴塞罗那公司中的本国股东，因公司所在国西班牙针对该公司本身的有关措施而遭受的损害进行外交保护。根据各国国内法律制度普遍接受的规则，当股东的利益因针对公司实施的某一行为而受到损害时，只有权利受到侵犯的公司才能提起诉讼。因此，在代表外国资本的一家公司受到不法行为侵害的情况下，国际法的一般规则也只授权公司的国籍国提出赔偿请求。尽管在公司股东自身的权利遭到侵害、公司已不存在、公司国籍国缺乏代表公司采取行动的能力或公司国籍国即为责任国等例外情况下，该公司股东的国籍国可以不受上述一般规则的限制，但本案中并不存在这些例外情况。据此，法院认为比利时无权代表本国股东向法院起诉，终以 15 票对 1 票驳回了其诉讼请求。

资料来源：梁淑英主编《国际法教学案例》。

三、《与贸易有关的投资措施协议》

（一）产生背景

投资措施，一般是指一国对外来投资的鼓励性与限制性做法的总称。投资措施本不属关税与贸易总协定（GATT）的调整范围，但由于某些投资措施，不论其为鼓励性或限制性，都能对国际贸易产生某种影响和扭曲作用。随着国际投资的迅速增长，这类"与贸易有关的投资措施"（Trade-Related Investment Measures，TRIMS）对国际贸易的影响日益扩大。1974 年加拿大制定的《外国投资审议法》对外国投资者提出了当地成分要求与出口实绩要求。1982 年美国向关贸总协定理事会提出指控，指责加拿大的做法违反了总协定的有关规定。关贸总协定理事会为此专门成立了三人专案小组进行调查，并认定加拿大违反了 GATT 第 3 条（国内税与国内规章方面的国民待遇）和第 17 条（国营企业行为）的规定。最后加拿大出于吸引外资、搞活经济的需要，于 1985 年制定了新的《外国投资法》，放松了对外国投资的限制，从而使美加之间的上述争议划上了句号。但在关贸总协定内部，有关投资措施对贸易的扭曲与限制作用的争论却刚刚开始，成为新一轮贸易谈判的焦点之一。实际上，早在 1982 年，美国就提议将投资问题列入当年召开的关贸总协定部长会议的议事日程，但因大多数国家的反对而未能如愿。1986年6月，美国再次要求将投资问题纳入新一轮谈判的议题，并得到日本、欧共体的支持。1986年9月在乌拉圭埃斯特角召开的部长会议宣言中，与贸易有关的投资措施被正式纳入谈判议题，成为该回合的三个新议题之一。经过长达8年的激烈争论，南北双方终于达成妥协，于1994年4月签署了《与贸易有关的投资措施协议》（Agreement on Trade-Related Investment Measures，以下简称《TRIMS协议》），自1995年1月正式生效。

（二）《TRIMS协议》的主要内容

《TRIMS协议》由序言、正文和附录三部分组成，其中包含的内容主要有以下几方面：

1. 适用范围

《TRIMS协议》仅适用于与货物贸易有关的投资措施，也就是说，不适用于与服务贸易和技术贸易有关的投资措施。

2. 被禁用的投资措施

《TRIMS协议》第2条规定，禁止成员方采取与GATT1994第3条第4款和第11条第1款相违背的与贸易有关的投资措施。GATT1994第3条第4款是有关国民待遇的规定。按《TRIMS协议》的附件，与国民待遇原则不符的与贸易有关的投资措施具体地说有两种：一是当地成分要求，二是贸易平衡要求。而GATT1994第11条第1款则是有关取消数量限制的规定。按《TRIMS协议》的附件，与这一规定不符的与贸易有关的投资措施有三种：一是贸易平衡要求，二是进口用汇限制，三是国内销售要求。

3. 例外规定

《TRIMS协议》第3条规定："GATT1994项下的所有例外均应适用于本协议的规定。"这些例外包括幼稚工业的建立与发展、国家政治稳定与安全、保障人类及动植物的生命或健康需要、边境贸易优惠以及为保障国际收支而实施的数量限制等。

4. 发展中国家的特殊待遇

《TRIMS协议》第4条规定，发展中国家根据GATT1994第18条（关于维持国际收支平衡）、《GATT1994关于收支平衡的谅解》以及1979年11月28日采纳的《关于收支平衡的贸易措施的宣言（BISD265/205-209)》规定的范围和方式，有权暂时背离《TRIMS协议》第2条所规定的义务。

5. 通知与过渡安排

《TRIMS协议》第5条规定了各成员方取消与贸易有关的投资措施的具体期限、步骤和方法。具体内容如下：

（1）在《世界贸易组织协定》（以下简称《WTO协定》）生效之日起90天内，各成员方应向货物贸易理事会通知其所有正式实施的与本协议不符的与贸易有关的投资措施。在通知此类普遍或特定适用的与贸易有关的投资措施的同时，应告知其主要特征。

（2）发达国家成员方应在《WTO协定》生效2年内取消其所通知的与贸易有关的投资措施，发展中国家成员方的期限是5年，最不发达国家成员方的期限是7年。货物贸易理事会应发展中成员包括最不发达成员方的请求，可以延长其过渡期限，但请求方须证明其在执行本协议规定时有特殊的困难。货物贸易理事会在审议这项请求时，应考虑该成员方的发展、财政与贸易需要。

（3）在过渡期间，任一成员方不得加强其所通知的与贸易有关的投资措施，使得它们与本协议的要求差距加大。同时，在《WTO 协定》生效之日前 180 天内开始实施且与《TRIMS 协议》不符的与贸易有关的投资措施不得享受过渡期，应立即取消。

（4）在过渡期内，为了不使已建立的受上述通知的任何与贸易有关的投资措施约束的企业处于不利地位，可对一项新投资适用相同的与贸易有关的投资措施，但必须具备两项条件：①这种投资的产品与已建立的企业的产品同类；②为避免扭曲新投资与已建立的企业之间的竞争条件所必须。依此对新投资适用的任何一项与贸易有关的投资措施还应通知货物贸易理事会。这种与贸易有关的投资措施的条件应相当于可适用于已建企业的那些与贸易有关的投资措施的竞争作用，并且应当同时取消。

6. 透明度

各成员方应按 GATT1994 第 10 条（贸易条例的公布与实施）的要求，公布一切与贸易有关的投资政策、法规与做法，并承担《关于通知、磋商、争端解决与监督协议》和《关于通知程序的部长决定》规定的有关"通知"的义务。但各成员方可以不公开有碍法律实施并对公共利益及特定企业的合法商业利益造成损害的信息。

7. 与贸易有关的投资措施委员会

设立"与贸易有关的投资措施委员会"，该委员会应履行货物贸易理事会所赋予的各项职责，并监督《TRIMS 协议》的实施。

（三）法律性质与特点

鉴于与贸易有关的投资措施属"乌拉圭回合"多边贸易谈判的新议题。在该回合谈判结束后达成的"一揽子"协议中，《TRIMS 协议》格外令人瞩目。该协议不但意义重大，影响深远，而且其性质、结构、内容以及具体的适用等诸方面具有显著特点。《TRIMS 协议》的法律特点主要表现在以下几方面：

（1）《TRIMS 协议》不属纯投资协议，其性质介于投资与贸易之间，具有双重性质。尽管《TRIMS 协议》将特定范围的投资规范纳入新的多边贸易法律之中，并被视为当今最具广泛意义的国际投资法典，但严格地说，它并不是一部纯粹的投资协议，其性质介于投资与贸易之间。

（2）在《WTO 协定》所确定的多边贸易的总体框架中，《TRIMS 协议》只有相对独立的框架结构。在《WTO 协定》附录 1A 序列中，《TRIMS 协议》与 GATT 1994 是两个平行的法律文件，两者之间并无隶属关系，但从渊源上讲，《TRIMS 协议》源于《GATT》，并以《GATT》为其母体。从《TRIMS 协议》的内容来看，它不仅大量地将《GATT》的一些原则与规定融入其条文之中，如第 2 条与附件中规定与体现的国民待遇与自由贸易原则，而且其一些条文更似"法律适用法"，直接指明适用《GATT》的相关条文。如《TRIMS 协议》第 3 条规定"GATT 1994 项下的所有例外均应适用于本协议的规定"。可以说《TRIMS 协议》无法脱离《GATT》而单独发挥管制与贸易有关的投资措施的功效。

（3）《TRIMS 协议》有关条文的内容尚未确定，体系也未完全定型，具有"暂行规定"的性质。尽管任何一个国际协议订立后都存在进一步修订、完善的可能性，但《TRIMS 协议》在订立时就在其第 9 条中规定了在《WTO 协定》生效后由货物贸易理事会提出修改的必要性。这说明现行的《TRIMS 协议》只是缔约各方暂时达成的临时性协议。

（4）《TRIMS 协议》的规定体现了原则性和灵活性相结合的特点。《TRIMS 协议》作为各缔约方相互妥协的结果，既坚持了对违反 GATT 第 3 条、第 11 条的与贸易有关的投资措施加以限制的原则性，同时又规定了"例外条款"，体现了相当大的灵活性。这一特点使得《TRIMS 协议》更易为经济发展水平不同的各类国家所接受。

（5）《TRIMS 协议》有关条文在表述上采用概括式与列举式相结合的方法。《TRIMS 协议》本身并未就与贸易有关的投资措施的定义做出明确规定，只是在第 1 条中概括性地说明其仅适用于"与货物贸易有关的投资措施"，而后又在附录的解释性清单中具体列举所应限制的、与 GATT 1994 有关条款不符的与贸易有关的投资措施。运用这一立法技巧，既可以较为清楚地对与贸易有关的投资措施作出界定，又能避开缔约各方在与贸易有关的投资措施定义问题上纠缠不清的难题。

（四）《与贸易有关的投资措施协议》的法律意义与影响

《TRIMS 协议》的诞生，对于完善全球多边贸易法律体制，推动国际投资法的发展，遏制贸易保护主义以及促进贸易与投资自由化，具有划时代的深远意义。该协议的法律意义主要表现在以下几方面：

（1）大大促进了世界多边贸易的法律体制的完善。《TRIMS 协议》成功地突破了多边贸易体制局限于货物贸易的缺陷，第一次将投资问题纳入了世界多边贸易的法律体制之中，打破了国际贸易法律体系与国际投资法律体系的隔阂，从而揭示了国际贸易与国际投资之间的密切联系。它拓宽了该法律体制的管辖范围，并扩大了《WTO 协定》本身的影响和作用，同时也使多边贸易组织第一次具备了规范国际投资的职能。

（2）实现了投资领域国际立法的重大突破。国际投资领域的国际立法长期以来步履艰难，世界性的投资法典虽经长期酝酿却未有实质成就。一些国家或经济集团虽然制定了一些协定、行动守则，但其适用内容特定，适用范围狭窄，更不具有法律的强制性。而《解决国家与他国国民之间投资争议的公约》（《1965 年华盛顿公约》）与《多边投资担保机构公约》（《1985 年汉城公约》）虽具有较为广泛的世界性，但仅限于解决投资争议、投资担保等个别领域的特定法律问题。《TRIMS 协议》的诞生，在国际投资法的发展史上具有里程碑的意义，是第一部世界范围内有约束力的实体性投资协定，使投资领域的国际立法焕发出勃勃生机。

（3）促进了各国外资立法的统一性、公开性。《TRIMS 协议》为各缔约方管制与贸易有关的投资措施提供了一套统一的国际准则，并以此约束各缔约方的外资立法，要求限期取消有关的与贸易有关的投资措施。这就使以各种鼓励、限制措施作为外资法主要内容的国家（尤其是发展中国家）的外资立法面临严峻的挑战。为使本国的外资立法、政策与《TRIMS 协议》接轨，国际社会出现了按《TRIMS 协议》的原则重塑外资立法的浪潮。与此同时，各缔约方按照《TRIMS 协议》的要求，不断提高外资立法的透明度。可以说在促进各国外贸立法统一性、公开性方面，《TRIMS 协议》起到了重要的导向作用。

（4）加强了贸易与投资自由化的进程。《TRIMS 协议》在消除影响跨国投资及与贸易有关的投资障碍方面迈出了一大步，从而有效地遏制了以投资措施取代关税措施的新贸易保护主义的蔓延，使国际投资与贸易自由化的范围不断扩大，程度不断加深。

（5）完善了解决国际投资争端的法律机制。按照《TRIMS 协议》的规定，GATT 1994 第 22 条、第 23 条以及《有关争端解决规则与程序谅解》的相关规定适用于该协议项下的磋商和争端解决，这就为解决各缔约方之间享有协议规定的权利、承担相关的义务而引发的争端提供了法律途径，从而弥补了"解决投资争议中心"（ICSID）只解决投资者与东道国之间的投资争议，无法解决主权国家之间投资争议的缺陷，使解决国际投资争端的法律机制趋于完善。

（五）《与贸易有关的投资措施协议》的缺陷评析

由于《TRIMS 协议》所规范的与贸易有关的投资措施属国内法范畴的投资措施，而各国经济发展水平不同，法律制度各异，使与贸易有关的投资措施成为"乌拉圭回合"多边贸易谈判分歧最大、争论最激烈的议题之一。作为各缔约方讨价还价、折衷妥协的产物，《TRIMS 协议》不可避免地存在以下缺陷：

（1）《TRIMS 协议》的调整范围过于狭窄。《TRIMS 协议》的调整范围仅限于与货物贸易有关的特定与贸易有关的投资措施，未涉及与服务贸易有关的投资措施，更未触及对贸易产生重大扭曲作用的限制性商业惯例。这表明《TRIMS 协议》在限制 TRIMS 方面只迈出了第一步，与成为全面调整国际投资与国际贸易关系的多边条约还有相当遥远的距离。

（2）《TRIMS 协议》不少条文含义模糊，缺乏必要的确定性和可操作性。作为各缔约方相互妥协的产物，《TRIMS 协议》对一些矛盾尖锐、难以协调的敏感问题采取回避的方法，使得一些重要条款含义模糊、过于抽象，所规范的与贸易有关的投资措施本身没有一个明确的定义，对于诸如怎样才算对贸易造成"限制"、"扭曲"，怎样才称得上具有"损害作用"等敏感问题不作必要的解释，从而使得《TRIMS 协议》缺乏应有的可操作性，在实践中难以执行，并留下了不少隐患。

（3）《TRIMS 协议》存在较多的灰色区域，有损于其整体功效。为缓和各缔约方的矛盾，《TRIMS 协议》在规定国民待遇、取消数量限制及透明度要求等原则的同时，又制定了较多的"例外规定"，使《TRIMS 协议》中存在较多的"灰色区域"，这将为一些缔约方滥用这些"例外规定"宽容自己，限制别国，逃避履行协议义务提供了可乘之机。《TRIMS 协议》的这一缺陷使其最初的目标与实际功效存在较大的差距。

（4）《TRIMS 协议》在一定程度上加剧了投资领域国际立法的不平衡性。《TRIMS 协议》在管制东道国与贸易有关的投资措施的同时，没有约束外国投资者特别是跨国公司投资行为的规范，如没有关于跨国公司的销售和市场配置战略、差别价格和转移定价、限制性商业做法等方面的规定，而这些是影响东道国的社会、经济、技术发展及其优先目标的重要方面。因此事实上使该协议成为限制东道国与贸易有关的投资措施的单方面守则。实际上，投资东道国所采用的一些与贸易有关的投资措施在很大程度上是为了抵消投资者所采用的限制性商业惯例对贸易的扭曲作用，《TRIMS 协议》没能改变大国主宰一切的局面，对发展中国家具有较大的负面影响。

尽管《TRIMS 协议》有待进一步完善，但其作为当代最具广泛影响的国际投资法典，对国际投资法及各国外资立法的发展起到了重要的促进与导向作用。随着各国政治与经济力量对比关系的变化，《TRIMS 协议》必将逐步消除种种缺陷，更有效地发挥维护及促进贸易与投资自由化的积极作用。

相关链接 9-14

多边投资框架（MFI）与我国的战略利益

我国既是世界上吸收外资的大国，也是发展中国家中对外投资的大国。从长远看，对外投资的发展潜力更大。制定未来的多边投资框架，对中国而言，不论是作为对外直接投资（FDI）的主要吸收国，还是作为对外投资国，都有着特殊而广泛的战略利益。

积极参与 MFI 的谈判与建立，对我国经济发展和实施"走出去"战略具有重要战略意义。

第一，与西方跨国公司的实力和开拓国际市场的经验相比，中国企业的国际竞争力不强，与东道国打交道的能力较弱。国内企业在海外经营中，比发达国家跨国公司更需要稳定、可靠、有透明度和有保障的法律体系，更需要依靠多边机制解决纠纷。

第二，由于中国企业的竞争优势多在发展中国家，国内企业对外投资的东道国绝大多数属于发展中国家，今后的发展方向也以发展中国家为主。而多数发展中国家的投资立法不健全，投资保护措施不完善。所以，建立一个维护对外投资者权益的多边投资框架，符合中国对外投资的战略要求。

第三，为中国企业的国际化铺平道路。未来，中国很难再运用产业政策对企业在国际市场上的竞争加以扶持（如日韩 50 年代和 60 年代分别采用过的政策）。今后，无论哪个国家想利用保护和补贴方式来鼓励发展支柱产业，都是行不通的。中国企业在国际市场上的竞争胜负，不仅取决于企业自身的竞争能力，也取决于企业所处的竞争环境和竞争规则。可以说，各国在国际规则的制定和监督执行方面的竞争是更高层次上的国际竞争，是国家竞争力和本国企业竞争优势的重要保障。政府所能做的是为企业在国内和国际两个市场上营造公平、合理并且适合中国企业进入他国投资市场的有利条件。

第四，为中国企业创造对外投资的安全环境。积极推进 MFI，有利于保护中国对外投资者，使其免受因战争、没收、汇款限制等非常规风险而带来的损失，促进同缔约国之间互利的投资合作。MFI 的主要内容应包括：保障中国投资者与投资对象国企业享受同等待遇、最惠国待遇；禁止对中国投资者采取国有化及没收措施（如不得已而采取有关措施，必须有效地赔偿所致损失）；赔偿因发生战争、政变、暴动等突发事件而造成的损失；保障投资本息和利润自由汇回；规定有关发生投资争议的解决程序等。

资料来源：中华人民共和国商务部网站，摘编自《国际经济合作》。

本章小结

（1）国际投资法是调整国际间私人直接投资关系的国内法规范与国际法规范的总和，是国际经济法的一个重要分支。其核心内容是对国际间的私人直接投资进行鼓励、保护和管理。

（2）双边投资条约可分为传统型双边投资条约与现代型双边投资条约两大类。传统型双边投资条约的内容主要在友好通商航海条约中体现；现代型双边投资条约是指两国之间订立的专门用于国际投资保护的双边条约，又分为美国式的双边投资保证协定及德国式的促进与保护投资协定。

（3）根据《汉城公约》的规定，MIGA 在各成员国国内法和国际法上均具有完全的法人地位，特别是有权签订合同，取得并处分不动产和动产以及进行法律诉讼。此外，MIGA 享有通常国际组织所能享有的特权与豁免。

（4）1965 年 3 月 18 日，由世界银行执行董事会正式通过了《解决国家与他国国民间投资争议公约》，由于该公约在华盛顿开放签署，故又称为《华盛顿公约》。

（5）1986 年 9 月在乌拉圭埃斯特角召开的部长会议宣言中，把与贸易有关的投资措施正式纳入谈判议题，成为该回合的三个新议题之一。经过长达 8 年的激烈争论，南北双方终于达成妥协，于 1994 年 4 月签署了《与贸易有关的投资措施协议》，该协议自 1995 年 1 月正式生效。

案例思考

萨巴蒂诺案是有关国有化的一个极典型的案例，涉及东道国对外国投资者的投资或财产实行国有化或征收及其法律后果的问题。1960 年 2 月和 7 月，纽约的砂糖经纪人法尔公司同美国公民拥有股权的古巴白糖公司签订了购买砂糖的合同。1959 年，美、古外交关系恶化。古巴政府对美国采取报复措施时，制定了以美国国民或法人在古巴拥有的企业、财产为对象的国有化政令。

资料来源：豆丁网，http://www.docin.com/p-385810375.html.

◆ 试析你对该国有化行为的看法。

复习题

一、名词解释

海外投资保险法　税收管辖权　友好通商航海条约　调解　仲裁

二、简答题

1. 简述确立公司国籍在投资法律关系中的作用。

2. 多边投资担保机构的投资担保业务包括哪些主要内容？并结合我国情况，试论或简述多边投资担保机构的作用。

3. 简述东道国当地救济的国际法依据。

4. 试论 WTO 所达成的《与贸易有关的投资措施协议》(TRIMS)、《服务贸易总协定》(GATS)，以及《与贸易有关的知识产权协议》(TRIPS) 对我国外资立法的影响。

第四篇

[国 情 篇]

第十章 中国的引进外资和对外投资

本章课前实训

让学生通过课前准备，针对某个中国对外投资的失败案例进行分析，并且找出投资失败的原因。课堂上让学生作报告，最后由教师点评和打分。

本章知识要点

● 中国引进外资的发展概况
● 中国引进外资的发展策略
● 中国对外投资的发展概况
● 中国对外投资的发展策略

案例导引

央企海外投资失败案例

近些年来，央企在海外遭遇巨亏，财新网对近年来著名的中国企业海外巨亏的案例统计如下：

公司名称	时间	背景	原因简述
中国铁建	2010 年	在沙特承建轻轨项目，由于合同签订过于草率，需求不明确，报价过低，导致在工程实施过程中，沙特方面不断提出增加工程量的要求，甚至提出新的功能需求，而双方此前在合同中却并没有针对这个项目列出详细的工程量。为了将整个项目完成，中国铁建不得不赔本继续推进项目工期，最终巨亏 42 亿元	合同过于草率
中信泰富	2008 年	为了澳洲铁矿石项目进行的杠杆式外汇买卖合约引致亏损共 8.07 亿港元，而仍在生效的杠杆式外汇合约按公平价定值的亏损更高达 147 亿港元	期权投资失败
中国平安	2008 年	2007 年 11 月，中国平安宣布斥资约 18.1 亿欧元折合人民币 238.7 亿元购买以经营银行及保险业务为主的国际金融服务提供商富通集团 9501 万股股份，约占总股本的 4.18%，成为其最大单一股东。在平安收购富通后不久，富通集团轰然倒塌，在 2008 年年报中，中国平安对富通投资巨亏报备 227.9 亿元	遭遇金融危机

续表

公司名称	时间	背景	原因简述
东方航空	2008 年	航油套期保值浮亏 62 亿元	期货投资失败
中国远洋	2008 年	为抵御航运运费下滑风险,采用远期运费协议进行套期保值。在与高盛等金融机构的对赌中导致 2008 年浮亏 41.21 亿元	远期、期货投资失败

第一节 中国引进外资的发展概况

一、中国引进外资的发展历程

整个发展历程可分为两个阶段。第一个阶段为新中国成立以后至改革开放前,第二个阶段为 1978 年改革开放以后。

(一) 改革开放前 (1949~1978 年)

新中国成立以后,中国引进外资取得了一定的进展,但是由于当时历史条件的制约,规模和数量十分有限。新中国成立初期,中国的外资主要来源为苏联的资金,这些资金主要为长期贷款形式,多用于各项重点工程建设。在 1950 年和 1951 年我国曾与苏联、波兰共同投资创办了 5 家合营企业,这是我国建立的第一批中外合资经营企业。另外,我国与苏联合资创办了中苏(新疆)石油股份公司、中苏(新疆)有色及稀有金属股份公司、中苏民用航空股份公司和中苏(大连)造船公司四家企业,后来由于苏方将股份作为贷款转让给中方,提前结束了合作。我国与波兰在 1951 年合资创办了中波轮船公司,经营航运及有关的委托代理业务,此公司原定的合营期是 12 年,由于经营状况良好,从成立至今一直保持合作关系并开展经营活动。20 世纪 60 年代,中国引进外资的来源转向日本与西欧一些国家,主要采用国际上通用的延期付款支付方式,引进技术与设备。此外,中国还通过中国银行吸收的各种外汇存款为交通部门购买远洋船只提供信贷,同时,对国内部分地区开办小额外汇贷款业务。上述各项贷款的运用取得了良好的经济效益,为奠定中国社会主义工业化基础做出了巨大贡献。但是由于历史原因,这一时期的外资规模小,来源渠道单一,外资投向的自主选择余地小,主要实行的是高度集中的外资配置体制,即由中央政府直接确定引进外资的具体项目。因此,从 20 世纪 50 年代中后期到 1978 年这段时间内,我国引进外资处于停滞状态。

(二) 改革开放后

1978 年党的十一届三中全会以后,为了促进经济发展,中国政府作出对外开放的重大决策。并相应制定了积极鼓励外商投资、加速对外经济技术合作、加速中国社会主义现代化建设的法律法规和政策，使中国利用外资进入了一个新的历史阶段。

外商直接投资作为中国利用外资的主要形式，对国民经济发展起到了不可估量的推动作用。作为一个循序渐进的过程，我国吸引外商直接投资并非是均衡发展的，大体可划分为起步、持续发展、快速发展、调整与提高、成熟稳定五个阶段。

1. 第一阶段：起步阶段（1979~1986 年）

由于改革开放初期有关利用外资的立法不完善，外商对在我国投资有顾虑，同时各种基础设施也较落后。因此，我国利用外商直接投资较少。1980 年的"五一"，我国第一家中外合资企业北京航空食品有限公司挂牌开业。到 1986 年年底，我国共批准成立 8295 家外商投资企业，平均每年 1037 家；协议外资额为 194.13 亿美元，平均每年 24.27 亿美元；实际利用外资为 83.04 亿美元，平均每年 10.38 亿美元。在这一阶段，外商直接投资主要集中在第三产业，其协议外资金额占全部协议外资额的 64%。在这些投资者中，掌握先进技术和巨大市场份额以及雄厚资金的大型制造业跨国公司较少，而中小型制造、服务和房地产开发企业居多，对外资开放的区域主要是 4 个经济特区。这一时期，中国内地吸引的外商投资主要来源于港澳地区，以劳动密集型的加工项目以及第三产业项目居多，重点分布于广东、福建等沿海地区。

2. 第二阶段：持续发展阶段（1987~1991 年）

从 20 世纪 80 年代中期开始，我国加大了有关外商投资立法的力度，解决了外商投资企业遇到的一些困难；同时，我国加强了对交通、通信和能源等基础设施的投资。投资环境的改善，增强了外商对华投资的信心。1987~1991 年，我国共批准外商投资企业 34208 家，平均每年 6841 家；协议外资额为 331.79 亿美元，平均每年 73.67 亿美元；实际利用外资额为 167.53 亿美元，平均每年 33.51 亿美元。这一阶段，中国吸引外商投资的结构有了较大改善，生产性项目以及产品出口企业大幅度增加，外商投资的区域以及行业也有所扩大，台湾厂商对中国内地的投资逐年增加。并且，外商直接投资的行业由第三产业转向以工业项目为主的第二产业。外资来源也开始多样化，美、日、欧共体、东南亚等国家的跨国公司开始较多地在我国进行直接投资。

3. 第三阶段：快速发展阶段（1992~1995 年）

邓小平南方谈话和十四大的召开，确定了我国社会主义市场经济体制改革的目标，中国对外开放的步伐又一次加快。对外开放的领域由沿海到内地、由南向北延伸，从而使外商直接投资在这个阶段实现飞跃式增长。1992~1995 年，我国共批准外商投资企业 216761 家，平均每年 54190 家；协议外资金额为 3435.22 亿美元，平均每年 858.81 亿美元；实际利用外资金额为 1098.1 亿美元，平均每年 274.53 亿美元。1993 年起我国实际利用外资金额跃居发展中国家第一位，世界第二位，仅次于美国。

这一阶段的主要特点表现为：第一，大型跨国公司开始大量对华投资。到 1995 年年底世界排名前 500 位的跨国公司中，已有近 200 家在华投资。这些跨国公司投资项目规模大，技术先进，项目之间关联性强，内部管理和运作较为规范，合同履行情况较好。尤其是制造业跨国公司的进入，使技术含量高、附加值高的行业中外商投资额大幅增加。第二，跨国公司更加看重企业的控股权，在新建企业时独资倾向越来越强烈，对于已参加的企业普遍存在增资扩股现象。

4. 第四阶段：调整与提高阶段（1996~2000年）

20世纪90年代中后期以来，国内外经济政治形势发生了较大变化，要求我国必须对利用外资政策进行适当的调整。我国的外商直接投资进入新的阶段——从过去重视外资的数量变为重视外资的质量。顺应这一趋势，外资项目和协议外资额虽逐年下降，但实际使用外资额大都有一定幅度上升，外资的实际利用率大幅提高，由31.97%上升到76.25%。

5. 第五阶段：成熟稳定阶段（2001年至今）

2001年底，中国加入了世贸组织，随后，中国进一步拓宽了外商投资领域。中国经济的良好持续发展以及投资环境的改善增强了外商投资的信心，使中国外商投资企业的数目、协议外资金额以及实际使用外资金额都大幅增加。中国利用外资进入了成熟稳定阶段。截至2012年4月底，中国累计批准设立外商投资企业74.5万家，实际使用外资金额约12000亿美元。

相关链接 10-1

2012年内地吸收香港、台湾投资情况统计

一、2012年1~12月内地吸收港资情况

2012年1~12月，内地共批准港商投资项目12604个，同比下降9.3%；实际使用港资金额655.6亿美元（占我实际使用外资金额的58.7%），同比下降7.0%。2012年12月内地共批准港商投资项目1375个，环比上升0.6%；实际使用港资金额80.3亿美元，环比上升72.0%。

截至2012年12月底，内地累计批准港资项目348884个，实际利用港资5922.7亿美元。按实际使用外资统计，港资在我累计吸收境外投资中占46.3%。

二、2012年1~12月内地吸收台资情况

2012年1~12月，大陆共批准台商投资项目2229个，同比下降15.5%；实际使用台资金额28.5亿美元（占我实际使用外资金额的3.0%），同比上升30.4%。2012年12月，大陆共批准台商投资项目241个，环比上升9.6%；实际使用台资金额2.8亿美元，环比上升21.7%。

截至2012年12月底，大陆累计批准台资项目88001个，实际利用台资570.5亿美元。按实际使用外资统计，台资在我累计吸收境外投资中占4.5%。

资料来源：中国投资指南网。

新时期的引资也呈现出了新特点：第一，外商投资制造业大型项目明显增强，而服务业吸收外资步伐加快；第二，跨国公司加速在华设立研发中心，投资的技术含量进一步提高；第三，随着中国成为众多跨国公司竞争力的决定环节，在华跨国公司纷纷追加投资，中国在跨国公司全球战略布局中的地位进一步得到巩固；第四，投资的系统化程

度加强。随着投资规模扩大，许多跨国公司在华投资项目纵向一体化和横向一体化趋势加强。

从我国利用外资的形式来看，我国主要通过吸收外商直接投资、借用外资，另外还有发行债券、对外加工装配业务、补偿贸易、BOT业务等来实现。经过多年实践，利用外资大大弥补了我国国内建设资金的不足；引进了大量先进的技术设备和管理经验，推动了我国行业结构的升级；利用外资扩大了社会就业，增加了国家的财政收入。

在引进外资工作中，要认真贯彻中央提出的"积极、合理、有效"的总方针，实行正确的利用外资发展战略，确定利用外资的合理规模、结构和方向。我国政府将依据国民待遇原则对利用外资的优惠政策进行一些调整，使目前基于激励的外资政策逐步转变为基于规则的外资政策。总之，我国要积极改善投资环境，包括硬环境和软环境，以吸引更多、更广泛的投资。在引进外商投资的同时还要兼顾我国的产业发展政策和地区发展政策，做到从重数量、重审批和重速度向重质量、重结构、重管理和重效益的方向转变，从而使我国引进外资的工作更上一层楼！

相关链接 10-2

2013年一季度吸收外资情况

2013年4月18日，商务部新闻发言人沈丹阳在例行新闻发布会上公布了我国吸收外资的情况。一季度，全国新批设立外商投资企业4822家，同比下降10.36%；实际使用外资金额299.05亿美元，同比增长1.44%。其中，3月当月全国新批设立外商投资企业1907家，同比下降19.67%；实际使用外资金额124.21亿美元，同比增长5.65%。美、欧对华投资均有较大幅度增长。日本对华实际投资22.90亿美元，同比增长10.48%。一季度全国吸收外资有以下三大亮点：

一是制造业、服务业实际使用外资均有所增长。制造业新设立外商投资企业1458家，同比下降23.66%；实际使用外资金额131.74亿美元，同比增长0.64%，分别占同期全国总量的30.24%和44.05%。服务业新设立外商投资企业2853家，同比下降5.31%；实际使用外资金额144.27亿美元，同比增长2.82%，分别占同期全国总量的59.17%和48.24%。农、林、牧、渔业新设立外商投资企业135家，同比下降10%；实际使用外资3.27亿美元，同比下降39.4%，分别占同期全国总量的2.8%和1.09%。

二是美、欧对华投资均有较大幅度增长。美国对华实际投入外资金额10.58亿美元，同比增长18.49%。欧盟27国对华实际投入外资金额20.51亿美元，同比增长45.01%。亚洲十国/地区（中国香港、中国澳门、中国台湾地区、日本、菲律宾、泰国、马来西亚、新加坡、印尼和韩国）对华实际投入外资金额257.94亿美元，同比下降0.34%。其中，日本对华实际投资22.90亿美元，同比增长10.48%。

三是西部地区吸收外资增长较快。东部地区实际使用外资金额250.47亿美元，同比增长0.17%，占全国总额的83.76%；中部地区实际使用外资金额24.96亿美元，同比增长 0.69%，占全国总额的 8.35%；西部地区实际使用外资金额 23.62 亿美元，同比增长 18.29%，占全国总额的 7.9%。

资料来源：中国经济网. 2013 年 4 月 18 日.

二、中国利用外资的方式

我国利用外资的方式主要有外商直接投资、间接投资和其他投资方式。直接投资的方式包括中外合资经营企业、中外合作经营企业、外商独资经营企业、中外合作开发等；间接投资的方式包括外国政府贷款、国际金融组织贷款、出口信贷、国际商业银行贷款和对外发行债券和股票等；其他投资方式很多也很灵活多变，包括对外加工装配业务、补偿贸易、BOT 业务等。

（一）外商直接投资

外商直接投资主要有三种企业类型，外商独资经营企业、中外合资经营企业、中外合作经营企业，即"三资企业"（相关内容参见前面关于"国际直接投资"的章节）。

（二）中国对外借款

1. 外债方式多元化

我国借用外资，主要有贸易信贷、外国政府贷款、国际金融组织贷款、国外银行及其他金融机构贷款、国际金融租赁、对外发行债券等多种形式。近年来，伴随我国进出口贸易的大幅增长，与贸易有关的融资需求上升，贸易信贷已跃升为我国外债构成中最重要的部分。其中外国政府、国际金融组织贷款两类贷款一般都具有援助性质，贷款的特点是利率比较优惠、使用期限较长；而国外银行及其他金融机构贷款属于一般的国际信贷，利率由市场决定，通常较高，贷款期限也以中短期为主。

（1）外国政府贷款。我国借用外资起步于 1979 年。1979 年 12 月日本首相大平正芳访华，代表日本政府承诺为中国三个大型项目的建设提供长期低息贷款，于是拉开了我国借用外资的序幕。

中国政府在利用外国政府贷款时，始终坚持独立自主、自力更生、无损国家主权、不附加任何政治条件、平等互利、友好合作、不强加于人的原则，并在此基础上能够经过双方充分协商，共同确定贷款的规模和条件。

相关链接 10-3

中国使用的外国政府贷款的三种类型

（1）按照政府贷款用途划分为项目贷款与商品贷款；

（2）按照政府贷款是否付息分为无息贷款和计息贷款；

（3）混合贷款，是指在使用外国政府贷款的同时，必须连带使用贷款国一定比例的出口信贷，这两种贷款共同构成一个整体借款。

（2）国际商业贷款。这是指在国际金融市场上以商业条件筹得资金。这种贷款种类多样，贷款方式较为简单，采购范围广，投向限制小，使用灵活，但贷款偿还期短，利率以及综合贷款成本均较高。具体种类包括出口信贷、国外银行和其他金融机构贷款和国际金融租赁等。

（3）国际金融组织贷款。主要包括国际货币基金组织、世界银行及所属的国际开发协会和国际金融公司、联合国国际农业发展基金、亚洲开发银行等金融组织对会员国或其他国家提供的贷款。

第一，国际货币基金组织（IMF）贷款。一般是指在成员国出现国际收支暂时不平衡时，以卖出外汇的形式向成员国提供一定期限的贷款。一般期限为3~5年，贷款利率较低，贷款额度受会员国缴纳的份额限制，即与其份额大小成正比。1980年中国恢复了在国际货币基金组织的代表权，此后，在1981年以及1986年出现较大国际收支逆差时使用过国际货币基金组织的贷款。

第二，世界银行贷款。主要是指对发展中国家提供的中长期生产性贷款，以促进其经济发展，提高人民的生活水平。1980年中国恢复了在世界银行的合法地位后，利用世界银行贷款进行了交通、能源、农业以及教育等国家重点项目的建设。

第三，联合国国际农业发展基金贷款。主要用于帮助发展中国家发展农业，特别是粮食方面的生产，其基本目标是消除贫困与营养不良，按贷款条件和期限分为优惠贷款、中等贷款以及普通贷款三类。1981年1月，中国成为该基金成员国。目前使用少量该种贷款，主要用于北方草原和畜牧业的发展等。

第四，亚洲开发银行贷款。主要是指对亚太地区国家提供资金和技术援助，目的是促进亚太地区经济的发展。具体分为亚洲开发基金贷款、普通资金贷款以及技术援助基金等三类。中国于1986年恢复在亚洲开发银行的合法席位，目前主要有能源、交通以及社会发展等项目利用该种贷款资源。

（4）对外发行债券。这是指我国政府或企业在国际债券市场上发行国债或企业债券，分公募发行和私募发行两种。公募发行时通过中介机构的承包包销，公开向社会募集资金；私募发行则是在中介机构的协助下，向有限的特定投资者募集资金。

2. 外债规模稳定化

1979年以来，中国的对外举债经历了由少到多再逐步稳定发展的历程。具体来说，我国借用外资的发展历程分为三个阶段：

（1）1979~1983年的探索阶段。中国处于对外借款的初级阶段，外资余额增长较慢，年均增长约8亿美元，外债规模十分有限，而且长期与国际资本市场没有业务往来，对国际上的筹资方式不甚了解。这一阶段外资来源呈现单一化的格局，主要来自日本、中国香港等少数几个亚洲国家和地区，因此，这一时期，我国主要是了解国际市场形势，探索未来的借款模式和渠道，不断积累发展的经验。

（2）1984~1988年的高速增长阶段。随着我国对外开放的不断深入，国际社会开始认识到中国经济发展带来的利益，纷纷开通了向中国的贷款渠道，从此，中国对外借款进入到了一个高速增长阶段，外债余额年均增长约81.93亿美元，年均增长率高达

56.9%。而且，我国借用外资的来源明显开始多元化，来自欧美国家和地区的资金显著增多，贷款利率结构开始由固定利率向浮动利率转变。我国还针对借用外资而加强法律法规的监管，保证外资的"积极、合理、有效"利用，并加强宏观和微观调控的力度。

（3）1989年至今稳定均衡发展阶段。由于受到国际经济环境、国内宏观调控等各种因素的影响，我国借用外资的增速开始放缓，1999年，我国外债余额年均增长大约213.94亿美元，年均增长率为14.09%，增速已远低于前一阶段的速度。这一阶段的特点是借用外债的来源、币种等进一步多样化，以及国际金融组织对我国的贷款力度不断加强。1992年我国成为世界银行的最大贷款国。

3. 外债结构合理化

从外债的期限结构看，我国的外债结构正逐年倾向短期化，2005年短期债务的比重已经超过中长期债务。主要原因是由于贸易信贷的不断增加，它对短期债务的贡献度高达62.3%。虽然如此，我国中长期和短期债务的配比基本均衡，结构趋于合理。另外，我国境外融资的地区来源越来越丰富，不仅长期以来从日本、美国等国家获取资金，而且中国与世界上其他很多国家建立了贸易合作伙伴关系，能够更方便、低成本地寻求资金来源。例如，法国开发署自2009年起每年都将对华提供1.5亿欧元贷款，主要帮助支持我国污水处理、垃圾焚烧、可再生能源及清洁能源、中小企业和铁路行业提高能效项目等二氧化碳减排项目。

（三）中国企业对外发行股票

中国企业对外发行股票是中国企业成功走向世界的重要途径。例如，1992年年初，电真空B股在上海证券交易所挂牌交易，允许境外投资者直接购买中国企业的股份，这对我国证券走向国际化市场具有划时代的意义。1993年7月，青岛啤酒股份有限公司在中国香港上市发行H股，H股公司注册地在内地，经过中国证监会的允许后在香港证券市场发行股票，并以港币认购和交易，揭开了我国融资渠道的新篇章。同年，上海石化登陆美国纽约证券交易所，开始发行N股，开辟了中国企业海外上市的新市场。因此，我们给出对外发行股票的基本定义，是指中国股份有限公司经过国家批准，在境内外发行向境外投资者募集股本的股票融资方式，包括在我国境内发行上市的B种股票和在境外发行上市的各种股票，有H股和N股等。

总体而言，我国通过对外发行股票来利用外资有以下五种模式：

（1）中国企业通过B股境内上市。B股，是指中国股份有限公司以人民币标明股票面值，以外币认购和进行交易，在我国境内交易所上市，专供外国和我国香港、澳门、台湾地区的投资者购买转让交易的人民币特种股票。B股市场不仅是帮助国内企业从海外筹集资金的手段，也是我国证券市场国际化的重要途径。1999年6月，中国证监会发出了《关于企业发行B股有关问题的通知》，取消了B股企业的所有制限制，这有助于提高B股上市公司的质量。2001年2月又宣布B股市场向境内居民开放，增加了B股市场的资金供给。

（2）中国企业在境外直接上市。境外上市股票是指中国股份有限公司以人民币标明面值，以外币认购和进行交易，在境外交易所上市，供境外投资者购买转让的股票。境外发行股票是我国利用外商间接投资的一种重要形式。通常包括中国企业在香港联交所上市的、以港元认购和交易的 H 股和在纽约证券交易所上市的、以美元认购和交易的 N 股。国际发达的金融市场为中国企业境外上市筹措资金提供了巨大帮助，同时，发达市场的严格监管和法制化建设促进了上市公司向现代经营机制的转变，从而为中国企业树立了良好的国际形象。

（3）中国企业在海外通过存托凭证间接上市。所谓存托凭证（Depository Receipt）是指国外受托金融机构在取得发行国股份公司股票的基础上发行的一种替代性证券，代替原股票在国外上市流通，以克服不同证券管理制度的差异。这种方式主要有以下两个优点：第一，存托凭证在海外市场的证券交易所注册后，可自由地在海外柜台市场或交易所内进行交易，避免海外市场国家对外国公司发行股票的严格规定，克服不同国家不同证券交易管理制度所带来的差异；第二，存托凭证的发行比海外直接上市的普通股在跨国界交易中更为方便。

（4）中国企业在境外买壳间接上市。所谓买壳上市是指一家或几家公司联合以现金或交换股票的形式，通过收购另一家已在海外证券市场挂牌上市的公司全部或部分股份，取得对上市公司实际的管理权，然后注入本国国内资产和业务，以达到海外间接上市的目的。1992 年首都钢铁公司收购香港上市公司东荣钢铁 51% 的股份，开始掀起了中国境内企业到境外买壳上市的浪潮。

这种方式主要有以下两个优点：第一，避免一些国际市场严苛的上市标准和繁杂的上市程序的要求，迅速进入海外市场；第二，有利于企业开拓国际市场，拓宽国际业务范围，组建跨国公司，树立国际形象。但是，买壳上市也有其不足之处，主要体现在：寻找一家合适的壳公司不容易，搜寻成本较高；收购风险通常较大，若遇到被收购公司的抵制，则可能导致收购成本过高或收购失败。

（5）中国企业利用控股公司间接上市。这种方式是指通过在海外注册一家控股公司，对我国国内希望到境外上市的公司进行控股，以控股公司的名义到海外申请上市，将所筹集到的资金投回国内企业，达到国内企业境外间接上市的目的。因为控股公司是境外法人，采用这种方式，必须遵循当地公司法、证券法和会计制度，但容易取得海外上市资格。不过，中国目前较少利用此种方式。

三、外商直接投资的结构分析

（一）投资方式分析

1. 外商直接投资进入方式

近年来，国家关于外资并购的法规逐渐完善，国内市场潜力充分显现，对国际投资者的吸引力越来越大，加之产能过剩，越来越多的行业骨干企业显现出投资价值。在此形势下，并购日益成为外资进入我国的重要方式。例如，世界最大的啤酒企业 AB 公司收购了哈尔滨啤酒，苏格兰纽卡斯收购了重庆啤酒，比利时英博集团以 58.86 亿元收购了福建雪津啤酒，美国新桥收购了深圳发展银行股权等。不过，并购投资占全部外商直接投资的比重并不高，尚处于起步阶段。

相关链接 10-4

2012 年 1~12 月全国吸收外商直接投资情况

据统计，2012 年 1~12 月，全国新批设立外商投资企业 24925 家，同比下降 10.06%；实际使用外资金额 1117.16 亿美元，同比下降 3.7%。

12 月当月，全国新批设立外商投资企业 2422 家，同比下降 7.77%；实际使用外资金额 116.95 亿美元，同比下降 4.47%。

1~12 月，亚洲十国/地区（中国香港、中国澳门、中国台湾地区、日本、菲律宾、泰国、马来西亚、新加坡、印尼和韩国）对华投资新设立企业 19890 家，同比下降 10.82%；实际投入外资金额 957.37 亿美元，同比下降 4.76%。美国对华投资新设立企业 1374 家，同比下降 8.22%；实际投入外资金额 31.3 亿美元，同比增长 4.5%。欧盟 27 国对华投资新设立企业 1698 家，同比下降 2.58%；实际投入外资金额 61.07 亿美元，同比下降 3.8%。

1~12 月，对华投资前十位国家/地区（以实际投入外资金额计）依次为：中国香港（712.89 亿美元）、日本（73.8 亿美元）、新加坡（65.39 亿美元）、中国台湾地区（61.83 亿美元）、美国（31.3 亿美元）、韩国（30.66 亿美元）、德国（14.71 亿美元）、荷兰（11.44 亿美元）、英国（10.31 亿美元）和瑞士（8.78 亿美元），前十位国家/地区实际投入外资金额占全国实际使用外资金额的 91.4%。

说明：上述国家/地区对华投资数据包括这些国家/地区通过英属维尔京、开曼群岛、萨摩亚、毛里求斯和巴巴多斯等自由港对华进行的投资。

资料来源：中华人民共和国商务部网站。

2. 外商直接投资经营方式

外商对我国直接投资方式主要有中外合资经营企业、外商独资经营企业和中外合作经营企业，此外还有外资金融机构、中外合作开发等。从外资存量看，中外合资、合作企业仍是中国吸引外资的主要方式，但重要性已逐年降低。截至 2012 年年底，中国新批设立外商投资企业 24925 家；实际使用外资金额 1117.16 亿美元。2013 年 1~3 月我国利用外资统计数据见表 10-1。

表 10-1　2013 年 1~3 月我国利用外资统计表

单位：亿美元

利用外资方式	新设外商投资企业数			实际使用外资金额		
	本年累计	2012 年同期	比去年%	本年累计	去年同期	比去年%
外商直接投资	4822	5379	-10.36	299.05	294.8	1.44
中外合资企业	942	944	-0.21	63.61	58.06	9.56
中外合作企业	26	44	-40.91	2.84	6.69	-57.63
外资企业	3847	4374	-12.05	226.36	228.14	-0.78
外商投资股份制	7	17	-58.82	6.25	1.91	227.64

备注：此表数据未包括银行、保险、证券领域吸收外资投资的数据。

资料来源：商务部外资司。

外商对华投资的独资化趋势日益明显。1997 年，外资企业在项目数上首次超过合资经营企业；2000 年，外资企业在投资金额上首次超过合资经营企业。而加入 WTO 后独资化趋势更为明显，外商独资企业的比重逐年攀升。2011 年外商直接投资合同项目 27712 个，实际使用外资额为 1176.98 亿美元，外商直接投资达 1160.11 亿美元，外资企业注册数为 446487 家，见表 10-2。

表 10-2 2007~2011 年我国外商直接投资情况

单位：亿美元

年份 指标	2007	2008	2009	2010	2011
外商直接投资合同项目（个）	37871	27514	23435	27406	27712
外资企业年底登记户数（个）	406442	434937	434248	445244	446487
实际使用外资额	783.39	952.53	918.04	1088.21	1176.98
外商直接投资	747.68	923.95	900.33	1057.35	1160.11
外商其他投资	35.72	28.58	17.71	30.86	16.87

资料来源：《中国统计年鉴 2012》公布的数据整理所得。

独资正在变为外资流入中国的一种"流行"形式，除了新进入的外资普遍采用独资方式，外资的独资化趋势还体现在，先前进入中国的外资企业内部普遍出现外资增资扩股以谋求对企业的控制权的现象，增资扩股已经成为中国利用外资的重要途径。造成这种现象的原因是多方面的：一是中国吸收外资的政策更加宽松，在大多数领域取消对外资的股本限制；二是中国投资环境的持续改善，外商不通过中国合资伙伴协助也能够顺利地设立和运营企业；三是外商与中国合资伙伴之间存在理念、文化冲突，容易出现摩擦，使外商更倾向于独资；四是外商将在华投资企业作为全球经营链的一环，希望能够更方便地控制技术、销售、人员等。另外也存在一些中方配套资金不足等问题。

3. 投资方式趋向系统化

自 1994 年下半年以来，跨国公司的系统化程度加强。这以跨国公司在政策导向下，纷纷在中国建立投资性公司，统筹负责中国的市场运作为标志。在此之前，跨国公司在华的投资是单个的、分散的，投资项目缺乏联系，不能形成一个系统。而系统化投资主要表现为外商特别是跨国公司在华投资项目纵向一体化和横向一体化两种趋势。从纵向看，表现为外商不仅向单个企业的产品进行投资，而且对同一行业的上、中、下游各个阶段的产品的研究开发、采购、生产、销售和售后服务等运营环节进行全方位投资，使中国成为支撑跨国公司全球化战略的运营中心之一。从横向看，跨国公司不仅投资于某一行业或产业的产品，而且直接或间接带动其国外合作伙伴对相关行业和相关产业进行投资。一个典型的例子是，诺基亚公司对北京经济技术开发区星网工业园进行了投资，而星网工业园以北京首信诺基亚移动通信有限公司为龙头，调动了 30 多家国内外著名的移动通信设备配套厂商共同投资的兴趣。

（二）资金来源结构分析

1. 来源地日益多元化

从来源地数目看，来华直接投资的国家和地区不断增加。在我国吸引外商直接投资的初期，外资主要来源于发展中国家和地区，特别是中国港澳台等地区的华人投资者，而目前来华投资的国家和地区已有 200 多个，外资来源日益多元化。

2. 发展中国家和地区占主导地位

从来源地经济发展水平看，我国的外资主要来自发展中国家和地区。2010 年，中国香港对内地的直接投资高达 605.67 亿美元，占外商对我国直接投资总额的 57.28%，居各发展中经济体之首；中国台湾地区对内地直接投资 24.76 亿美元，占外商对我国直接投资总额的 2.34%。发达国家对我国的直接投资主要源于美国和日本。日本对我国直接投资 40.84 亿美元，占外商对我国直接投资总额的 3.86%；美国对我国直接投资 30.17 亿美元，占外商对我国直接投资总额的 2.85%。随着大型跨国公司在华投资增多，发达国家所占比例有所上升，见表 10-3。

表 10-3　2010 年对华投资前 15 位国家/地区情况

国别/地区	项目数（个）	比重（%）	实际使用外资额（亿美元）	比重（%）
中国香港	13070	47.69	605.67	57.28
英属维尔京群岛	764	2.78	104.47	9.88
新加坡	781	2.85	54.28	5.13
日本	1762	6.43	40.84	3.86
美国	1502	5.48	30.17	2.85
韩国	1695	6.18	26.92	2.55
开曼群岛	109	0.40	24.99	2.36
中国台湾	3072	11.21	24.76	2.34
萨摩亚	409	1.49	17.73	1.68
法国	183	0.67	12.38	1.17
毛里求斯	102	0.37	9.29	0.88
荷兰	117	0.43	9.14	0.86
德国	364	1.33	8.88	0.84
英国	278	1.01	7.1	0.67
中国澳门	274	1.00	6.55	0.62
总计	27406	100.00	1057.35	100.00

资料来源：2011 年中国外商投资报告. 中华人民共和国商务部网站。

3. 亚洲国家和地区占有绝对优势

从地域看，亚洲经济体构成了我国外资的绝大部分。2010 年，源于日本、新加坡和韩国等亚洲国家和中国香港、中国台湾的直接投资达 752.47 亿美元，占外商对我国直接投资总额的 71.16%，且近年来增长迅速，应继续发挥这部分的优势。

（三）区域结构分析

出于历史和自然的原因，我国吸引的外商直接投资，绝大部分分布于东部沿海地区。截至 2010 年底，中国累计批准设立外商投资企业 710641 家，实际使用外资金额 10511.8 亿美元。其中，东部地区外商投资项目、实际使用金额占全国的比重分别为 83.3% 和 86.5%，中部地区所占比重分别为 10.7% 和 8.1%，西部地区所占比重分别为 6.0% 和 5.4%（见表 10-4）。

表 10-4 截至 2010 年底东部、中部、西部利用外商直接投资情况

地方名称	项目数（个）	比重（%）	实际使用外资额（亿美元）	比重（%）
东部地区	592274	83.3	9093.3	86.5
中部地区	75909	10.7	853.5	8.1
西部地区	42458	6.0	564.9	5.4
总 计	710641	100.00	10511.8	100.00

资料来源：2011 年中国外商投资报告. 中华人民共和国商务部网站.

西部地区多年平均实际利用外资占全国比重为 5.4%，相当于东部的 6.24%。西部大开发以来，西部地区利用外商直接投资占全国的、东部的比重增长不太明显，西部地区与全国和东部地区相比还存在较大的差距。但随着中央与地方制定了一系列积极吸引外资的政策措施，西部投资环境不断改善，近年来实际使用外资规模已经超过了中部地区。

西部在吸引大项目、消化国际先进技术、模仿能力和创新能力等方面均大大落后于东部地区。引进的项目以劳动密集型、传统产品和小项目居多。截至 2010 年，西部利用外资引进项目合计 42458 个，不及东部 2010 年当年的项目总量。单个项目投资为 133 万元，仍低于全国平均水平。且高污染项目较多，这会对当地潜在资源造成严重的损失，从长远来看，严重影响西部经济的可持续发展。另外，西部地区占主导地位的仍是中外合作企业和中外合资企业，而投资效益和管理模式都较好的外商独资企业在数量上明显要少于国内其他地区。

（四）行业结构分析

1. 行业分布概览

外商直接投资行业分布状况是衡量我国利用外资质量的重要标准。改革开放以来，随着国内外环境的变化特别是我国对外开放程度的日益深化，我国利用外商直接投资的行业分布结构经历了一个不断发展、演进的过程。

长期以来，我国利用外商直接投资的一个显著特征是行业分布不均衡：第二产业占主导，其次是第三产业和第一产业。近年来，这种外商投资的产业分布格局并没有发生质的变化，但第二产业所占比重有所下降，第三产业占比上升较快。

2000~2010 年，以外商投资项目计，第一产业占 2.9%；第二产业占 62.8%，其中，制造业为 60.6%；第三产业为 34.1%。与 2009 年比较，2010 年三大产业中，第三产业项目数比重有所增加，从 52.1% 提高到 54%；第一、第二产业占比则呈下降态势，分别从 3.8%、44% 下降到 3.4%、42.4%，其中，制造业所占比重从 2009 年的 41.7% 下降到

2010 年的 40.3%。表 10-5 是 2011 年中国实际利用外资直接投资额的行业分布情况。

表 10-5 2011 年实际利用外商直接投资额的行业分布情况

单位：万美元

行业名称	外商直接投资净额	比重（%）
农、林、牧、渔业	79775	1.07
制造业	704118	9.43
电力、燃气及水的生产和供应业	187543	2.51
建筑业	164817	2.21
交通运输、仓储和邮政业	256392	3.43
信息传输、计算机服务和软件业	77646	1.04
批发和零售业	1032412	13.83
房地产业	197442	2.64
租赁和商务服务业	2559726	34.29
其他	2205533	29.54
总　　计	7465404	100.00

数据来源：中国统计年鉴 2012. 北京：中国统计出版社，2012.

2000~2010 年，以实际使用外资金额计，第一产业累计利用外商直接投资为 119.2 亿美元，占 1.5%；第二产业 4938.9 亿美元，占 63.8%；第三产业 2680.8 亿美元，占 34.5%。与 2009 年比较，2010 年第三产业实际使用外资金额 499.7 亿美元，同比增长近 30%，占全国实际使用外资总额的比重从 42.9% 提高到 47.3%；第二产业实际吸收外商直接投资为 538.5 亿美元，所占比重从 55.6% 降至 50.9%；第一产业占比变化较小，从 1.6% 提高到 1.8%。

2. 对行业结构现状的分析

近年来，随着经济的快速发展，行业结构不断优化与调整，但其中还是存在着一些问题。第一，基础设施发展不足的问题比较突出。第二，外商投资在第二产业内部结构不合理，外商投资在制造加工业过多；投资于劳动密集型产业多，而资金密集型产业少；投资于一般技术产业多，甚至存在低层次的重复引进，而高新技术产业少。第三，第三产业发展相对滞后。第三产业增加值占国民生产总值的比重，世界平均水平是 50% 左右，发达国家是 60%~70%，发展中国家平均水平在 40% 以上，而我国是第三产业比重过低的为数不多的国家之一。

外商直接投资在行业结构上分布不合理的状况主要是由于外商与我国的目标与价值取向存在偏差。外资公司长期投资回报率高的产业，造成我国行业结构新的不合理变化。目前，跨国公司来华主要在制造业领域。由于绝大多数公司不向中国转让先进技术，所以所谓"世界工厂"只是"世界加工厂"。外资的进入并未直接地带动我国自主研发能力。并且，外商投资企业往往严密控制其技术尤其是高新技术的扩散，我国以市场换技术的目的并没有很好地实现。多年以来，我国主动让出市场份额换来的往往是二流、三流的技术，如果我国在技术上特别是具有战略意义的产业技术总是处于落后地位，我国将无法和国外竞争，也将危及我国的产业安全乃至整个国家的经济安全。最后，外国直接投资很多是将其母国已经淘汰的产品生产企业或污染严重的企业转移到中国，给我国经济的可持续发展带来了极大的危害。

相关链接10-5

关注外资投资结构新变化

自去年3月以来，消费品公司佳顿、建筑机械公司卡特彼勒、体育用品制造商阿迪达斯等将其全部或部分产品制造环节陆续从中国撤走。以日本青山商事等为代表的一批加工制造企业，也有意在未来几年大规模削减在华生产规模。青山商事系日本最大的男子成衣连锁企业。据美国波士顿咨询公司调查显示，全美106家制造业企业中，37%表示会"积极讨论从中国转移制造据点"，其中销售额达到100亿美元以上的企业中，有47%有此打算。这些劳动密集型和成本驱动型传统制造企业在华业务出现收缩迹象，既受全球跨国直接投资整体走低大趋势的直接影响，也与我国制造业成本上升不无关联。统计表明，10多年来，我国的劳动力成本增长4倍，相当于泰国的1.5倍、菲律宾的2.5倍、印尼的3.5倍。不断上升的成本，倒逼一些劳动密集型投资开始把订单转向成本更低的国家和地区。据报道，去年在越南外资企业出现大幅度增资，同比增加58.5%，而这些企业多数为制造业加工企业。

然而，在传统制造领域投资整体走低的同时，具有科技创新含量的外商投资力度却悄然走强。去年4月，改革开放后中西部地区最大的外资项目，总投资额为300亿美元的三星电子闪存芯片项目落户西安；奔驰制造商戴姆勒也放下身段，前不久该企业本土外首个发动机工厂在华落成、本土外首个研发中心也在华全面开建；沃尔沃、宝马等车企的研发中心亦在规划推进中。在制药领域，罗氏、强生和辉瑞等全球知名药企均在中国设立了研发中心，阿斯利康、葛兰素史克等药企还宣称其"药物研发的全程都将在中国完成"。在精密仪器制造领域，去年蔡司中国创新与研发中心在上海成立，该中心是这家世界级的镜头专业企业在海外市场设立的第一个研发中心。另有数据表明，目前外资企业在华研发机构的数量已达1400多家。

尤为值得关注的是，外商在华投资结构的变化趋势，与中国人力资本内生变化的轨迹相吻合。有资料显示，中国每年招收的博士达6万余人，其中理工科博士占到40%，此类高素质人才数量已超美国；但国内研发人员的人力成本不足欧洲和美国的20%。不仅如此，随着经济实力的不断增强，中国在利用外资上已经开始从"引资"转向"选资"，更加重视鼓励外资投向高新技术等产业，同时严格限制"两高一低"项目，进一步改善国内投资环境。

资料来源：马志刚. 中国经济网. 2013年3月1日.

3. 优化产业结构的重要性

调整产业结构、发展高新技术是迎接经济全球化挑战、提高国际竞争力的需要。当前，以电子信息技术和生物技术为代表的高新技术及其产业化迅猛发展，经济全球化的进程日益加快，国际竞争日益激烈。这已经使包括我国在内的发展中国家的工业化内容发生了根本性的变化，我们必须在工业化的同时推进信息化，以信息化带动工业化，用高新技术改造传统产业。在经济全球化带来的激烈国际竞争中，发达国家处于技术和知识供给的有利地位。他们不断加大高新技术产业的研究与开发力度，以保持竞争优势。而发展中国家在国际分工中承担劳动密集度高、资源和能源消耗高、污染高、附加值低的"三高一低"类型产品的生产。这是对我们十分不利的垂直分工。如果不加速发展有优势的高新技术产业，我们就无法摆脱在国际竞争中的这种不利地位，与发达国家的差距就会不断扩大。

当前我国经济发展中存在的传统产业生产能力大量过剩而高新技术产业的产品又需要大量进口的问题，必须靠加速产业结构调整和升级来解决。国际经验表明，经济增长的过程是行业结构不断调整与升级的过程。一个国家对任何一种产业的需求都存在一定的极限。当一个产业的市场需求达到饱和以后，增长速度就会随着需求下降而下降，直至零增长，甚至负增长。如果不通过发展新的技术开发新的产业，进行行业结构升级，当现有产业的需求都达到饱和以后，整个经济就会出现停滞，直至萎缩。我国传统产业生产能力巨大，但生产手段和产品质量还较为落后，目前我国的大部分传统产业都基本达到了市场饱和的阶段，增长速度普遍下降，经济效益不高，因而只有加大用高新技术改造传统产业的力度，加速传统产业的升级换代，才能提高经济效益，不断满足市场需求。

有关资料显示，美国第三产业占 GDP 的比重高达 75%，而我国第三产业占 GDP 的比重仅为 33%。制造业在美国这个世界最大的经济体中，只占产值的 14%，吸收 11% 的劳动力；而服务业的份额，占美国经济产值的 60%，吸收了美国 2/3 的劳动力。比起制造业来，服务业属于智能产业，对劳动力的素质要求高，利润丰厚。而我国第三产业占 GDP 比重远低于发达国家的水平。科技资源不足，科技进步不够快，这是我国经济发展的最大瓶颈，也是结构调整必须加以克服的关键因素。发展高新技术，发展第三产业对我国经济的持续快速发展起着决定性的作用。

第二节　中国对外投资的发展概况

一、中国对外直接投资的发展历程

中国企业的对外直接投资和吸引外资一样，是改革开放以后逐步发展起来的。在

20 多年的时间里，中国企业的对外直接投资主要经历了四个发展阶段。

（一）第一阶段：1979~1985 年

这是我国企业进行对外直接投资的尝试性阶段。1979 年 8 月，国务院提出 15 条经济改革措施，其中一条就是要出国办企业。在此精神的号召下，一部分具有进出口业务和涉外经验的企业率先走出国门，通过在海外设立代表处或海外贸易公司等形式，开始了跨国经营的艰难探索。1979 年 11 月，北京友谊商务服务总公司与日本东京丸商株式会社合资开办了"京和股份有限公司"，中方派出厨师，双方共同经营中国饭店，成为我国对外投资创立的第一家合资企业。到 1983 年底，我国在海外开办的非贸易性合资、独资企业共 76 个，分布在 23 个国家和地区，其中以中国港澳地区最多，其次是美国、日本，此外还有联邦德国、法国、英国、加拿大、比利时、荷兰、意大利、瑞士、澳大利亚等发达国家以及一些发展中国家。这些项目的总投资额约为 1 亿美元，我方投资约为 5600 万美元，约占 56%。这些海外企业的建立，对于加强我国与世界各国经济贸易往来，开展经济技术合作，促进对外承包工程，扩大劳务合作，开拓国际市场，均发挥了积极作用。

但是，这一阶段我国的对外投资还处于初创阶段。在改革开放初期，中国企业的海外投资是在中央高度集中的严格审批下进行的，投资额极为有限；投资主体主要是大型的贸易集团和综合性集团；投资业务以贸易活动为主；海外市场进入方式多为设海外代表处或合资企业。非贸易性企业的投资大多集中在餐饮、建筑工程和咨询服务等行业。

（二）第二阶段：1986~1991 年

这是我国海外投资的稳步增长阶段。这一阶段，随着我国对外开放程度的逐步深化，越来越多的企业把眼光瞄准了国际市场。与此同时，为了加速中国改革开放的步伐，促进有经济实力的企业参与国际竞争，政府也逐渐放宽了非贸易类企业到海外投资的政策限制。同时，原外经贸部下放了部分企业海外投资的审批权限，简化了部分审批手续。

此阶段对外投资的特点是：国际化经营的领域开始多元化，海外企业数量迅速增长；对外投资的地域分布扩大，由 45 个国家和地区扩大到 90 个国家和地区；对外投资的行业也由服务业向资源开发、加工装配、交通运输、医疗卫生等行业延伸；对外投资主体由原来的外贸专业公司和省市国际技术合作公司向多行业的生产企业、集团企业转变。

（三）第三阶段：1992~1998 年

1992 年初，邓小平同志南方谈话，把中国经济体制改革和对外开放推向了一个新的发展阶段，国家外贸体制改革也加快了步伐。1991 年 2 月，国务院对海外投资审批权作出了修改。体制的改革和经济形势的变化为中国企业国际化经营注入了活力，企业不断焕发海外投资的热情，促使对外直接投资的数量和地域范围不断扩大。截至 1998 年年底，我国非贸易类境外企业总数已到达 2396 家，中方协议投资额为 25.84 亿美元。投资区域遍及全球 100 多个国家和地区，投资和合作重点开始从中国港澳、北美地区向亚太、非洲、拉美等广大发展中国家转移。投资的产业领域也从初期集中在贸易方面，发展到资源开发、工业生产加工、交通运输、工程承包、旅游餐饮、研究开发、咨询服务、农业及农产品综合开发等诸多领域。对外投资主体逐步从以贸易公司为主向以大中型生产企业为主转变，生产企业境外投资所占比重不断增大，境外贸易公司所占比重逐步减少。特别是一批行业排头兵和优秀企业开展跨国经营，到境外开办企业，取得了较好的成效。

(四) 第四阶段：1999 年至今

这一时期是我国"走出去"战略的提出和最终确定时期。在这一时期，国家对外投资管理体制和政策环境也有重大改进。1999 年 2 月，国务院转发了原外经贸部、经贸委和财政部联合制定的《关于鼓励企业开展境外带料加工装配业务的意见》。这份文件从指导思想、工作重点、有关鼓励政策、项目审批程序和组织实施五个方面提出了支持我国企业以境外加工贸易方式"走出去"的具体政策措施。随后，国务院各有关部门又分别从财政、信贷、外汇和税收等方面制定了一系列具体的配套措施。这些都极大地促进了企业的对外直接投资活动，对外投资数量和规模快速增长。特别是 2005 年以来，对外直接投资的步伐不断加快。根据商务部发布的数据，2003 年中国对外直接投资净额为 28.5 亿美元，累计投资净额为 332 亿美元。而在其后直至 2006 年，对外直接投资持续上升。截至 2006 年，对外直接投资流量达到 211.6 亿美元，存量达到 906.3 亿美元，在全球国家（地区）排名中由 2005 年的第 17 位上升至第 13 位。

商务部统计显示，2009 年我国非金融类对外直接投资额为 478 亿美元，同比增长 14.2%，相当于全球对外直接投资流量的 5.1%，位居全球第 5 位，发展中国家（地区）首位。按照全口径统计，截至 2009 年年底，我国累计对外直接投资已超过 2457.5 亿美元。与此同时，一批有实力的制造业企业，如海尔、金城、中集集团等，到境外投资办厂，组装与生产自己的产品，建立自己的销售网络，培育自己的品牌，不仅在国际市场上占有了一席之地，而且还形成了有效的国际化经营战略模式，为其他中国企业走出去积累了宝贵经验。

相关链接 10-6

中国对外投资现状

（1）对外投资：2010 年 1~10 月，我国境内投资者共对全球 119 个国家和地区的 2570 家境外企业进行了直接投资，累计实现非金融类对外直接投资 405.4 亿美元。

（2）中国对外开放以来吸收外商直接投资约 10600 亿美元。

国家发展改革委副主任张晓强介绍说，中国的对外开放已走过 30 多年历程，截至 2010 年 9 月，累计吸收外商直接投资约 10600 亿美元，利用贷款累计 3400 亿美元。

张晓强在第四届中外跨国公司 CEO 圆桌会议上说，2009 年在全球金融危机影响下，跨国投资大幅度下降近 40%，但中国仍然实际吸收外商直接投资约 940 亿美元，基本保持了 2008 年的水平，位次升至全球第二位。"引进来"为中国的发展作出了重要贡献，也为跨国公司和各类外国企业在中国提供了广阔的发展空间和良好的经济效益。

张晓强介绍，与引进来相比，中国企业走出去对外投资起步较晚，但近年来也迈出重要步伐。2003 年至 2009 年，中国的对外投资存量增加了 7.4 倍，已经达到约 2500 亿美元。2009 年，中国非金融类对外投资近 480 亿美元，占全球的 5%，居发展中国家首位。截至 2009 年年底，中国已设立了 13000 家境外企业，分布在全球 177 个国家和地区。今年前三个季度，非金融类对外投资又达到了 363 亿美元。中国政府鼓励有条件的企业积极开展对外投资合作，这不仅为中国发展提供了能源资源，获取了先进技术，也为投资对象国带去了资本、就业机会，促进了当地发展，实现了互利共赢。

张晓强指出，进入新世纪以来，中国的对外开放战略已由"引进来"为主向"引进来"和"走出去"相结合转变。从"引进来"看，需要进一步提高利用外资水平，使外资在推动国内的产业升级、结构优化、科技创新、区域均衡发展等方面发挥更积极的作用。在"走出去"上，中国应继续按照市场导向和自主决策原则，引导各类所有制企业有序到境外投资合作，扩大在能源、资源、高科技和先进制造业等领域的投资，提高企业的国际化经营水平。

资料来源：中国企业对外投资典型案例分析. 2012-06-04.

二、中国对外直接投资的主要特点

(一) 投资规模

1979 年以来，外商对华的直接投资的项目和资金规模基本上呈不断扩大的趋势。

就对外投资存量看，截至 2009 年年底，我国非金融类对外直接投资累计约 1997.6 亿美元，而同期我国吸收外商直接投资额为 9426.46 亿美元，后者是前者的 4 倍多。在 1992 年以前，外商对华投资直接规模扩张速度比较慢，各国的实际投资规模均不超过 44 亿美元。1992 年，外商对华直接投资实际金额突破 100 亿美元大关，此后一直保持较高水平上的稳步增长之势。1993 年外商实际投资翻了一番，达 275.15 亿美元，高出 1979~1991 年的累计数。2002 年，我国实际利用外商直接投资金额达 527.43 亿美元，是 1983 年的 65 倍、1990 年的 15 倍。从对外投资流量看，2009 年我国非金融类对外直接投资额为 478 亿美元，达到历史的最高水平。与同期我国吸收外商直接投资相比，引进外资与对外投资的比例为 1：0.53，这一比例虽已经超出发展中国家 1：0.206 的平均水平，但仍低于发达国家 1：1.55 和世界 1：1.093 的平均水平。这些数字说明我国对外投资总体规模仍然偏小。

就单个项目的平均投资规模看，目前我国境外投资企业平均投资规模较低，不仅低于发达国家对外投资每项平均投资额，也低于发展中国家的平均水平。这是因为，早期我国境外投资除资源开发型项目规模较大外，绝大多数都属中小型项目。截至 2001 年 9

月，资源开发项目的平均中方投资额为 1046 万美元，而贸易项目的平均规模为 112 万美元，贸易项目过多是导致平均规模较小的主要原因。但随着近年来大中型生产项目的出现，如珠海华电公司在柬埔寨的柴油机发电项目投资 4800 万美元，中国对外直接投资的平均规模不断扩大，与世界一般水平的差距在逐步地变小。

尽管我国对外投资的绝对规模仍然有限，但增长十分迅猛。30 多年来，我国海外企业数量和对外直接投资额的年平均增长率达到 50%，大大超过了亚洲新兴工业化国家以及前苏联和东欧国家最初的对外直接投资增长速度。按照商务部的统计，2002~2009 年间，中国对外直接投资（非金融类）年平均增长率高达 54.4%。

相关链接 10-7

联合国称今后 3 年全球国际直接投资增势稳健

新华网日内瓦 2012 年 7 月 5 日电（记者 王昭 吴陈）联合国贸易和发展会议（贸发会议）投资与企业司司长、《世界投资报告》主编詹晓宁 5 日在日内瓦说，2012 年全球国际直接投资（FDI）增长速度将放缓，长期展望显示全球直投增势稳健，若宏观经济不发生动荡，全球直投将在 2014 年达到 1.9 万亿美元。

联合国贸发会议当天在日内瓦发布了《2012 年世界投资报告》。詹晓宁在日内瓦万国宫举行的记者会上说，2011 年，尽管全球经济出现动荡，全球直投流量仍超过了金融危机前的平均值，达到 1.5 万亿美元。不过这一数字仍比 2007 年时的最高水平低 23%。

詹晓宁指出，2012 年全球直投增长速度将放缓，流量约在 1.6 万亿美元水平上下浮动。主要数据表明，全球跨境并购以及新建投资总额在 2012 年头五个月有所下降，但长期展望显示全球直投增势稳健，若宏观经济不发生动荡，全球直投将在 2013 年达到 1.8 万亿美元，2014 年达到 1.9 万亿美元。

2012 年世界投资报告称，2011 年，流入发达经济体的国际直投增长了 21%，达 7480 亿美元；流入发展中国家的增长了 11%，达到创纪录的 6840 亿美元；流入转型期经济体的则上升了 25%，达 920 亿美元。联合国贸发会议预测，未来 3 年，发达国家、发展中国家和转型期经济体都将继续保持较高的投资水平。

资料来源：新华网。

（二）投资主体

外商对华直接投资的主体类型主要是指外商对华直接投资的企业类型。改革开放以来，外商对华直接投资的主体类型发生了较大的变化。

在我国引进外商直接投资的初期，外商对华直接投资主体主要为中小型企业。就境内投资主体的所有制性质而言，我国的境外投资正在从单一的国有企业对外直接投资向多种所有制经济主体对外直接投资转变。从数量上看，大型国有企业占比逐渐下降。在对外投资早期，主要是鼓励国有企业走出国门，这在特定的历史时期发挥了作用，但这些企业的投资成功率并不理想，实践证明，在国内就存在诸多问题的国有企业似乎更难在"他乡"立足。过去国有企业的投资政府决策的成分居多，企业缺乏实际的自主权，只能根据政府的主导意向进行决策及洽谈，其结果是投资企业缺乏与投资项目相适应的市场调研和可行性研究，未曾真正地发挥出大型国企在资金、技术和规模上的优势。

就境内投资主体的行业分布看，从初期以国有外贸商业公司和工贸公司为主，转变为目前以批发零售业、制造业为主的结构。批发和零售业占 36.6%，是对外直接投资的最为活跃的领域；其次为制造业，占 31.9%，主要分布在纺织服装、鞋、帽制造业，纺织业，通讯设备、计算机及其他电子设备制造业，电器机械及器材制造业，工艺品及其他制造业，医药制造业，交通运输设备制造业，金属制品业，专用设备制造业等；最后为建筑业，占 4.5%。

我国对外投资兴办的企业在行业分布上相当广泛，包括重工业、轻工业、纺织工业、机械工业、建筑业、木材加工业、农业、渔业、牧业、交通运输业、金融业、咨询服务业、饮食服务业等。在 2009 年末中国最大的 50 家跨国公司中，涵盖了建筑、贸易、钢铁、运输以及通信设备等行业。这些行业是中国在国际市场上具备比较优势的主要行业，自然也成为中资公司海外投资的主要组成部分。20 世纪 90 年代以来，众多中小企业、私营企业成功地走出国门，尽管由于资本管制等外部条件的制约，这些中小型企业在规模上远不及大型企业，但是它们能在艰难的条件下生存发展，已表明了其对市场的把握和经营的效率。

相关链接 10-8

对外直接投资增速显著放缓

美国对华投资的项目数、合同外资金额及实际使用外资金额从绝对数目来看不断增长，但自 2000 年以来，美国合同外资金额占全国的比重逐年下降，对华投资项目和实际使用外资金额在 2000 年经历了一定幅度增长后呈现逐年下降的趋势。2006 年美商在华投资新设立企业 3025 家，比 2005 年同期下降 14.33%；合同外资金额 120.44 亿美元，同比下降 10.86%；实际投入外资金额 28.65 亿美元，同比下降 6.41%。2006 年，美商新设立企业、合同外资金额、实际投入外资金额分别占全国同期吸收外资总量的 7.73%、6.22% 和 4.55%。美国对华投资的特点主要是以跨国公司为主体，技术起点较高。美国企业注重长久的战略发展，在转移生产基地的同时转移核心技术。美国以我国东部商业地区为重点投资区域，其投资最多的省份为江苏、浙江等全国商业繁华地区，而且经营状况良好。商务部研究院的调查显示，在华投资六年以上的美国在华企业中，81%的企业盈利颇丰。与其全球利润率相比，美国在华企业平均收入增长和盈利状况均高于其他地方，2002 年，有 42%的美国在华企业利润率超过了全球利润率，而到 2004 年有高达 75%的美国在华企业利润率超过了全球利润率。

资料来源：廖慧. 美国对华投资情况分析 [J]. 现代商贸工业，2008（11）.

（三）投资方式

外商对华直接投资的方式主要有中外合资经营企业、外商独资经营企业、中外合作经营企业、外资金融机构、中外合作开发和 BOT 投资方式等。

从海外投资企业的股权结构看，我国海外非贸易性企业采用合资方式的约占 80%，独资的中国企业相对较少。截至 2002 年，外商对华直接投资项目总数为 424381 项，其中，中外合资经营企业数 226020 项，比重为 53.26%，外商独资企业数 145168 项，占总数的 34.21%；中外合作经营企业数 52963 项，比重为 12.48%。这三种方式占主导地位。中外合资经营发展成为外商对华直接投资的主要方式。这是因为我国处于对外直接投资的初级阶段，经验和实力都不足，采用合资可以利用当地合作伙伴的优势，享受东道国的优惠政策，也能帮助企业避免或减少政治风险。同时，中国企业出资方式也多种多样，有的以现汇出资，有的从国外获得贷款出资，有的以国内机械设备等实物出资，还有的以国内的技术专利或专有技术出资。

目前，虽然新建投资还占有相当比重，但越来越多的企业开始采取跨国并购及股权置换等方式对外投资。2009 年，通过收购、兼并方式实现的直接投资为 192 亿美元，占当年流量的 34%。我国企业到境外收购销售网络、特许经营权、建立研发中心的投资也日益增多。

在国外设立高新技术研发中心已成为我国对外直接投资的新亮点。在境外设立研发中心有助于利用国外的技术创新来改进和提高国内产品的技术含量，学习国外先进的管理经验和企业运行模式，通过境外产品开发来推动国内产品的技术升级和出口竞争力的提高；还可以使自己的产品更符合当地居民的使用要求，产品设计更加本地化。例如，李宁集团和意大利著名的设计室 ROK 签订了设计合约；广东格兰仕集团投资 2000 万美元，在美国西雅图设立了研发中心；深圳华为技术有限公司的海外研发机构遍布 8 个地区总共 32 个分支机构，在硅谷、达拉斯、班加罗尔、斯德哥尔摩和莫斯科设立了研究所，并同摩托罗拉、英特尔、微软、日电等成立联合实验室，仅班加罗尔研发中心就在印度当地雇用了 1500 名员工。

相关链接 10-9

四川腾中重工收购美国悍马

2009 年 6 月美国通用公司宣布出售其名下的越野悍马品牌，出售事宜将在第三季度完成。这是美国通用公司应对金融危机的破产重组计划之一，而与通用公司达成谅解备忘录的是四川腾中重工。四川腾中重工是一家以生产石油设备、路桥机械为主的大型民营工业企业，注册资金只有 3 亿元，2008 年的产值虽然达到 15.7 亿元，但上缴地方的利税只有 2000 万元。腾中重工所经营的机械制造和汽车毫无关系，隔行如隔山，今后的经营能否成功？这场并购是否还是凸显中国企业进军国际化的战略？2009 年 10 月 10 日，通用集团和以腾中重工为主的财团在底特律签署了出售悍马品牌的协议。据该协议，腾中重工将获得悍马品牌、商标和商品名称的所有权。同时，拥有生产悍马所必需的具体专利的使用权。买家还将承接悍马与现有经销商签订的经销协议。腾中重工将设立一家投资公司来完成对悍马的收购。2010 年 2 月 25 日早晨，通用汽车在底特律总部宣布四川腾中重工未能按期完成对悍马的收购，此项收购交易失败。据美国媒体报道，四川腾中重工由于无法获得国内监管机构对收购悍马品牌的批准，因此已经不能按既定计划在今年年初完成收购。美国新闻周刊网站上刊登了一篇标题为《"悍马"是块"烂牌子"》的文章，文章表达了这样的看法："似乎有一些中国人很迷恋悍马，但中国的环境意识已经大大增强，不可能接受悍马这一高油耗的品牌"。

　　资料来源：张会娟. 中国企业的品牌发展之路——四川腾中重工收购美国悍马的启示. 生产力研究，2010 (7).

（四）投资地域

　　一方面，中国的对外投资从 20 世纪 80 年代集中于美日欧、中国的港澳等少数发达国家或地区，发展到周边国家和亚洲、非洲、拉丁美洲以及东欧独联体等广大发展中国家和地区，呈现多元化发展格局。2006 年底，中国的近万家对外直接投资企业共分布在全球的 172 个国家和地区，投资覆盖率为 71%。从我国境外企业的国别（地区）分布来看，呈现出比较集中的状态。中国香港、美国、俄罗斯、日本、阿联酋、越南、澳大利亚、德国的聚集程度很高，集中了达一半数目的境外企业。截至 2009 年年底，中国企业在 177 个国家和地区设立了子公司或分支机构。

　　另一方面，从中国对外直接投资的存量分布看，仍高度集中在亚洲国家和地区，如图 10-1 和表 10-6 所示。截至 2009 年底，中国对外直接投资累计净额最大的 10 个主要国家和地区依次是中国香港、英属维尔京群岛、开曼群岛、澳大利亚、新加坡、美国、卢森堡、南非、俄罗斯、中国澳门。

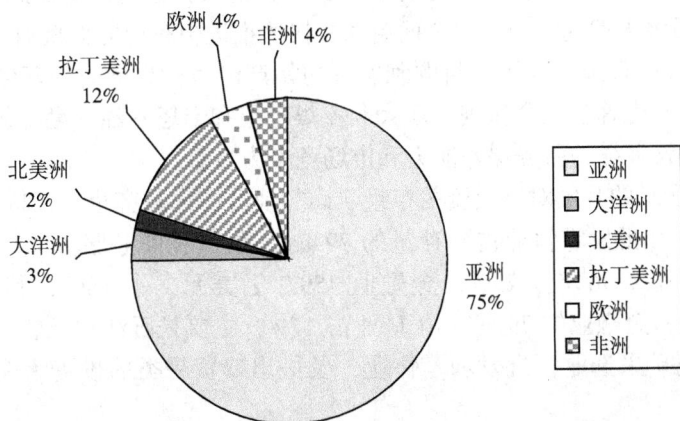

图 10-1　截至 2009 年年底，中国对外直接投资的存量分布

表 10–6　截至 2009 年中国对外直接投资累计净额前十位的国家和地区

次序	国家和地区	累计净额（亿美元）	比重（%）
1	中国香港	1644.99	66.93
2	英属维尔京群岛	150.61	6.12
3	开曼群岛	135.77	5.52
4	澳大利亚	58.63	2.38
5	新加坡	48.57	1.97
6	美国	33.38	1.35
7	卢森堡	24.84	1.01
8	南非	23.07	0.93
9	俄罗斯	22.2	0.9
10	中国澳门	18.37	0.74

资料来源：《2009 年度中国对外直接投资统计公报》。

从目前的情况看，虽然我国的港澳地区仍是投资热点，但对亚洲的投资比重明显下降，而其他地区的投资有所上升。2009 年我国非金融对外直接投资主要分布在亚洲，达404 亿美元，占 71.4%；拉丁美洲 73.3 亿美元，占 13%，主要流向开曼群岛和英属维尔京群岛；欧洲 33.53 亿美元，占 5.9%；大洋洲 24.7 亿美元，占 4.4%；北美洲 15.22 亿美元，占 2.7%；非洲 14.39 亿美元，占 2.6%。这说明我国投资流向呈现向世界各地分散的趋势。

（五）投资行业

我国对外投资的行业呈现多元化的趋势，涉及的领域十分广泛，包括信息传输、计算机服务业、批发零售业、采矿业、制造业、商务服务业等行业在内的全方位的经营活动，其中商务服务业、采矿业、金融业和批发零售业占七成。从 2006 年年底境外企业的行业分布看，制造业和批发零售业仍是主要投资领域，占境外企业总体的 51% 左右。2010 年，中国石油天然气集团公司全面启动并快速推进中东地区大型油气合作项目，与BP 公司合作开展的鲁迈拉油田项目顺利实现初始产能目标，同时还新签订了一批油气合作协议；通过与壳牌公司合作进入澳大利亚煤气层和卡塔尔油气勘探领域。而工程技术服务、工程建设业务的服务保障能力和市场竞争力显著。

从图 10–2 所示的我国对外投资的存量看，行业分布比较齐全，租赁和商务服务业、金融业、采矿业和批发零售业占到存量的 79.4%。租赁和商务服务业，主要为投资控股，累计 729.5 亿美元，占 29%；金融业 459.9 亿美元，占 18%，其中银行业存量365.95 亿美元，占金融业的 79.6%；采矿业占 17%，主要是石油和天然气开采业，黑色金属、有色金属矿采选业；批发和零售业，及进出口贸易类的投资为 357 亿美元，占15%。

从微观上讲，目前我国企业的对外投资多以中小型企业承办的中小型项目为主。据统计，目前 90% 的海外中资企业投资规模不到 100 万美元。另外，国内有竞争力的企业逐步选择跨国兼并收购的投资方式，所占份额有所上升。

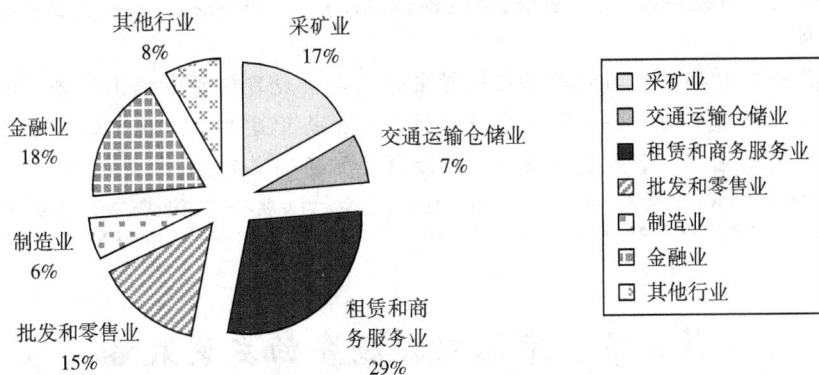

图 10-2　我国对外投资行业分布

相关链接 10-10

我国有必要大力发展对外直接投资

(一)　符合国际直接投资的新趋势

21 世纪前 10 年，国际直接投资规模继续扩大的理由：一是尽管遭到一些发展中国家和非政府组织的反对，经济全球化仍会继续向前推进，各国的贸易和投资自由化将会继续推动国际直接投资的发展。根据 WTO 有关协议，在 21 世纪前 10 年，发达国家的市场准入水平将进一步提高，发展中国家开放市场的过渡期也将基本结束，这将进一步推动国际直接投资的发展。二是一些区域性国际经济组织内部成员之间的直接投资可能会不断扩大。既然国际直接投资的未来趋势是继续扩大，我国对外直接投资作为其组成部分，也应适应这种发展趋势。

(二)　未超越我国的经济发展规律

目前我国对外直接投资处于由第二阶段向第三阶段过渡的时期，在未来一段时期内，则可能处于第三阶段"人均国民生产总值在 2000~4750 美元，对外直接投资大幅度增加，其发展速度可能超过引进外国直接投资的发展速度，对外直接投资净额的负值呈下降的趋势"。在这种科学的定位下，近期和未来大力发展我国对外直接投资并未超越"投资发展周期论"的阶段定律，符合我国经济发展规律。

(三)　我国有必要大力发展对外直接投资

我国大力发展对外直接投资有经济上的必要性，因为其在一定程度上可解决我国经济发展过程中的一些问题：一是通过对外直接投资可以推动我国生产要素双向流动和资源配置更加国际化。我国对外直接投资和外国直接投资比例极不平衡，但若以后扩大对外直接投资，就可保持一个合理比例，我国也能在国际资源配置上获取更大的经济利益。二是发展对外直接投资可以进一步促进我国不合理产业结构的调整。三是通过对外直接投资可以绕开各种壁垒，促使我国产品更多地进入别国市场。目前，我国出口遭遇别国反倾销和进口壁垒措施的情况时有发生，通过对外直接投资，将生产基地设在别国，可以有效地绕开各种关税和非关税壁垒，直接进入国际市场。

> 未来一段时期，我国对外直接投资主体仍会呈现目前的多元化趋势，但国家应采取个体分散投资与联合集团投资并举的策略，优化这些多元化主体，使其在保持合理比例的基础上，形成最优结构，以取得最大的经济效益。
>
> 资料来源：CSPN论坛会员交流苏东球迷专区.我国有必要大力发展对外直接投资.2013-5-9.

第三节 中国对外投资的发展策略

一、我国对外投资存在的问题

（一）投资规模较小，抗风险能力差

我国对外直接投资的规模较小表现在两个方面：一方面是投资主体规模较小，一般以中小型企业为主；另一方面是投资的资金量较小。目前，我国的境外企业除了海尔、华为等少数企业外，大多数跨国经营企业投资规模过小，绝大多数的投资规模还远远低于世界平均水平，不仅大大低于发达国家600万美元的水平，而且低于发展中国家450万美元的水平。

（二）投资结构有待改善

首先，从对外投资区域结构来看，存在着投资区位相对集中的问题。其中，亚洲是我国对外投资最为集中的地区，其他地区的流量则相对较少，造成企业之间为了争客户互相压价、封锁消息，致使海外投资环境不断恶化。其次，从对外投资流量的行业分布来看，我国的对外投资主要流向了商品服务业、金融业、批发和零售业、采矿业等行业。这样的行业结构既不甚遵循比较优势原则，也不尽依据FDI理论的学习动机。中国拥有低廉劳动力、大国规模经济和较完备的工业体系，但真正体现我国比较优势的制造业、建筑业在FDI投资存量中的比例偏低，高新技术等学习型投资所占比例更低。相反，采矿业等资源寻求型投资比重较大，且呈逐年上升态势，表明我国对外投资的产业导向还停留在初级层次，缺乏技术密集和知识密集型产业，行业结构表现出较明显的初级化特征。最后，从投资主体看，国有企业和有限责任公司是对外投资的主要力量。可以看出，我国的对外投资主体相对单一，很大一部分投资属于政府政策性对外投资，由此会造成国有资本与私营资本比例失调，私营资本积极性受挫，也容易滋生国有资产流失的隐患。

（三）缺乏对外直接投资的总体发展战略和跨国经营意识

我国对外直接投资尚处于初级阶段，还未制定对外直接投资总体发展战略，且不具

备真正的全球观念和跨国经营意识。首先，我国有些企业从事对外投资不是生产经营发展到一定程度的结果，而是带有某种试探性、偶然性。这些企业对外投资是为眼前利益驱动，或是为了获得海外投资所带来的税收减免，而不是在全球范围内寻求生产和交易的比较利益。其次，我国更多的企业进行对外直接投资的主要目的仍是扩大出口市场，而不是依据企业全球化发展战略的实施计划而进行投资。这样投资的结果往往是企业只注重短期效益，走一步说一步，企业海外发展的持续性和全体布局性就较差，也将导致企业在全球市场的长期竞争中缺乏后劲。

（四）缺乏核心技术且科研创新能力较弱

从总体来看，我国企业的技术水平偏低，在主流市场或主流产品当中我们并没有多少自主的核心技术，许多产品特别是高端产品的核心技术仍然依靠进口，而且对于许多引进技术缺乏吸收消化，大大制约了企业的发展。目前，我国大中型企业研究开发经费占销售额的比例平均还不到1%，仅有极少数大企业能在3%以上，这样低的开发投入维持生存尚有困难，更谈不上与其他国家的大型跨国企业竞争了。

（五）缺乏跨国经营人才

国家对外投资的主体是企业，企业竞争的关键在于人才。缺乏高素质跨国经营管理人才是我国企业提高对外直接投资水平的主要制约因素。与发达国家相比，目前我国企业派出的境外经营人员很多难担重任。据商务部研究院《对外直接投资公司调查问卷》的结果显示，企业海外投资的主要障碍是缺乏海外经营的管理经验和管理人才。海尔总裁张瑞敏也坦率承认，即使像海尔这样在海外已有所成就的企业，仍然缺乏懂得海外市场及其操作的管理人才。

二、我国对外直接投资发展策略

（一）区位选择策略

选择国别或地区时应遵循的总原则是：第一，选择我们进去后有比较优势的国家或地区，而不是全球遍地开花；第二，选择我们进去后产品有市场的国家或地区；第三，依据不同行业的项目性质选择是进入发达国家还是发展中国家；第四，在其他条件相同时，采取由近及远的策略，优先考虑周边国家。

从总体上来看，中国的企业实力、科技水平和产品竞争力与发达国家相比还存在差距。我们拥有比较优势的国家主要是发展中国家、原苏联体系中的国家以及与我国西部相邻的国家等。在发展中国家中，应尽量选择那些市场规模较大、对企业产品需求较多、欢迎外来投资且与中国保持良好经济关系的国家。从中近期来看，发展中国家（包括经济转轨国家）中的印度、巴基斯坦、印尼、越南、巴西、阿根廷、墨西哥、哈萨克斯坦、俄罗斯、尼日利亚等国家，拥有众多的人口和庞大的消费群体，经济增长较快，并且我国许多产业相对于其国内产业具有很强的竞争优势，是许多国内企业进行对外直接投资的理想目标国。另外，周边国家与我国在政治、经济、文化等方面比较接近，有的还属于同一个文化圈，因而相对来说，本国企业对周边国家的投资机会和市场条件更熟悉,所以在这些国家或地区开展境外投资往往更容易成功,因此,周边国家也可以作为我国企业开展对外直接投资的目标国。当然,就具体的项目和具体的企业而言,只要我们有自己的比较优势,只要产品有市场,我们也可以进入发达国家市场。

无论是到哪一类国家进行投资,都要注意对该国的投资环境进行充分的、具体的分析与评估。

相关链接 10-11

以华为为例的国际化区位市场选择

华为是拥有自有技术的通信设备制造企业,属于高新技术企业,是国内通信业的龙头企业,近年来已经发展为世界第三大通信设备商,它的成长是中国企业国际化的典范,它的国际化战略对我们有很多的借鉴意义。华为的国际化始于20世纪的90年代末,由于国内市场激烈的竞争,企业利润的减少,华为开始其国际化之路。当初,面对国际化的区位选择时,区别于其他企业单一区位市场选择的方式,华为站在全球化战略高度,根据对各区位市场的研究,结合区位市场选择的要素、自身的优势,制定了不同的区位市场策略。

根据国际化区位市场选择的影响因素,以及对目标国的环境、市场、生产要素、政府因素等的研究,华为把世界市场划分为三个细分的市场,分别是非洲、拉美市场,东南亚市场,最后是欧美市场。不同市场的特点和意义不同,因此制定的国际化战略也不同。细分市场的划分随着影响因素的变化重新组合,所以对三个国际区域的分析是一个动态的分析过程。

华为的国际化进程模式是渐进式模式。不同的民企采用不同的模式参与全球经济,例如比较著名的有海尔的"占据制高点"模式、联想的"蛇吞象"模式、TCL的"品牌共享"模式等,而华为采用的是"渐进式"模式。渐进式模式是指公司要按照国际区位市场进入顺序的不同,由距离母国从近到远,由进入难度从易到难地选择进入市场,这是一个循序渐进的过程,非常艰辛,但相对的风险较小。

资料来源:节选自百度文库《论中国后发型企业国际化区位选择策略》.

(二)项目选择策略

科学地选择对外直接投资的行业或项目,要注意考虑到以下几个因素:

(1)不同产业所处的发展阶段。处于不同发展阶段的产业在国际上的竞争程度不同,对外投资企业决策者所应奉行的竞争战略也应当有所不同。

(2)中国企业自身的优势。充分运用自身的优势要素,才能获得最大效益或比较利益。企业独特的和通用的优势要素共同构成了企业特有的竞争力,这是企业制定和选择产业或项目策略的重要依据之一。

(3)企业是遵循一元化发展还是多元化发展道路。原则上,一个企业在国内经营什么,到国外以后也应当经营什么,即坚持一元化发展和横向发展。当然,中国企业走向境外时也可以开展多元化经营，但与一元化经营相比，要更为谨慎，因为多元化经营比一元化经营对企业优势要素和竞争力的要求更高。

考虑到目前中国企业进行境外投资的可能性和世界直接投资发展的新特点，现阶段中国企业境外投资产业选择的重点应包括成熟产业的外移、升级产业的追踪、资源利用型产业的开发等，具体有：

（1）境外加工贸易行业（即加工装配型的制造业）。这一行业主要涉及机电行业和轻工服装业，具体涉及农用汽车、摩托车、小型农机具的组装生产，电视机、电冰箱、洗衣机、电风扇、空调器等家用电器的加工装配，纺织、服装等轻纺工业的境外加工贸易等。

（2）资源开发行业。发展境外资源类投资项目，开发国内紧缺的石油、天然气、森林、木材加工、造纸、采矿、海洋渔业等自然资源开发的行业，可以满足国内经济发展的需求。过去的十几年，资源开发型项目成为中国对外直接投资的一个重点，今后仍应是中国对外直接投资的重点。

（3）科技开发行业。这方面的企业分为三类：一类是通过对中国目前技术上仍属空白或落后的东道国技术密集型企业的投资和参与管理，从中学习和吸取对方的先进技术，将技术带回国内应用；另一类是在国外发达国家组建高科技新产品开发公司，将开发的新产品交给国内企业生产，然后再将产品销往国外；还有一类是指鼓励国内的高科技企业走向国际市场，进行境外投资，扩大高科技产品的出口，实现科技产品的国际化。

（4）工程承包与劳务合作行业。中国具有丰富的劳动力资源，在这一行业具有几乎是绝对的优势。

（5）服务贸易行业。这类企业包括服务业中除承包劳务与合作行业以外的金融、保险、进出口贸易、商业批发零售、信息咨询、运输、旅游、教育等行业。中国在上述行业中的劳动密集型和劳动与资本密集结合型以及某些特色服务方面具有一定国际竞争力。

（三）出资方式策略

现在已经办起来的几千家境外投资企业有不少是拿外汇资金（货币资本）作为出资物的。其实，到境外办企业不一定都拿资金去，就像外商到中国来办企业一样，拿机械设备、技术（专利、商标或专有技术）、管理折股投资都是可以的。中国企业在机械设备、技术和管理方面已经具有一定的相对优势，今后应鼓励更多的企业利用这些优势从事境外投资。即使在对外直接投资中必须投入一定量的货币资本，也不一定都从国内输出，而是要尽可能从当地或国际金融市场上筹集。

（四）所有权策略

所有权策略是指国内投资企业（母公司或总公司）对境外企业的控制策略。所有权的形式有独资、绝对控股、相对控股、参股和非股权投资等。

中国企业在进入陌生的国外市场时，一般应选择合资企业的方式，实际情况也是这样，将近70%的中国企业采用合资企业的方式。其主要的原因在于：大部分中国海外企业使用的是标准技术，生产的是成熟产品，因此借助设立独资企业防止技术扩散的动机不明显；设立合资企业是掌握国外先进技术和营销手段的一个重要途径；另外，中国企业开展对外投资的历史较短，因而缺乏经验，需要采取与外资相融合的方式，即与外资合作，向外资学习，积累经验，降低投资风险。采用合资企业的方式，还要注意选好投资伙伴，理想的投资伙伴是境外投资成功的关键因素。

另外，中国企业进行境外投资，除股权投资外，还有非股权投资（非股权安排）。非股权投资的主要形式是通过与东道国企业签订技术、管理、销售或工程承包等方面的合同，取得对该东道国企业的某种控制权。最常见的非股权投资是技术授权、管理合同和委托生产合同。企业采用作为直接投资替代物的非股权投资方式，不仅可以不用出资和少承担投资风险，而且还可以使它们的技术、管理和销售机制获得令人满意的回报。

（五）技术策略

技术策略总的思路是：第一，重视对外直接投资中的技术输出与技术入股问题。第二，从中国的技术水平实际出发，输出标准技术和适用技术。这些技术的特征除劳动密集型技术外，还有批量小和灵活性的特点，这类技术的市场主要在发展中国家。第三，对于需要控制扩散的先进技术和特色技术，要通过建立独资企业的方式加以保护。第四，对外投资企业的技术创新策略。对外投资企业也要大力开发新技术和新产品，因为产品生命周期理论要求企业不断开发新产品，市场竞争的加剧迫使企业要不断开发新产品，消费需求的变化需要企业不断开发新产品。

中国企业在进行对外直接投资过程中，在输出和转让技术时应讲究策略：首先，把握转让时机。对于处在产品生命周期不同阶段的技术应采取不同的转让策略。当技术处于创新阶段和发展阶段时一般应不予转让，因为如果转让我们掌握的具有垄断优势的技术，容易使我们丧失来之不易的技术优势。当然，并不是说中国企业拥有知识产权的高新技术都不能转让，但企业对这类转让应建立一套评估机制，以便在促进技术转让的同时，又能保持中国的技术优势。当技术处于成熟阶段时，可以予以转让。当技术处于衰退阶段时，要主动寻找买主予以转让。其次，选择转让方式。可以向发达国家的跨国公司学习，根据不同的情况分别采取技术入股、技术互换和以技术换市场等方式。再次，注意股权的差别。向境外子公司可以转让处于任何生命周期的技术以及高新技术，而向境外合资企业应只转让一般性技术。如海尔向马来西亚输出洗衣机技术就是一个典型的例子。最后，中国企业在进行对外直接投资时，应特别注意专利和商标等手段的使用以及企业技术秘密和商业诀窍的保护，从而保护企业自有的知识产权，维持技术优势。

（六）经营当地化策略

经营当地化又称经营属地化或经营本地化，是指对外直接投资企业以东道国独立的企业法人身份，按照当地的法律规定和人文因素，以及国际上通行的企业管理惯例进行企业的经营和管理。

中国对外直接投资企业在东道国开展生产经营活动时，首先要承认自己在形式上是东道国当地的企业，是在东道国已形成的社会经济和法律环境下经营的法人，因此，要把经营当地化作为自己的基点和发展方向。实现了经营当地化，对外直接投资企业才算真正纳入了所在国的经济运行体系之中。

相关链接 10-12

中国工商银行与中国电信联手开拓印尼市场

中国工商银行（印尼）有限公司（工银印尼）与中国电信集团旗下的中国电信新加坡公司、中国通信服务（印尼）有限公司于 29 日在雅加达签署战略合作备忘录，以便联手开拓印尼市场。

按照双方达成的合作意向，中国电信将为工银印尼提供"一揽子"通信服务解决方案。这也是其首次为海外中资企业提供此类服务，标志着中国电信在印尼综合通信解决方案承接能力的全面形成。工银印尼则为中国电信在印尼的各项业务发展提供全方位的金融服务，包括企业级综合融资方案、公司业务及个人银行与综合理财业务等。

中国电信印度尼西亚代表处总经理余应群在接受记者采访时说，该公司将通过此次签约与工银印尼实现全面的战略合作，这对海外中资企业强强联合具有重要的示范意义。

在签约仪式上，双方一致同意，稳健、有效的金融服务与高速、快捷、安全的信息化平台都是中资企业在扩张全球业务时必不可少的推动力和重要保障，这种需求为两大企业合作提供了共生的基础。

工银印尼成立于 2007 年 9 月，是中国工商银行股份有限公司（简称工商银行）收购并整合印尼哈利姆银行后设立的。经过 3 年多的发展，工银印尼目前已经发展成为印尼当地资产规模最大，产品、服务及盈利能力最强的中资金融机构。

中国电信（主业）于去年 4 月在印尼成立代表处，旨在依托中国电信庞大的全球资源和丰富的电讯业经验，为客户提供一站式全球商业通讯解决方案。

中国通信服务印尼有限公司（实业）成立于 2006 年，主要为运营商客户提供通信网络的规划、咨询、建设及维护等全方位的支撑，为企业客户提供智能化解决方案、电脑网络运行维护等多项业务。

资料来源：新华网。

对外投资企业经营当地化的主要内容包括：①经营管理当地化。即在企业经营管理方面实行一系列当地通行的做法。国外市场经济的发展较国内要早要成熟，因而当地企业已经形成了一套适应市场经济环境需要的经营方式和经营手段，中国对外投资企业应尽快把这些东西学到手并加以实际应用。例如，我们应采用当地或国际通行的企业制度、企业决策与管理方法、财务管理制度和会计方法、人事管理制度、营销策略、审计制度和方法以及企业资产信托机制管理方法等。②人员当地化。人员当地化并不是指对外投资企业要百分之百地聘用当地人员，这些企业的高级管理人员和技术人员仍然可以从母公司派遣，但应大胆地、较多地聘用当地人员，不仅一般工作人员可从当地雇用，而且中高级管理人员（如总经理）也可从当地雇用，并且还要从当地雇用会计师、律师等专业人员。实行人员当地化政策可以充分利用当地的人力资源，为对外投资企业的发展注入活力。③工资分配当地化。工资分配当地化又称国外工资制，它是指对国内外派人员实行与同企业内或同行业内外方人员相同的工资标准和待遇，把个人的工资收入与个人对企业贡献的大小挂钩。工资分配当地化后，国内外派人员原来享受的工资以外的福利待遇应取消（如免费住房、免费通讯、免费用车、伙食补贴、交通补贴、往返国内机票补贴以及代交的个人所得税等），外派员工应当像当地员工一样自己负担所有的生活费用。

相关链接 10-13

中国企业海外并购的战略机遇

（1）提高在全球市场的份额。

（2）开拓新兴市场（金砖四国、新钻十一国）。2003 年，"金砖四国（BRICs）"这个时髦术语，把巴西、俄罗斯、印度和中国四国联系在一起，"BRICs"是由巴西（Brazil）、俄罗斯（Russia）、印度（India）和中国（China）四国的英文名称首字母缩写而成，由于"BRICs"发音与砖块（bricks）相似，故称为"金砖四国"。"新钻十一国（N-11）"是高盛集团继"金砖四国"之后推出的又一全球新概念。通过 5 年前筛选"金砖四国"的同一预测模型，高盛 2005 年年底选出经济潜力紧跟"金砖四国"的 11 个新兴市场，包括墨西哥、印度尼西亚、尼日利亚、韩国、越南、土耳其、菲律宾、埃及、巴基斯坦、伊朗和孟加拉国，统称为"新钻十一国"。

（3）出口机构升级。

（4）扩大海外并购投资：东道国为了尽快恢复经济更加欢迎外来投资；国际资源价格大幅下滑，资源企业生存困难；资源类和高技术类公司股票市值急剧缩水。

（5）全球产业重组（低碳经济、国际分工）。

资料来源：卢进勇. 教授/博士. 北京/中国 WTO 研究会/2010-4-17.

本章小结

（1）外资在中国经历了从无到有，从小到大，从单一到多元的发展历程，目前已经形成全方位、多层次、宽领域的格局。其中外商直接投资是我国现阶段引进外资的主要方式，而对外借款和对外发行股票等是外商直接投资的有益补充。

（2）中国虽迅速成长为全球吸引 FDI 第一大国，但在引资结构上，包括投资方式、资金来源、区域结构和行业结构方面都呈现出不均衡发展的特点。展望未来，有利和不利因素并存，共同影响着中国进一步引进外资。同时，在利用外资的机构上也会相应调整。

（3）中国对外投资自改革开放以来发展迅速，虽然总体规模尚小，但呈现出投资主体多元发展，地区分布逐步扩大，行业流向重点突出，经营层次逐步提高的良性发展格局。

（4）合理的战略安排能促进中国企业更有效率地进行对外投资，包括对投资产业、区域、主体和方式的恰当选择。政府的服务和促进措施能够为企业对外投资创造良好的制度条件。

案例思考

案例一：2004年10月28日，上汽以5亿美元的价格高调收购了韩国双龙48.92%的股权。此次收购，上汽的本意是借此迅速提升技术，利用双龙的品牌和研发实力。但并购之后主要遭遇了两个问题：首先，对并购的收益估计过高，双龙汽车虽然拥有自己的研发队伍，在技术和研发上较好，但缺少市场；其次，上汽在收购双龙之前对自身的管理能力和对方的工会文化认识不足，乃至于在收购后两个企业的文化难以融合，合作与企业经营拓展无法真正展开。

案例二：2007年3月才开始筹备的中投公司，在5月就斥资30亿美元外汇储备以29.605美元/股的价格参股美国私募基金巨头黑石集团10%的IPO。这项交易成立的初衷旨在为中国1.2万亿美元的外汇储备寻找多元化投资出路，结果却不尽如人意。黑石集团上市后股价连续下跌，也造成了中投公司这笔投资大幅缩水。截至美国时间2008年2月12日，中投公司在黑石投资中的亏损额达12.18亿美元。

案例三：中铝公司与力拓集团于2009年2月12日签署了合作与执行协议，以总计195亿美元战略入股力拓集团。中铝公司就此次交易完成了210亿美元的融资安排，并获得了澳大利亚竞争与消费者保护委员会、德国联邦企业联合管理局、美国外国投资委员会等监管机构的批准。但力拓集团却在2009年6月5日撤销了双方的合作交易，依据协议向中铝支付了1.95亿美元的违约金，并与必和必拓就合资经营铁矿石业务达成协议。

案例四：吉利在成功实施以自主创新为主的品牌战略之后，开始了以海外收购为主的品牌战略。2009年4月，吉利汽车收购了全球第二大自动变速器制造企业澳大利亚DSI公司，使其核心竞争力大大增强。2010年3月28日，吉利汽车与美国福特汽车公司在瑞典哥德堡正式签署收购沃尔沃汽车公司的协议。

案例五：2009年7月我国两大石油公司中海油和中石化宣布以13亿美元联合收购美国马拉松石油公司持有的安哥拉一石油区块20%的权益。这笔交易是自中海油从185亿美元竞购美国优尼科石油公司失败后，首次成功收购美国石油公司的资产。业内人士认为，两大石油公司共同出资进行海外收购，有利于中国公司在海外并购力量最大化，避免国内公司之间不必要的竞争，是中国石油公司"走出去"值得借鉴的模式。

◆ 结合本章知识点，请分析中国企业应该如何有效地对外投资。

复习题

一、名词解释

B 股　存托凭证　买壳上市　产业内贸易　股权投资

二、简答题

1. 简述外商在华投资主要存在的问题。
2. 试析我国优化产业结构的重要性。
3. 简述我国对外直接投资的特点。
4. 简述中国对外投资的企业战略。

参考文献

1. Buckley, P. J. & Mark C. Casson. Models of the Multinational Enterprise [J]. Journal of International Business Studies, 1998, 29 (1).

2. R. Vernon. International Investment and International Trade in the Product Cycle [J]. The Quarterly Journal of Economics, 1966: 190-207.

3. J.H. Dunning. Explaining Outword Diet Investment of Developing Countries: In Support of the Eclectic Theory of International Production. in K. Kuman and M. G. Mcleod (eds). Multinationals from Developing Countres [J]. Massachusetts: D. C. Heath and Company, 1981. 4.

4. J. H. Dunning. Multinational Enterprise and World Economy. Massachusetts: Adison Wesley, 1993.

5. R. Mundell. International Trade and Good Trade [J]. Journal of International Economics, 1984 (16): 365-378.

6. P. Streeten, Foreign Investment, Transnationals, and Developing Countries [M]. London: Macmillan, 1997.

7. Daniel B. Chudnovsky. Third Wave of FDI from Developing Countries: Latin American Multinationals in the 1990s [M]. Orlando: The dryden Press, 1999.

8. Maurice Levi. International Finance [M]. New York: McGraw-Hill Book Company, 1996.

9. Masataka Fujita. The Transnational Activities of Small and Medium-sized Enterprises [M]. Chicgo: Kluwer Academic Publishers, 1998.

10. 刘易斯·威尔斯. 第三世界跨国企业 (中译本) [M]. 上海: 上海翻译出版公司, 1986.

11. 布鲁诺·索尔尼克. 国际投资学 [M]. 北京: 中国人民大学出版社, 2004.

12. 小岛清. 对外贸易论 (中译本) [M]. 周宝廉, 译. 天津: 南开大学出版社, 1987.

13. 保罗·克鲁德曼. 国际经济学 [M]. 杨淑娥, 张俊瑞, 译. 大连: 东北财经大学出版社, 2000.

14. 綦建红. 国际投资学教程 (第三版) [M]. 北京: 清华大学出版社, 2012.

15. 武海峰，陆晓阳. 国际直接投资发展研究 [M]. 北京：中国财政经济出版社，2002.

16. 卢进勇，杜奇华，杨立强. 国际投资学 [M]. 北京：北京大学出版社，2013.

17. 杨大楷. 国际投资学（第三版）[M]. 上海财经大学出版社，2003.

18. 刘振林. 国际投资学——理论与实训教程 [M]. 高等教育出版社，2010.

19. 杜奇华. 国际投资 [M]. 北京：高等教育出版社，2006.

20. 杜奇华，白小伟. 跨国公司与跨国经营 [M]. 电子工业出版社. 2008.

21. 葛顺奇，李园园. 外商直接投资对我国贸易发展的影响 [J]. 国际贸易，2010（8）.

22. 李飞. 外商直接投资对我国产业安全的影响及对策分析 [J]. 中国经贸导刊，2010（21）.

23. 陈石清. 对外直接投资与出口贸易：实证比较研究 [J]. 财经理论与实践，2006（7）.

24. 何志蕴，姚利民，等. 大型跨国公司在华投资结构研究 [M]. 北京：科学出版社，2005.

25. 商务部. 中国投资指南，http：//www.fdi.gov.cn.

26. 统计局. 中国统计年鉴，http：//www.stats.gov.cn.

27. 张应武. 对外直接投资与贸易的关系：互补或替代 [J]. 国际贸易问题，2007（6）.

28. 刘笋. WTO框架下的多边投资框架问题评述 [J]. 中国法学，2003（2）.

29. 陈宝森. 新世纪跨国公司的走势及其全球影响 [J]. 世界经济与政治，2000（8）.

30. 黄庆波，陈双喜. 国际投资学 [M]. 北京：中国商业出版社，2004.

31. 麦克尔·波特. 竞争优势 [M]. 北京：华夏出版社，1997.

32. 何孝星. 证券投资理论与实务 [M]. 北京：清华大学出版社，2004.

33. 张晓红，郭波，施小蕾. 新编国际投资学 [M]. 大连：东北财经大学出版社，2005.